2002 CABALLO DE AGUA

2002 CABALLO DE AGUA

EDITORIAL ATLANTIDA
BUENOS AIRES • MEXICO

Supervisión editorial: **Isabel Toyos**
Coordinación editorial y corrección: **Marisa Corgatelli**
Supervisión de diseño: **Claudia Bertucelli**
Producción industrial: **Fernando Diz**

TAPA
Diseño: **Vicky Aguirre y Claudio Keller**
Fotografía: **Vicky Aguirre**
Maquillaje: **Mashenka Jacovella**
Peinado: **Gabriel Oyanarte para Pino**
Producción: **Hoby De Fino**

INTERIOR
Diseño de interior y poster: **Alina Talavera**
Ilustraciones de interior: **Ernesto Pesce**
Preimpresión: **Grupos & Proyectos**

COLABORARON EN ESTA CABALGATA
Cecilia Herrera
Marcela Sáenz
Laura Giménez Dixon
Eduardo Siutti
Santiago Siutti

AGRADECIMIENTOS
Al zoo de traslasierra que inspiró esta jineteada

DIRECCIÓN DE INTERNET
www.ludovicasquirru.com.ar

CORREO ELECTRÓNICO
lsquirru@ludovicasquirru.com.ar

A la tropilla de mi vida

A mi hermana Margarita, con quien cabalgué la edad de la inocencia, la flor de la juventud y cumbres borrascosas, desbocadas, trotando, con la esperanza de ir al paso para llegar a la querencia nuevamente.

A Verónica, hermana que inspiró mi infancia con texturas, óleos, pinceles y risas estridentes.

A Macarena Argüelles, yegüita dorada de buenos augurios y bendiciones familiares.

A los potros que se me cruzaron en el TAO y me revolcaron por la gramilla y el asfalto, la arena y la nieve desconfiando de mi sabiduria por sobrevivirlos.

A Hoby De Fino, caballo de fuego, que acompaña mi camino humana y artísticamente compartiendo un raid de alto voltaje kármico.

A Lolito, caballito de metal sabio y original a quien le deseo una buena travesía en la vida.

A Vicky Aguirre, yegüita en el arte de intuir el momento del blow up interior.

A Marisa Corgatelli, yegüita paciente y colaboradora para ordenar mi caos creativo con paciencia china y buen humor.

A Caetano Veloso, mi sueño imposible, esperando que sea posible en su año.

A Rafael Argüelles y Alberto Gollán, dos caballos de fina estampa.

Al caballo, animal que me acompañó desde la niñez en parque Leloir, en situaciones tragicómicas, despertó mi erotismo y me transportó por caminos de aromos y eucaliptus a los ranchos de los amigos.

Y al hipocampo, con quien pienso cabalgar en el agua, el aire, la tierra y el fuego hasta que me olvide.

Índice

Prólogo

Astrología Poética

Predicciones para el año 2002
Caballo de agua

Prólogo

2002
Caballito de mar.
Agua dulce.
Charco
Pantano
Estero
Laguna
Río
Arroyo
Cascada
Venís hacia mí
con Venus
reflejada en tu mente.
L. S. D.

El viaje interior

Es el más difícil y largo. Solitario. Removedor y sin escapatoria a una isla mejor.

Es el que nos concede la vida para saber quiénes fuimos, somos y seremos.

Es el que recorremos solos y acompañados por trechos, como los caballos que viajan en tropilla, de a dos, en aviones y barcos que los transportan a otros climas, países, pasturas, potreros e inmensidades. EL VIAJE INTERIOR ES INFINITO. No tiene principio ni fin. El mío comenzó como un relincho de vidas sumadas de las que de a poco o abruptamente me voy despidiendo porque esta parte del viaje, desde el nacimiento, se me hizo pesada, llena de trastos viejos que me impedían avanzar aérea, incorpórea y etérea.

Descubrir que el gran viaje tiene escalas, desvíos, posadas, peajes, puentes, refugios, vacaciones en el infierno en temporada estival, minutos en el Nirvana para sentirnos en carrera celestial, es un desafío. ¿Será por eso que he viajado tanto?

¿Para acompañar con distinto colorido, gusto, fragancia, el viaje más doloroso e inexplorado del alma?

¿Será que mi sed de aventuras necesita el apoyo de la sangre 0 rh negativa que recorre mis venas y arterias mareadas de los cruces peligrosos a las que las expuse sin hemograma?

EL VIAJE INTERIOR es continuado, sin pausas ni avisos publicitarios; tal vez en ciertos tramos nos identifiquemos con algún afiche redactado por nuestra memoria, desactivada por descuidos en las centrales tapadas por la maleza del tiempo, y que sorpresivamente brota como manantial en el destierro del corazón.

EL VIAJE INTERIOR a veces coincide con el exterior, agasajando al andariego con abundancia.

Es efímero como para no anquilosarnos y creer en la buena racha de lo eterno.

Estoy inmersa, querido zoo, en el "gran tramo del viaje interior de mi vida", sincronizada con el año del ofidio que me ayuda a retraerme y silenciarme.

Estoy decidida a conocer mi naturaleza hasta hacer las paces con ella, pues vengo como un soldado: herida, batallando sin tregua antes del inicio.

Estoy dispuesta a perderme un buen tiempo (imposible ubicarme); sólo la telepatía y el radar del amor que nunca falla podrían detectarme en esta travesía.

Voy a narrarles el motivo de mis viajes por la Madre Tierra, surcando el cielo con sus desvelos y humores maquiavélicos; ese trazo recto y curvo que es el tiempo, la mejor receta para aceptar el propio exilio.

Viajar es dejar fluir la ley del karma y pagarla sin protestar desconfiando de lo que es gratis en el equilibrio del dar y recibir.

EL VIAJE INTERIOR es el diálogo ininterrumpido que tengo con Buda y los doce animales de los cuales soy parte anímica, psíquica y emocional desde hace tiempo, juego que reciclo junto a cada uno de ustedes que me dan CHI (energía) para sumergirme cada vez más en los senderos inexplorados del conocimiento milenario, desentrañado por la curiosidad y la pasión, dos ingredientes capaces de mover a los MOAIS DE LA ISLA DE PASCUA.

Así como hay gente muy afortunada en el amor, en el juego, en encontrar su vocación, soy una de esas privilegiadas en el arte de viajar, siempre guiada por mis nahuales o espíritus protectores; puedo decir que he pasado por experiencias límite y he caído bien parada, atravesando pruebas de Juana de Arco en la hoguera en los planos físico, psíquico y emocional sostenida por un colchón de amor que me amortiguaba de los golpes visibles e invisibles que como antorchas en noche oscura me confirmaban que estaba "donde debía estar en el momento exacto".

Tal vez por no tener hijos ni el mismo hombre a través de la vida no me sentí atada y pude viajar, desapegada y convencida, a los más remotos países de la tierra llevándome a mí misma como invitada de honor.

Y SIEMPRE FUE EN LOS VIAJES donde me animé a enfrentarme con mis monstruos, fantasmas, amores hilvanados con hilo invisible entre los trópicos y el Ecuador, la estrella polar y las Tres Marías.

Viajé en sincronicidad con el NAJT (tiempo-espacio) y estuve atenta a los mensajes que continuamente me daba la vida pudiendo saborear cada experiencia y atesorarla como piedras de jade en el collar del GRAN JAGUAR.

VIAJAR es dejarse impregnar por todos los climas que nos toquen en el camino adaptándonos como tallos de bambú, dóciles, graciosos, calmos y estoicos. Olvidarnos de quiénes somos, de nuestra familia, domicilio, nacionalidad y seguros de salud.

Es ofrendar a la Providencia nuestros miedos, riesgos, inseguridades, nacimientos y muertes cotidianas sin redes que nos atrapen cíclicamente en la trampa de la que decidimos salir antes de hacer la valija.

El viaje tiene que partir de lo inesperado, causal no predeterminado. Tiene que ser ese llamado de amor indio inevitable, rayo premonitorio que sacude los cimientos y anestesia la rutina, empujón hacia los sueños inconfesables que nos acechan durante el día y se infiltran por nuestros sentidos esperando emerger en una espiral de luz de vela.

Viajar es quitarse las culpas de lado y dejarlas a las inclemencias del tiempo para expiarlas, detenerlas o desintegrarlas. O simplemente olvidarnos de que son nuestras por el tiempo que dure el viaje, para después abrazarlas una a una hasta que se incrusten como garrapatas y nos sigan chupando la sangre renovada y fresca que traemos como manantial de montaña.

Viajar tiene que cambiarnos para siempre. Y como dice Buda: "TODO MOVIMIENTO ES UNA IMPERFECCIÓN".

HAY QUE RECORRER EL MAPA INTERIOR Y NO SALTEARSE NINGÚN ACCIDENTE GEOGRÁFICO.

Abarcar lo infinito e inesperado, lo inexplorado y virgen, con entusiasmo y desapego. Olvidar costumbres, creencias, manías, despertando en cada amanecer las células renovadas de sueños a la intemperie, de lámparas frotadas con los Aladinos de turno, inventando cada minuto del día con los recursos que tengamos.

Viajar es el mejor examen, terapia, gestión íntima y recurso de amparo que podemos regalarnos.

Desde los dieciocho años, cuando partí en carpa convencida de mi destino errante, a sentirme una con el mar, las dunas, las estrellas titilantes y mensajeras, las noches largas y hechiceras, conquistando cada partícula de agua y viento en mi saliva y piel, el tiempo y la vida de la mano me llevaron por donde la intención me sonreía, donde la intuición jamás me traicionó (aunque yo sí a ella), apenas unos segundos hasta retomar el TAO (camino).

EL VIAJE INTERIOR es el que salda las deudas de otras vidas ayudándonos a mejorar en ésta, si no abusamos de las regalías. A través del viaje podemos detenernos a perdonar, a pelear con nuestros fantasmas, a indexar cuentas de cariño y rencores, a tomar la distancia óptima para salir a flote con gracia de trapecista.

En el viaje los pájaros cantan dentro nuestro, los caminos se abren en silencio, los amigos esperan compartir el pan y la guitarra, los consejos y las caricias, los colores y humores del día con la cuota kármica de terapias alternativas.

Sería otra si no hubiera salido tan joven de mi casa, despidiendo a una madre que aún tengo y que se encomendó a sus DIOSES para que volviera sana y salva, más sabia y flaca, feliz y llena de tesoros para repartir entre hermanas, sobrinos, amigos y algún paciente amor que siempre me espera resignado a que parta sola.

NODO EN SAGITARIO PARA AMORES Y VIAJES en mi carta natal marcaron a fuego mi destino itinerante. Siempre aprecié el instante en que el viaje tomó a mi otra vida y se la llevó por delante.

Cuando no dudé en irme, pues quedarme era estancar mi evolución, construir un dique de contención con mi estabilidad prefabricada en marquesinas de teatro o televisión, escala placentera y peligrosa para los abismos desbocados de la vida, famélica de tragedias más que de comedias.

EL VIAJE INTERIOR es lo que nos salva del peligro exterior.

Es ser guerreros y monjes zen al mismo tiempo.

Es develar las capas de musgo que nos tapan una a una y no dejar que vuelvan nunca más; a cambio, dejar florecer esa extraña flor que no crece en ningún lugar de la tierra y darle el espacio, el agua y el abono para que sea única.

No hay un día para la partida, porque acompaña como el ángel de la guarda a quien se inicia. Es intempestivo. Se instala y lo sentimos sutil o entrometido.

ES EL DO, EL DOYO, EL DON de captar cuándo se instala en nuestra conciencia y saber agasajarlo a cuerpo de rey, pues será el que nos guíe por los más oscuros amaneceres y diáfanos anocheceres.

En el almanaque hoy finaliza el verano en el hemisferio sur. Siento en el aire el cambio de estación atenuado por el canto de las aves que bajan los decibeles del verano para reposar e inventar nidos más sólidos y secretos, fortalezas anímicas que nos reflejan.

Es un exilio voluntario donde nos alejamos de lo que más nos duele y pesa.

Soltamos los amores al viento convencidos de perderlos, y en un sentido eso sucede, pero en otro, están orgullosos de nuestro coraje sin reclamos ante el abandono que transmutó la relación para siempre.

Adrenalina. Revolución. Imaginación.

Descubrí viajando cerca o muy lejos que la sincronicidad en el adentro y afuera es un privilegio de unos pocos.

VIAJAR ES ESTAR EN CRISIS CONSTANTE. ACOMPAÑARLA ES EL ARTE MÁS COMPLETO E ÍNTIMO DE LA CREACIÓN. ⟨'⟩

Somos de barro, palo de pito y maíz como en la historia del POPOL VUH y nos deshacemos constantemente hasta parirnos una y mil veces en otros corazones, mentes y almas prestados o entregados por quienes nos acompañan en el viaje; entidades visibles e invisibles, reales e imaginarias, incluyendo las fuerzas de la naturaleza de las que somos parte y nos poseen en forma de trueno, tornado, nube, lago, volcán, fuego, relámpago.

Dejamos al yo que no juegue al yoyó y nos descubrimos otros. Lejos de familia, entorno social y cultural abrimos la caja de Pandora y nos sorprendemos con lo que de allí aflora.

Enhebramos como expertos hilanderos del Lejano Oriente esos espacios vacíos como colmenas que nos asfixian y restauramos el orden de las vértebras aceptando nuestros límites físicos y psíquicos con humildad.

Olvidamos manías, hábitos e hipocondrías. Recuperamos frescura, energía y entusiasmo en cada acción deshilachando los miedos que nos paralizaban en "nuestra otra vida".

Entregarnos al viaje es dejar que la niebla se levante cuando ha llovido durante varios días y pensamos que nunca volveremos a ver el sol.

En la naturaleza todo cambia, nace y muere, cumple un ciclo inevitable y nosotros lo acompañamos sin ser conscientes de que también nos afecta en cada cambio de estación, en cada célula de nuestro cuerpo, en el humor, en los sueños y decisiones que tomamos de repente.

Estar inmersos, sumergidos en el constante ritmo que marca el tiempo, con el hombre y la mujer como la conexión entre el flujo celestial (*yang*) y terrenal (*yin*) es la clave para que entremos en la gran aventura que es la vida.

Enamorarnos de cada instante, etapa, sabiendo que después nos espera otra que compensará la anterior, con creces, como la luna cuando está llena y decrece para ser nueva y aumentar lentamente hasta sorprendernos llenísima sobre nuestra posibilidad de renovarnos con ella, en ella y por ella.

Se nos ha dado la naturaleza para integrarnos y ser parte, y sólo unos pocos seres en la tierra han valorado este regalo.

En vez de aliarnos para que nos ayude a extender nuestro potencial humano, espiritual y energético la hemos depredado y usufructuado sin conciencia de sus recursos limitados.

Compenetrarse con ella implica sentirse parte de sus fuentes de abundante generosidad y belleza admirándola y protegiéndola como a quienes debemos las gracias por ese instante donde nos dieron luz para afirmarnos en la tempestad cuando nuestra casa eran las arenas movedizas, y sentíamos que nos enterraríamos allí para siempre.

Está lloviendo muy fuerte y observo cómo un pajarito hace equilibrio entre las ramas de un espinillo para protegerse del inesperado cambio de clima. No los escucho cantar como hace unos pocos días cuando era verano y se sentían más fuertes, ahora ellos se adaptan a la naturaleza y se convierten en sus refugiados. SABEN QUE DEPENDEN DE ELLA PARA SUBSISTIR.

Tal vez, los humanos estemos recién empezando a comprender la lección desde que el mundo se formó y hagamos las paces con Gaia. A pesar de las represalias que se toma la PACHAMAMA dejando sepultados pueblos, ciudades y vidas para que recordemos que está viva, tan viva como cuando reclama justicia y nos hacemos los sordos.

Cantar como Pavarotti aunque desafinemos es lo que inspira el viaje interior. Dejarnos llevar por los impulsos más salvajes que destapan la olla y dejan saborear los alimentos que recolectamos en nuestro peregrinaje. Compartirlos, pues de a dos o más siempre son más ricos.

Irnos un poco antes de lo programado, para no arrepentirnos y volver al punto inicial.

Soy una valija abierta; nunca tengo la sensación de que me quedaré por un largo tiempo en casa, a pesar de que a esta altura de los katunes, cada vez me cuesta más despegar de mi rancho serrano, donde he decidido echar raíces, cultivar la tierra virgen, negra y generosa que me recibió con abundancia en las primeras siembras y cosechas del año, disfrutar de los brotes de cada árbol frutal, de cada rosal contenido en un espacio para que se expresen en todo su esplendor gozando de los pimpollos imprevisibles que surgen en distintas temporadas coincidiendo con mis muertes y renacimientos.

Viajar es recuperar la salud, pues no nos podemos enfermar, no hay ganas ni tiempo de estar en cama o visitando hospitales donde hablan en un idioma desconocido y no tenemos seguro social. Entonces, nos sentimos a salvo de virus, bacterias, somos un poco omnipotentes pensando que nada nos ocurrirá; les pedimos más atención a los nahuales y ángeles guardianes, a los amigos causales que son nuestros protectores tácitos y a quienes nos encomendamos telepáticamente.

Viajando hacemos el amor con las estrellas fugaces que nos bañan de bendiciones y presagios. Atardecemos en manos de los dioses que comparten el rayo verde para inspirarse y reinventarse en nuestros sueños.

Sentimos el tul invisible que nos abarca y mece como una nodriza. Atravesamos dimensiones guiados por alientos invisibles de entidades que nos acompañan y ayudan a completar nuestras labores en cada etapa. Viajar entresoñando.

Cambiar de lugar a las cosas y a las personas. Sacarlas de su hábitat, invitarlas imaginariamente a compartir una fogata en noche de luna creciente y despejada; intercambiar diálogos que nunca existieron para darnos esa oportunidad de revertir la historia.

Hablar en voz alta para que se acerquen *quetzales,* dejando mudas a las cotorras.

Volver a gatear sintiendo las manos como si fueran patas sobre la tierra, recuperando el aliento, la mirada y las ganas de ser liebre, gato o conejo.

Volver a apoyar la espalda sobre el tronco de un pino para neutralizar nuestra furia, rencor o gran frustración de amor y sentir que con sus nudos nos vuelve mansos.

Hacer arte con las oportunidades que nos ofrece el viaje. Plasmarlo en un cuadro hiperrealista y modificarlo a cada instante. Naturaleza viva, llena de MENSAJES.

Fuego surgido del carbón antes de ser brasa encendida.

Voz de viejo jazzero, danza de tribu africana, ikebana, horizonte en la Antártida, ceremonia maya, campana tibetana, experiencia tántrica, volar desde la tierra sin moverse.

Es hora de elegir el caballo para el viaje. De todos los pelajes elijo un alazán tostado "antes muerto que cansado" y lo ensillo con una montura liviana que tenga buenos estribos, un buen recado, riendas largas para echarme galopes cuando el corazón desborde sus confesiones; bozal, freno y barbada para detenerlo en los momentos cruciales donde los ángeles bajan en manada para llevarme en sus alas hasta el próximo trotecito siempre incómodo que hace falta para ahuyentar los aguaceros, espejismos y fantasmas que se instalan en la cabalgata.

Es bueno salir al paso, para saborear la querencia, que siempre duele dejar, pues los viajes son el reflejo de un tiempo de orfandad y libertad.

Ser uno con el caballo es el secreto, cepillarlo, darle alfalfa en premio de agotadoras jornadas, un terroncito de azúcar; mirarle las patas y los cascos comprobando que no tengan espinas, clavos ni heridas que le provoquen dolor.

Olernos hasta aceptarnos, dialogar respetando el idioma del otro, conquistarnos en cada tranco descubriendo al unísono las ondulaciones del terreno, las grietas, los sorpresivos desniveles, "que la tierra es redonda", en esa panorámica visión del planeta que se tiene desde sus ancas.

Hoy a la tardecita en mis habituales caminatas por las sierras, encontré una herradura. "ES BUENA SUERTE", pensé y continué el sendero hasta visitar a unos vecinos y sacarlos de la adictiva televisión a gozar de una puesta de sol en su galería.

Cuando les mostré el reciente talismán, el hombre me preguntó si tenía siete agujeros; los conté y eran seis. "No es lo mismo –me comentó–, la que trae suerte es la herradura de siete".

Me conformé y sentí un buen presagio a esta altura del TAO EQUINO. Sentí la necesidad de tener un caballo y salir a cabalgar por estos riscos, arroyos, senderos misteriosos que ayudan a las autoconfesiones tan lejanas e imposibles en las metrópolis.

Si el mundo dejara de fabricar autos por alguna causa fatídica y volviéramos al transporte sólo en animales, caballos, mulas, llamas, camellos, burros, elefantes, mejoraría notablemente la calidad de vida sobre el planeta, la conciencia, el diálogo, el sentido del humor, el respeto entre nosotros.

Pues las distancias serían más largas y habría más tiempo para pensar, recapacitar, observar el cambio de luz, temperatura, textura de los árboles, las flores, los insectos, las nubes, los antojadizos cambios del tiempo, los perfumes de cada momento; y nos importaría más el camino que el resultado de llegar adonde debemos llegar, la puntualidad exagerada y el estrés que es parte de la modernidad.

Además del buen estado físico que tendríamos, sin acudir a gimnasios, masajistas ni operaciones estéticas.

EL RETORNO AL TRANSPORTE DEL MUNDO ANIMAL O A PIE es otra frecuencia, lúdica, WU WEI (sin forzar la acción de las cosas), es animarnos a seguir cada fase de la luna adivinando sus deseos: SINTROPÍA. FLUIR CON LA ENERGÍA DEL UNIVERSO. Y si nos remontamos al AIRE, es reemplazar al avión por el parapente o ala delta.

Viajar en barco, en canoa, en bote a remo. Dejar de lado motores, turbinas, controles remotos que nos anestesian el verdadero biorritmo del cuerpo y del alma. Es el retorno al origen, desapegados de la comodidad que nos aniquiló la posibilidad de descubrirnos día a día; sin necesidad de censores que nos enceguezcan con una luz mortecina.

Estar en el viaje es estar en buen estado.

Nadie nos persigue con la misma cantinela, ni nos ubica a la misma hora en el mismo lugar.

Impredecibles, intangibles e invisibles.

Autónomos, desapegados y concentrados.

Infinitos, asombrados, acertados.

Reconciliados con el Espíritu Santo.

Inmersa estoy en la tarde de fin de marzo en las latitudes cordobesas del hemisferio sur, época ideal para desarrollar EL RETORNO A LO ESENCIAL.

Sigo recolectando estados anímicos, pendientes rocosas que lijan el alma en cada tramo de la procesión. Con luz dorada todo se suaviza, endulza, aliviana.

Estar con una día y noche es una vaina tenaz, un duelo de titanes en ininterrumpido silencio que sólo se abre como LA DAMA DE NOCHE para confesarle a Venus y a los Siete Cabritos, este destino irremediable de mujer arquera en constante cambio, siempre atenta a las señales que trae el tiempo cuando se lo integra sin fronteras.

Hay que estar atenta a los compañeros invisibles del viaje. Son aquellas personas con las que nos quedaron cortas las horas, los días y los años. Echarse monólogos con pausas de diálogos y dejar que las palabras floten en el espacio hasta sentir que entran como flechas en el TANTRA.

Lo más difícil del viaje es estar inmerso en él sin pensamientos que te alejen, sin añorar otra situación –real o de ensueño– como siempre ocurre cuando se viaja, pues pareciera que una es la protagonista de una historia destinada sólo a actores y actrices del *underground*.

Es atravesar los bancos de niebla con el propio radar haciendo el amor con las nubes que se evaporan, el susurro tenue de los pájaros afónicos, las mariposas negras y amarillas que nos planean augurios entremezclados de cactus y magnolias.

Tomar agua es el secreto de la clarividencia durante el viaje.

Hidratarnos, matizar con la bebida local de cada pueblo o lugar y tener la conciencia de cuidarnos como porcelana china de la dinastía Ming, pues al estar lejos de casa y de nuestros sólidos amigos y parientes, las somatizaciones galopan en llanuras deshabitadas.

El viaje nos induce a tratarnos mejor, pues como algún día hay que volver a establos conocidos, mientras dure la cabalgata es recomendable dar un buen hospedaje al alma y a sus visitantes, los siete cuerpos o *chakras*.

He muerto y resucitado en cada viaje de los tantos que tengo en los huesos, que a veces creo que los he incubado en otra matriz.

Viajando he descubierto mi verdadera fuerza, aniquilada en mi lugar de origen por mandatos, condicionamientos y expectativas depositadas antes del nacimiento.

Transportada a través del tiempo he logrado sincronizarme en su espiral y vivir en telepatía constante, sintonizando a personas claves que aparecían como por arte de magia ofreciendo en sus manos solidarias infinita hospitalidad y generosidad.

Siguiendo los calendarios sagrados de las más antiguas civilizaciones, como los mayas y EL TZOLKIN (la cuenta de los días) con sus trece lunas de veintiocho días, he confiado en la energía de cada dios manifestada de un modo particular, insertándome en un ritmo que me amparó de casi diez muertes anunciadas en estas travesías.

Reconozco tener estrella en los viajes, siento una protección de legiones de espíritus que me acarician, avisan y ayudan a esquivar las pruebas que aparecen disfrazadas de libélulas, zorros plateados y gusanos antes de transvertirse en mariposas.

Menos Oceanía, he recorrido cuatro continentes en temporadas más altas o bajas y por eso soy una mujer en tránsito, nunca he detenido el fluir, aún estando largas temporadas en Argentina; mi alma ha vuelto infinidad de veces a saborear determinados paisajes humanos, atardeceres sobre el mar Caribe, ceremonias en la jungla del Peten, recorridos con alta adrenalina por los mercados de Fez, pesadillas sin retorno viajando en los trenes chinos, picnics afrodisíacos en el Central Park con algún recital gratuito con monstruos como Ella, Pavarotti o Celia Cruz.

Mojitos en Cartagena, en terrazas de amigos con esas tonadas que te reconcilian con los enemigos, un sábado al mediodía en el mercado del puerto de Montevideo sintiéndonos por unas horas todos hermanos entre chinchulines y medio y medio.

La gran excusa de encuentro en Madrid para resucitar amigos, amores platónicos o citas a ciegas entre tapa y tapa. Algún desliz por el Támesis, el Sena o algún recoveco entre las catacumbas romanas y Trastevere, confirman que soy una afortunada pues mi gran patrimonio en la vida son los amigos que conocí en los viajes y que sin tiempo ni espacio siguen estando como malabaristas que siempre tendrán una plaza como Navona para representar sus obras.

Descalza, semiacostada sobre el pasto les cuento este testimonio, deseándoles que encuentren el caballo adecuado para iniciar la propia cabalgata.

MERDE!!!

Introducción a la astrología oriental

Energías

Escribo el libro equino en armonía con las leyes del FENG-SHUI, ciencia con la que nos estamos familiarizando en los últimos tiempos.

Estar en contacto directo con el viento y el agua; el fuego, la tierra, el sol, que regala este valle en sus galácticas noches de encendidos astros y competitivas estrellas confirma que el pueblo chino se dedicó hace miles de años a observar los fenómenos celestiales y terrenales y transcribirlos para que los podamos asimilar con conciencia y ritmo, buscando el equilibrio universal.

ARMONIZAR las energías más fuertes (*yang*) con las más débiles (*yin*) es el secreto de este legado milenario.

Mi necesidad imperiosa de encender fuego se remonta a mi niñez. Les confesaré algo que sólo los íntimos saben de mí: Para sentirme segura, protegida y próspera necesito tener enormes cantidades de leña acumulada; no sólo consumo madera en abundancia, sino que la sola idea de que me falte una montaña de ella me deprime y acongoja. Mi energía, por el año de nacimiento 1956, es fuego, lo que confirma que para generarlo se necesita madera y cuando ésta se consume se convierte en cenizas que amablemente Abraham, (perro guardián y custodio) se encarga de depositar otra vez en la tierra.

Las leyes de generación y dominación entre los elementos o energías es fascinante, pues trasladándolas a los seres humanos y a nuestras relaciones afectivas, familiares, sociales y profesionales la correspondencia es la misma.

Invitemos al metal, al agua, a la madera, al fuego y a la tierra a participar activamente en nuestras decisiones. Sepamos graduar las dosis que nos fulminan y acrecentemos las que nos hagan falta para activar el CHI (energía).

Compensemos nuestras debilidades aceptando lo que está a nuestro alcance; pues en la naturaleza y no en otro lugar se encuentra el secreto de nuestra salud física, psíquica y emocional.

En el planeta hay demasiado SHAN (energía negativa) bloqueando la fluctuación entre el cielo y la tierra, por eso está tan densa la atmósfera.

Conectemos nuestro potencial anímico, sexual, espiritual y abramos el TANTRA (expansión de la conciencia) hacia otras dimensiones. Volemos sin alucinógenos y sepamos cuándo y dónde aterrizar.

Los chinos han incorporado el afuera al adentro y lo han transformado; a través de LA MEDICINA ORIENTAL, LA MACROBIÓTICA, EL KI NUEVE ESTRELLAS, EL FENG-SHUI y las técnicas que cada ciencia tiene en sí misma nos ayudan a crecer en nuestra posibilidad concreta.

En mi caso, aplicando día a día estas herramientas he mejorado mi salud, propensa a trastornos genitales, glandulares y hormonales. Me he convertido en alguien más comprensiva, tolerante y compasiva en mi relación cotidiana, respetando el jardín ajeno y tratando de aportar algunas semillas de mi experiencia.

Soy cada partícula de ellos condensada en formas irregulares.

Búsqueda constante por bucear mi naturaleza fluctuante.

Lo más denso y frágil de cada mirada.

El principio y el fin de lo visible e invisible,

Lo posible e imposible antes de intentarlo.

El instante donde el metal se derrite en agua,

Haciéndole el amor a la tierra por surcos y quebradas;

Detectando como un pirata metales en sus entrañas

Dispuesta a derretirlos en el éxtasis de la llama,

convirtiéndome en ceniza salada.

Volveré esta vez provocando inundaciones con la furia del agua,

Apagando el fuego que calienta a los enamorados,

Derritiendo alianzas de amor eterno

Hachándoles las camas donde aman y descansan

Hundiendo con un antojo la cima de la montaña

En una gran carcajada.

Soy el bien y el mal y estoy en todas las almas.

L. S. D.

Las cinco transformaciones

El *yin* y el *yang* son la dinámica y base que mantiene a las artes orientales y las ciencias y se desarrolló más tarde en los campos de la salud y la medicina. En la tradicional medicina china el *yin* y el *yang* le dieron al sanador las herramientas básicas para el diagnóstico. Alrededor del año 2600 a.c., el Emperador Amarillo escribió un trabajo clásico llamado el *Nei Ching*, el manuscrito original de la medicina china. En él introduce una profunda mirada del *yin* y el *yang*, que incluye estadíos de cambios o transformaciones que ocurren a través de un ciclo.

Son estos estadíos transformacionales los que forman la base de los principales nueve números que están asociados con los caracteres de la astrología del Ki 9 estrellas. ¿Cuándo y cómo evolucionó este sistema del *yin* y el *yang*?

Cómo surgieron las transformaciones

Como se puede ver en el diagrama, en la mitad superior del círculo la energía de la izquierda representa la naturaleza *yin* (elevándose) mientras que en la mitad inferior se representa a la naturaleza *yang* (descendiendo).

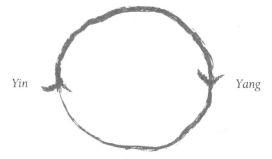

Más tarde el ciclo fue dividido en cuatro etapas claras que pueden ser apreciadas en el siguiente diagrama.

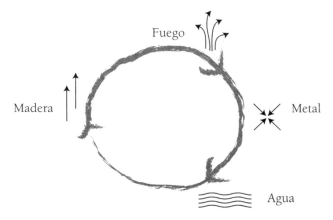

Al lado ascendente del ciclo le fue dada la energía Madera, mientras que en la parte superior la energía fue el Fuego. Al cuarto descendente del ciclo se le dio la energía Metal y finalmente al lado más bajo del ciclo se le asignó la energía Agua.

Sin embargo, a estas etapas también se las puede representar como las cuatro estaciones (Madera=Primavera, Fuego=Verano, Metal=Otoño, Agua=Invierno). Al parecer hubo una quinta etapa de la que dependían estas cuatro anteriores. Se le dio una posición única en el centro del círculo y se la llamó Tierra. A medida que cada etapa/estación avanzaba hacia la otra, pasaba a través de la etapa Tierra.

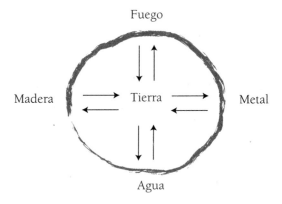

La estación Tierra fue tomada como esa estación impura entre las demás, donde el tiempo y el clima podían revertir con facilidad a la estación anterior por algunos pocos días y después avanzar nuevamente a la próxima por otros pocos días. Ya conocemos todos ese punto en el cual no estamos seguros, por ejemplo, de cuando es primavera o verano, por más que la fecha lo exprese. Finalmente, a Tierra se le dio su propio lugar en el círculo, entre Fuego y Metal.

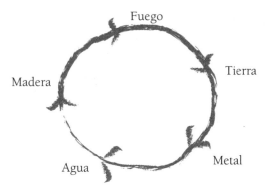

Estas etapas de cambio fueron tradicionalmente conocidas como "energías", pero la palabra "transformación" hace mucho más clara la naturaleza de este círculo. Cada una de estas transformaciones se relaciona con los nueve números principales que usamos en el Ki 9 estrellas.

Las cualidades de las cinco transformaciones

Observar más de cerca estas cinco etapas de cambio nos ayudará a apreciar las cualidades que dan induvidualidad a nuestra naturaleza astrológica. Pueden ser aplicadas a cualquier modo de vida, actividad, comida, estilos de cocina, construcción, música, expresiones artísticas, etcétera. En la astrología Ki 9 estrellas usamos la teoría de las bases de las cinco transformaciones para empezar a describir las características de los nueve números principales. En la medicina tradicional china, estas transformaciones o energías son usadas para describir los órganos de nuestro cuerpo: Fuego, por ejemplo, es la fuerza conductora responsable del corazón e intestino fino.

★ FUEGO
Ésta es la etapa que mejor expresa el florecimiento de energía dentro del círculo; su naturaleza se encuentra arriba y fuera de éste. En el FENG-SHUI la expresión Fuego está conectada con nuestra fama y apariencia externa. Representa el mediodía, el verano y el calor. Aquellos que tengan una fuerte presencia de Fuego en sus cartas, tienden a ser sociables, expresivos, cálidos y apasionados.

★ TIERRA
Esta etapa representa el resultado de la presencia del Fuego, la creación de cenizas, abono y Tierra. Su naturaleza yace más abajo del círculo y en el suelo. La Tierra representa la energía de la tarde y el final del verano y es asociada con los climas húmedos. Aquellos que tengan Tierra en sus cartas tienden a ser sedentarios, prácticos y, como la Tierra o el abono, capaces de nutrir y ayudar a los demás.

★ METAL
Esta etapa es una consolidación más allá de la energía Tierra. Dándole tiempo y presión, la Tierra se transforma en roca y mineral. Su naturaleza es por ende, densa y consolidada. Ésta es la energía de la tarde y el otoño, un momento en que estanos más en nuestro hogar o empezamos a disfrutar de nuestros frutos laborales. El clima asociado con esta etapa es seco. Personas que tengan presencia Metal en sus cartas serán claras y decisivas, prestarán atención a los detalles y tendrán un sentido natural de la autoridad.

★ AGUA
Si los minerales y rocas fueran puestos eventualmente bajo más presión, se derretirían. A pesar de que llamamos a esta etapa Agua, podría ser igualmente vista como fluido. Ésta es la etapa del círculo donde la energía está flotando en el aire, latente. En términos de clima, representa el frío y el invierno. Personas que tengan Agua en sus cartas tienden a tener calma y una oculta expresión que es profunda y reflexiva.

★ MADERA

La naturaleza del Agua fluye a través de las plantas; en la madera, dentro del círculo. La medicina china describe esta etapa como la madera, que es una literal translación, pero no capta realmente la calidad de crecimiento y desarrollo de esta energía, que por eso, a veces, se menciona como Árbol. Su naturaleza está asociada con el movimiento superior de energía del círculo, como también con el nacimiento y comienzo de un nuevo ciclo. Está relacionada con la puesta, el atardecer, con la primavera y con el clima ventoso e inestable. Las personas con Madera en sus cartas tienden a tener una cabeza llena de ideas, energía y entusiasmo, pero carecen de habilidad para completar sus tareas.

ETAPA	FUEGO	TIERRA	METAL	AGUA	MADERA
Naturaleza	Hacia arriba / hacia afuera Grandes picos de expresión	Hacia abajo Sobre la tierra	Hacia adentro Consolidado	Flotando Latente	Hacia arriba Nacimiento
Número Ki 9 estrellas	9	2 5 8	6 7	1	3 4
Momento del día	Mediodía	Tarde	Primeras horas de la noche	Noche	Ocaso
Temporada	Verano	Últimos días del verano	Otoño	Invierno	Primavera
Tiempo	Cálido	Húmedo	Seco	Frío	Ventoso, inestable
Órganos	Corazón Intestino fino	Bazo Páncreas Estómago	Pulmones Colon	Riñón Vejiga Aparato reproductor	Hígado Vesícula biliar
Emociones	+ Cálido, apasionado - Histérico	+ Selectivo - Cínico, desconfiado	+ Positivo, entusiasta - Depresivo	+ Confidente - Temeroso	+ Sentido del humor - Irritable, hipertensivo
Comportamiento	+ Sociable - Errático, alocado	+ Práctico - No termina bien algunos asuntos	+ Claro, directo - Introvertido	+ Flexible, aventurero - Tímido	+ Divertido, espontáneo - Rígido

La interacción de las cinco transformaciones

La forma en que las cinco etapas interactúan provee una visión interna fascinante de nuestras relaciones con otros. Una vez que ha establecido qué energía (Fuego, Tierra, Agua, Metal, Madera) gobierna su número principal, ya puede descubrir cómo se relaciona con otros individuos. Naturalmente, si comparte una etapa transformacional con alguien más, probablemente tengan mucho en común. A continuación, una descripción de las dos mayores relaciones.

★ APOYO

En este aspecto de las cinco transformaciones, la etapa que precede es la que alimenta o apoya a la siguiente energía. Por ejemplo, el Fuego es el creador de la Tierra, y significa que cuando el Fuego está del todo extinto crea Tierra o cenizas. Esa Tierra, al estar bajo considerable presión por un determinado tiempo, crea la próxima etapa, Metal, que en este contexto significa rocas o minerales. Bajo considerable presión eventualmente se derretirá y se convertirá en líquido, que llamaremos Agua. El Agua en su naturaleza es la madre natural de la vegetación, como los árboles. Esta Madera es el combustible del Fuego, lo que completa la naturaleza de "apoyo" en este ciclo.

★ CONTROL

La naturaleza de este ciclo está bien interpretada en la medicina tradicional china: cuando un órgano en particular se torna tanto hiperactivo o bajo en su funcionamiento, tiene un efecto en la energía u órgano opuesto en el otro lado del círculo. Esta misma teoría contiene la razón si consideramos nuestra propia energía natural en relación a los que nos rodean. El principio general es el siguiente:
1. Fuego controla Metal: El Fuego puede derretir Metal.
2. Metal controla Madera: El Metal puede cortar la Madera.
3. Madera controla Tierra: Las raíces de una planta se abren paso a través de la Tierra.
4. Tierra controla Agua: La Tierra puede ser usada para bloquear Agua o absorberla.
5. Agua controla Fuego: El Agua puede controlar el Fuego

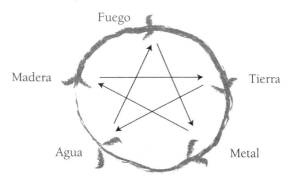

Las cinco transformaciones y el Ki 9 Estrellas

Para guardar una práctica mirada interna en las cualidades de estas diferentes energías naturales, imagine llevar una parte significativa de cada una de estas eenrgías dentro de un bolso en un transporte público. Sería relativamente simple llevar una planta comprada en el mercado (Madera) o una bolsa con piedras (Metal), o una bolsita con compuesto o abono (Tierra). Sin embargo no sería lo mismo si lo hacemos con un bolso lleno de Agua. Imagínese el desastre. Tampoco podríamos hacerlo con el fuego, tendríamos un problema similar. Lo que puede ver con estos ejemplos es la relativa estabilidad de la Tierra, el Metal y la Madera comparada con la naturaleza plásmica del Fuego y el Agua. Aunque son diametralmente opuestas en la naturaleza, sí tienen cualidades similares que son apoyadas por la astrología Ki 9 estrellas, que, como ya explicamos, proveen tanto el comienzo como el final en el círculo. Agua está vista como la energía más *yin* dentro del espectro, mientras que Fuego es etiquetada como la más *yang*. Por eso, en la astrología Ki 9 estrellas, al Agua se le asigna el número 1 y al Fuego el número 9.

La Tierra es vista tradicionalmente como el punto de equilibrio o centro del sistema de las cinco transformaciones, por lo que uno de sus números es el 5. La Tierra no sólo representa el centro del círculo sino que también es neutralizadora entre las demás energías. Como ejemplo, observen lo que ocurre con las estaciones: siempre hay una etapa inconclusa cuando una termina y otra es inminente. Tradicionalmente fue conocida como la etapa Tierra. Es por eso que después de Agua (1), tenemos Tierra (2), y anterior a Fuego (9) tenemos otra Tierra (8). A la energía creciente de la Madera se le asignan dos números (3 y 4), como a la naturaleza de contraerse del Metal (6 y 7).

Cómo determinar su número principal

En este sistema todos los años empiezan entre fines de enero y mediados de febrero del siguiente año. Es decir, si nació en ese período recuerde que su "fecha de nacimiento" es el año anterior.

Método 1

Para años de nacimiento en el siglo XX ignore los dos primeros dígitos (1 y 9) y agregue los últimos dos. Si su suma es menor de diez, deberá restarle ese resultado a diez para obtener el número del año. Sin embargo, si es mayor o igual a diez, sume esos dos dígitos y reste ese resultado a diez. A continuación unos simples ejemplos.

1952	5 + 2 = 7	
	10 - 7 = 3	Madera
1967	6 + 7 = 13	
	1 + 3 = 4	
	10 - 4 = 6	Metal
1972	7 + 2 = 9	
	10 - 9 = 1	Agua
1950	5 + 0 = 5	
	10 - 5 = 5	Tierra
1955	5 + 5 = 10	
	1 + 0 = 1	
	10 - 1 = 9	Fuego

Método 2

Éste es un método alternativo que funciona para cualquier fecha de la historia.

1. Sume todos los dígitos del año a tratar.
   Ejemplo: 1998, 1 + 9 + 9 + 8 = 27

2. Sume nuevamente el resultado (en caso de que sea necesario) hasta obtener una cifre menor o igual que diez.
   Ejemplo: 2 + 7 = 9
3. Reste el número obtenido a once.
   Ejemplo: 11 - 9 = 2

Este resultado da como número principal el 2, Tierra, para el año 1998.

Números Ki 9 Estrellas por año (1811-2035)

9	8	7	6	5	4	3	2	1
1811	1812	1813	1814	1815	1816	1817	1818	1819
1820	1821	1822	1823	1824	1825	1826	1827	1828
1829	1830	1831	1832	1833	1834	1835	1836	1837
1838	1839	1840	1841	1842	1843	1844	1845	1846
1847	1848	1849	1850	1851	1852	1853	1854	1855
1856	1857	1858	1859	1860	1861	1862	1863	1864
1865	1866	1867	1868	1869	1870	1871	1872	1873
1874	1875	1876	1877	1878	1879	1880	1881	1882
1883	1884	1885	1886	1887	1888	1889	1890	1891
1892	1893	1894	1895	1896	1897	1898	1899	1900
1901	1902	1903	1904	1905	1906	1907	1908	1909
1910	1911	1912	1913	1914	1915	1916	1917	1918
1919	1920	1921	1922	1923	1924	1925	1926	1927
1928	1929	1930	1931	1932	1933	1934	1935	1936
1937	1938	1939	1940	1941	1942	1943	1944	1945
1946	1947	1948	1949	1950	1951	1952	1953	1954
1955	1956	1957	1958	1959	1960	1961	1962	1963
1964	1965	1966	1967	1968	1969	1970	1971	1972
1973	1974	1975	1976	1977	1978	1979	1980	1981
1982	1983	1984	1985	1986	1987	1988	1989	1990
1991	1992	1993	1994	1995	1996	1997	1998	1999
2000	2001	2002	2003	2004	2005	2006	2007	2008
2009	2010	2011	2012	2013	2014	2015	2016	2017
2018	2019	2020	2021	2022	2023	2024	2025	2026
2027	2028	2029	2030	2031	2032	2033	2034	2035

Los años lunares exactos, desde 1900 a 2008

SIGNO

Signo	Desde		Hasta	Elemento	
Rata	31/01/1900	a	18/02/1901	metal	+
Búfalo	19/02/1901	a	07/02/1902	metal	-
Tigre	08/02/1902	a	28/01/1903	agua	+
Conejo	29/01/1903	a	15/02/1904	agua	-
Dragón	16/02/1904	a	03/02/1905	madera	+
Serpiente	04/02/1905	a	24/01/1906	madera	-
Caballo	25/01/1906	a	12/02/1907	fuego	+
Cabra	13/02/1907	a	01/02/1908	fuego	-
Mono	02/02/1908	a	21/01/1909	tierra	+
Gallo	22/01/1909	a	09/02/1910	tierra	-
Perro	10/02/1910	a	29/01/1911	metal	+
Chancho	30/01/1911	a	17/02/1912	metal	-
Rata	18/02/1912	a	05/02/1913	agua	+
Búfalo	06/02/1913	a	25/01/1914	agua	-
Tigre	26/01/1914	a	13/02/1915	madera	+
Conejo	14/02/1915	a	02/02/1916	madera	-
Dragón	03/02/1916	a	22/01/1917	fuego	+
Serpiente	23/01/1917	a	10/02/1918	fuego	-
Caballo	11/02/1918	a	31/01/1919	tierra	+
Cabra	01/02/1919	a	19/02/1920	tierra	-
Mono	20/02/1920	a	07/02/1921	metal	+
Gallo	08/02/1921	a	27/01/1922	metal	-
Perro	28/01/1922	a	15/02/1923	agua	+
Chancho	16/02/1923	a	04/02/1924	agua	-
Rata	05/02/1924	a	24/01/1925	madera	+
Búfalo	25/01/1925	a	12/02/1926	madera	-
Tigre	13/02/1926	a	01/02/1927	fuego	+
Conejo	02/02/1927	a	22/01/1928	fuego	-
Dragón	23/01/1928	a	09/02/1929	tierra	+
Serpiente	10/02/1929	a	29/01/1930	tierra	-
Caballo	30/01/1930	a	16/02/1931	metal	+
Cabra	17/02/1931	a	05/02/1932	metal	-
Mono	06/02/1932	a	25/01/1933	agua	+
Gallo	26/01/1933	a	13/02/1934	agua	-
Perro	14/02/1934	a	03/02/1935	madera	+
Chancho	04/02/1935	a	23/01/1936	madera	-
Rata	24/01/1936	a	10/02/1937	fuego	+
Búfalo	11/02/1937	a	30/01/1938	fuego	-
Tigre	31/01/1938	a	18/02/1939	tierra	+
Conejo	19/02/1939	a	07/02/1940	tierra	-

Dragón	08/02/1940	a	26/01/1941	metal	+
Serpiente	27/01/1941	a	14/02/1942	metal	-
Caballo	15/02/1942	a	04/02/1943	agua	+
Cabra	05/02/1943	a	24/01/1944	agua	-
Mono	25/01/1944	a	12/02/1945	madera	+
Gallo	13/02/1945	a	01/02/1946	madera	-
Perro	02/02/1946	a	21/01/1947	fuego	+
Chancho	22/01/1947	a	09/02/1948	fuego	-
Rata	10/02/1948	a	28/01/1949	tierra	+
Búfalo	29/01/1949	a	16/02/1950	tierra	-
Tigre	17/02/1950	a	05/02/1951	metal	+
Conejo	06/02/1951	a	26/01/1952	metal	-
Dragón	27/01/1952	a	13/02/1953	agua	+
Serpiente	14/02/1953	a	02/02/1954	agua	-
Caballo	03/02/1954	a	23/01/1955	madera	+
Cabra	24/01/1955	a	11/02/1956	madera	-
Mono	12/02/1956	a	30/01/1957	fuego	+
Gallo	31/01/1957	a	17/02/1958	fuego	-
Perro	18/02/1958	a	07/02/1959	tierra	+
Chancho	08/02/1959	a	27/01/1960	tierra	-
Rata	28/01/1960	a	14/02/1961	metal	+
Búfalo	15/02/1961	a	04/02/1962	metal	-
Tigre	05/02/1962	a	24/01/1963	agua	+
Conejo	25/01/1963	a	12/02/1964	agua	-
Dragón	13/02/1964	a	01/02/1965	madera	+
Serpiente	02/02/1965	a	20/01/1966	madera	-
Caballo	21/01/1966	a	08/02/1967	fuego	+
Cabra	09/02/1967	a	29/01/1968	fuego	-
Mono	30/01/1968	a	16/02/1969	tierra	+
Gallo	17/02/1969	a	05/02/1970	tierra	-
Perro	06/02/1970	a	26/01/1971	metal	+
Chancho	27/01/1971	a	14/01/1972	metal	-
Rata	15/01/1972	a	02/02/1973	agua	+
Búfalo	03/02/1973	a	22/01/1974	agua	-
Tigre	23/01/1974	a	10/02/1975	madera	+
Conejo	11/02/1975	a	30/01/1976	madera	-
Dragón	31/01/1976	a	17/02/1977	fuego	+
Serpiente	18/02/1977	a	06/02/1978	fuego	-
Caballo	07/02/1978	a	27/01/1979	tierra	+
Cabra	28/01/1979	a	15/02/1980	tierra	-
Mono	16/02/1980	a	04/02/1981	metal	+
Gallo	05/02/1981	a	24/01/1982	metal	-
Perro	25/01/1982	a	12/02/1983	agua	+
Chancho	13/02/1983	a	01/02/1984	agua	-

Rata	02/02/1984	a	19/02/1985	madera	+
Búfalo	20/02/1985	a	08/02/1986	madera	-
Tigre	09/02/1986	a	28/01/1987	fuego	+
Conejo	29/01/1987	a	16/02/1988	fuego	-
Dragón	17/02/1988	a	05/02/1989	tierra	+
Serpiente	06/02/1989	a	26/01/1990	tierra	-
Caballo	27/01/1990	a	14/02/1991	metal	+
Cabra	15/02/1991	a	03/02/1992	metal	-
Mono	04/02/1992	a	22/01/1993	agua	+
Gallo	23/01/1993	a	09/02/1994	agua	-
Perro	10/02/1994	a	30/01/1995	madera	+
Chancho	31/01/1995	a	18/02/1996	madera	-
Rata	19/01/1996	a	06/02/1997	fuego	+
Búfalo	20/02/1997	a	27/01/1998	fuego	-
Tigre	28/01/1998	a	15/02/1999	tierra	+
Conejo	16/02/1999	a	04/02/2000	tierra	-
Dragón	05/02/2000	a	23/01/2001	metal	+
Serpiente	24/01/2001	a	11/02/2002	metal	-
Caballo	12/02/2002	a	31/01/2003	agua	+
Cabra	01/02/2003	a	21/01/2004	agua	-
Mono	22/01/2004	a	08/02/2005	madera	+
Gallo	09/02/2005	a	28/01/2006	madera	-
Perro	29/01/2006	a	17/02/2007	fuego	+
Chancho	18/02/2007	a	06/02/2008	fuego	-

Feng-Shui
Un regalo más de China para la humanidad

Entregada al conocimiento, llena de curiosidad y el deseo de superación, he dedicado gran parte de mi vida a estudiar la cultura china, su medicina preventiva, el arte y las disciplinas enfocadas al arte del rejuvenecimiento y la longevidad. Estas teorías están basadas en el taoísmo y el budismo, ambas son enseñanzas que en China se fundieron en un sincretismo tal que a menudo el mundo occidental las confunde. Primero abracé la filosofía del taoísmo hasta que el río del TAO me empujó al budismo; por lo tanto reconozco las diferencias y puedo esclarecerlas un poco, para así comprender todas las distintas disciplinas y enseñanzas que ambas corrientes llevan.

Acacia Eng Fui

El FENG-SHUI es parte de la llamada medicina preventiva tradicional de China, ya que la práctica de las tradiciones tanto física, como mental y espiritual tienen tres puntos de radical importancia como objetivos: La salud, la longevidad y la prosperidad.

Para los chinos, los seres humanos somos una manifestación de la fusión de las energías de la tierra, *yin* y del cielo, *yang*. Por lo tanto, mantenernos en armonía y equilibrio con el cosmos es un deber enfocado al cumplimiento de ese objetivo.

Durante los últimos 25 años, he impartido cursos y conferencias en la mayor parte de la República Mexicana y Centroamérica, durante esos años y hasta la fecha también he participado en programas de radio y televisión y fui la primera persona en difundir el Taichi Chuan, un tipo de yoga chino que forma parte también de esa medicina preventiva de la que he hablado antes.

He enfocado mi principal actividad en el desarrollo humano por medio de la psicología humanista, la psicoterapia corporal, la bioenergética y el Taichi Chuan.

Es en esta búsqueda espiritual propia que he descubierto las necesidades de las personas y las demandas del medio ambiente. Apoyada en la observación y comprobación de las actitudes y normas de mi padre: Don Luis Engfui, quien nació en China e hizo su vida en México; además del estudio exhaustivo sobre geoastrología, geobiología, costumbres nutricionales Chi Kun, meditación y medicina china. Disciplinas que lleva a cabo el Centro de Relaciones Culturales Mexicano Chino, que dirijo y que me ha dado la oportunidad de entrar en contacto con los pacientes de los médicos chinos de alto nivel que allí trabajan. Todo está ligado en un mismo centro cósmico; todas las disciplinas sumadas al arte, la medicina y la filosofía forman parte de la necesidad del hombre de ser saludable, próspero y longevo.

El FENG-SHUI, arte y disciplina cada vez más difundido en Occidente, impulsa la armonía del hombre con la naturaleza y el cosmos. Promueve la salud física, mental y espiritual de todo aquel individuo que desee la felicidad, la prosperidad y la paz interior.

El FENG-SHUI lleva miles de años de práctica en China, es lo que el mundo occidental llama "Conciencia ecológica integral". Observar y examinar la orientación de nuestra casa, su forma y estilo, la distribución de las habitaciones, la ubicación de puertas y ventanas, todos estos puntos son determinantes del flujo de la energía vital y este flujo es, a su vez, condicionante de la salud o enfermedad de una casa ya que para los chinos, la casa es una extensión del cuerpo humano.

Lo interesante y asombroso es comprobar cómo coinciden las teorías del FENG-SHUII con las historias familiares y de negocios estudiadas. Lo digo basándome en los reportes de los televidentes, radioescuchas y alumnos que han compartido sus experiencias e inquietudes.

Ahora tenemos en el mundo occidental este conocimiento y podemos beneficiarnos con él al cambiar nuestra vida y destino. En este viaje de autodescubrimiento partiremos desde nosotros mismos, luego de nuestro entorno, comprenderemos juntos las leyes de la naturaleza que influyen en nuestro destino sobre la Tierra.

Para los chinos existen tres destinos: el destino de la tierra, el del hombre y el del cielo. La suerte del cielo está determinada por las estrellas; las cuales viajan e interactúan en una danza cósmica continua; depende de nuestra sensibilidad y conocimiento el poder inclinarnos a actuar en un sentido determinado. Es decir, llevamos de la mano no sólo a nuestra propia persona, sino también a nuestra historia pasada (karma) nuestros impulsos (causa) y los efectos que producen nuestros actos (destino). Por lo tanto es útil conocer nuestro horóscopo para así utilizarlo como instrumento, de esa manera podemos actuar de acuerdo con las leyes infalibles de la naturaleza y aceptar los cambios indispensables para nuestra evolución. Descubrir cuál es nuestra misión a desempeñar en este concierto cósmico que es la vida en este maravilloso planeta, es el aporte del FENG-SHUI para la humanidad actual.

La suerte de la naturaleza está determinada por la energía telúrica que forma valles, montañas, ríos, lagos y mares. La suerte de la naturaleza dispone así las leyes que debemos conocer para encontrar el lugar apropiado para cumplir armoniosamente con el arte de vivir plenamente sobre el planeta.

La suerte de los hombres está determinada por las dos suertes anteriores y por el pleno conocimiento de nosotros mismos: nuestras ambiciones, emociones y necesidades físicas, mentales y espirituales.

En China, cuando un enfermo no responde a ningún tratamiento, se recurre al FENG-SHUI, para ello, es necesario contactar al Shien Shen (geomante) el cual visita la casa del enfermo. El Shien Shen observa las formas externas que pueden estar influyendo sobre todo el terreno, la ubicación de las recámaras dentro de la vivienda y la dirección de la cama. Utiliza una brújula y un péndulo o varillas, haciendo uso, de ese modo, de lo que en Occidente conocemos como radiestesia.

El geomante busca los flujos de energías telúricas malignas que puedan provenir de corrientes subterráneas o de la emisión de ondas de forma emitidas por muebles y construcciones alrededor de la vivienda para hacer de esta manera un diagnóstico que determine las curas a seguir, con el objetivo de lograr la armonía entre los elementos en conflicto. El conocimiento de la radiestesia se combina con el uso de la astrología y la numerología, ambas disciplinas estudian el movimiento de las estrellas en el cielo, ya sea en el momento actual o en tiempos pasados. Estas estrellas forman parte de un cuadrado mágico llamado Lo Shu.

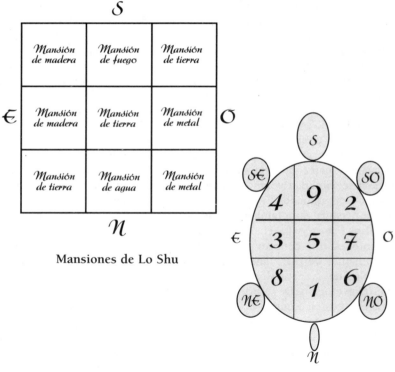

Mansiones de Lo Shu

Lo Shu original

Hay un Lo Shu original, su diseño se basa en las observaciones de Fu Shi, un chamán que se convirtió en el primer emperador de China;

observó que el viento (FENG) no puede ser mirado con los ojos, mas sí se puede advertir el efecto a su paso. El agua (SHUI) no puede ser atrapada, su fuerza es capaz de abrirse camino a través de cualquier obstáculo. También observó el caparazón de una tortuga, que, como dice la leyenda, surgió del río Amarillo. El emperador, estudiando los puntos grabados en el caparazón, interpretó los signos del cambio perpetuo, con lo cual dio nacimiento al I-CHING, considerado actualmente como la Biblia china, o el Oráculo de los cambios. Podríamos decir que este cuadrado mágico describe a las estrellas justo en el momento en que todo comienza, cuando cambia el año, las estrellas cambian de posición así que cada estrella "visita" una "mansión" del cuadro y allí permanece cada una por espacio de un año.

El FENG-SHUI también es útil para curar problemas que pueden estar encuadrados dentro del ámbito profesional, familiar y económico, y pueden ser remediados simplemente por el hecho de cambiar la posición de la cama hacia algún punto que sea favorable ese año. También se debe cambiar de lugar el escritorio y en algunos casos más complicados, tal vez sea necesario cambiar la casa misma. Eso no quiere decir que hay casas malas, una casa que no le sirve a una persona, le puede servir plenamente a otra. Cada enfermedad tiene su cura.

En este año del caballo de agua, sugiero evitar en lo posible el uso del área y dirección SUR, en menor grado el ESTE; por lo tanto me permito sugerir las siguientes indicaciones con el uso del color adecuado y los símbolos que favorecerán la suerte para el año. Debo aclarar que las estrellas cambian de mansión en el Lo Shu original cada año y que cada estrella tiene una energía propia que interactúa con la energía fija de tu signo del zodíaco personal y con la energía fija de la mansión visitada en el año en curso y esto determina las precauciones a tomar.

Instrucciones para utilizar el Lo Shu en el Feng-Shui

Coloca el cuadrado Lo Shu encima del plano de tu casa, si quieres, puedes trasferirlo a una mica trasparente para facilitar el análisis. Haz que coincidan las direcciones, es decir norte con norte, sur y sur, etcétera.

De esta manera podrás descubrir qué energía está actuando en cada área de nuestra casa y así descubrirás qué ubicación es la favorable para tu cama, cuál para la mesa de trabajo durante el año del caballo de agua de acuerdo con la energía fija de tu signo zodiacal.

Vamos a seguir el mismo procedimiento con cada uno de los mapas Lo Shu para cada signo del zodíaco. Cada miembro de la familia debe elegir el que le corresponda al zodíaco de su año de nacimiento.

Recuerda que el uso de los amuletos, ubicaciones y cuarzos que recomiendo son individuales y que además sólo son válidas para este año del Caballo 2002.

¡Buena suerte y que las estrellas les sean propicias!

Les desea de todo corazón: Acacia Engfui.

Rata

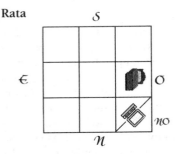

Te conviene usar objetos de metal. Un dije con forma de dragón o mono hecho de oro o plata es perfecto. Tu cuarzo debe ser azul. También te recomiendo pintar de color blanco o crema tu habitacion y estudio.

Búfalo

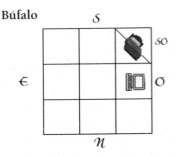

Este año tu amuleto debe tener forma de gallo o serpiente y debe estar hecho de cerámica roja o azul. Tu cuarzo debe ser amarillo o café y los colores para tu habitación y estudio son el rojo, rosa o magenta.

Tigre

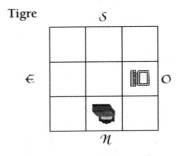

Este año busca un amuleto con forma de caballo o perro hechos de metal o madera. Tu color de cuarzo es el verde y los colores con que debes pintar tu habitación o tu estudio son azul, gris o verde.

Conejo

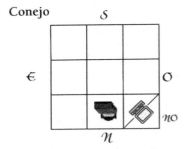

Busca un amuleto con forma de chanchito o cabra, de metal o de madera. Tu cuarzo este año debe ser color verde y por último, te recomiendo pintar tu cuarto y estudio en colores verde, azul o gris.

Dragón

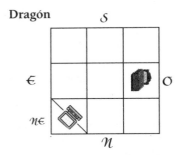

Este año te recomiendo usar un amuleto con forma ya sea de rata o de mono, de cerámica o metal color rojo. Tu cuarzo debe ser de color cobrizo y los colores que te son favorables en tu cuarto o estudio son bermellón, durazno y rojo.

Serpiente

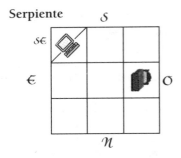

Para este año, tu amuleto debe tener la forma de un gallo o una vaca, los materiales propicios son el metal y la madera. Tu cuarzo debe ser incoloro y los colores para tu habitación y estudio son el verde y el turquesa.

Caballo

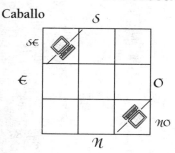

Este año debes usar un dije con forma de tigre o perro, ya sea de metal o madera. Tu cuarzo debe ser color café o blanco y el color beneficioso para tu habitación o estudio es el verde.

Cabra

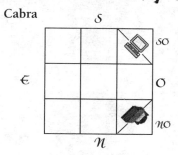

Tu amuleto este año debe tener la forma de un chanchito o un conejo, debe estar hecho de cerámica roja. tu cuarzo debe ser color rosa y tus colores beneficiosos van del rojo, pasando por el magenta hasta el rosa.

Mono

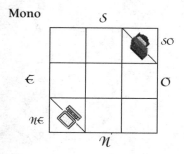

Tu amuleto de la buena suerte ser un monito o un dragón de madera o de cerámica. Busca un cuarzo de color citrino. Para tu habitación o estudio escoge los colores que van del amarillo al ocre.

Gallo

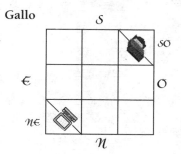

Este año debes usar un amuleto de madera o cerámica con la forma de caballo, vaca o búfalo. Te recomiendo también usar un cuarzo color citrino y para pintar tu habitación o estudio, puedes escoger del amarillo al ocre.

Perro

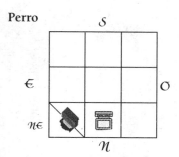

Tu amuleto debe estar hecho de cerámica o madera y llevar la forma de tigre o caballo. Tu cuarzo debe ser rojo o magenta y los colores ideales para tu cuarto y estudio van del rosa al bermellón.

Chancho

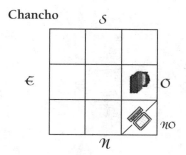

Te recomiendo usar un chanchito, una cabra o un conejo de metal como amuleto. El color de cuarzo que te conviene es el azul. Para tu habitación o estudio, prefiere el color blanco, plata o crema.

Astrología poética

He perdido la memoria
De cuántos libros
Me han dictado soñando LOS DIOSES.
Milagroso encuentro entre BUDA, el zoo
Y la misión de juglar,
Encendida llama en OCCIDENTE.
Transmitir con humor,
Simpleza y contenido
LA ASTROLOGÍA ORIENTAL.
Acrecentó mi pasión por ORIENTE
Manantial inagotable de secretos
Sazonados a tiempo
Para nuestro despertar.
Enseñanzas que se instalan en el fondo
Con ganas de mejorar.
Instrumentos, elementos
Condimentos para evolucionar
En la rueda del SAMSARA
Escalera hacia EL NIRVANA

Desapego a los deseos, ilusiones
y emociones
Que nos mantienen esclavos, prisioneros
en la cadena kármica
Ancla para volar.
Si a través de tantos años he podido
orientarlos
Reconciliarlos con su animal natal
E invitarlos a bailar una danza inusual;
Celebremos este encuentro
Cada año renovado
Que nos permite aceptar
Los pasos que hemos dado
Para atrás o adelante
Cada uno lo sabrá;
Lo importante es el camino
Acelerado destino de soledad
Con presencia o con ausencia
Ustedes me han convencido
De ofrecerles este libro
Como nutrición especial.
Compartirlo es el destino
Al paso, trote o galope.

L. S. D.

Rata

Rata

Ficha técnica

Nombre chino de la rata:
SHIU

Número de orden:
PRIMERO

Horas regidas por la rata:
11 PM a 1 AM

Dirección de su signo:
DIRECTAMENTE HACIA EL NORTE

Estación y mes principal:
INVIERNO-DICIEMBRE

Corresponde al signo occidental:
SAGITARIO

Elemento fijo:
AGUA

Tronco:
POSITIVO

Eres Rata si naciste:

31/01/1900 – 18/02/1901
RATA DE METAL

18/02/1912 – 05/02/1913
RATA DE AGUA

05/02/1924 – 23/01/1925
RATA DE MADERA

24/01/1936 – 10/02/1937
RATA DE FUEGO

10/02/1948 – 28/01/1949
RATA DE TIERRA

28/01/1960 – 14/02/1961
RATA DE METAL

15/02/1972 – 02/02/1973
RATA DE AGUA

02/02/1984 – 19/02/1985
RATA DE MADERA

19/02/1996 – 06/02/1997
RATA DE FUEGO

Es el cielo interior
Que me recuerda lo sola que estoy.
Son los claroscuros de los límites
Que nadie recorre
De mis costillas oxidadas
De ancla a la deriva
Esperando naufragar en tu espigón
Juglar domesticado
Revolución.
Fuego en el lago.
        L. S. D.

Carta a la Argentina • Rata de fuego

Querido país:

Has nacido bajo el signo chino de la rata, el 9 de julio de 1816, y tu elemento es fuego.

Es evidente que los que eligieron esa fecha para declararte independiente desconocían la influencia de la ASTROLOGÍA, y menos aún de LA CHINA y decidieron en la mítica CASITA DE TUCUMÁN el destino de la Argentina.

Me duele profundamente no haber sido invitada en ese NAJT (tiempo-espacio).

Es triste saber que en determinadas culturas, como la nuestra, no se recurre a la participación de distintas personas dotadas o especializadas en materias que enriquecerían el desarrollo cósmico-telúrico de los pueblos. Que todo quede supeditado desde entonces a los dirigentes políticos de turno.

Creo que un país necesita de todo tipo de personas, espíritus, ideas, propuestas para convertirse en un ser vivo y dinámico y no en un club privado donde los socios especulen con los no socios endeudándoles futuras vidas, pues en ésta, con lo que tienen, no alcanza.

Cada uno de nosotros trae una misión para aportar al ecosistema planetario, y necesitamos desagotarla, señora rata.

LA FECHA ELEGIDA RESULTÓ NEFASTA PARA LOS ASTROS Y PARA EL PUEBLO. La luna llena enfrentada al sol, o sea, el pueblo en oposición al gobierno en forma sistemática produciendo choques, rupturas y falta total de entendimiento y armonía.

La rata fue el primer animal que llegó a verlo a Buda, usufructuando la buena fe y amabilidad del buey que la llevó en su lomo en un larguísimo camino, mientras la rata le contaba chistes, cuentos y fábulas muy entretenidos.

Astuta, hábil, entrometida, comedida, lograste flotar como un corcho en las más difíciles alcantarillas, cañerías y estanterías haciendo piruetas, malabarismos, hipnosis, alas delta, parapente zafando de los suicidios, amenazas de tener los segundos contados, logrando seducirnos con el queso amarrocado en los últimos ciento ochenta y cinco años. Tu talento consistió en saber mentir como en el truco y llevarte todos los tantos.

Argentina, rosa en el mapamundi como China. Siempre me gustaste, tu forma de sifón, tus provincias con nombres y límites pintorescos me enamoraron desde niña.

Estudiar tus ríos, climas, topografía, densidad demográfica me causaban fascinación y risa; siempre me hiciste cosquillas y me pusiste la piel de gallina.

Desde las paredes descascaradas de las aulas los próceres mirando de costado algún planeta para aterrizar después de sus hazañas en esta porción de la tierra. Y nosotros deseando aprender algo que nos sirva en la vida; en vez de llenar boletines de materias crematorias.

Esperaba ilusionada los 25 de mayo o 9 de julio en los actos escolares; esa mezcla de empanada de humita, bandera a media asta, "Alta en el cielo" y todos desafinando como guanacos.

Desde los dieciocho años te recorrí en carpa, con novio, amigos, sola, en bus, a caballo y después cuando me convertí en pitonisa acompañada por Buda y el zoo en cada ciudad, pueblo, capital de provincia, me sentí una privilegiada, pues somos pocos los argentinos que te conocemos de norte a sur y de este a oeste, sintiendo las leguas en las papilas, engarzando como jade cada región con su tonada, comida típica, arte, canto y clima. Rata fogosa te recorrí en los extremos: donde la tierra, el mar y los hielos se unen en un triángulo amoroso; LA PATAIA en la isla más exótica del mapa: Tierra del Fuego, allí sentí la separación cósmica con el universo; después atravesar LA PATAGONIA, su azote de vientos milenario, mar azul lejano, navegado por otros buques pesqueros ladrones de plataforma submarina ante nuestra indiferencia.

Los siete lagos del sur y los anónimos, la cordillera, la fertilidad de sus laderas, la paralizante beldad de la abundante naturaleza; los bosques de alerces, pinos, cipreses, lenga, cuyos dueños son LOS MAPUCHES, aunque el hombre blanco se crea propietario, relegando a sus herederos a conformarse con ser los portadores de tan noble linaje; mientras hombres, mujeres y niños aún reclaman sus derechos milenarios ante leyes obsoletas y total indiferencia.

CUYO, SAN JUAN, MENDOZA con sus tierras de vid, sol, nieve, generosidad con su gente tan dulce y hospitalaria invitando a no retornar más a casa.

LA RIOJA, CATAMARCA, llena de misterio, ruinas, caminos que llevan a paraísos olvidados de sal, aldeas y rebaños.

TUCUMÁN, la más kármica, rodeada de selva, valles, cerros, montañas y zafra.

EL NORTE, SALTA, JUJUY, otra Argentina, cercana a Bolivia, donde vivir un tiempo cambia la óptica de la vida. Su gente, artesanía, colores, casas de adobe. EL TREN DE LAS NUBES como milagro zigzagueando desde el llano a los 4500 metros de altura, lleno de turistas y algunos locales que no creen que estos lugares existan en estado de vigilia.

EL NORESTE, CHACO, SANTIAGO DEL ESTERO Y FORMOSA, territorio vasto de fauna y flora que pocos conocemos, leyendas, mitos y buenas termas para reponernos de las andanzas.

EL LITORAL, desde Misiones, tierra roja, afrodisíaca, no son sólo las CATARATAS, el orgasmo de los dioses, es tu perfume que te persigue como el saltamonte; RUINAS DE SAN IGNACIO, apenas visitadas, pues siempre es mejor irse a MACHU PICCHU y contarlo.

CORRIENTES, loca herencia de los GUARANÍES para seguir siendo libres, rebeldes, sin toga.

ENTRE RÍOS, tenés el FENG-SHUI perfecto que se necesita para ser feliz.

SANTA FE, Gato con Botas, riqueza en tu gente llena de ideales, nobleza y encanto.

Y te dejo para el final, junto a SAN LUIS, porque estás en el centro del territorio, aportando equilibrio, armonía e imaginación: mi CÓRDOBA querida donde elegí construir mi rancho zen. La inspiración fluye en el aire, la salud se recupera con sólo pensarte tomando tus yuyos al alcance de la mano, yapa de los COMECHINGONES tus noches sobrevaluadas de estrellas, satélites, planetas y visitantes de otras dimensiones son señales para seguir convencidos del rumbo.

RATA DE FUEGO: Sos increíble, poderosa, infinita y calamitosa. Tenés más de lo que mostrás, y tus reservas nunca se agotan. Sos autodestructiva, te gusta más Tanatos que Eros.

Humillación es ser pobre en tu tierra, donde florecen calabazas en el estiércol, frutillas en los pantanos, maíz en tierra arenosa. Es un pecado no estar a la altura de lo que te han regalado los dioses y mendigar pan y trabajo.

RATA DE FUEGO: Prostituta y virgen al mismo tiempo.

Te han violado con tu consentimiento y te sentís ultrajada. El ego es lo que recién ahora estás pulverizando a un costo de kamicaze. El ego es el mendigo espiritual que no se alimenta con nada. El ego aniquiló tu creatividad fantástica, tu locura intuitiva, tus hijos diseminados por el mundo buscando el retorno a lo que podría ser.

Seguiremos en un tiempo despoetizado, enfermizo y profético.

Podría vivir en otras partes, pero te elijo y agradezco este acelerado aprendizaje por existir.

Quiero morir aquí escuchando al zorzal y a la calandria, al bicho feo y a las loras que me aturden los deseos.

SOMOS CULPABLES E INOCENTES.

SOMOS HUMANOS.

Significado del signo

La rata significa un niño recién nacido que saca sus brazos de su ropa abrazando al universo o una semilla, la idea de la prolongación o la continuidad de la vida.

Simbólicamente representa la vida dentro de la muerte o el cambio de estado de las cosas. Es por eso que la gente que pertenece a este signo esconde un misterio muy especial, como si vivir fuera un riesgo permanente por el miedo de ser atrapada y descubierta.

Sus cualidades son fascinantes; optimista, creativa y especial para desenvolverse en las sutiles paredes del instinto, la cordura y la locura.

En la mitología china la rata es considerada como una criatura muy sabia que tiene conocimientos ocultos.

En el lejano folklore se cree que la rata vive trescientos años y que al cumplir cien su color cambia al blanco y esto es un regalo de profecías.

La rata es nerviosa y analítica, curiosa y arriesgada, pero al mismo tiempo es una experta en detectar peligros y escabullirse como por arte de magia.

En ambos sexos es misteriosa y *sexy*; más intelectual que manual, aunque sabe sacar provecho de su talento cuando llega el momento.

Es una sibarita; adora los placeres terrenales, es sensual y lujuriosa.

Adora deslizarse en la noche en busca de aventuras, emociones, experiencias al más allá para convertirse en una experta catadora del alma humana.

Es extremadamente generosa con su tiempo, ayuda y dinero. Tiene fama de despilfarradora, pero SABE AHORRAR SUS QUESOS cuando vienen épocas difíciles y siempre tiene sustento para sobrevivir.

Su tendencia al juego o a los vicios ocultos puede jugarle malas pasadas a través de su vida, pero como tiene un instinto de sobrevivencia superior al resto del zoo, zafará en el instante fatal de la desintegración.

Cuando Buda convocó a los doce animales llegó primera por saltar sobre el lomo del búfalo y ganó el liderazgo, pero en su interior puede delegar el primer puesto a gente que admira si encuentra armonía, respeto y confiabilidad.

A la rata le gusta la buena vida y conseguirá por caminos lícitos o ilícitos los medios para lograr una buena posición social y material.

Su *charme*, simpatía, inteligencia y sentido del humor le abrirán puertas galácticas y llegará siempre al blanco de sus objetivos.

Es muy introvertida con sus sentimientos y sólo los expresará con gente muy querida y afín, buscará compañía aunque no sea íntima, pues no soporta la soledad.

Se puede contar con ella cuando se la necesita, adora tender una mano a sus amigos y amantes.

Cuando cae la tarde y las primeras sombras aparecen en la noche la rata renace y comienza a picar quesos, tragos y habanos. Le encanta merodear los bares de los amigos y quedarse en la barra filosofando con extraños o recitándoles poesías recién creadas en una servilleta de papel.

En la rata hay dos planos que se detectan: por fuera parece calma, serena, equilibrada y madura, mientras que en su interior un volcán está a punto de explotar y derretir con su fuego las nieves eternas del Himalaya. La roedora es ciclotímica, tiene UP AND DOWN muy notorios que alteran su equilibrio psíquico produciendo somatizaciones en su salud, que debería atender con más dedicación.

Intensamente romántica y sociable al mismo tiempo, este animal necesita tener amor y cariño para sentirse segura y protegida. Es sensible a las mínimas manifestaciones de afecto, vulnerable y muy sentimental. Es a través de este acueducto que la rata expresa sus sonidos imperceptibles de amor en el o la elegida.

La pareja es parte fundamental de su vida y si logra establecer un vínculo profundo sentirá la necesidad de formar una familia.

La rata es también oportunista, excesivamente agresiva y manipuladora. Consigue hipnotizar a sus presas expandiendo un arsenal de creatividad y estrategia. Logra triunfar casi siempre, y sabe rodearse de buenos colaboradores.

Adora moverse en un entorno refinado y buscará lo mejor en cada rubro para lograrlo. SHOPPING, BUENOS RESTAURANTES, ROPA, AUTOS, EN FIN... HAY UN MUNDO MEJOR, PERO ES CARÍSIMO...

Las dos cosas que la obsesionan son el dinero y el sexo. Esta combinación las convierte en especuladoras de alto riesgo, *dandies* y *femmes* fatales capaces de arriesgar todo por dos pesos.

Los mejores proyectos comerciales están asociados a la comida, la fertilidad, los niños y la tierra.

La inteligencia de la rata le permite acceder a cualquier carrera: puede tener éxito como contadora, gente de negocios, crítica, diseñadora, abogada, ingeniera, bailarina, actriz, música, escritora, científica, bióloga y, especialmente, política.

La rata es adicta al sexo; no es fiel especialmente, pero mientras dure la relación hará sentir a su pareja en las nubes. Conoce el arte de seducir a través de los sentidos y tiene un don especial para crear una atmósfera teatral a la hora del amor; pondrá la música ideal, prenderá inciensos del Lejano Oriente y tendrá mentas para degustar.

Cuando una rata se enamora es capaz de llevar a su pareja "más allá del arco iris y al filo de la navaja".

Un amante imposible de olvidar. TÓMALA O HUYE ANTES DE QUE TE DETECTE.

El Tao del amor y del sexo

Para el roedor de ambos sexos o de una nueva clonación, el amor es un lujo que se paga caro; esencial en sus vidas, lleno de situaciones límite que oscilan entre la vida y la muerte y los atajos que hay en el medio.

La rata es tan cerebral, crítica y cínica que no soporta el amor en envase clásico; elucubrará un sistema amoroso que la inspire para sublimar su libido.

El o la elegida deberá no estar en el identikit, pues lo convencional le aburre y necesita altas dosis de imaginación para afrontar la ODISEA del amor. Estará siempre a la defensiva y con los anticuerpos muy altos para no caer en las trampas. Su instinto sexual es similar a su paranoia. Puede disociar el sexo del amor o de una relación afectiva, aunque la mayoría de las ratas necesitan desnudarse en la intimidad con alguien que sepa apreciar su timidez, fobia, reserva y gran voluptuosidad.

La rata es esencialmente romántica. Su aguante a la indiferencia, maltrato y desprecio es digna de admiración. Por amor es capaz de grandes hazañas, dignas de una película de ciencia ficción, es original, audaz, valiente y atrevida a la hora de hacer el amor. Lo que oculta el resto del día lo destapa en la intimidad, dejando al amante en terapia intensiva o con pulmotor. Sabe llegar al punto G del alma, tiene las antenas bien conectadas con los *gritos y susurros*.

La rata crea adicción en la pareja. Su concentración en el objetivo produce alteración en las hormonas, horarios, en el cerebro y en la rutina. La rata es el disparador de una alteración en el statu quo. ¡POR SUERTE!

Sensual, golosa, ardiente y experta en sexualidad es una dotada para el amor.

La encarnación del *pasha* y de la *geisha*, tiene harén dispuesto a saciar todas sus fantasías y exigencias libidinosas. Hermosas odaliscas con escasas vestimentas al sonar de una música sensual, arabesca, deleitando los sentidos de la vista y el oído, *geishas* sumisas sirviéndole té de jazmín perfumados... y por último, esclavas masajeando cada músculo, nervio y centímetro de la piel con aceites exóticos. Escenas de *Las mil y una noches* despertando cada uno de los sentidos al punto extremo de deliciosa tortura.

Para el hombre rata: ¡FINALMENTE, EL PLATO PRINCIPAL! UNA DIOSA RUBIA, tipo Pamela Anderson, con curvas infartantes, labios de rubí, y una energía desbordante que lo dejará flotando en un estupor cósmico.

Para la mujer rata: Mel Gibson en las ochenta y cuatro posiciones del Kamasutra.

Si usted no tiene un espíritu de autonegación y sacrificio al estilo Madre Teresa o Mónica Lewinsky, ¡MOVE ON! Hay otros animales en el planeta.

La rata y su energía

★ RATA DE **MADERA** (1924-1984-2044) **Tiro al blanco**

Es sabido que la rata es por lo general un ser muy querido por todos y tiene un *charme* particular que hace que cualquiera se vea atrapado en sus encantos. Pero tal vez lo que esté en duda es el nivel de sinceridad y de autenticidad con que se muestran, ya que todo lo agradable y bello que transmiten a alguien podrían repetirlo con la siguiente persona a los cinco minutos. No es el caso de la rata de madera, que se caracteriza por su sinceridad: es capaz de estar con alguien exclusiva e incondicionalmente como nadie y es en general la más confiable de todas las ratas. Este signo es muy generoso, pero en este caso, el elemento madera lo hace más cuidadoso en este tema. Esta rata elige con cautela y cuida sus finanzas de una manera muy organizada.

Tal vez no sea muy imaginativa, pero lo compensa con su constancia en la vida y en el trabajo, que podría ser considerado por sus socios como un buen intercambio. De todas maneras es una rata excitante, emprendedora, llena de energía y vigor. También está siempre dispuesta a ser romántica, a desplegar sus encantos y a amar de un modo asombroso. La persona que se sienta dispuesta a estar a su lado, vivirá momentos muy felices y llenos de regocijo, al punto de quedar agotada y exhausta. Pero deberá tener en cuenta que a veces necesita tiempo para sí misma.

★ RATA DE FUEGO (1936-1996-2056) Argentina, *for ever*
La energía fuego dota a esta rata de astucia, agilidad y habilidad para convencer a la gente y conseguir lo que quiere. Esta rata es vendedora por naturaleza, llena de recursos y de ases en la manga.

Si de repente se fijara en alguien para formar pareja, haría un despliegue de declaraciones de amor barrocas y jamás escuchadas. Manantiales de palabras y frases sumamente efectivas brotan de la boca de esta rata, aunque a veces puede parecer que está usando una máscara. Necesita de la atención del público y le gusta ser la atracción principal. En el verdadero amor es realmente muy apasionada y está llena de sinceridad. Es por lo general muy celosa y posesiva, pero no espera lo mismo de su pareja.

Es difícil conocer a fondo esta rata más allá de la retórica de sus oraciones y de sus acciones, por eso hay que tener la mente y los ojos bien afilados. Es capaz de manipular las emociones de los demás y darles la forma que a ella se le antoje. En las cuestiones materiales, esta rata a menudo consigue lo que quiere, es exitosa en su vida y es difícil que no logre los objetivos que se ha planteado.

★ RATA DE TIERRA (1948-2008-2068) Cautela y planes infinitos
La rata de tierra es un poco diferente a sus compañeras de las demás energías, en el sentido de su actividad y comportamiento enérgico ante la vida. Esta rata es más precavida, trabajará más de la cuenta y estará más tiempo disfrutando de lo que ha logrado. Es firme y constante con su trabajo y esto puede hacer que deje las cuestiones amorosas en lista de espera.

De todas maneras, si llega a formar una pareja, esta rata será sumamente romántica, compinche, amable y poética. No es de las ratas más celosas que existen, por el contrario, tiene una sensatez para entender diferentes cuestiones como ninguna otra rata. Es difícil que esta rata decepcione a su pareja, como tal vez lo harían las de otras energías, aunque tampoco es imposible. Para mantener una vida amorosa saludable es necesario trabajar con esta rata y acompañarla en sus tareas diarias con responsabilidad. Será un excelente padre o madre, y tendrá todas las intenciones de formar un hogar feliz lleno de calidez. Éste es un ejemplar que conviene conservar una vez que su atención ha sido despertada sin que se le haya tirado demasiado de la cola.

★ RATA DE **METAL** (1900-1960-2020) Una *border line*

Es las más emprendedora de todas las ratas. Oradora por naturaleza, nunca le faltará una compañía a su lado, pero no será del todo fácil llegar a mantener un romance o una relación seria, ya que este ejemplar ama su independencia y los sabores variados de la vida. La rata de metal vive en un constante estado de urgencia. Desde la noche a la mañana debe confrontar su "plan maestro", considerando toda posibilidad. De esa forma puede llegar a lograr un importante éxito material. Se ha dicho de esta rata que carece de integridad y de sentido de la moral, pero eso sería un poco injusto. Hay que tener en cuenta que es un ser bastante ciclotímico pero que está en los momentos más difíciles.

Es probable que nunca se llegue a conocer realmente a esta rata ya que sus estados de ánimo tienden a cambiar y a adaptarse a las circunstancias. Su personalidad magnética hace que agrade a casi todo el mundo, y tiene un modo de vida bastante acelerado. Por lo general es una gran amante, pero a veces puede tener algo escondido que sea más importante que el amor y esto hace que resulten un poco difíciles la vida en pareja y las cuestiones amorosas. Famosa por su sentido del humor ácido e irónico y por sus bromas elocuentes. A menudo esta rata es muy *sexy* y tiene un *charme* asombroso. Es un paquete lleno de encanto y seducción.

★ RATA DE **AGUA** (1912-1972-2032) **Energía subfluvial**

Un ser muy cariñoso, ya que el aspecto amistoso natural de la rata se potencia con la energía agua. La rata de agua sabe exactamente lo que quiere de su vida, de hecho, más que sus compañeras de otras energías. Honesta y atrevida, es una rata que no tiene muchos requerimientos para el amor. Será romántica, tendrá amor y estímulo para dar en cantidades realmente considerables. Es una persona que con seguridad obtendrá un gran éxito en su vida, aunque tal vez no tanto como ratas de otras energías. Pero la energía agua le suma un encanto natural y un carisma arraigado que la hace irresistible e interesante a la vez.

Es, tal vez, la rata más intuitiva de todas, con un sentido poético admirable que prevalece en su vida. Su temperamento es muy sano y abierto, sin historias paralelas que luego surgen como reproche o como capricho en casos extremos.

Su ser amado será cortejado con coqueteos a la antigua, bellos ramos de flores, serenatas a la luz de la luna. También ofrecerá un entretenimiento incansable, su sentido del humor aflorará hasta por los codos. Si alguien está dispuesto a ofrecerle su corazón en forma incondicional, esta persona no tiene nada que perder. Al contrario, encontrará un ser increíblemente afectuoso dispuesto a dar todo. Lo único que perderá son sus inhibiciones. Este ejemplar es realmente alguien para conocer.

La rata y sus ascendentes

★ RATA ASCENDENTE **RATA** (11 p.m. a 1 a.m.)
Usted conoce su *charme*, y cómo debe usarlo; tiene muchas contradicciones, es lúcida, crítica, manipuladora, agresiva y muy ambiciosa. Su punto G son los bajos instintos. Buena escritora y ávida lectora.

★ RATA ASCENDENTE **BÚFALO** (1 a.m. a 3 a.m.)
El búfalo templa las extravagancias de la rata y limita su acción. Es obstinada y planifica los proyectos con tiempo. Solidaria, tendrá amistades y amores sólidos estables.

★ RATA ASCENDENTE **TIGRE** (3 a.m. a 5 a.m.)
Agresiva y dominante. Se dispersa mucho y se le nota el arribismo. El tigre aporta a la rata una dimensión de nobleza y justicia. Su generosidad es grande y sabe vivir día a día. Cuidado con el tigre, puede hacer que la rata se gaste todo el dinero que ganó trabajando.

★ RATA ASCENDENTE **CONEJO** (5 a.m. a 7 a.m.)
Será irresistible, disimulará el encanto de la rata con la astucia del gato. Confiará en poca gente y seguramente se impondrá su opinión sobre los demás.

★ RATA ASCENDENTE **DRAGÓN** (7 a.m. a 9 a.m.)
Será expansiva y de gran corazón. Le gusta darse todo tipo de gustos lujuriosos y adora agasajar a quien ama. Peca por exceso de ambición, pero tiene tanta suerte que se justifica. Sus amores son sinceros y profundos.

★ RATA ASCENDENTE **SERPIENTE** (9 a.m. a 11 a.m.)
Esta nativa es tan astuta que atraviesa los muros. Genio de las finanzas y especuladora magistral. Envolvente, mágica, fascinante, tendrá intuición para huir de los peligros y jamás será atrapada.

★ RATA ASCENDENTE **CABALLO** (11 a.m. a 1 p.m.)
Rata con tendencias suicidas, correrá todo tipo de riesgos en su existencia. Tendrá una turbulenta vida sentimental, con desboques peligrosos. Generará diversas situaciones límite.

★ RATA ASCENDENTE **CABRA** (1 p.m. a 3 p.m.)
La cabra graduará el temperamento agresivo de la rata y le dará una estabilidad confortable. Será persuasiva, artista, mundana, estética; más comprensiva y liberal que pasional.

★ RATA ASCENDENTE **MONO** (3 p.m. a 5 p.m.)
El mono reforzará la lucidez de la rata aumentando su clarividencia. No tendrá ningún tipo de moral. Hábil, diabólica, gentil, culta, será irresistible. No tendrá corazón pero tendrá un sentido del humor genial y negro.

★ RATA ASCENDENTE **GALLO** (5 p.m. a 7 p.m.)
Es inteligente y voluntariosa. Su contradicción estará en ahorrar dinero y gastarlo. No soportará la crítica, le costará enfrentar la verdad y tratará de evitarla. Es la rata más soberbia.

★ RATA ASCENDENTE **PERRO** (7 p.m. a 9 p.m.)
El perro la convertirá en una rata imparcial y desprejuiciada; a pesar de eso, su esencia es ambiciosa. Ideal para ser periodista y para filosofar.

★ RATA ASCENDENTE **CHANCHO** (9 p.m. a 11 p.m.)
Será una rata altruista, llena de contradicciones internas y muy ciclotímica. Es muy sensual a la hora de amar. Es inteligente y ama la vida.

El ascendente y el amor

★ ASCENDENTE **RATA** (11 p.m. a 1 a.m.)
Las personas con ascendente rata son grandes seductoras y hechizan a la gente sin usar todos los recursos que tienen en reserva. Su personalidad es sumamente interesante y se preocupan bastante por su propio bienestar y satisfacción personales. Están siempre dispuestas a unirse a la diversión, son arriesgadas y audaces.

Es común notar aspectos un tanto desencajados a la hora de convivir con estos seres, ya que a veces pueden ser bastante ciclotímicos. Sin embargo, cuando los tiempos se complican y las protestas comienzan a aflorar de una manera más frecuente, se tranquilizan y ponen orden y serenidad a su complicada mente.

Suelen dar la impresión de que no se comprometen seriamente en alguna relación y que sus episodios amorosos duran sólo una jornada; esto no es así, a la hora de amar son muy constantes, íntegros y dedicados.

Aunque la vida con estas personas no resulta siempre fácil, tienen una forma de ser que atrapa a casi todo el mundo y las hace sumamente difíciles de abandonar. Siempre hay algo que surge de ellas que hace que la relación se renueve y se intensifique con el tiempo. Son románticas, tienen un gran corazón y suelen educar a su pareja.

Personajes famosos del signo Rata

★ RATA DE **MADERA** (1864-1924-1984)
Marlon Brando, Narciso Ibáñez Menta, William Shakespeare, Marcello Mastroianni, Charles Aznavour, Toulouse-Lautrec, Lauren Bacall, Doris Day, Eva Gador, Johan Strauss (padre), Henry Mancini, Hugo Guerrero Marthineitz.

★ RATA DE **FUEGO** (1876-1936-1996)
Padre Luis Farinello, Norma Aleandro, Bill Wyman, Glenda Jackson,

Mata Hari, Úrsula Andress, Pablo Casals, Anthony Hopkins, Charlotte Brontë, Diana Ingro, Rodolfo Bebán, Richard Bach, Kris Kristofferson, Wolfang Amadeus Mozart.

★ RATA DE **TIERRA** (1888-1948-2008)
Brian Eno, Rubén Blades, Gerard Depardieu, Olivia Newton-John, Chacho Álvarez, Leon Tolstoi, Vitico, Elsa Osorio, príncipe Carlos de Inglaterra, James Taylor, Robert Plant.

★ RATA DE **METAL** (1900-1960-2020)
Bono, Tchaikovsky, Gabriel Corrado, Ayrton Senna, Sean Penn, Diego Maradona, Esther Goris, Lucrecia Borgia, John-John Kennedy, Jorge Lanata, Nastassia Kinsky, Ginette Reynal, Antonio Banderas, Luis Buñuel, Spencer Tracy, Tomas Hardy, Daryl Hannah.

★ RATA DE **AGUA** (1912-1972-2032)
Cameron Díaz, Valentina Bassi, Gene Kelly, Antonio Gaudí, Eve Arden, Antonio Rossini, Loretta Young, George Washington, Lawrence Durell, Roy Rogers.

Sean Penn

Testimonio

Yo soy una rata
BETO DOMÍNGUEZ - ARTÍSTICA CÓSMICO TELÚRICO

Yo venía de amaneceres tibios con aroma a flor de espinillo, de escuchar los crespines a medianoche y me perdí —no sé cómo—, en madrugadas con niebla, cuando la llovizna moja los adoquines y la luz los hace parecer un espejo; paredones me abrazaron contra pechos de rejas y me besaron bocas de zaguán. Anduve por todos los ambientes mimetizándome con todas las personas que se me dieron a probar.

Para resucitar nuevamente en este presente con sierras azules, con los afectos que siempre estuvieron, siento que todo ha pasado para que aprenda que lo mío ha sido resistir y me quiero, me cuido y me perdono. Yo soy lo más maravilloso que tengo, y todo lo divino que hay en mí saluda a todo lo divino que hay en todas las ratas del mundo, compañeras. Besos.

Rata
Tabla de compatibilidad

	AMISTAD	AMOR	TRABAJO	TRUEQUE
Rata	↕↕	♡♡	$$$$$	∽∽∽∽
Búfalo	↕↕↕	♡♡	$$$$	∽∽∽
Tigre	↕	♡♡♡♡	$$	∽∽
Conejo	↕	♡♡	$$$	∽∽∽∽
Dragón	↕↕↕↕	♡♡	$$$$	∽∽
Serpiente	↕↕	♡♡♡♡♡	$$	∽∽
Caballo	↕↕↕↕	♡♡♡	$$$$$	∽∽∽
Cabra	↕↕↕	♡♡♡♡	$$$$	∽∽∽
Mono	↕↕↕	♡♡♡♡♡	$$	∽
Gallo	↕	♡♡	$$	∽∽
Perro	↕↕↕	♡♡♡	$$$$	∽∽∽∽∽
Chancho	↕↕↕	♡♡♡	$$	∽∽∽

- • Bajo astral
- •• Posible
- ••• Bien
- •••• Super
- ••••• Conexión total

Búfalo

Búfalo

Ficha técnica

Nombre chino del búfalo:
NIU

Número de orden:
SEGUNDO

Horas regidas por el búfalo:
1 AM a 3 AM

Dirección de su signo:
NOR-NORDESTE

Estación y mes principal:
INVIERNO - ENERO

Corresponde al signo occidental:
CAPRICORNIO

Elemento fijo:
AGUA

Tronco:
NEGATIVO

Eres Búfalo si naciste:

19/2/1901 – 07/02/1902
BÚFALO DE METAL

06/2/1913 – 25/01/1914
BÚFALO DE AGUA

24/01/1925 – 12/02/1926
BÚFALO DE MADERA

11/02/1937 - 30/01/1938
BÚFALO DE FUEGO

29/01/1949 - 16/12/1950
BÚFALO DE TIERRA

15/02/1961 - 04/02/1962
BÚFALO DE METAL

03/02/1973 - 22/01/1974
BÚFALO DE AGUA

20/02/1985 - 09/02/1986
BÚFALO DE MADERA

07/02/1997- 27/01/1998
BÚFALO DE FUEGO

Es el silencio que le sigue a la muerte
Intraducible
Opuesto a lo eterno
Desierto
Planeador
Oriundo de los maizales
Pasajero anterior al tiempo.
              L. S. D.

Carta a Bichi Bermúdez • Búfalo de fuego
Imposible de atrapar

QUIUBO:

Es una mañana donde al sentarme en la galería a tomar el desayuno apareciste para acompañarme y compartir este lugar donde decidí vivir como vos, sabiamente, inmersa en la naturaleza.

En vos no se piensa, sos presencia en la ausencia y energía en movimiento al encontrarte. Sos tierra fértil donde cada charla, caminata, libro compartido, partido de canasta, sigue floreciendo a la distancia.

Hace tanto tiempo te tranquilicé diciéndote que eras búfalo de fuego, que encontraste una pradera donde desenvolver tus hábitos y costumbres aceptadas por quienes te conocemos y queremos hace un katún y medio.

¿CÓMO ESTÁ EL BÚFALO? Perdiste el nombre y el sobrenombre por curiosos laberintos. Tus defectos resaltan como una caricatura y tus virtudes se expanden como el néctar. Nunca pedís nada. LAMA TIBETANO. MONJE ZEN. ASCETA. PRÍNCIPE DESPOJADO. FUNDADOR DE TU REINO.

BUEY SOLITARIO, sembrador del arroz entre los esteros y las lagunas para alimentarnos.

Amigo de los pájaros, las nutrias, los teros, las garzas, las ranas, las anguilas, las lechuzas, los colibríes que conviven en tu galaxia.

Silencioso. Solitario. Noble, íntegro, discreto, apasionado en tus ideas, gustos musicales y cinematográficos. Tercer ojo siempre abierto alertando a tus amigos del alma.

Roca y bambú al mismo tiempo, oceáno y laguna. Huracán, terremoto y lago de deshielo.

Fuiste faro, llama, estímulo, cuando era una quinceañera convencida de que sería actriz cómica festejabas mis imitaciones con carcajadas capaces de derrumbar el Aconcagua; siempre alerta, curioso de mi mutación a juglar de culturas milenarias.

Valoro, ahora que el tiempo nos ha emparejado los katunes, la fe que me tuviste cuando percibiste que algo tenía que expresar al espacio sideral. Esa fuerza aún me acompaña, cuando cansada de mis travesías por el planeta me cobijás con la calidez de tu espera, tus manjares, tu silencio tan oportuno para aquietar el guiso de lenguas que traigo del más allá.

Me aconsejaste con el cariño de un padre, un hermano mayor, un amigo desinteresado. A veces acertaste, otras tuve que demostrarte que mi intuición era superior a la tuya (en el riesgo de mis viajes, donde ángeles y nahuales se encargaron de custodiarme).

Vivís en el paraíso y cuando los visito desplegás tus dones culinarios para derrochar cariño. Los afortunados que visitamos LA LAGUNA en los dos siglos restauramos el CHI como por arte de magia.

Te vi sufrir por la partida de MAGUI tu perra fox terrier y entenderte telepáticamente con Pin y Luz cuando los cuidás como si fueran tus hijos.

No sé por qué siento que te debo tanto, tal vez mis simias aventuras en la jungla me sacan tiempo para seguir filosofando, riendo, viajando o simplemente mirando la puesta de sol naranja en panorámica sobre el jardín que con tu talento has creado en días africanos y polares, con sequía, inundaciones y plagas.

En cada roble, liquidambar, sauce, jazmín, enredadera, crisantemo, brotados de tus manos te descubro queriéndote de cerca y de lejos, graduándote como al DOYO, la estación sutil que hilvana a las cuatro estaciones.

Oscureció, la luna creciente me señala el camino al centro de tu corazón de buey.

Significado del signo

El símbolo del signo representa la conexión, secuencia, continuidad, serie y combinación de la fuerza y estabilidad.

La esencia de los nacidos en el año del buey es la profundidad, perseverancia y tenacidad en cada acto de su vida. Son seres joviales y poderosos, inflexibles, incapaces de retroceder cuando han tomado una decisión, aunque se arrepientan toda la vida.

En la creencia budista el ganado aparece junto al asentamiento humano y comer carne es un ritual muy bien visto para la tradición china. El búfalo está asociado al amor familiar y a las lamidas que da a sus seres queridos cuando es ternero.

El buey es terco y obstinado, perseverante y muy laborioso. Más inteligente de lo que parece, no es el tipo que ve dos caras de la cuestión; su inteligencia es práctica y eficaz.

Es el perfecto organizador, estratega y paciente jefe para dar la estocada en el minuto fatal.

El *timing* es propio; cuando decide arremeter teniendo claros sus objetivos no hay nada ni nadie que lo detenga en el universo. Llegará seguro, certero, firme y consistente a su meta confiando en su intuición y en la certeza de sus ideas. Paso a paso, convencido de los obstáculos que tiene que atravesar y sin apuro logrará obtener grandes satisfacciones en su vida personal, afectiva y profesional.

En China el búfalo representa la familia y la tradición, por las que vivirá y se desvivirá a través de su existencia, dedicándose especialmente a criar y educar niños con gran maestría.

Detrás de una máscara de estabilidad, *charme,* calma y rigor se esconde un ser tierno, afable, de inteligencia aguda y gran sentido del humor. Son pocos los que pueden atravesar esta valla y descubrirlos, pues la esencia del búfalo es tímida y reservada y rara vez se muestra tal cual es.

Abierto y positivo por naturaleza es instintivamente protector y amistoso con quienes lo rodean. Muy sensible al entorno, estará siempre defendiendo a su prole, socio y amigo como ROBIN HOOD, y preservándolos de cualquier riesgo.

Resulta muy necio y omnipotente, rasgos que caen mal al resto de la gente, pero el sabio búfalo sabrá dosificar estos defectos trabajando con terapias de autoayuda y alternativas que ablandarán su carácter sin cambiar su esencia.

En ambos sexos lo que más necesita el buey es estabilidad para sentirse bien.

Ama trabajar y sentirse útil, por eso siempre es bueno estar con él y dejarlo al frente de la tropa; sabe dirigir, seleccionar, orientar y estimular al equipo.

Dentro de la casa será el eje que marque el rumbo familiar. Es dominante, autoritario y despierta enfrentamientos dignos de la guerra de las galaxias entre padres e hijos, marido y mujer o entre hermanos.

Hay distintas variedades de búfalos, pero desconfíen de su estado de ermitaño. La mayoría son sociables, adoran las reuniones, las *partys* y siempre sorprenden con su originalidad y sentido del humor.

A pesar de ser el más trabajador y hacerse cargo del trabajo de los demás, logra tener tiempo para el ocio creativo, los juegos de naipes, el deporte y las salidas al cine o al teatro.

Conservador y previsor, odia moverse de un lugar a otro sin alguna razón productiva. Prefiere su casa, oficina o lugar de hábitos y costumbres, como el bar de la esquina o la plaza del pueblo que frecuentaba desde niño.

Este estoico signo tiene tendencias manipuladoras y posesivas. Es muy difícil marcar la sutil línea divisoria entre uno y el otro, pues considera a las personas que ama como posesiones territoriales. Jamás reconocerá sus debilidades, es muy orgulloso y le cuesta entablar diálogos íntimos que lo comprometan afectivamente.

En general el búfalo es extremista: es fanático, tiene ceguera de poder y resulta arbitrario.

El búfalo necesita estar en contacto con la naturaleza para vivir y desarrollarse. Hay excepciones a la regla, pero la mayoría buscará tener por lo menos un jardín, una quinta o un fondo para plantar especies aromáticas, un poco de verduras que comerá feliz junto a sus seres queridos. Este noble animal llevó sobre su lomo a Lao-Tsé por los caminos más escarpados y perfumados de su larga travesía; ésa es una de las razones por las que se lo venera y respeta tanto.

El Tao del amor y del sexo

Es mejor conocer al buey promediando la vida que en el inicio de sus artes amatorias.

Pues si no una creería que el resto de los hombre son iguales, y por suerte LA VIDA TE DA SORPRESAS, SORPRESAS TE DA LA VIDA.

El varón tiene escondida debajo de su gruesa piel una capacidad amatoria desbordante y selectiva. Su Eros es poderoso, pero su timidez, recato, introversión es una barrera difícil de atravesar. Serio y muy profundo en sus sentimientos, cuando alguien despierta su curiosidad y lo aleja de su pradera, isla, *bunker* es porque se enamoró aunque él sea el último en enterarse.

Su corazón estará siempre listo para afrontar las situaciones más difíciles de la vida; pues sabe que no hay nada en este mundo que no venga con sacrificio.

El amor es para el varón deber, responsabilidad y una libreta matrimonial. Pase o no por el registro civil, sentirá que no puede entablar una relación *light*, aunque el sexo para el buey sea como el aire que respira.

El macho posee, protege a su hembra con su innata autoridad y presencia, más allá de captar si esta forma es la mejor o la adecuada. No puede ni sabe amar de otra forma.

Una vez que la elegida o elegido aceptó su amor real, tan real y palpable como las cuentas de luz, gas y teléfono que paga sin chistar, él se olvida del romanticismo automáticamente y espera que cumplan con sus expectativas.

El búfalo desconoce los mecanismos de la seducción a fuego lento. Prefiere demostrar a su pareja o ave de paso, su gran resistencia a la indiferencia, el dolor, los impedimentos, y convertirse en Robin Hood.

Está siempre listo para hacer el amor; en un auto, una pileta, un sauna, el bosque, la plaza del pueblo, un recital de rock, pues su instinto sexual es de los más altos del zoo chino.

Una vez saciado puede retornar a su labor, rutina, *hobby,* oficio, sin sentir una disociación, sino más bien que tiene CHI para continuar en su infatigable faena.

El varón buey necesita compartir la vida con una compañera o una pareja a control remoto que lo inspire y le reclame presencia, atención, sexo, una renta y que lo tenga siempre nervioso con amenazas de infidelidad, celos y abandono. La culpa es el talón de Aquiles para mantenerlo enganchado y tendrá que ser muy evolucionado para escapar de las trampas mortales.

En la intimidad es sensual, original y apasionado. Prefiere tomar la iniciativa y dejarse llevar por los juegos amorosos. Es intenso en sus demostraciones afectivas y tiene un radar para saber el límite entre la fantasía y la perversión.

No le gustan los mimos ni besos y caricias en público; en privado, a pesar de ser arisco, saborea el talento de su *partenaire* y le crea una gran dependencia.

Es un animal ideal para quienes no busquen emociones fuertes todos los días y se conformen con la cuota diaria de amor y sexo necesarias para seguir creyendo que algún día este espécimen cambiará el estilo.

La mujer buey se enceguece como un toro en una corrida cuando el hombre la elige para pasar una noche, un mes, un año o toda la vida. Da igual; ella LO ELIGIÓ sin que él lo sospechara y morirá en sus brazos a menos que la intuición lo alerte y pueda escapar a tiempo...

La mujer búfalo nació para compartir amor, sexo y matrimonio o convivencia *part-time* con su objeto de deseo, y no concibe una rebelión a sus planes o una salida a tomar aire fresco a solas por la rambla. ES TODO O NADA. TÓMAME O DÉJAME.

Esta actitud atrae a los hombres en una declaración de amor o los espanta a GANÍMEDES.

Ella sabe desplegar sus dones de mujer *geisha,* amante ardiente, amigovia, cocinera, masajista, empresaria, especialista en reiki, flores de Bach, astrología, y el elegido sentirá que no tiene escapatoria. ELLA ES LA MEJOR *MANAGER* DE SUS CAPACIDADES INFINITAS.

La mujer buey necesita continuidad sexual; es muy sensual, terrenal, voraz y exige que su amante esté siempre listo.

Procura armar el escenario con estilo, elegancia, refinamiento, desplegando sahumerios, aceites, pétalos de rosa en el té de jazmín. Adora pensar que cada noche, siesta o mañana pueden ser muy bien utilizadas para EL TAO DEL AMOR Y DEL SEXO y que cada acto sexual puede acrecentar la familia.

En realidad la mujer búfalo es ideal para quienes busquen acción, constancia y procreación. No es recomendable para animales de la jungla, a quienes les gusta más la variedad y la liviandad en el amor.

El búfalo y su energía

★ BÚFALO DE **MADERA** (1925-1985-2045) **Un sabio intelectual**

Este búfalo se distingue un poco de sus compañeros de otras energías. Los búfalos por lo general son personas reservadas en sus vidas, sobre todo con los sentimientos. En este caso, la madera lo hace el mejor de su especie para comunicar sus emociones. Tiene habilidad para expresar libre pero debidamente las cuestiones del amor y esto significa que suele tener una vida amorosa positiva y feliz. Este comportamiento es un buen ejemplo para demostrar que el búfalo es en realidad sumamente afectivo, aunque rara vez lo exprese. Desea un hogar feliz y caluroso, en el que se sienta cómodo. Pero esta comodidad puede significar grandes sacrificios hogareños por parte de su pareja. Excelente padre y educador, querrá lo mejor para sus hijos. Es sumamente apasionado y ardiente en el amor y suele desplegar un *côté* de amante a la antigua. No es "moderno", en especial en sus relaciones.

Aunque tal vez no quiera reconocerlo o no se dé cuenta, el búfalo de madera necesita estímulos varios y entretenimientos de todo tipo.

Muy dispuesto a trabajar con ahínco, seriedad y mucho tesón. Logra ascender a puestos de gran influencia y responsabilidad en los que lleva a cabo sus tareas con firmeza y regularidad ejemplares.

★ BÚFALO DE **FUEGO** (1937-1997-2057) **Un misil al corazón**
Éste es un búfalo un poco ciclotímico. Se distingue del resto de sus compañeros en el aspecto constante, regular, que caracteriza al búfalo porque puede sufrir cambios repentinos en sus estados de ánimo y tener actitudes un poco inexplicables.

Es muy perseverante a la hora del amor como así también en las cuestiones materiales o laborales. Si un búfalo de fuego fija su mirada en alguien, esta persona será testigo de todo tipo de coqueteos, recibirá regalos y notará lo determinado que está este búfalo para conseguir lo que quiere. Una vez formada la pareja, será necesario un largo período de convivencia, mejor dicho será "requerido", por parte del búfalo. Al cabo de un tiempo, este ejemplar sacará de su interior una serie de virtudes que llenarán de orgullo a su compañera/o. Es muy difícil que este búfalo traicione o decepcione en alguna manera. Será un excelente padre de familia, dedicado y preocupado por el bienestar de sus seres queridos y de su hogar.

Gozará de una vida laboral sumamente estable, llena de seguridad y satisfacciones. No se permitirá fracasos de ningún tipo y perseverará como pocos en su trabajo.

No le haría mal un poco de diversión en su existencia; más vida nocturna, salidas con amigos y variación en materia de entretenimiento. Su sentido del humor es bastante personal y tiende a ser subestimado.

★ BÚFALO DE **TIERRA** (1949-2009-2069) **Un bizarro**
Este ejemplar está bendecido por la suerte. Sin tomar grandes riesgos, ni llevar a cabo empresas descomunales, logra tal vez muchos más resultados que el resto de los búfalos. Sin embargo es un trabajador incansable, que fija sus objetivos a largo plazo de una manera difícil de discernir, pero con resultados por demás positivos.

Un ser a menudo deportivo, poseedor de un estado físico admirable y dotado de una destreza sin igual. Como está en la naturaleza del búfalo, este ser no es muy salidor, resulta bastante raro encontrarlo en un boliche o en una fiesta. Se las arregla para obtener diversión y entretenimiento de fuentes poco usuales.

Muy hogareño, afectuoso y dedicado a su familia. En el amor es responsable y serio. Trabajará día a día para hacer la relación cada vez más fructífera. Si hace una promesa, es muy difícil que no la cumpla pues la integridad es una de sus mayores virtudes. Como padre, probablemente sea el mejor que exista. Excesivamente comprometido con sus hijos para brindar bienestar y una educación llena de dignidad. Es obsesivo con el orden y la rutina y su disciplina es propia de un maestro.

★ BÚFALO DE METAL (1901-1961-2021) Hay que resistirlo...
Los búfalos por lo general son personas bastante pasivas y tranquilas en la vida, pero en este caso la energía metal agrega una energía extra y un dinamismo que hace de este búfalo un ejemplar un poco más activo; de todas formas, la naturaleza calma del búfalo sigue casi intacta. Es tremendamente afectuoso con la persona que ama, y la energía metal le hace demostrar su amor de una manera más enérgica que otros búfalos. Será un amante incansable, amará a su pareja todos los días de la misma manera y con la misma intensidad.

Estará siempre en los momentos más difíciles, algo que lo diferencia del resto de casi todos los animales del zodíaco chino. Tiene un aguante asombroso, que se refleja tanto en las cuestiones familiares como en los temas financieros o los aspectos prácticos de la vida cotidiana.

Se adapta maravillosamente al medio en que vive, y su paciencia y aceptación son admirables. En las cuestiones materiales, este búfalo no tiene grandes aspiraciones financieras ni delirios de poder, está más orientado a formar un hogar como Dios manda y a tratar de conservarlo como pocos.

★ BÚFALO DE AGUA (1913-1973-2033) Un poema cotidiano
Pocas personas en la vida son tan afectuosas, generosas y gentiles como el búfalo de agua. Su entrega es total en el amor y en las causas sociales. No es cosa fácil convivir con este ejemplar, ya que igualar su estilo de vida es un tanto difícil y exigente. Le cuesta un poco demostrar su afecto, expresarlo en palabras; pero esto no significa que no tenga la capacidad de amar, al contrario, su reserva significa que el amor está presente. Su pareja necesitará una cuota de entendimiento hacia este búfalo, sobre todo al principio, y esto será de gran beneficio para la relación. Él sabrá valorar esta actitud y devolverá su cariño de la manera más romántica y poética que se pueda imaginar.

Su trabajo constante, su firmeza y seriedad puede hacerlo un excelente ejecutivo, dotado de una responsabilidad realmente admirable. Es regular y aplicado a las rutinas diarias que afronta y lo hace con un ritmo lento pero siempre sólido y certero.

Tiene una gran personalidad, que se descubre luego de conocerlo durante un tiempo. Su amor por la familia y el hogar es sagrado y siempre aspirará a llevar todo esto a cabo con el mayor de los respetos hacia sus seres queridos.

Tal vez no es muy divertido porque está demasiado preocupado por las cuestiones morales y no se permite distracciones muy a menudo. Pero cuando su sentido del humor aflora, es un regalo para el que lo observa.

El búfalo y sus ascendentes

★ BÚFALO ASCENDENTE RATA (11 p.m. a 1 a.m.)
La rata aporta al búfalo *charme* y sociabilidad. Será muy refinado, elegirá sus amistades y sabrá qué brebajes usar en el amor.

★ BÚFALO ASCENDENTE BÚFALO (1 a.m. a 3 a.m.)
Será un búfalo inflexible. Sólido, protector, taciturno, no está hecho para las bromas. Su cólera puede ser exterminadora. Exigirá incondicionalidad y orden militar.

★ BÚFALO ASCENDENTE TIGRE (3 a.m. a 5 a.m.)
Será enérgico, audaz, con coraje y ambición. Autoritario, buscará aprobación en lo que haga y amará viajar. Por amor dará su vida.

★ BÚFALO ASCENDENTE CONEJO (5 a.m. a 7 a.m.)
Éste será un búfalo refinado, más liviano y con un ácido sentido del humor. Buscará la belleza, la armonía y la estética en todo lo que se proponga y siempre caerá bien parado.

★ BÚFALO ASCENDENTE DRAGÓN (7 a.m. a 9 a.m.)
Será un búfalo alado. Imaginativo, ambicioso, autoritario y muy sibarita. Habrá que tener mucha suerte para que nos dedique un poco de su tiempo.

★ BÚFALO ASCENDENTE SERPIENTE (9 a.m. a 11 a.m.)
Un ejemplar muy misterioso y atractivo. Será reservado, rencoroso, astuto y tendrá suerte en el azar.

★ BÚFALO ASCENDENTE CABALLO (11 a.m. a 1 p.m.)
Este búfalo no soportará estar encerrado. Febril, ardiente, sensual y rebelde, no se conformará con lo que tiene. Siempre querrá más.

★ BÚFALO ASCENDENTE CABRA (1 p.m. a 3 p.m.)
Un búfalo con tendencias artísticas y muy tierno. Sabrá hacer dinero con su talento. Elegirá la vida cerca de la naturaleza y fomentará la ecología.

★ BÚFALO ASCENDENTE MONO (3 p.m. a 5 p.m.)
Esconderá manía, humor y especulación tras una máscara de seriedad. Tendrá adaptabilidad e improvisará en cada momento de la vida sus jugadas. Será sociable y buen negociante.

★ BÚFALO ASCENDENTE **GALLO** (5 p.m. a 7 p.m.)
Un búfalo mundano. Tiene pasta de orador y es muy expresivo. Será muy minucioso para el trabajo y exigirá lo mismo a los demás. A veces puede ser artista.

★ BÚFALO ASCENDENTE **PERRO** (7 p.m. a 9 p.m.)
Pasará su vida denunciando la injusticia y tratando de repararla. El perro le aporta al búfalo tolerancia, energía y coraje; vivirá por y para los demás y tendrá una vida sentimental agitada.

★ BÚFALO ASCENDENTE **CHANCHO** (9 p.m. a 11 p.m.)
Este búfalo es muy sensual, adora vivir bien, será muy sociable, gentil y tendrá armonía. Será realista, no se privará de nada y tendrá amor en su vida.

€l ascendente y el amor

★ ASCENDENTE **BÚFALO** (1 a.m. a 3 a.m.)
Son seres que necesitan mucha paciencia y aguante de parte de sus amores. Tienen un estilo de vida apacible, regular y se toman todo con mucha calma. No son de arriesgarse demasiado en la vida y por lo general no prueban suerte en las distintas oportunidades que se presentan en su vida.

Son muy honestos, responsables y trabajadores, y suelen aplacar los ánimos de otras personas con su estilo de vida. Les va bien en sus actividades financieras y en sus ocupaciones, pero esto se da luego de mucho tiempo de esfuerzo y trabajo.

La convivencia con estas personas es por lo general fácil y agradable, a pesar de su naturaleza rutinaria y sus costumbres un poco antiguas, por eso es necesario que el candidato a la convivencia haya considerado estos aspectos y trate de sacarles lo mejor que tienen.

Hay que tener mucho cuidado a la hora de las discusiones y las peleas con estos seres, ya que nunca se rinden y luchan por sus conceptos como pocos signos del zodíaco chino.

No habrá muchos sobresaltos viviendo con estas personas, de hecho, gran parte de la excitación y la diversión se verán aplacadas por este tipo de personalidades.

Personajes famosos del signo Búfalo

★ BÚFALO DE **MADERA** (1865-1925-1985)
Jimmy Scott, Tato Bores, Richard Burton, Samy Davis Jr., Rafael Squirru, Bill Halley, Carlos Balá, Dick Van Dyke, Tony Curtis, Paul Newman, Malcolm X, Johnny Carson, Roberto Goyeneche, Jack Lemmon, Peter Sellers, Johann Sebastian Bach, Rock Hudson.

★ BÚFALO DE **FUEGO** (1877-1937-1997)
Norman Brisky, Warren Beatty, Facundo Cabral, Boris Spassky, Herman Hesse, José Sacristán, Jack Nicholson, Robert Redford, Jane Fonda, Dustin Hoffman, Trini López, Bill Cosby, Diego Baracchini.

★ BÚFALO DE **TIERRA** (1889-1949-2009)
Luis Alberto Spinetta, Joaquín Sabina, Charles Chaplin, Norberto "Pappo" Napolitano, Renata Schussheim, Meryl Streep, Nicky Lauda, Mark Knopfler, Richard Gere, Oscar Martínez, Paloma Picasso, Lindsay Wagner, Jean Cocteau, Bill Brudford, Billy Joel, Jessica Lange, Gene Simmons, Napoleón Bonaparte.

★ BÚFALO DE **METAL** (1901-1961-2021)
Alejandro Agresti, Juana Molina, Andrea Prodan, Lucía Galán, Louis Armstrong, Walt Disney, Eddie Murphy, Boy George, The Edge, Andrés Calamaro, Jim Carey, Andrea Frigerio, Nadia Comaneci, Enzo Francescoli.

★ BÚFALO DE **AGUA** (1853-1913-1973)
Albert Camus, Carolina Fal, Carlo Ponti, Mary Martin, Jane Wyman, Burt Lancaster, Vivien Leigh, Juliett Lewis, Alan Ladd.

Celebrando katunes con Jimmy Scott

Testimonio

Yo soy un búfalo
ELEONORA BIAIŇ - PRODUCTORA

Con los años me fue gustando ser búfalo en el horóscopo chino. Y digo "con los años", aunque no tenga muchos, con la sensación de que cuando el tiempo pasa ciertas cosas se van asentando y otras, por suerte, se van volando. Entonces ya no me molesta verme reflejada en un animal como el búfalo, en apariencia tan poco atractivo y femenino.

El búfalo me da una imagen de densidad insostenible y estoy muy segura de que es porque parece cargar kilos y kilos de carne y sangre, en su mayoría sentimientos encontrados. Eso puede doler un poco, se entiende. Pero debo aclarar que la sensación de dolor es algo definitivamente mío, ya que al búfalo no parece molestarle andar cargado. Hasta en la acción cotidiana lo veo cuando, sin quererlo, cada vez que salgo lo hago con bolsas y bolsitas a cuestas. Y seguro que el día será largo y pesarán, pesarán... Sin embargo esto tiene otro revés. Por ejemplo, a la vuelta de mi casa me espera una calle empinada y ahí amo ser búfalo ya que la cuesta me inspira: arremeto, gasto energía, disfruto, suspiro, inhalo, exhalo.

Si miro de frente a este animal me llama la atención su cabeza, dura y dura, es como la mía cuando alguna obsesión me inquieta. Y eso me ocurre muy seguido. Estoy segura de que sólo una sesera así puede aguantarlo. El cráneo desproporcionado va casi solo en la oscuridad y el día, tracciona y el resto del cuerpo lo sigue. ¡Guau, qué imagen ridícula! (Quisiera aclarar que mi ser humano se esfuerza por andar con cuerpo y mente más integrados).

Los ojos del búfalo: grandes, francos y vacunos expresan bondad sobrenatural. ¡Me gustaría tener un poco de eso en la mirada! Con la baba de su boca imagino humedecer, provocar, envolver a quienes se atrevan a mi lamida. Me parece que si el búfalo hablara tendría una voz por momentos ronca, desafinada, pero siempre sincera. Voz transparente. Ojo, que por rumiante también masculla. Traduzco: son pensamientos que no termino de asimilar, sentimientos que no logro comprender.

A un cuello que casi no cuenta le sigue el lomo un tanto arqueado, la piel curtida y resistente, el pecho hundido pero amplio, hiperirrigado, angustiado. Y eso se siente sublime. Adentro, el corazón del búfalo es un misterio para quienes lo rodean. Sólo él sabe lo que sufre y pocas veces lo comparte. El orgullo no lo deja, pero si pudiera, admitiría que vive enamorado. Cada amor lo destroza y lo revive. Y a veces esos hombres ni se enteran.

Las patas firmes no desmienten sus poderes. Resistentes, incansables, me

*llevarán adonde yo quiera. Para cuando reconozca los límites de mi cuerpo ya será
tarde, de todos modos, como el búfalo, me reconforto con la sensación de la tarea
realizada.*

*Nunca creí ser tan parecida a un animal como para hacerme amiga y descansar
en su sombra. Me gusta dormir y al búfalo también. Pueden acercarse, el búfalo es
protector. ¡Dulces sueños!*

Búfalo
Tabla de compatibilidad

	AMISTAD	AMOR	TRABAJO	TRUEQUE
Rata	↕ ↕ ↕	♡ ♡	$ $	⭯
Búfalo	↕ ↕ ↕ ↕	♡ ♡	$	⭯ ⭯ ⭯ ⭯
Tigre	↕	♡ ♡ ♡ ♡	$ $ $	⭯
Conejo	↕ ↕ ↕ ↕	♡ ♡ ♡ ♡ ♡	$ $ $	⭯ ⭯
Dragón	↕ ↕ ↕ ↕ ↕	♡ ♡	$ $ $ $ $	⭯ ⭯ ⭯
Serpiente	↕ ↕ ↕	♡	$ $	⭯
Caballo	↕ ↕	♡ ♡ ♡	$ $ $	⭯ ⭯ ⭯ ⭯
Cabra	↕	♡ ♡	$ $	⭯ ⭯
Mono	↕ ↕ ↕	♡ ♡ ♡	$ $ $	⭯ ⭯ ⭯ ⭯
Gallo	↕ ↕ ↕ ↕ ↕	♡ ♡ ♡	$ $	⭯ ⭯
Perro	↕ ↕ ↕	♡ ♡ ♡ ♡ ♡	$ $ $ $ $	⭯ ⭯ ⭯
Chancho	↕ ↕	♡ ♡	$ $ $	⭯ ⭯ ⭯

- • Bajo astral
- • • Posible
- • • • Bien
- • • • • Super
- • • • • • Conexión total

Tigre

Tigre

Ficha técnica

Nombre chino del tigre:
HU

Número de orden:
TERCERO

Horas regidas por el tigre:
3 AM A 5 AM

Dirección de su signo:
ESTE-NORDESTE

Estación y mes principal:
INVIERNO - FEBRERO

Corresponde al signo occidental:
ACUARIO

Elemento fijo:
MADERA

Tronco:
POSITIVO

Eres Tigre si naciste:

08/02/1902 - 28/01/1903
TIGRE DE AGUA

26/01/1914 - 13/02/1915
TIGRE DE MADERA

13/02/1926 - 01/02/1927
TIGRE DE FUEGO

31/01/1938 - 18/02/1939
TIGRE DE TIERRA

17/02/1950 - 05/02/1951
TIGRE DE METAL

05/02/1962 - 24/01/1963
TIGRE DE AGUA

23/01/1974 - 10/02/1975
TIGRE DE MADERA

09/02/1986 - 28/01/1987
TIGRE DE FUEGO

28/01/1998 -15/02/1999
TIGRE DE TIERRA

Tendrás que aprender
A vivir sin costumbres
Amaneciendo tibio de recuerdos
Inventando cada instante
Hombre nuevo
Bañado de dolor
Brotes nuevos en tu corazón
Mil veces partido.
Desierto interior.
L. S. D.

Carta a Miguel Ángel Solá • Tigre de metal

QUERIDO MIGUEL ÁNGEL:

Buscando tigres que me inspiraran para describir las características del signo, apareciste junto a Oscar Wilde con una nitidez digna del microclima de traslasierra.

Es cierto que somos opuestos complementarios en el zodíaco chino, y que mi mono con tu tigre comparten secretos milenarios, reforzados por el Tauro que nos consolida en la tozudez y perseverancia que tenemos para atravesar murallas chinas.

Cuando teníamos un katún y algunos tunes (veinte y pico) nos cruzamos en el camino artístico; eras ya la revelación de un actor que el país hacía tiempo no paría; instintivo, audaz, sutil, carismático y capaz de sorprender al público en cada función de Equus produciendo adrenalina en altas dosis.

Recuerdo tus reportajes en la televisión, radio y prensa; no coincidían tu belleza y plasticidad con esos rugidos, declaraciones e insolencia. Rebelde con causa, tu talento crecía mientras transitabas el alto precio de la fama.

¡QUÉ SUERTE QUE EXISTE UN MIGUEL ÁNGEL SOLÁ EN ESTAS TIERRAS! pensaba, como la mayoría de las mujeres, enamoradas de vos y de pocos hombres que pueden apreciar las virtudes en un peso pesado como siempre lo fuiste y seguís siendo.

Averigüé tu signo chino y me reí al comprobar que eras un tigre de metal; un ejemplar pura sangre, con una contextura física privilegiada, a pesar de que somatizás con calamitosos dolores de columna: aquel verano en Mar del Plata, en la casa que tan generosamente compartiste, comprobé —junto a los amigos con los que convivimos—; que tu fortaleza exterior tapizada con tus rayas doradas y negras ocultaba tu vulnerabilidad.

Tus romances tumultuosos con las actrices más talentosas y bellas eran siempre alimento para los buitres.

Apasionado, exhibicionista, romántico, *sexy*, eras el sueño posible de Rodolfo Valentino para las mujeres que creían que eras importado de otro planeta. Siempre deslumbraste con tus actuaciones; te vi en casi todas.

El cine nacional, donde es difícil caer bien parado, se enriquece con cada actuación tuya. Agradecí a la vida, que encarnaras al científico biólogo que luchó contra *El mal de chagas*. Genio, tu talento ilumina el alma.

Verte o escucharte, pues tenés letra propia, es otra de las recompensas de los que apreciamos tus dones, tu generosidad en la entrega de tu obra y persona.

Luchaste por la defensa de los derechos humanos, contra la injusticia y a favor de la igualdad jugándote la vida. Jamás te callaste, ni en épocas de dictadura, ni en las de despotismo no ilustrado; a pesar de creer en la utopía de la democracia.

Los que te queremos sufrimos mucho cuando te prohibían en los medios o te amenazaban por ser canal de difusión del pueblo.

Siempre hiciste el amor más que la guerra; pero con el tiempo te convertiste en un tigre furioso y peligroso.

Siempre fuiste ejemplo, ícono, líder en un país de indiferentes.

Fundaste un teatro, diste trabajo a colegas, amigos, mendigos e hijos espirituales. Generaste proyectos, alborotaste las neuronas, fuiste fiel a tus principios y creencias, jamás claudicaste.

Desde la copa de los árboles donde me refugiaba, siempre te di fuerzas y prendí velas para que encontraras amor, apoyo y amigos que no te traicionaran.

Sos como el sol en verano, tu calor da vida o mata.

Te llegó "la horma de mi zapato" como me dijiste cuando fui a verlos en *El diario de Adán y Eva* y no dudé al ver los ojos enamorados de Blanca posarse sobre los tuyos de tigre domesticado.

Juraste no querer traer hijos al mundo, y creo que cambiaste de idea y estás con babero, preservando la intimidad de tu familia de los canallas y creando tu propio universo.

AMIGO DE LA JUVENTUD, DIVINO TESORO: Has cruzado el Atlántico para tener una vida más digna, porque con la sangre que le diste a la Argentina o te descuartizaban o te aceleraban la hora de la partida.

Te preservaste de ser testigo de un tiempo que te provocaría más dolor del acumulado.

IR Y VENIR; aceptar que has dado todo en cada minuto de tu voraz existencia, cuidar a tu divina mujer y a tu cría y empezar a recolectar los frutos de tu abundante cosecha.

Siempre estuviste cuando te necesité, aún en el último segundo del tiempo complementario.

Te admiro, seguís siendo antorcha en mi vida.

Por tu obra como artista y hombre iluminás las noches más oscuras. Sos perenne, estás siempre agazapado esperando escuchar el llamado de la selva para alistarte como un soldado. Muso inspirador, reflejo de ideales en este fin de ciclo.

Escribo esta carta en la zona oeste de la casa que es el territorio del tigre en el FENG-SHUI.

En cada puesta de sol te encuentro dejando la tranquilidad de vivir cada día a pleno y recibiendo a Venus, estrella que seguirá brillando en el firmamento, como vos, aunque el cielo se apague con la última profecía.

Significado del signo

La tradición china dice que la energía yin que simboliza el tigre está representada por un hombre parado en actitud rígida con los brazos en alto como vitoreando o saludando a la gente.

Esta actitud o postura es la de los políticos, el pago del honor y finalmente la inspiración del respeto y la reverencia de los líderes.

En China se refieren a esta característica en tono alto, pues representa el oscuro poder femenino.

La esencia de la gente que nace en el año del tigre es la nobleza; ellos están siempre buscando lo más arriesgado, difícil e inalcanzable, pues el desafío es el motor de su vida.

La búsqueda de lo peligroso e ilimitado lo convierte en un héroe épico o personaje destacado por su conducta rebelde sin pausa.

El tigre vive a través de la adrenalina que le despierta cada encuentro, pasión, contacto con la vida. Siempre dará y arriesgará el doble de lo que es y puede, jamás se quedará con las ganas de intentar o probar algo. THE SKY IS THE LIMIT.

El felino es puro instinto y se desliza por la jungla oliendo, intuyendo, presintiendo la presa que tendrá en sus fauces en poco tiempo, jugando con la maleza y los espíritus traviesos que lo visitan en sus cacerías diurnas y nocturnas, de las que sale más inspirado y convencido del triunfo de sus hazañas.

Ambos sexos son divertidos, tienen un agudo sentido del humor, irradian un magnetismo que envuelve al más distraído, contagian su entusiasmo produciendo cambios en la vida de quienes se encuentran con él, aunque sea cinco minutos en la vida. Es cierto que como el caballo, el dragón y el mono necesita atención *full time*; es centro del show y el mejor de los actores.

Para la tradición china, el tigre es el rey de la tierra y el dragón el del cielo, o sea que representan la energía *yin, yang* en su máxima expresión.

El tigre es una bestia feroz, salvaje, capaz de devorar a su adversario sin dudar. Su espíritu combativo es fácil de provocar, pues tiene las garras y los dientes tan afilados que si no los usa se siente un minusválido.

El tigre prefiere salir de cacería durante la noche, aunque a veces en el día encuentra sus manjares favoritos entre sueño y sueño.

Este bello animal destila *sex-appeal*, *glamour* y sensualidad. Es irresistible apenas se tiene un PANTALLAZO DE SU ESENCIA. HAY QUE PEDIR AMPARO A LA O.N.U.

El tigre es multifacético, tiene varias personalidades, una antes y otra después de actuar

Es impredecible y se mueve por instinto; la lógica no es para este tipo, pues su intuición siempre lo alerta y salva de las situaciones límite. Le gusta jugar con fuego. Conoce los resortes del inconsciente y actúa a favor de ellos para apresar nuevas víctimas.

El tigre es brillante, inteligente, observador y optimista, capaz de realizar cualquier trabajo, acción o aventura sin medir las consecuencias.

Es rápido como la luz y lento como una tortuga. Para él la vida es una conquista día a día, pleno de vigor y creatividad en cada acto o decisión.

Orgulloso y confidente, es un gran hablador y un afilado chismoso, pero sabe dónde parar el verso para ser creíble.

Es llama encendida, nunca brasa o final de fogón. Siempre listo para el ataque y la conquista, sabe llegar a buen puerto cuando tiene el objetivo claro y preciso. Orgulloso, audaz, enérgico e hipocondríaco, este felino jamás pasa desapercibido. Se lo ama u odia y se fluctúa de un estado al otro estando cerca de él.

El tigre es egoísta, dominante, frío, calculador, huraño y llamativo.

Su habilidad para mantener la calma y observar agudamente tienen un alto precio en el mercado de valores y lo convierten en líder revolucionario.

CUIDADO con su gran sonrisa y seducción; no da puntada sin hilo y envuelve en su microclima a quienes lo rodeen. Adora tener el control de la situación y parecer distraído ante sus interlocutores.

El tigre es ciclotímico emocionalmente. Oscilará entre escalar el Everest y descender al hoyo azul de Belice sin anestesia. Puede ser un santo y un pecador. Protector, defiende su territorio con convicción y no le importa el qué dirán.

No tiene límite para defender lo que cree que merece, FAMILIA, AMOR, TRABAJO, VIDA POLÍTICA Y SOCIAL. Es un kamicaze y siempre arriesga más de lo que puede dar.

Trabajará cuando le plazca, nunca por obligación. Será siempre su propio jefe, no soportará tener que cumplir horarios ni órdenes.

A veces el poder lo exacerba y produce un cambio radical en su personalidad. El arte para el felino es saber dosificarse y llegar al equilibrio.

El tigre ama la buena vida: comer bien, buenas fiestas, vestir elegante, salir, ver a sus amigos, hacer olas y provocar escándalos.

Está convencido de que el dinero está para gastar, él sabrá ganarlo mañana o conseguir *sponsors* que le subvencionen sus inventos.

El tigre vive al filo de la navaja y no tiene ganas de ser rutinario UN VIAJE AL SUPRA E INFRAMUNDO.

El Tao del amor y del sexo

El encuentro con un tigre en la vida es inolvidable. No hay fórmulas, tácticas ni planes posibles. Es un terremoto no anunciado, un huracán en una isla del Caribe sin palmera donde refugiarse, un diluvio sin tinglado cercano. El tigre intuye a su presa, la huele, la rodea y ATACA sin piedad.

Dichosos quienes tuvimos esa suerte en la vida; sobre todo quienes somos más mentales que temperamentales y creemos que el zarpazo necesita *personal trainer.*

El tigre varón o hembra sabe que es irresistible, y que cualquier animal que esté a tiro caerá rendido ante su fogosidad, *sex-appeal,* gracia, sentido del humor y talento en EL TAO DEL AMOR Y DEL SEXO.

Expertos, seres dedicados al amor, conocen la gama del arco iris para enamorar a un *iceberg.*

Su estado físico es en general el de algún deportista célebre; elástico, sensual, de contextura proporcionada, amante de la naturaleza y de las aventuras arriesgadas, despierta admiración.

El elegido sentirá que es envidiado por amigos y enemigos, pues el tigre despliega sus encantos como si estuviera en un set filmando *El tigre y el dragón.*

Pretender fidelidad del felino es algo que les recomiendo que descarten antes de conocerlo; su espíritu de conquista es superior a cualquier promesa hecha en el registro civil o ceremonia chamánica. El fuego con que envuelve a su presa alcanza y sobra para inmortalizarlo.

Su coraje para afrontar cada embestida es admirable. Su resistencia al dolor es insuperable, entrega el corazón, vísceras y posesiones sin dudar cuando se enamora, y es famoso por no tener nunca nada, pues al irse deja todo sin remordimiento.

El tigre te ama o te ignora.

Pretender atraparlo, enjaularlo o engañarlo es contraproducente; su poderosa intuición detectará las trampas y se hará humo como FU-MAN-CHÚ.

El felino necesita que lo admiren, adulen y aplaudan.

El *ego-trip* es el motor de sus originales aventuras Y SIEMPRE BUSCARÁ PAREJAS QUE SEAN COMPAÑERAS DE SUS MÁS LOCAS FANTASÍAS.

Necesita admirar física o intelectualmente a su elegida; no soporta aburrirse y siempre encontrará desafíos para seguir apasionado.

Hay diferentes tipos de tigres: más salvajes, crueles, con tendencias sadomasoquistas, místicos, domésticos, equilibrados y muy desequilibrados. La intimidad, para él o ella, es la clave de la relación.

Cuando desnuda a su presa y la recuesta sobre una parva de heno, en las blancas arenas de una playa adonde llegaron a dialogar con los delfines de noche, o en una cama turca con tules, velas aromatizadas, copal o palo de rosa, el privilegiado tuvo ya orgasmos múltiples y sintió que estaba hipnotizado.

El juego amoroso preliminar del tigre es un arte superior; recurrirá a hacer masajes con aceites, cremas de remotos países acariciando cada parte del cuerpo como Micky Rourke a Kim Bassinger en *Nueve semanas y media*.

Preparará un manjar o lo pedirá al mejor restaurant *thai* del país, y aunque no pueda pagarlo inventará trucos para convertirlo en *La fiesta de Babette*.

Pondrá buena música, susurrará un rugido con voz de Ellis Regina y dejará a su amado saciado de besos y caricias.

Lo que el tigre no sabe es que despierta adicción; siempre le pedirán más tiempo y repetir esas sesiones afrodisíacas. Mientras no se aburra ni se sienta claustrofóbico quedará a disposición de su amante, que como Sherezade tendrá que inventar fantásticas historias de amor para seguir gozando una temporada en el NIRVANA.

El tigre y su energía

★ TIGRE DE **MADERA** (1914-1974-2034) **Sensualidad irresistible**
Este tigre obtiene de la energía madera una calidez y una comprensión que lo hacen realmente interesante. También es divertido, desafiador y lleno de contactos en la vida. Se engancha en todo tipo de situaciones y difícilmente se aburre. Ama la vida y lo demuestra en voz alta. No es de guardarse los sentimientos como otros tigres. En el amor, es cortés y acogedor, lleno de amabilidad y de poesía hacia la persona que le está prestando verdadera atención. Su pasión puede ascender a niveles increíbles, y desplegar todo tipo de emociones.

El tigre necesitará aprender de la vida durante todo el camino y el de madera estará dispuesto a compartir el aprendizaje con alguien a quien ame y respete, reforzando de alguna manera todas las enseñanzas que va atravesando. Le gusta viajar, conocer gente extraña y realizar tareas fuera de lo común.

A veces puede ser un poco necio y en una discusión podría dar la impresión de que está siendo sensato, cuando en realidad no ocurre eso. A menudo suele dormir poco y llegar a cansarse física y mentalmente, pero no es una persona que canalice malos humores hacia los demás.

★ TIGRE DE **FUEGO** (1926-1986-2046) **Sin anestesia**
Está definitivamente muy bien aspectado en las cuestiones profesionales y con grandes posibilidades de lograr éxitos futuros. La naturaleza general del tigre, mental y evaluadora, se acentúa en forma significativa con la energía fuego que lo hace aún más calculador y estimador de sus posibilidades y las oportunidades que van surgiéndole a lo largo de la vida.

Sin embargo, en el amor y en las relaciones, resulta bastante difícil de tratar. Necesitará mucho cuidado y trabajo de pareja para mantener un vínculo estable y duradero. Esto no significa que su corazón esté orientado exclusivamente hacia lo material, pero es una persona complicada para seguir su ritmo de vida. De todas maneras cuando hace foco en alguien que le interesa, puede demostrar que es muy afectuoso e interesante y lleno de pasión desbordante.

Es idealista por naturaleza, buen amigo y servicial cuando se lo necesita. Será capaz de formar un hogar con seriedad y responsabilidad, aunque es probable que pase mucho más tiempo fuera que dentro de su nido.

★ TIGRE DE **TIERRA** (1938-1998-2058) **A fuego lento**
Este tigre es un ejemplar fascinante. Libre, desapegado y considerado, hará milagros en las relaciones humanas. Nunca será fastidioso y siempre tendrá algo interesante que decir. Lleno de ideas, incentivo y curiosidad por la vida.

Aunque no le gusta que lo sujeten a algo, en general esto lo lleva a cabo él mismo de una manera tal vez un poco morbosa; se lo puede permitir sólo él y, cualquiera que intente hacerlo, no logrará más que alejarlo de un modo verdaderamente efectivo.

Su capacidad de amar es admirable, por lo general tendrá relaciones muy duraderas, siempre y cuando haya varios acuerdos establecidos. También será necesario no ahogarlo demasiado con pretensiones y dejar que él fije las distintas etapas.

A pesar de no estar comprometido completamente con rutinas, horarios y tareas laborales o profesionales, puede demostrar una gran cuota de responsabilidad cuando está interesado y preocupado por su bienestar, así como el de su pareja y sus hijos.

★ TIGRE DE **METAL** (1950-2010-2070) **Jaque mate**
Los tigres son por lo general seres no muy comprometidos con las emociones. Sin embargo, el tigre de metal no es el caso que ilustra esta creencia. Es capaz de ser un poco frío y calculador, y hasta superficial, pero de todas maneras tiene un corazón grande que emerge cuando alguien lo necesita. Puede ser también conciso y convincente con la gente que lo rodea, y comunicarse de una manera muy sensata y razonable.

No resulta precisamente brillante en el plano intelectual, aunque siempre desea compañías cultas y llenas de ideas originales. Prefiere mezclarse con artistas, con seres fuera de lo común, antes de hacerlo con personas un poco estructuradas que no le aporten nada a su espíritu. Es de por sí bastante original. El tigre de metal puede ser también un buen trabajador y tiene habilidades como ejecutivo o como gerente.

Su personalidad es bastante rígida, sin cambios profundos en su vida. Esto a veces lo convierte en un ser un tanto incomprendido. Confía en su corazón y esto es lo que lo guiará toda su vida. Con sus amores será un buen compañero y es capaz de ocuparse de su familia, con alguno que otro tropezón de vez en cuando.

★ TIGRE DE **AGUA** (1902-1962-2022) **Un paseo agridulce**
Es realmente complicado. Por un lado tiene la naturaleza intrínseca del tigre, que lo hace un poco reticente y frío, pero por el otro, la energía agua lo hace comprensivo y necesitado de afecto.

Es en verdad un ser muy interesante para conocer y suele atraer la atención más fácilmente que varios de sus compañeros felinos. Tiene una condición artística bastante pronunciada y en general su preocupación por las causas sociales y la humanidad tiende a reflejarse en su trabajo y en sus actividades. Sin embargo, estos aspectos morales del tigre de agua tienen una base mental perfectamente elaborada y conservan la condición natural de desapego del tigre.

No le lleva mucho el apunte a todo lo que sean reglas, normas, horarios y responsabilidades, pero sin embargo es capaz de contar con un significativo bienestar en sus vidas y divertirse. Por lo general sus gustos son variados, su mente abierta a todo lo que encuentre interesante. Su forma de encarar el amor será nuevamente mental, calculada y ensayada. Tratará de llevarlo a cabo de la manera más perfecta y original que pueda. Su pareja será puesta en un podio, pero no hay que olvidarse que este tigre suele tener una lista de amores pendientes que es difícil sacarle de la cabeza.

El tigre y sus ascendentes

★ TIGRE ASCENDENTE **RATA** (11 p.m. a 1 a.m.)
Esta combinación tendrá energía y optimismo, la pasión instantánea y explosiva. Será un tigre independiente con una gran cuota de posesividad e inseguridad.

★ TIGRE ASCENDENTE **BÚFALO** (1 a.m. a 3 a.m.)
Una combinación muy favorable. Será un tigre previsor, perseverante, dotado para las grandes causas, más realista que los otros. Solitario, tenaz y entusiasta, llegará a sus fines en forma honesta.

★ TIGRE ASCENDENTE **TIGRE** (3 a.m. a 5 a.m.)
Vivirá intensamente sin privarse de nada y jugándose a cada instante. No conocerá el orden, la rutina ni la autoridad. Su voracidad será su mayor enemigo; su casa es el mundo.

★ TIGRE ASCENDENTE **CONEJO** (5 a.m. a 7 a.m.)
Tendrá suerte y elegirá siempre lo que más le convenga. Buscará la belleza, la armonía y las relaciones influyentes. Actuará con cautela, midiendo los riesgos, asegurándose la herencia y la trascendencia.

★ TIGRE ASCENDENTE **DRAGÓN** (7 a.m. a 9 a.m.)
Un prodigio de energía y comunicación. No conoce los obstáculos y juega con las mejores cartas. Amante del lujo, el placer y los viajes. Muy narcisista, le cuesta admitir cuando se equivoca.

★ TIGRE ASCENDENTE **SERPIENTE** (9 a.m. a 11 a.m.)
Este tigre será reservado, seductor y muy ambicioso. No se dejará

atrapar fácilmente, y será peligroso. La serpiente manejará al tigre enmascarada tras su imagen.

★ TIGRE ASCENDENTE **CABALLO** (11 a.m. a 1 p.m.)
Será un tigre irrefrenable, lleno de matices. Ávido de espacio, libertad, no conocerá lo que son las responsabilidades. Se jugará por los demás, será un orador genial y se calmará en la vejez.

★ TIGRE ASCENDENTE **CABRA** (1 p.m. a 3 p.m.)
La cabra aportará al tigre un sentido estético, saltarín y gracioso. Tendrá un humor lunático, será interesado y muy posesivo. Deberá elegir entre la comodidad y la libertad.

★ TIGRE ASCENDENTE **MONO** (3 p.m. a 5 p.m.)
La astucia y la destreza se unirán para comerse el mundo. Nada lo detendrá, y a veces utilizará recursos lícitos para conseguir lo que se propone. Su humor será excepcional y sus amores harán historia.

★ TIGRE ASCENDENTE **GALLO** (5 p.m. a 7 p.m.)
Un tigre segmentado entre los sueños y el deber. Buscará encerrarse en su mundo y no concederá audiencia. Cuando se encuentre en algo, aparecerán otras causas para irse de viaje. Contradictorio y muy original.

★ TIGRE ASCENDENTE **PERRO** (7 p.m. a 9 p.m.)
Un soldado que defenderá con garras y olfato a los demás. Nunca se cansará de luchar, emprenderá nuevos proyectos y aportará sabiduría a quienes quieran escucharlo.

★ TIGRE ASCENDENTE **CHANCHO** (9 p.m. a 11 p.m.)
El chancho le aporta al tigre virtudes que resaltan su lealtad. Servicial, generoso, tendrá una familia a la que le entregará la vida. Si es decepcionado se hará humo.

El ascendente y el amor

★ ASCENDENTE **TIGRE** (3 a.m. a 5 a.m.)
No es del todo sencillo compartir una relación con estas personas. Son muy a menudo seres volados, aventureros y en constante cambio. Se aburren con facilidad de las rutinas y necesitan diversidad en todo lo que hacen. Para vivir una vida de pareja estable con estos personajes, se necesitará mucha flexibilidad y comprensión para tolerar todas las sorpresas que se puedan presentar en el camino.

Es bastante fácil que se abran de la relación por sentir que no se los está acompañando en el camino que ellos eligen para sus vidas, que muchas veces puede ser dificultoso de seguir y no siempre es del agrado de todo el mundo.

No se caracterizan por ser celosos, y por lo general-esto los auyenta un poco. Es necesario saber exactamente qué les mueve el piso, qué los apasiona, y sobre todo tratar de no ejercer un rol igual todos los días; de esta forma, el tigre obtiene variedad y no se abruma por la regularidad de los hechos.

Si se comprometen de verdad, son excelentes padres de familia y tienen un espléndido sentido del deber y la responsabilidad, aunque con su método propio de educar a sus hijos y con su alma siempre en busca de nuevas aventuras, cualesquiera fueren.

Personajes famosos del signo Tigre

★ TIGRE DE **MADERA** (1854-1914-1974)
Agustín Pichot, Adolfo Bioy Casares, Oscar Wilde, Leonardo DiCaprio, Emmanuel Horvilleur, Margaritte Duras, Pierre Balmain, Richard Widmark, Belén Blanco.

★ TIGRE DE **FUEGO** (1866-1926-1986)
Marilyn Monroe, Miles Davis, Dalmiro Sáenz, Julio Cortázar, Klaus Kinsky, Mel Brooks, Jerry Lewis, Alberto de Mendoza.

★ TIGRE DE **TIERRA** (1878-1938-1998)
Alan Watts, Alejandro Sessa, Rudolf Nureyev, Jaime Torres, Leonardo Fabio, Pérez Celis, Isadora Duncan, Roberta Flack, Tina Turner, Héctor Larrea, Nathalie Wood, César Luis Menotti.

★ TIGRE DE **METAL** (1890-1950-2010)
Carlos Gardel, Dolly Irigoyen, Charles de Gaulle, Miguel Angel Solá, Oscar Mulet, Stevie Wonder, Teté Coustarot, Hugo Arias, Laurie Anderson, Tony Banks, Michael Rutherford, Peter Gabriel, Laura Esquivel, Stan Laurel, Cristina Onassis.

★ TIGRE DE **AGUA** (1842-1902-1962)
Tom Cruise, Carola Reyna, Simón Bolivar, Divina Gloria, Sandra Ballesteros, Ian Astbury, Andrea Bonelli, Jodie Foster, Silvina Chediek, Bahiano, Juanse Gutiérrez, Ivo Cutzarida, Juan Namuncurá, Fernando Bonfante.

Testimonio

Yo soy un tigre
JUAN NAMUNCURÁ - ARTISTA DEL DESPERTAR

Una, dos, tres piedras se deslizan hacia el río, hacia el mar, hacia el mundo, de vida a la vida.

Algunos dirán "se cayeron tres piedras", otros, "estarán para siempre en el fondo del río", "lógico –dirá un tercero– son pesadas, se hunden en el agua y allí termina todo".

Allí termina toda observación.

El sol y las estrellas felices cantan las hermosas melodías que danzan en el espacio infinito.

Las montañas en la Tierra están creciendo, están jugando con agua y tranformándose en fondo de mar.

Dalmiro Sáenz

Tigre
Tabla de compatibilidad

	AMISTAD	AMOR	TRABAJO	TRUEQUE
Rata	↕↕	♡♡♡	💲💲	☙☙☙
Búfalo	↕↕↕	♡♡♡♡	💲💲💲💲	☙☙☙
Tigre	↕↕↕	♡♡♡	💲💲💲💲	☙☙☙☙☙
Conejo	↕↕↕	♡♡♡	💲💲💲💲	☙☙☙
Dragón	↕↕↕↕	♡♡♡♡	💲💲💲💲💲	☙☙☙☙☙
Serpiente	↕↕	♡♡	💲💲💲	☙☙☙
Caballo	↕↕↕↕	♡♡♡	💲💲💲💲	☙☙☙☙
Cabra	↕↕	♡♡♡♡	💲💲💲	☙☙☙
Mono	↕↕↕	♡♡♡	💲💲💲	☙☙☙
Gallo	↕	♡♡♡♡	💲💲💲	☙☙☙
Perro	↕↕↕↕	♡♡♡♡♡	💲💲💲💲	☙☙☙☙☙
Chancho	↕	♡♡♡	💲💲💲	☙☙☙☙

- • Bajo astral
- •• Posible
- ••• Bien
- •••• Super
- ••••• Conexión total

Conejo

Conejo

𝓕icha técnica

Nombre chino del conejo:
TU

Número de orden:
CUARTO

Horas regidas por el conejo:
5 AM a 7 AM

Dirección de su signo:
AL ESTE DIRECTAMENTE

Estación y mes principal:
PRIMAVERA-MARZO

Corresponde al signo occidental:
PISCIS

Elemento fijo:
MADERA

Tronco:
NEGATIVO

𝓔res Conejo si naciste:

29/01/1903 - 15/02/1904
CONEJO DE AGUA

14/02/1915 - 02/02/1916
CONEJO DE MADERA

02/02/1927 - 22/01/1928
CONEJO DE FUEGO

19/02/1939 - 07/02/1940
CONEJO DE TIERRA

06/02/1951 - 26/01/1952
CONEJO DE METAL

25/01/1963 - 12/02/1964
CONEJO DE AGUA

11/02/1975 - 30/01/1976
CONEJO DE MADERA

29/01/1987 - 16/02/1988
CONEJO DE FUEGO

16/02/1999 - 04/02/2000
CONEJO DE TIERRA

He vuelto a gatear con conciencia
Sobre el pasto interno de mi valle.
Apoyar la espalda
Sobre un pino
Para sentir sus nudos aliviando culpas.
Ayunar, comer arroz yamaní
Alejarme del mundo y su desencanto.
Acompañar al sol durante el día
Y dejarlo ir sin reclamos.
He vuelto a celebrar la vida
Nunca tan sola ni tan acompañada.
                    L. S. D.

Carta a mis amigos gatos

Al tomar la distancia óptima de ustedes, alejada de la vida mundana, los contrastes irremediables del TO BE OR NOT TO BE, me desperezo junto a las chimeneas ardientes por la leña que les echo día y noche, presintiendo una vida anterior donde morí quemada en la hoguera por alguna travesura mal aspectada en la época en que las brujas eran perseguidas, no como ahora que estamos de moda.

No dudo que esta relación con ustedes empezó en vidas anteriores y que la deuda kármica no fue saldada aún, pues el baile en esta existencia es la indexación que les debo por mi indiferencia. La realidad es que estoy rodeada por ustedes en los cuatro puntos cardinales, los meridianos, paralelos, trópicos y línea del Ecuador.

TRATO DE TENER EL GLOBO TERRÁQUEO EN LA MANO Y HACERLO GIRAR PARA ZAFAR DE USTEDES PERO NO LO CONSIGO. ESTAMOS UNIDOS POR UN GRAN KARMA, que he venido a dilucidar.

Quiero diferenciar el rubro gato-conejo-liebre en la trampa fatal: cuando aparecen del plano invisible al visible o de la quinta a la tercera dimensión. Generalmente estas apariciones son las estafas sin escapatorias, las que me han dejado las uñas o garras de gato montés clavadas en la yugular, las costillas, el cuello y el corazón, que resulta más blando cuando deciden actuar a control remoto.

Ustedes saben que las intenciones nunca coinciden con los hechos; ésa es la gran paradoja, el desconcierto, el peaje que se paga por gozar de tan grata compañía. Son la octava maravilla del mundo, un premio en medio de la rutina que consuela al más distraído.

Jamás fue un esfuerzo conectarme con un conejo, ocurrió en el momento menos pensado, de golpe, cuando la vida me llamaba a mis simias aventuras en la selva y aparecía viajando con ANDY por las RUTAS MAYAS, envueltas en copales, huipiles y tortillas que nos ganábamos después de recorrer pirámides, templos, observatorios, acompañadas por guías originales y generosos que nos ofrecían sus más preciados tesoros...

Viajar en el túnel del tiempo y encontrar a ESTEBAN es un programa digno de una excursión en Disney, Epcott o la Gran Vía. Es el gato que más ha contenido mis duelos gatunos alertándome sobre sus bajezas y despiadadas virtudes que hacen que una se quede siempre a la vera del camino, como dice otro ejemplar pura sangre como es FITO PÁEZ. Esteban es mi hermano gatuno, capaz de sacrificar horas de sueño para maquillarme cuando he perdido todos los trenes, incluído el del deseo, y resucitarme para verme radiante y en la pista otra vez.

Allá lejos y hace tiempo SHEILA asomaba en la noche porteña invitando a sus ignotos amigos a desplegar sus artes. Sean cuales fueren. Ella se divertía y perdía plata con nosotros, misión que estoy tratando de reparar en esta etapa sometiéndola a la dura tarea de ser mi agente literario. Condiciones le sobran y, si le faltan, las saca de la galera y cae bien parada, pues su curriculum no está a la altura de las proposiciones honestas o deshonestas de la globalización. Su ayuda es infinita, pues hace mucho tiempo esta gata de tejados ardientes logró enamorar a un mono de fuego y me suministra consejos cuando aparece algún gato a perturbar el microclima. Escucho sus dulces palabras y hago lo contrario, para que no se sienta defraudada en la misión de consejera del planeta de los simios.

Quien me rescató de Ciudad Gótica para continuar el libro equino en un gesto de generosidad y curiosidad por saber en qué andaba la autora en los últimos años, es otra mágica coneja-gata-liebre, mi amiga del alma UGE CABEZAS. Esta valiente mujer, criadora de búfalos y productora de *mozzarella* tiene acentuadas las virtudes gatunas: *sexy*, divertida, sutil e inteligente, se desliza por el universo seduciendo a quien se le cruce en su destino, sin importar las consecuencias que produzcan sus expresivos ojos verdes, su ductilidad, refinamiento y estilo GATÚBELA. Es capaz de grandes hazañas cuando quiere a alguien y, a diferencia de los de su especie, no especula con exóticos trueques.

CONRADO es un gato que el TAO profesional quiso que conozca hace diez años; impecable relación en el tiempo que fue paralela a una gran amistad. Filosofamos, reímos, bebemos margaritas desde el piso veinticinco del Victoria Plaza, agradeciendo ambos este buen encuentro en esta reencarnación. Deuda kármica saldada.

Y por suerte hay excepciones a la regla, esos gatos que aparecen en noches de verano, cuando los jazmines y las estrellas se complotan para sacarnos un rato del asfalto. Así apareció GUSTAVO, otro valor adquirido sin IVA en estos tiempos de decepciones y encuentros sin futuro. Supo engatusarme desde entonces y, como se deslizan los trineos en la nieve o los surfistas en las olas del Pacífico, continuamos en la exploración atemporal del otro, agradecidos y abiertos a la frondosa imaginación que nos une, aceptando los límites del NAJT (tiempo-espacio).

Estos son mis amigos gatos-conejos más queridos y cercanos, pero por allá está MARIELA compartiendo giras, comidas y confesiones al decolar y aterrizar en las rutas atlantes.

Y perdonen aquellos que no se presentaron esta noche otoñal en mi memoria, pues siempre estarán como JUDY GARLAND cantando OVER THE RAINBOW.

Felices y *exciting* sueños gatunos.

Significado del signo

El polémico conejo para los chinos, gato para los vietnamitas y liebre para los japoneses, es el mismo signo con diferentes nombres en el Lejano Oriente.

Su significado es múltiple y tiene el don de seguir despertando curiosidad y polémica entre los mortales.

Lo que es cierto es que este animal jamás pasa desapercibido. Su COMPLEJA PERSONALIDAD provoca pasiones en los demás alterando el sistema nervioso, cardíaco e inmunológico.

Aprecio el viaje interior de los últimos años en ustedes. Sé que heridos, maltrechos, intimidados en sus debilidades soportaron el huracán de sacar a luz sus defectos y bajezas.

No hay mejor remedio que un poco de indiferencia para esta raza que sabe cómo llegar al corazón y dejar huellas profundas en el alma. El conejo oscila entre el filo de la navaja y los almohadones mullidos del living con absoluta agilidad, destreza y sensualidad desorientando con su conducta a quienes lo rodean.

La combinación de calidez, diplomacia y rapidez mental atraen como un faro en la oscuridad, provocando una inmediata familiaridad.

El conejo tiene el don innato de la armonía, el equilibrio y el sentido estético. Sabe dónde y cómo actuar, es un mago que intuye el momento exacto para entrar en acción y crea en el otro lazos sutiles y profundos como una telaraña.

Este misterioso animal tiene la capacidad de almacenar experiencias, personas, situaciones, lugares, como un coleccionista y hacer zapping de una situación a otra con absoluta naturalidad, borrando el día o la hora anterior donde juró amor eterno en pos de una nueva quimera.

El gato, prefiero llamarlo así, marca su territorio con su olor, mirada y energía, y CUIDADO con invadirlo, pues detesta que se inmiscuyan en su intimidad, sólo lo permite cuando está inspirado en noche de luna llena o en éxtasis.

El conejo es considerado el signo más profundo e inteligente en pensamiento y acción. El folklore chino dice que tiene tres salidas de emergencia en la vida y por eso cae siempre bien parado. Salvaje por naturaleza, rápido y eficaz, difícil de domesticar (salvo que aparezca alguien que logre despertar su admiración y fascinación), estará alerta para no entregar el secreto de su eterna juventud y del elixir de la inmortalidad.

Hay que saber crear un clima de confianza a su alrededor, pues su desconfianza es atávica y le costará confiar y entregarse a alguien en forma espontánea.

El gato tiene mucha suerte a través de la vida. Si nace en un ámbito modesto o marginal, logrará deslizarse por las cornisas y tejados que lo lleven a la noche donde conocerá al mecenas de su vida o al productor de cine, teatro o *porno-show* que lo catapultará a la fama. Su buena estrella unida al encanto, sensualidad, *glamour* y sentido del humor lo convierten en un ser muy preciado en el mercado de valores.

A pesar de ser *sexy* y vistoso es un romántico perdido; elucubrador de historias de amor unipersonales dignas de ENRIQUE PINTI. Es por esto que son grandes narradores, cuentistas y actores, pues son muy impresionables y exagerados para trasmitir sus vivencias.

Al conejo lo encontramos más en las buenas rachas de la vida que en las malas. Es por eso que hay que saber dosificarlo, para que no sea tan dura la despedida.

Está dotado para incursionar en la actividad para la que tenga voluntad y energía, pero que fundamentalmente lo divierta.

Vivir es para él o ella una danza que jamás se detiene, sabe sacarle el jugo a las personas que conoce, dando lo mejor de sí. Forma su familia cósmica a través de sus viajes, amigos, amantes y socios; desconoce a su familia sanguínea, a los que considera a veces intrusos o extraños y con quienes mantiene un trato distante y diplomático.

Los mecanismos emocionales del gato no pudieron ser decodificados ni por Freud ni por Jung, pues no están en los tratados de psicología, SON EXPERTOS MANIPULADORES, OSCILAN ENTRE EL SADOMASOQUISMO Y LAS PERVERSIONES MÁS CLÁSICAS Y MODERNAS DEL UNIVERSO.

La mujer coneja es una experta en el arte de enamorar, sabe qué puntos tocar en el hombre para dejarlo perdidamente enamorado y huir hacia otra víctima sin inmutarse.

PLACER, PLACER Y MÁS PLACER ES EL LEMA DE ESTE SIGNO.

Detesta los malos ratos, climas de tensión y agresión en el ambiente; su buen gusto y tacto ahuyentan las situaciones agresivas y polémicas. Su tono de voz, modales e ideas son siempre moderadores y estabilizadores.

El conejo-gato invierte en sí mismo lo que gana. Adora pasar horas en *spa, gyms,* peluquerías y lugares que lo embellezcan. Su pasión por la ropa lo hará invertir fortunas en prestigiosos diseñadores, además de completar su afinidad por el arte, la música y las letras.

ESTE EJEMPLAR ES UNA CAJA DE PANDORA QUE ESPERA A QUIEN SE LE ANIME.

El Tao del amor y del sexo

Creo que este animal merecería un tratado especial, pero llevar a cabo semejante empresa implicaría dedicarle toda una vida.

Es sin dudas el signo que más pasiones despierta a través de su vida; algunas correspondidas, otras unilaterales, las hay sadomasoquistas, narcisistas, onanistas; en fin, hay tela para cortar con este signo, del cual la tradición china dice que tenía pactos con LAS BRUJAS.

Gran paradoja: vive las veinticuatro horas del día dedicado al amor, que es CAUSA Y EFECTO BOOMERANG EN SU VIDA.

El conejo, el signo de mayor armonía y belleza del zoo chino, destila en cada acto de su vida una sensualidad que provoca suicidios en masa.

Un trabajador del amor: su obsesión por seducir es tan evidente que no deja pasar oportunidad, minuto, hora del día y de la noche sin desplegar sus encantos y su *charme*.

Resulta tan elucubrador en sus manejos y manipulaciones afectivas que cualquier signo es LA PEQUEÑA LULÚ a su lado.

El conejo tiene suerte en el amor; su originalidad, buen gusto y refinamiento deslumbran a ambos sexos que se desviven por atenderlo, colmarlo de todo tipo de placeres terrenales y celestiales que el conejo sabe apreciar y despreciar simultáneamente.

El conejo conoce el punto G del amor en los demás, pero en él es difícil detectarlo. Por eso se dice que es LA GATA FLORA...

Necesita misterio, grandes dosis de fantasía, imaginación y *promesas sobre el bidet*.

Es él el que maneja las situaciones; el tironeo lo calienta y estimula; tiene el NO siempre a mano, POR LAS DUDAS, hasta que el otro logre hipnotizarlo apenas unos segundos para que sucumba al KAMASUTRA.

Este signo es tan amplio en sus gustos y tendencias, que oscila entre el Marqués de Sade, Henry Miller y Anaïs Nin.

Ponen en práctica todos los recursos que la naturaleza pródiga les ha donado y siempre sacan de la galera un conejo más para que lo veamos *double fantasy.*

Su verdadera vocación es la de DON JUAN y MESALINA, es por eso que su mejor estado afectivo es el harén donde puede hacer *zapping* según el antojo del momento.

El conejo está "enamorado del amor", es un *mood,* un estado anímico pasajero, una noche, una tarde frente a la chimenea o en un *spa,* a lo sumo un día entero, hasta allí llega su capacidad de entrega. Un tanto egoísta, estará a su lado demostrando gran afecto e interés mientras usted lo alimenta, le da placeres al alcance de su mano, televisión, música en estéreo, baño de inmersión con espuma, caricias infinitas que tanto parece necesitar. Una vez saciados sus instintos primarios y sus necesidades se borra de la vista, y vaya una a saber a qué tejado de zinc caliente...

Puede volver a la semana, a los seis meses o a los veinte años, con la misma mirada de ternura y deseos de caricias, y si es bueno en lo que hace usted volverá a caer, pues es fuerte el hechizo de su mirada singular. Dependerá del kármico currículum de la especie que se dé cuenta (esperemos que más temprano que tarde), de que éste es su modus operandi y jamás cambiará.

Si usted busca aisladas noches o tardes de amor pasajero éste es el animal ideal, no tendrá proyectos ni futuro que no sean más que el AQUÍ Y AHORA. Se retocará el *rouge,* controlará los preservativos, pues los conejos embarazan con la mirada, y a otra cosa mariposa, *by the way,* el desayuno o la cena no están incluídos, a menos que sean exclusivos del ¡¡ANTES Y DESPUÉS!!

Consejo: Lleve siempre muñecas inflables, aditamentos, algún fetiche para cuando esté un poco perezoso o desganado para tomar la iniciativa.

Y ni se le ocurra proponerle un triángulo o *swingers* con su mejor amiga pues ¡¡¡aceptará ENCANTADO!!! A menos que usted quiera experimentar más allá del arco iris.

El conejo y su energía

★ CONEJO DE **MADERA** (1915-1975-2035) **Magos y hechiceras**

Estamos frente a un conejo que es sorprendentemente caritativo, humanitario y dedicado a servir a las personas. Se preocupa por las condiciones sociales de una manera asombrosa, auténtica y total. De ninguna manera espera algún tipo de recompensa a cambio, sólo siente que debe hacerlo. Esta condición del conejo de madera, puede afectar un poco su vida en pareja pues está demasiado ocupado en hacer el bien y ayudar a los demás, descuidando un poco la relación que esté viviendo. Por lo tanto, para conservar la unión, es imprescindible comprender su naturaleza; y un consejo para la persona que quiere estar a su lado es mantener el ritmo que lleva este conejo: él valorará enormemente este acto y afirmará la relación. Cuando se dispone a amar, da todo lo que tiene y resulta increíble.

Su vida laboral está a menudo muy ligada a su condición de misionero y siempre que puede aplica su sensibilidad al trabajo.

★ CONEJO DE **FUEGO** (1927-1987-2047) *Ego-trip* **inteligente**

Se sabe que los conejos en general son seres idealistas y humanos. En este caso, la energía fuego lo hace bajar bastante a la tierra y lo convierte en una persona realista, por lo menos mucho más que sus compañeros de otras energías. Esto puede significar tal vez un mejor desempeño en las cuestiones profesionales y por lo general logra más éxitos que otros conejos.

Es también muy sensato con las relaciones y se adapta con facilidad a las características de las personas que lo rodean o que comparten su vida con él. Es excelente a la hora de mantener un hogar estable y hará que nunca falte nada para sus hijos.

El conejo de fuego es un gran amante y percibe como pocos las necesidades de su pareja para luego tratar de complacerla y respaldarla en todo lo que pueda. También respeta sus opiniones y se ve muy interesado cuando su amor le está hablando. A veces puede ser bastante celoso y es necesaria mucha sinceridad en la relación para que sea duradera. Muy intuitivo: esta condición suele aplicarla a su trabajo. Será respetado por los que lo dirigen y logrará ascender a puestos deseados por otros.

★ CONEJO DE **TIERRA** (1939-1999-2059)
No da puntada sin hilo de oro
Un conejo realmente preciado. Tal vez el más fácil de llevar entre todos sus compañeros de otras energías y sin duda el más sensible y amable de los conejos. Es muy difícil que a él se lo pueda calificar de egoísta o traicionero; generalmente conquista a un gran número de personas con sus encantos.

Sin embargo, estas grandes cualidades pueden ser una dificultad en términos de pareja. Es bastante común que la persona que esté a su lado se sienta un poco desvalorizada al ver las increíbles condiciones de este conejo y se considere un poco culpable de su propia personalidad. Por lo tanto, es necesario que la persona que esté a su lado sea un ser digno de ocupar ese sitio porque de otra manera podría terminar frustrada o con replanteos de identidad.

Por otro lado, es sumamente afectuoso, servicial y práctico. Los temas familiares son de una importancia primordial para el conejo de tierra que trata de hacer felices a sus seres queridos y al mundo entero. Siempre está de buen humor, esbozando una sonrisa difícil de resistir, y lleno de imaginación y entusiasmo para plasmar en lo que se le ocurra.

★ CONEJO DE **METAL** (1891-1951-2011) **Sin retorno**
Los conejos son seres verdaderamente adorables. En el caso del conejo de metal, observamos a una persona atenta, cálida y capaz de dar mucho amor. Casi siempre aspira a formar un hogar feliz y a tener una pareja estable y duradera. Es increíblemente compinche y complaciente con el ser que ama y siempre estará dispuesto a dar todo lo que esté al alcance de sus manos. Su compromiso con la otra persona es sumamente profundo y necesita sentirse seguro y correspondido para mantener su firmeza emocional. Es aconsejable, para mantener una relación con este ejemplar, que exista una gran cuota de atención y de sinceridad. Si se mantiene, este conejo resaltará lo mejor de la relación y hará de ésta una experiencia única en la vida.

Es capaz de tener la mente despejada y equilibrada emocionalmente y a la vez la cualidad de lograr éxito en los aspectos materiales y laborales. Esta combinación lo hace sumamente útil para diversas actividades y es muy valorado por sus superiores.

★ CONEJO DE **AGUA** (1903-1963-2023) **Placer, placer y placer**
Éste es un ser amado por todo el mundo. Definitivamente divertido,

imaginativo y amistoso, vale la pena conocerlo. Sin embargo, resulta un tanto difícil de comprender ya que la condición emocional tan interior del conejo se ve muy acentuada por la energía agua y es común que la persona que esté a su lado se sienta a menudo un poco desorientada y tenga problemas para llegar a un acuerdo. Pero cuando ama, lo hace con una llama que arde con mucha intensidad y sensualidad, demostrando que en sexo suele dar cátedra.

Este conejo es muy familiero, ama la vida cálida del hogar y siempre busca lo mejor para dar a sus hijos. Es servicial con sus seres queridos pero también con la gente que no conoce. Tiene un alto sentido de humanidad que por lo general se ve reflejado en sus actividades laborales o sus pasatiempos.

Para este conejo es muy importante ser amado y comprendido, ya que de otra manera se puede ver perjudicado emocionalmente al punto de perder la firmeza y la perseverancia de su vida.

El conejo y sus ascendentes

★ CONEJO ASCENDENTE **RATA** (11 p.m. a 1 a.m.)
La rata le aporta vitalidad y agresividad a este conejo, que será más rápido y astuto que los demás. Enfrentará con habilidad los obstáculos y dirá grandes verdades. Su cólera y celos serán explosivos.

★ CONEJO ASCENDENTE **BÚFALO** (1 a.m. a 3 a.m.)
Este conejo será muy trabajador, apegado y ambicioso. Lúcido y conservador, es un nativo muy sociable y antisociable a la vez, contradictorio. Tendrá una fuerza oculta que nunca lo abandonará.

★ CONEJO ASCENDENTE **TIGRE** (3 a.m. a 5 a.m.)
Este nativo tendrá dos caras; por un lado será impulsivo, temperamental, apasionado, y por otro será calmo, medido, previsor. Muy independiente, es un compañero apasionado con el cual es difícil convivir.

★ CONEJO ASCENDENTE **CONEJO** (5 a.m. a 7 a.m.)
Este conejo será irresistible. Seducirá a las mariposas; secreto, refinado, culto y muy sibarita, conocerá los secretos del amor como un mago.

★ CONEJO ASCENDENTE **DRAGÓN** (7 a.m. a 9 a.m.)
Este conejo será muy ambicioso, capaz de recurrir a cualquier arma para conseguir lo que se propone. Será muy pasional, romántico; tendrá hipnotizados a los demás y hará lo que quiera.

★ CONEJO ASCENDENTE **SERPIENTE** (9 a.m. a 11 a.m.)
Este conejo será Mandrake y tendrá a todo el mundo fascinado con su misterio. Refinado al extremo, discreto, jamás conoceremos sus secretos. Intuitivo y muy sensual.

★ CONEJO ASCENDENTE **CABALLO** (11 a.m. a 1 p.m.)
No soportará estar encerrado. Será líder, muy independiente y organizado. El amor lo distraerá, aunque siempre esté en primer lugar. Su impulsividad será constante.

★ CONEJO ASCENDENTE **CABRA** (1 p.m. a 3 p.m.)
La seguridad material será indispensable para desarrollarse. Buscará rodearse de gente influyente y no se privará de nada. Su sensibilidad deberá ser plasmada artísticamente.

★ CONEJO ASCENDENTE **MONO** (3 p.m. a 5 p.m.)
Un intelectual con posibilidades de convertirse en jeque. Necesitará una fortuna para vivir; la compartirá con los amigos, novios y protegidos. Su lema es: "El fin justifica los medios".

★ CONEJO ASCENDENTE **GALLO** (5 p.m. a 7 p.m.)
La responsabilidad se transformará en obsesión. Será introspectivo, analítico y crítico. Le costará disfrutar y dejar a los demás atender su juego. Muy servicial y protector. Se puede contar con él.

★ CONEJO ASCENDENTE **PERRO** (7 p.m. a 9 p.m.)
Estará siempre dispuesto a ayudar a los demás, defender una causa y compartir lo que gana. Tendrá suerte en los negocios y cambios drásticos de vida, a los que se adaptará con naturalidad.

★ CONEJO ASCENDENTE **CHANCHO** (9 p.m. a 11 p.m.)
Un sibarita con mundo interior. El placer ante todo, y después las responsabilidades. Necesitará amor y comprensión para realizarse. Buscará infatigablemente mejorar y sacar lo mejor del otro.

El ascendente y el amor

★ ASCENDENTE **CONEJO** (5 a.m. a 7 a.m.)
Acá hay mucho amor para dar. El ascendente conejo aporta al signo una necesidad de ofrecer y recibir afecto en grandes cantidades, aunque a veces puede ser difícil mantener el paso que estas personas llevan. Por eso es necesario ser recíproco a la hora de vivir una relación con estos seres.

Son muy apasionados, sinceros y agradables para convivir. Necesitan conocer las opiniones de los demás y penetrar en la mente de otras personas, y generalmente son muy serviciales y dispuestos a ayudar a quien lo necesite. Son idealistas y no se rinden con facilidad, aunque vean que nadie en el mundo los ayuda en sus causas.

Con su familia, son dedicados en extremo, excelentes padres y sumamente responsables con los deberes y las tareas que estén atravesando.

Son muy afectuosos con el ser que aman y también verdaderos amigos y leales compañeros de vida.

Estas personas merecen mucho cariño por todo el que tienen para ofrecer. Resultan muy comprensivos cuando algo está faltando en la relación, pero si se trata de sacar provecho de su naturaleza, finalmente se alejan y es muy difícil que vuelvan atrás para comenzar una nueva etapa.

Personajes famosos del signo Conejo

★ CONEJO DE **MADERA** (1855-1915-1975)
Leticia Bredicce, Frank Sinatra, Dolores Barreiro, Charly Menditeguy, David Rockefeller, Deborah De Corral, Billie Holiday, Osvaldo Miranda, Ingrid Bergman, Edith Piaf, Orson Welles, Abel Santa Cruz.

★ CONEJO DE **FUEGO** (1867-1927-1987)
Raúl Matera, Mirtha Legrand, Fidel Castro, Raúl Alfonsín, Ken Russel, Gina Lollobrígida, Gibert Bécaud, Neil Simon, Peter Falk, Harry Belafonte.

★ CONEJO DE **TIERRA** (1879-1939-1999)
Enrique Pinti, Andrés Percivalle, Stalin, reina Victoria, Francis Ford Cóppola, Paul Klee, Albert Einstein, George Hamilton, Peter Fonda.

★ CONEJO DE **METAL** (1891-1951-2011)
Sting, León Gieco, Charly García, Pedro Almodóvar, Michael Keaton, Confucio, Jaco Pastorius, Carlos Barrios, Thelma Biral, Ignacio Gutiérrez Zaldívar, Valeria Lynch, Rosa Gloria Chagoyan, Angélica Houston, Juan Leyrado, Ana Belén, Cherry Ladd, Carl Palmer, Isabel Preysler.

★ CONEJO DE **AGUA** (1843-1903-1963)
Fernando Peña, Fat Boy Slim, Fito Páez, Xuxa, Brad Pitt, Johnny Depp, George Michael, Hilda Lizarazu, Alfredo Casero, Ramiro Agulla, Bob Hope, María G. Epúmer, Nicholas Cage, Fernando Samalea, Sergio Goycochea, Germán Palacios, Niní Marshall.

Enrique Pinti

Testimonio

Yo soy un conejo
CONRADO ARMANDO UGON - EMPRESARIO Y COMUNICADOR

Si te gustan las cosas fáciles, supongo que un buen consejo es que te alejes de los conejos. Pero si lo que te gustan son los desafíos, el conejo es tu presa. Tomar la decisión de compartir tu vida con uno de ellos será como vendarte los ojos y quedarte sola en una casa desconocida llena de recovecos y rincones misteriosos.

Él se aproxima cauteloso, da vueltas a tu alrededor, te estudia, te mide, te observa. Un día, y sin que tú te enteres, él decide que tú eres lo que él ha estado buscando, y empieza a cercar el terreno donde va a alojarte y a cuidarte para siempre.

Mientras tú sigues sumida en la desesperación por atraparlo, a él ya nada le preocupa, porque su vida ya está decidida. Él va a quedarse contigo y tú con él.

Comprender sus sentimientos puede llevarte tiempo, mucho tiempo y muchas lágrimas, hasta que entiendas que sus gestos tienen la profundidad que tu mirada pueda darles. Hay que aprender a desarrollar el séptimo sentido, hurgar en el más mínimo gesto o mirada que pueda consolar tu desconcierto.

De este ser misterioso y a veces hermético, no esperes situaciones rebuscadas y románticas, versos que hablen de amor eterno, ni ramos de flores inesperados. Y no es avaricia. La verdad es que a él le cuesta encontrar algo lo suficientemente bueno para regalarte. Él hace mucho tiempo que decidió regalarte el alma y, ¿qué más se le puede pedir a un conejo-gato-liebre?

Conejo
Tabla de compatibilidad

	AMISTAD	AMOR	TRABAJO	TRUEQUE
Rata	↕		$ $ $ $	♋ ♋ ♋ ♋ ♋
Búfalo	↕ ↕ ↕ ↕	♥ ♥ ♥	$ $ $ $ $	♋ ♋ ♋ ♋ ♋
Tigre	↕ ↕ ↕	♥ ♥ ♥ ♥ ♥	$ $	♋
Conejo	↕ ↕ ↕ ↕ ↕	♥ ♥ ♥	$ $ $ $ $	♋ ♋ ♋ ♋
Dragón	↕ ↕ ↕ ↕ ↕	♥ ♥ ♥ ♥ ♥	$ $ $ $	♋ ♋
Serpiente	↕ ↕ ↕ ↕	♥ ♥ ♥ ♥ ♥	$	♋
Caballo	↕ ↕ ↕ ↕	♥ ♥ ♥	$ $	♋ ♋ ♋ ♋ ♋
Cabra	↕	♥	$ $	♋
Mono	↕ ↕ ↕ ↕ ↕	♥ ♥	$ $ $ $ $	♋ ♋ ♋ ♋ ♋ ♋
Gallo	↕ ↕	♥ ♥ ♥ ♥	$ $	♋ ♋ ♋ ♋ ♋
Perro	↕ ↕ ↕ ↕ ↕	♥ ♥ ♥ ♥ ♥	$ $ $ $	♋ ♋ ♋ ♋ ♋
Chancho	↕ ↕ ↕	♥ ♥ ♥ ♥ ♥	$ $	♋

- • Bajo astral
- •• Posible
- ••• Bien
- •••• Super
- ••••• Conexión total

Dragón

Dragón

Ficha técnica

Nombre chino del dragón:
LONG

Número de orden:
QUINTO

Horas regidas por el dragón:
7 AM a 9 AM

Dirección de su signo:
ESTE-SUDESTE

Estación y mes principal:
PRIMAVERA-ABRIL

Corresponde al signo occidental:
ARIES

Elemento fijo:
MADERA

Tronco:
POSITIVO

Eres Dragón si naciste:

16/02/1904 - 03/02/1905
DRAGÓN DE MADERA

03/02/1916 - 22/01/1917
DRAGÓN DE FUEGO

23/01/1928 - 09/01/1929
DRAGÓN DE TIERRA

08/02/1940 - 26/01/1941
DRAGÓN DE METAL

27/01/1952 - 13/02/1953
DRAGÓN DE AGUA

13/02/1964 - 01/02/1965
DRAGÓN DE MADERA

31/01/1976 - 17/02/1977
DRAGÓN DE FUEGO

17/02/1988 - 05/02/1989
DRAGÓN DE TIERRA

05/02/2000 - 23/01/2001
DRAGÓN DE METAL

Antes de la fama era igual.
Con motores en las ideas
Que me llevaban a otros lugares
Sin boleto de vuelta.
Rompía reinos impenetrables
Seduciendo al tiempo.
Nunca tuve apuro,
Por eso me indigesté con sobresaltos y entusiasmos
Que me hicieron capaz de comunicarme
Con vivos y muertos
Al mismo tiempo.
Siempre encendí el fuego
Domesticando al ego
Atravesé murallas
De inmensas olas
Naufragando ilesa en sus orillas.
Preferí el peligro a lo conocido
Pagando con creces la osadía
De ser la mujer del arco
Que vio SARAHA tirando la flecha
En el rincón más oscuro del mercado.
  L. S. D.

Carta a John Lennon • Dragón de metal

QUERIDO JOHN:
 Hoy pensaba mientras me preparaba un arroz yamaní spicy cómo serías si hubieras nacido en la Argentina.

 Me divertí bastante IMAGINÁNDOTE. Te vi con look gauchesco; bombachas batarazas, rastra plateada, alpargatas, camisa verde claro y un sombrero como el de DON SEGUNDO SOMBRA.

 Me quedé extasiada mirándote tocar la guitarra que tengo en casa, pedirme que te cebara unos mates amargos, mientras echaba más quebracho al fuego y me deleitabas con *Zamba de mi esperanza, Lunita tucumana, Alfonsina y el mar,* con tu voz familiarmente universal.

Me gustás tanto o más que en tu etapa de *sex-symbol* o dragón enfurecido largando fuego junto a Yoko en las campañas de HAGAMOS LA PAZ Y NO LA GUERRA que te inmortalizaron como el líder más carismático del pasado milenio.

Encarnaste en dragón ¿lo sabrías, me pregunto?, nunca escuché que lo mencionaras, a pesar de tener mujer oriental que colaboró en tu transformación tántrica.

Siempre tuve una relación tan íntima e intransferible contigo que a veces me pregunto si es de a dos, o es la magia que el dragón ejerce en los mortales. Ambas cosas me contesto; pues tu sensibilidad toca mis raíces más profundas transformándolas en ginseng.

La luz es elegida para evocarte; parece el día que hicieron el amor con Yoko en Alcott sumergidos en la niebla donde se esconden aluxes y hadas para celebrar el hechizo de siglos de espera hasta que llegue el momento de reencarnarse.

Rondás mi paisaje como el mago MERLÍN, oriundo de tu tierra celta.

Como con MAXIMÓN, el santo indígena de Guatemala, a quien persiguieron y mataron por ser milagroso, lo que ha producido en ambos casos es que estén más vivos que cuando lo estaban. Celebro tu nacimiento bendecido por el signo que representa en China la energía *yang*, el poder del cielo en la tierra, las cuatro virtudes más respetadas: la riqueza, la belleza, la armonía y la longevidad.

Qué importa dónde naciste si en cada rincón del mundo sentimos que sos nuestro; tus letras y música navegan por el espacio hasta tomarnos desprevenidos por la nuca o la espalda, cambiándonos la energía, el humor y los sentimientos. Alquimista, lleno de brebajes inventados en el laboratorio de tu creatividad infinita.

Muso inspirador, no hay quien se resista a tu melodía de juglar sin tiempo ni espacio; te colás por los pliegues invisibles de los átomos coloreando con tu paleta el espacio en blanco.

Antídoto del dolor, de la tristeza, la incertidumbre y la desolación. Tus rasgos de notable transparencia barren la monotonía con sólo mirarte a través de tus anteojos que son lupas para que ampliemos el encuadre de la existencia.

Lago volcánico, difícil de navegar, pues en el fondo moran monstruos esperando ahogar tu grito de libertad y rebeldía desmenuzándolo como carnada para los picudos.

EMISARIO DE LOS DIOSES, viniste a traer el mensaje y te crucificaron. ENCAUZASTE el caos de tu época y te marginaron por tener mujer japonesa. Fuiste precursor del pensamiento holístico, entre Occidente y Oriente, abriendo un portal galáctico y trascendente. Cortaste con tu espada tabúes y prejuicios en forma poética, aportando nuevas formas de convivencia.

REVOLUCIONARIO PACIFISTA, el solo contacto auditivo o etérico altera el ecosistema planetario.

Médium entre el cielo y la tierra. Poeta sin domingo, tu inspiración sigue dando estímulo.

Néctar afrodisíaco; una pausa de veinte años es un suspiro para aquietar tu vozarrón de diablillo.

Tu crueldad y dulzura engarzadas como rosa y espina.

Océano, archipiélago, caverna, túnel, catacumba. Entrás y salís consultando oráculos y runas.

Pájaro adaptable a la estación del año.

Abeto. Eucaliptus medicinal. Madreselva.

Caballero de la orden imperial.

Hipocondríaco, edípico.

Amigo para hablar a solas e imaginar respuestas.

Infinito horizonte para convocar una ceremonia de sacerdotisas en Stonehenge.

JOHN: expandiste luz en el mundo como farolero.

Cocinaste al nuevo hombre *yin/yang* muriendo y renaciendo en cada intento.

Etéreo, imán, profético.

Apareciste como gaucho en mi casa, prendí copal, escuché música clásica como la tuya que sobrevivirá al diluvio universal, mientras te reís desde donde te encuentres viendo lo desviada que está la humanidad, a pesar de la gran oportunidad que nos diste para cambiar.

Significado del signo

El dragón simboliza la energía *yang* y la creencia oriental dice que representa una mujer embarazada durante el período, marcando así una división del tiempo. La mujer no puede concebir en esta época, pero será capaz de hacerlo muy pronto, como ocurre con cualquier estación del año que potencialmente trae nacimiento de cosechas, lactancia y frutos. El carácter del dragón está asociado al tiempo, a las sorpresas, a los eventos auspiciosos, a la actividad, vitalidad y prosperidad.

La esencia de los que nacen en este año es que son seres imprevisibles. Fuertes, brillantes y misteriosos, nunca saben qué harán después, excepto algo magnífico que deje a la humanidad atónita. Ellos despiertan admiración por donde van y están bendecidos por la buena suerte aunque su inestabilidad puede convertirlos en seres infelices e impedirles avanzar en su vocación.

El dragón, a diferencia de los otros animales del zoo chino, es una bestia mitológica. En Occidente está considerado un enviado del mal, un monstruo maléfico, pero en Oriente es venerado, respetado y simboliza la protección celestial comandando el viento, la niebla, la lluvia y las corrientes eólicas (FENG) por cierto muy veneradas.

Además, su energía protectora hace crecer la siembra en el campo; los campesinos, que viven temerosos de las inclemencias del tiempo, encomiendan al dragón la protección de sus faenas y dicen conocer los antojos del rey celestial.

El dragón es capaz de producir transformaciones asumiendo cualquier forma, disfrazándose o evaporándose en el aire.

El que nace en el año del dragón es caprichoso y extravagante, lleno de ideas y energía que aplica en cada oportunidad y situación en la que se involucra a pesar de su voluntad.

Es un huracán, imán, sol de otra galaxia que da luz y sombra al mismo tiempo, dejando un halo mágico a su alrededor.

No es recomendable dejarse enceguecer con su luz pues como es quimérico puede provocar disturbios en el espacio sideral.

Su *ego-trip* es directamente proporcional a su talento o mediocridad.

Sabe conquistar territorios, personas, imponer sus ideas, llegar primero donde se lo proponga, pero como es muy intenso, le cuesta graduarse y a veces, como Atila, aniquila lo que inventa.

Representa a LOS EMPERADORES CHINOS, cuyo honor, misterio, benevolencia y poder para guiar el país y protegerlo de los malos espíritus está simbolizado en el arte con las cinco garras del dragón imperial.

Ambos sexos son ambiciosos y valientes, siempre planeando utopías con su gran talento y creatividad. Magnéticos, fascinantes y convincentes pueden ser líderes en cualquier campo de acción.

La vitalidad que desprende es contagiosa, su explosiva risa, chispeante mirada que cambia el curso de la historia y estimula la imaginación jamás pasan desapercibidas para suerte de él, que consigue en un segundo lo que a otros les lleva toda la vida. PERO CUIDADO CON ESTE FACILISMO: A VECES EL DRAGÓN ES VÍCTIMA DE SU PROPIO INVENTO Y SE AUTODESTRUYE. Debe trabajar su parte espiritual y metafísica para no quedar atrapado en vicios ocultos.

El dragón es innovador, de vanguardia, siempre alerta a los cambios históricos y cíclicos. Le encantan los desafíos y su espíritu rebelde buscará expresarse desde joven marcando pautas morales, éticas, artísticas y espirituales en el mundo.

Cuando el dragón está con viento a favor es divertido, ácido, abierto, generoso y amistoso. Inspira respeto, y aliento para los desvalidos.

La mujer es atractiva y *sexy*, despierta pasiones devastadoras y el hombre lleva un harén a cuestas. Es cierto que son intensos, piden atención *full-time* y generalmente piensan sólo en ellos. Raras excepciones producen dragones humanos, con alta sensibilidad y capacidad de entrega.

Es muy sensible a los cambios en su entorno más íntimo, necesita CONTROLAR todo el universo y lo que ocurre en la Tierra, si no lo logra se deprime y desestabiliza emocionalmente.

Se considera "el hijo del cielo" y es el heredero y protector de este linaje.

En lo sentimental es inseguro y tímido a pesar de su máscara de protección al zoo cósmico, pero cuando alguien le toca el punto G sucumbe inmediatamente de amor.

Es ciclotímico, oscila entre el calor y el frío, la noche y el día con sus diversos moods y hay que saber llevarlo para no morir en el intento. Pero al final, cuando nadie lo espera sale a bailar con el arco iris.

Su mayor debilidad es querer demostrar que es fuerte y omnipotente, a veces sobreprotector, muy celoso y posesivo con amigos y parejas, puede volverse sofocante.

El dragón adora la naturaleza, la expansión y detesta sentirse atrapado y claustrofóbico. Se desplazará por el universo haciendo olas, pues su *look* es más bien *show-off* más que *low-profile*.

Le encantan los lugares abiertos, el mar, los campos verdes sembrados de girasol, la belleza agreste de la selva y su afrodisíaca vegetación, el sonido del agua en las cascadas y el turquesa del Caribe.

Buscará fuentes de energía y vida para renacer, surcará los pliegues de la Vía Láctea para encontrar secretos para enamorar y consolidará un imperio con la fecundidad de su obra.

El dragón es ostentoso; tendrá una vida lujosa y confortable y si es humilde soñará con alcanzarla; invertirá en obras de arte, autos de marcas en extinción, ropa de diseñadores exclusivos y estará siempre a la vanguardia.

Sibarita, adora la buena comida y bebida e invitar a sus amigos a los restaurantes de moda más exóticos.

Es un gran gastador de CHI metálico ($$$$$$), adora viajar en primera clase e ir a los hoteles cinco mil estrellas, hacer despliegues polémicos y despertar controversias.

Tiene una salud envidiable, a veces sufre estrés debido a la adrenalina que genera su vértigo por vivir, el gusto por las drogas, incluido el tabaco y el alcohol, la depresión y el desorden afectivo bipolar.

El equilibrio y la armonía son fundamentales para su salud.

La combinación de inteligencia, ambición y buena suerte lo convierten en un ser afortunado con el dinero. Sabe generarlo y dilapidarlo con la misma facilidad.

Tiene habilidad para desarrollar actividades en la tierra, el aire, el agua y potenciar estos recursos.

Por la energía positiva e inteligencia que posee EL CIELO ES EL LÍMITE para cualquier empresa que se proponga.

Es eficaz para las relaciones públicas, la política, el arte, las comunicaciones, transportes y el *showbusiness*.

Cuando en el año 1988 fui a China a celebrar el año del dragón, comprobé la importancia fundamental de este signo para el pueblo chino.

El Tao del amor y del sexo

Tengo las chimeneas de la casa al rojo vivo; ardiendo como llamaradas de dragón cuando hace el amor.

El rey del cielo no conoce la moderación; cuando despabila sus escamas de las temporadas invernales, reaparece como Pelé, Maradona o Batistuta a dar la vuelta olímpica.

Es un seductor innato, el amor es una excusa para desplegar sus dotes histriónicas, artísticas, deportivas, culinarias y ejecutivas.

Es un prestidigitador; su deslumbrante belleza, *sex-appeal* y *glamour* encienden la Vía Láctea con sólo guiñar un ojo. El dragón está siempre listo para arremeter cuando alguien despierta su interés o curiosidad.

Tiene el don de aparecer y desaparecer simultáneamente produciendo espejismos visuales y sonoros a su alrededor y dejando un halo aromatizado que se impregna *under the skin*.

Su verborragia puede actuar a favor o en contra. Apabulla con escenas teatrales desmesuradas; el varón y la mujer exageran sus sentimientos amplificándolos en *sensaround*.

El dragón sabe que desplegando su arsenal imaginativo logrará dar en el blanco. Entonces preparará el entorno seleccionando la mejor obra poética del siglo, elegirá velas traídas de la India, junto a incienso, sándalo y mirra.

Buscará música en vivo o en vinilo, descorchará un vino cosecha del siglo pasado, traerá delicias agridulces para dar con sus manos o cubiertos a la amada y la sacará a bailar *cheek to cheek*.

El rey del firmamento no dudará de la eficacia de sus planes. Sentirá que tiene un poder hipnótico sobre su pareja (aunque aún no lo sea) e inmediatamente le dará un beso de lengua larguísimo hasta ahogarla.

El sexo es parte de la novela en cuestión, por eso lo más importante es tener buen estado físico, hacer buenas *performances* para contar a los amigos o enganchar algún *paparazzi* que publique la hazaña, aunque sea en el diario vespertino del pueblo.

Ambos sexos necesitan adulación, estímulos y una gran conexión con el poder. El dragón admira la gente famosa, exitosa y siempre estará cerca de quienes lo protejan y permitan los quince minutos de fama de los que habló Andy Warhol, un dragón pura sangre.

Es cierto que su amor encandila, embruja y provoca infartos en cadena. Es una corriente electromagnética que produce un gran alboroto en las hormonas, un brusco cambio en el aire y en la presión arterial.

Su capacidad de morir y renacer como el ave fénix en cada relación es mitológica; puede inmolarse, sacrificarse y evaporarse como por arte de magia si se siente incómodo o *Atrapado sin salida*.

La mujer necesita sentirse reina, emperatriz, primera dama a toda hora; jamás baja la guardia y buscará dominar a su pareja.

Es exótica, original en su manera de sentir y pensar, lo que provocará una legión de admiradores que se disputarán su corazón en un duelo.

Es *Poderosa Afrodita*, una mezcla de mujer fatal y niña inocente lista para desarmar al soldado con armadura. Su belleza no necesita mucha producción; es fuerte, valiente, atrevida, sensual y divertida. Puede cansar a su pareja con reclamos, escenas de celos e inseguridades.

Tiene el sí flojo para desnudarse, pues forma parte de su exhibicionismo innato, pero hacer el amor... Ella sabe que cuando alguien le toca el punto G es para que dure una temporada o al menos dos. Tierna, salvaje, sutil e inteligente se convertirá en *Barbarella*, *Tess*, y *La dolce vita*, AL MISMO TIEMPO.

Es una elegida; cada relación aumentará su cotización en la bolsa de Wall Street.

El dragón y su energía

★ DRAGÓN DE **MADERA** (1904-1964-2024) **Un lujo para gozar**
Este dragón se hace conocer más rápido que el resto de sus compañeros de otras energías, ya que demuestra sus emociones de una manera directa, sin vueltas y sin inhibiciones de ningún tipo. De alguna manera está bendecido por la suerte, ya que su honestidad, valentía y afecto emergen de una manera natural y espontánea. Esto lo hace muy atractivo para las personas y para el mundo en general. De todos modos, aunque no se noten tanto, las características del dragón permanecen intactas. Es muy astuto y capaz, responsable con sus obligaciones y con su familia. Este dragón logrará un importante éxito profesional o material y se preocupará mucho por su bienestar. A veces estará demasiado ocupado al punto de pasar poco tiempo en su hogar junto a su familia, pero de todas maneras querrá lo mejor para ésta.

Cuando ama, lo hace con intensidad, es sumamente apasionado y demuestra su afecto y su romanticismo en formas muy variadas. Es importante respetar la privacidad de este dragón. Su pareja tendrá que saber que para que esta persona se encuentre realmente cómoda y satisfecha con la relación, es necesario concederle tiempo para sí misma.

★ DRAGÓN DE **FUEGO** (1916-1976-2036)
Llamen a los bomberos
Esta combinación de signo y energía hace a uno de los ejemplares más particulares del zodíaco chino. Extremadamente determinado, exitoso y arriesgado, logrará un prestigio pocas veces visto. La persona que esté dispuesta a compartir una relación con él tendrá que sacrificar ciertas cosas como el carácter, la impulsividad y la resistencia.

Resulta un ser con grandes ideales, muy seguro de sí mismo. Siempre sabrá exactamente lo que está haciendo y hacia dónde se dirige. Exigirá de su pareja estas condiciones y querrá el mismo nivel de coraje para acompañarlo por la vida. Es probable que a causa de esto, la persona que esté a su lado prefiera a veces permanecer en el hogar y esperar la llegada de su amado dragón, sabiendo que basta y sobra con una persona con esa potencia en la familia. Su sentido del humor no es el mejor del mundo y por lo general lleva a cabo sus actividades con seriedad.

En las discusiones, casi siempre tiene las palabras adecuadas para demostrar sus opiniones con mucha razón y la mayoría de las veces gana las confrontaciones verbales de una manera realmente convincente.

★ DRAGÓN DE **TIERRA** (1928-1988-2048)
Piano, piano si va lontano
Este dragón es el más sensato de todos. Piensa antes de actuar, se toma un tiempo antes de realizar una acción y considera todas las posibilidades que tiene a su alrededor. Esto significa que tiene un gran potencial para lograr el éxito y para respetar y tomar en cuenta las opiniones de los demás.

Amable, considerado y justo, la amistad es sumamente necesaria para este individuo y en general es menos competitivo que el resto de los dragones, pero no hay que olvidar que su naturaleza desafiante permanece intacta aunque no se le note de manera tan manifiesta. Cuando despliega sus armas para la lucha, sorprende a todos sus rivales. Ama a su familia y el hogar; tratará de formarlo de la manera más cálida y agradable que pueda. Quiere lo mejor para sus hijos y es un excelente padre. Necesita mucho amor para sentirse completo, y a pesar de ser sumamente apasionado y fogoso, no es lo que considera más importante en su vida. La estabilidad en su relación deberá estar regida por el amor verdadero y por el afecto mutuo.

★ DRAGÓN DE METAL (1940-2000-2060)
Máxima reencarnación
Pocas personas son tan enérgicas como el dragón de metal. Mandón, guía de mucha gente, llamativo, resulta un individuo único en realidad. Es terriblemente competitivo, y se le nota hasta por los codos. Todo significa un desafío en la vida para él y hará lo imposible para sobresalir de la manera más gloriosa que pueda. Definitivamente odia que lo contradigan y que subestimen sus ideas, y por lo general se rodea de gente con personalidad menos dominante que la suya.

Tal vez es un poco reservado intelectualmente hablando, pero es bien astuto y conoce muy bien su propia inteligencia y la aplica a veces de una manera asombrosa. Tiene un intenso deseo de lograr el éxito en la vida, el amor y lo material, y, de hecho, lo logra. Los aspectos financieros serán algo muy fácil de llevar para este individuo que desde pequeño estará preocupado por afirmarse económicamente y llegar a tener poder e influencias.

A pesar de que a veces no puede dominar sus instintos dictatoriales, es poseedor de gran nobleza y honestidad. Necesita ser amado y para que esto suceda deberá sacrificar un poco el orgullo tan alto que tiene y poner un poco de lo que generalmente no pone. Pero cuando el amor surge, este dragón está dispuesto a compartir un largo tiempo en pareja y difícilmente traicione a su ser amado.

★ DRAGÓN DE AGUA (1952-2012-2072)
Un sube y baja emocional
Es tan intenso como el resto de los dragones, pero tal vez con cierto tacto agregado por la energía agua que lo hace más fácil de llevar que a otros de sus compañeros.

Brillante orador, tiene el don de la palabra y puede convencer a casi todo el mundo de que está en lo cierto. Parece tener el entrenamiento del vendedor más capacitado. Es políticamente correcto, justo y sensato. Definitivamente muy sociable, divertido y corajudo; y a la vez amable y educado. Mantiene las promesas y resulta difícil que las rompa.

Muy trabajador y responsable; se ocupa de su familia con mucho vigor. Querrá para sus hijos lo mejor de lo mejor y hará todo lo que esté a su alcance para que esto suceda.

En el amor, deberá estar junto a un ser comprensivo y paciente, que al cabo de un tiempo verá los frutos cosechados: emergerá una sensibilidad que sorprenderá y un afecto que no estaba en los planes de la persona que una vez decidió acompañarlo. Le gusta la vida agitada, variada en todo sentido; y muy probablemente hará viajes por el mundo y buscará las experiencias más inolvidables e intensas junto al ser que ama.

El dragón y sus ascendentes

★ DRAGÓN ASCENDENTE **RATA** (11 p.m. a 1 a.m.)
Este dragón será prudente; muy autoritario en apariencia, es reflexivo y capaz de grandes sacrificios por los demás. Hará aparecer dinero como por arte de magia y será muy sociable.

★ DRAGÓN ASCENDENTE **BÚFALO** (1 a.m. a 3 a.m.)
Será previsor, mental y muy organizado. Buscará la justicia absoluta y tendrá la virtud de ensamblar el coraje y la paciencia.

★ DRAGÓN ASCENDENTE **TIGRE** (3 a.m. a 5 a.m.)
Esta combinación es explosiva; la energía aliada a la ambición produce un dragón trabajador, impulsivo y vengativo. Será muy emotivo y encenderá pasiones incontrolables e incontenibles.

★ DRAGÓN ASCENDENTE **CONEJO** (5 a.m. a 7 a.m.)
Será un dragón seductor y diplomático. Brillante, sociable, culto y refinado. Su impulsividad se frenará por temor al riesgo. No le faltarán pretendientes a toda hora.

★ DRAGÓN ASCENDENTE **DRAGÓN** (7 a.m. a 9 a.m.)
Este dragón brillará y su llama no se extinguirá. Tal vez no comprenda los problemas de la humanidad y se refugie en su fantasía. Concretará sueños, será irresistible y tal vez un poco autodestructivo.

★ DRAGÓN ASCENDENTE **SERPIENTE** (9 a.m. a 11 a.m.)
Es inquietante; será profundo, frío y calculador. Usará todas las tácticas para conseguir lo que se proponga en la vida. Será vengativo y rencoroso. En el amor vivirá historias de ciencia ficción.

★ DRAGÓN ASCENDENTE **CABALLO** (11 a.m. a 1 p.m.)
Será valiente, audaz, sincero, optimista y muy protector. A veces dejará las cosas por la mitad y perderá la razón por amor. Dinámico y extrovertido.

★ DRAGÓN ASCENDENTE **CABRA** (1 p.m. a 3 p.m.)
Este dragón será artista en lo que decida hacer. Fantasioso, sentimental y muy imaginativo, construirá en silencio un imperio. Protegerá a quienes encuentre en su camino y desbordará amor.

★ DRAGÓN ASCENDENTE **MONO** (3 p.m. a 5 p.m.)
Emperador de las marionetas. Su vida será su arte y no perderá oportunidad de realizar lo que se le antoje, con éxito. Sus piraterías sentimentales lo convertirán en un ser frívolo. Vivirá rodeado de lujo y placer.

★ DRAGÓN ASCENDENTE **GALLO** (5 p.m. a 7 p.m.)
Esta combinación producirá un dragón orgulloso, autoritario y muy seguro de sí. Realizará y trabajará arduamente, muchas veces sin tener una idea clara. Su vitalidad y entusiasmo son contagiosos. Dará consejos pero no aceptará escucharlos.

★ DRAGÓN ASCENDENTE **PERRO** (7 p.m. a 9 p.m.)
Este dragón será leal, prudente y muy afectivo. Se preocupará por la humanidad, será un filósofo y pensador con rasgos de líder; tendrá los pies en la tierra.

★ DRAGÓN ASCENDENTE **CHANCHO** (9 p.m. a 11 p.m.)
Éste es un antidragón; el chancho le da humanidad, paciencia, humildad y una inteligencia práctica irresistibles. Su mayor conquista es hacer bien a los demás.

El ascendente y el amor

★ ASCENDENTE **DRAGÓN** (7 a.m. a 9 a.m.)
Si se quiere vivir una relación intensa, ardiente, y llena de aventuras y color, ésta es la oportunidad perfecta para lograrlo.

Es necesario estar dispuesto a seguirles el tren de vida que llevan, ya que de otra manera sería casi imposible mantener una relación con estos individuos. Hace falta mucha voluntad, personalidad y fuerza para no dejarse abrumar por las características de este ascendente, y resulta indispensable saber expresar las opiniones de la manera más variada y original posible, para no aburrir a estos personajes.

Hay que prepararse para todo tipo de sorpresas, viajes, mudanzas y proyectos. No toleran las rutinas y siempre harán todo lo que puedan para tratar de evitarlas.

Son populares, aman a sus amigos y suelen tener muchos. Con su familia son responsables y dedicados y la defienden a muerte o a escupitajo de fuego limpio.

Tienden a dominar la relación y a orientarla para el lado que ellos quieren, por lo tanto es necesario tener paciencia y estar dispuesto a convivir con una persona que nunca deja de sorprender.

Personajes famosos del signo Dragón

★ DRAGÓN DE **MADERA** (1844-1904-1964)

Palo Pandolfo, Mario Pergolini, Salvador Dalí, Pablo Neruda, Eleonora Casano, Matt Dillon, Sandra Bullock, Osvaldo Pugliese, Tita Merello, Nietzsche, Daniela Cardone, Raúl Urtizberea, Bing Crosby, Darío Lopérfido, Gustavo Bermúdez, Ricardo Balbín.

★ DRAGÓN DE **FUEGO** (1856-1916-1976)

Sigmund Freud, Anita Álvarez Toledo, Dante Spinetta, Roberto Galán, Carola Del Bianco, Kirk Douglas, Françoise Miterrand, Glenn Ford, Gregory Peck.

★ DRAGÓN DE **TIERRA** (1868-1928-1988)

"Che" Guevara, Martin Luther King, James Brown, Roger Moore, Carlos Fuentes, Shirley Temple, Alan Pakula, Eddie Fisher.

★ DRAGÓN DE **METAL** (1880-1940-2000)

Jesucristo, Herbie Hancock, Andy Warhol, John Lennon, Oscar Araiz, Raquel Welch, Al Pacino, Pelé, Amelita Baltar, Frank Zappa, Tom Jones, Bruce Lee, Bernardo Bertolucci, Brian De Palma, Joan Baez, David Carradine, John Kale, Nacha Guevara, Ringo Starr, Carlos Bilardo.

★ DRAGÓN DE **AGUA** (1892-1952-2012)

Lalo Mir, Raúl Perrone, Norberto Alonso, Susú Pecoraro, Sylvia Kristel, Soledad Silveyra, Gillermo Vilas, Grace Jones, Robin Williams, Mae West, Emir Omar Chabán, Nito Mestre, Hugo Soto, Jimmy Connors, Stewart Copeland.

Andy Warhol

Testimonio

Yo soy un dragón
ANA ÁLVAREZ DE TOLEDO - MÚSICA

Un manto de cosmos envuelve mi conciencia.

Imágenes satelitales de la Tierra.

Aquí como en todos los planetas en que habite, entraré en eterna comunión con los acontecimientos de mi camino.

Como una vez más la esencia del alba, ella me ayudará a renacer.

Un dragón oscuro watching from the dark side of the moon.

Un dragón blanco batiendo sus alas bajo el sol, amigo del hombre y del mar, ambos habitan aquí.

Todas las constelaciones se expanden en mi, me atraviesan agujeros negros y nacen supernovas ciclicamente, circularmente.

Un secreto divino duerme en mi vientre, la llama sagrada de la creación.

En una polaroid Kirlian comprendí lo que soy... he visto un dragón con cuerpo de mujer.

Dragón
Tabla de compatibilidad

	AMISTAD	AMOR	TRABAJO	TRUEQUE
Rata	↕↕↕↕	♡♡♡	$$	♋♋
Búfalo	↕↕↕	♡♡♡	$$$	♋♋♋♋
Tigre	↕↕↕↕	♡♡♡♡	$	♋♋♋
Conejo	↕↕	♡♡♡	$$$$	♋♋♋♋
Dragón	↕↕↕↕↕	♡♡♡♡	$$	♋♋♋♋
Serpiente	↕↕↕↕	♡♡♡♡♡	$$$	♋♋♋
Caballo	↕↕	♡♡	$$$	♋♋♋
Cabra	↕↕↕	♡♡♡♡	$$	♋♋♋♋
Mono	↕↕↕	♡♡♡♡	$	♋♋♋
Gallo	↕↕↕	♡♡♡	$$	♋
Perro	↕↕↕↕	♡♡♡♡♡	$$$	♋♋
Chancho	↕	♡	$	♋

- • Bajo astral
- •• Posible
- ••• Bien
- •••• Super
- ••••• Conexión total

Serpiente

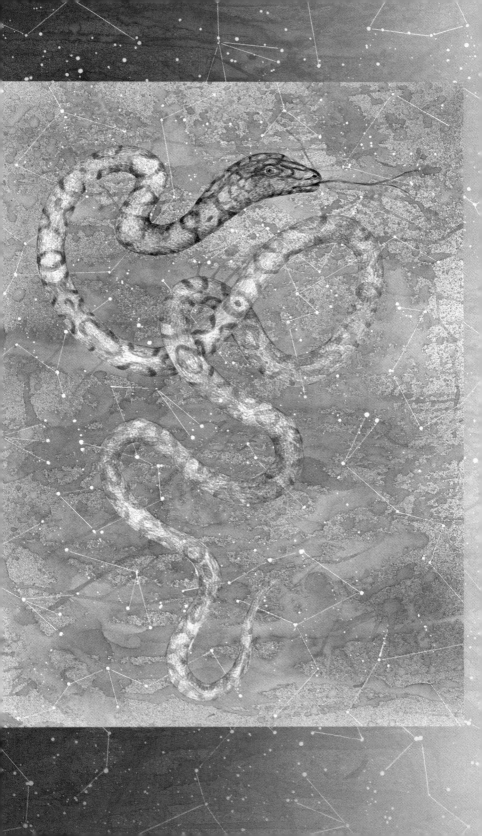

Serpiente

Ficha técnica

Nombre chino de la serpiente:
SHE

Número de orden:
SEXTO

Horas regidas por la serpiente:
9 AM a 11 AM

Dirección de su signo:
SUD-SUDESTE

Estación y mes principal:
PRIMAVERA-MAYO

Corresponde al signo occidental:
TAURO

Elemento fijo:
FUEGO

Tronco:
NEGATIVO

Eres Serpiente si naciste:

04/02/1905 - 24/01/1906
SERPIENTE DE MADERA

23/01/1917 - 10/02/1918
SERPIENTE DE FUEGO

10/02/1929 - 29/01/1930
SERPIENTE DE TIERRA

27/01/1941 - 14/02/1942
SERPIENTE DE METAL

14/02/1953 -02/02/1954
SERPIENTE DE AGUA

02/02/1965 - 20/01/1966
SERPIENTE DE MADERA

18/02/1977 - 06/02/1978
SERPIENTE DE FUEGO

06/02/1989 - 26/01/1990
SERPIENTE DE TIERRA

24/01/2001 - 11/02/2002
SERPIENTE DE METAL

No supongas nada.
Estoy yerma.
Hombre
Intermitente
Internacional
Intangible
Imposible
Intransferible
Inconstante
Infinito
INRI.
L. S. D.

Carta a mi ahijado • Serpiente de fuego

Es domingo, otoño, pasado el mediodía y hace frío.

En el jardín las hojas caen con la elegancia del que se va para siempre hacia un nuevo destino. Como vos.

Tu viaje en busca de una vida digna, un futuro humano, rico en experiencias, es el viaje de quienes te queremos y sabemos que vivir es un desafío, y un premio constante. Que debemos conquistar día a día como a la prometida que dejaste enroscada en tus anillos de serpiente de fuego fosforescentes e invisibles.

Te fuiste al día siguiente de mi cumpleaños katunero, hito imperdonable para hacer *rewind* con la vida y recordar tu nacimiento en agosto de 1977.

Pasó tan veloz el tiempo desde que ayudé a tu madre estrenándome de partera, mientras emergías entre luces de neón y estrellas, nítidos tus rasgos como esfinge egipcia.

Me miraste desde el fondo del mar en el que venías envuelto hasta reconocerme.

Tus ojos verdes traían mensajes milenarios en tu ADN.

Tu cabeza estaba intacta como suele ocurrir con las serpientes al nacer, destilando una mente clara.

Creciste silencioso y sereno.

Introvertido y envuelto en tu universo.

Fuiste primer nieto de la segunda tanda de tu abuela materna, ahijado, calco de tu abuelo materno que desde algún lugar te enviaba para que su ausencia no nos pesara en el alma y tuvieras rasgos de su carácter sardo que siempre inspiró respeto e interés.

EDUARDO es tu nombre, como el de TATA, pero te pusieron PEPE para abreviar el karma.

Fuiste buen alumno y cumpliste cada etapa consciente de tus jugadas de ajedrez en el tablero de la vida.

Desplegaste tus dotes de hechicero con tus maestros, amigos y abanico de chicas atraídas por tus hipnóticos ojos negros.

Fino, discreto, reservado, observador y detallista aprendiste en cada contacto humano sin desperdiciar la yapa.

Tu *look* fue cambiando en tu adolescencia hasta transformarse en un estilo deportivo y sofisticado. El deporte te atrapó y con tu bicicleta recorriste la Panamericana rumbo al Tigre infinidad de veces, el ring te moldeó como a Monzón en sus años mozos, mientras hacías soga, gimnasia y nuestras compartidas escaladas en las amadas sierras de Córdoba.

Mi beneficio a tu madrinazgo vino con clases de computación, ayuda en la producción de mis libros chinos anuales y miles de gauchadas prácticas y solidarias.

Lloré en tus brazos cuando los músicos nos abandonaron una temporada estival; cuando las defensas me bajaban en impositivas circunstancias, y la angustia por la salud de tu abuela me convertía en un ovillo de miedo sin tejerse.

Desde niño, como buena serpiente, te gustó ganarte el mango. Atesorar tus rupias obtenidas generando algo que te distinguía: el orgullo por el trabajo.

Siempre elegiste bien cuando te ofrecí algún regalo. Invertías, comparabas precios, administrabas tu capital con destreza y sentido común.

Egresaste y seguiste una carrera terciaria para adaptarte al mundo del que sos contemporáneo.

Refugiado en tu madriguera te desplazaste por el mundo intuyendo los peligros y los obstáculos enroscando amigos, mendigos, sabios, princesas y luciérnagas.

Te enamoraste perdidamente y desplegaste tu artillería en cada florcita que elegiste con tu sexto sentido oriental de NAGA, la cobra que protegió a Buda en su iluminación.

Te deslizaste suave y profundamente, a veces enojado te convertiste en cascabel o yarará y mostraste tus colmillos envenenados dispuestos a combatir la injusticia tan de moda en estos tiempos.

En un verano compartido en Nomai, les enseñé a jugar a la canasta uruguaya, a vos, a tu hermano y primo. Aprendiste con la velocidad del rayo y te convertiste en un gran jugador lleno de sutilezas a la hora de barajar los naipes e hiciste feliz a tu abuela, jugando como un experto de campeonato.

Condujiste con maestría a RED RYDER, el auto que gané lúdicamente el día que me acompañaron con Vicky adjudiqué mi suerte a la doble presencia ofídica.

Como un soldado estuviste preparado para batallar cada día y adaptarte a lo inesperado; salir sigiloso de los nidos o escondites y llegar como una flecha al objetivo.

Tu sonrisa de teclado de marfil irrumpe milagrosa dejando un eco de esplendor. Tus modales educados y medidos crean armonía y contagian buen ritmo alineando a LAS TRES MARÍAS.

Naciste con buena estrella en la astrología solar (Leo), china (serpiente de fuego) y maya (NOJ3).

De vos dependerá, y de las oportunidades que te brinde la vida, hacer de tu viaje una obra de arte, un telar de colores vivos y de buen gusto entrelazados por la experiencia de cada día y noche y sus enseñanzas.

Soy tu madrina y recién ahora que te fuiste me doy cuenta de lo importante que es nutrir tu vida con consejos, ayuda y hechizos recibiendo tus pasos, logros, novedades y sorpresas cómo regalos, premios y recompensas.

Estaré cerca de ti y más en la distancia, sintiendo ese hilo de plata invisible que danza como Shiva en el firmamento.

Significado del signo

En Oriente la serpiente simboliza un feto fuera del útero, y cuando el niño está maduro para nacer se desliza por la vida como un actor que se desdobla en dos, pleno de energía.

La esencia de las personas que nacen en el año de la serpiente es la sutil fuerza, la energía acumulada que despliegan deslizándose por los laberintos del espacio interior.

La serpiente es paciente, agresivamente pasiva, calculadora, conservadora, sutil, siempre lista cuando tiene que accionar. Es un sabio reptil que simboliza la fertilidad en el folklore chino, una criatura que tiene grandes reservas de energía *yin* para darle a la tierra de donde proviene.

La mitología china está llena de historias asociadas con las deidades femeninas que seducen a los jóvenes escolares y procrean chicos superdotados que se convierten en líderes en la corte imperial. Estas serpientes semidiosas son heroínas, aficionadas a la literatura y a las artes marciales, o sabias curadoras que brindan las medicinas al emperador de jade en el PALACIO IMPERIAL, protegiendo a la gente de enfermedades, plagas y desastres.

La serpiente parece quieta y calma pero está siempre alerta, intuyendo con su sexto sentido los peligros y desafíos que cruzan por su camino. Su fuerza interior radica en que tiene la certeza, el impulso vital para atacar cuando se siente amenazada.

Esta persona resulta intelectual, receptiva, *yin*, planifica sus tácticas y movimientos como una PC, calcula las jugadas como en un partido de ajedrez y no da puntada sin hilo.

Parece fría y distante pero es sólo parte del control de su porte de acero inoxidable, esencialmente es cálida y afectuosa con quienes traspasan su piel escamosa y brillante.

El ofidio es realmente encantador, seductor e irresistible cuando se lo propone con su sonrisa de teclado de piano.

Trabajador obsesivo, jamás demuestra su esfuerzo ni cansancio. Adora evolucionar en su camino y a veces EL FIN JUSTIFICA LOS MEDIOS.

Tiene claro cuáles son sus objetivos, no se distrae en el camino, apunta certera la flecha y consigue convencer al más descreído de sus ideas.

Es un signo original, de *avant-garde*; experimentará en carne propia los mayores desafíos y buscará aliados para dominar.

La serpiente tiene grandes virtudes que pueden revertirse si no trabaja su parte fanática, su omnipotencia, control sobre los demás, sentido de acumulación enfermizo, celos y envidia.

Es aconsejable que busque caminos de autoayuda, se relacione con otra gente y no se quede elucubrando su veneno a solas. Entre los ofidios es muy común encontrar gente paranoica, esquizofrénica, llena de temores y fobias.

La dualidad rige a este signo: Por fuera es quieta, silenciosa hasta pasiva en apariencia, pero por dentro bulle un fuego abrasador, vibrante y creativo interesado en crecer. La adrenalina que le producen los asuntos peligrosos, negocios millonarios, contratos exorbitantes, amores de ciencia ficción y pasiones desmedidas la convierte en una persona muy especial, cuya vida tendrá marcados contrastes.

Es tan astuta y manipuladora que nadie podrá perjudicarla sin que lo intuya. Le gusta ser la primera en lo que emprende; nació para ser jefa, empresaria, dueña de su propio invento y no tolerará estar subordinada.

Profunda pensadora, sabia consejera, estará siempre alentando el desarrollo del arte, la ciencia, la filosofía y el erotismo.

La serpiente oculta sus emociones y ambiciones preservando su privacidad; pero le encanta saber acerca de sus seres queridos y cercanos.

Tiene un *ego-trip* arrollador; puede estar horas hablando de sí misma sin importarle lo que ocurre a su alrededor.

Fuente de inspiración y sabiduría, la serpiente es un manantial de conocimiento, destreza y belleza.

Simpática, sensual y atrevida, dice la tradición que las mujeres más ambiciosas, bellas y sutiles pertenecen a este signo.

Le encanta endulzar con su voz a quienes se le acerquen: produce un efecto hipnótico en su víctima. Sabe enroscar buenos candidatos, sobre todo políticos en ascenso o rumbo al más allá.

A la serpiente la altera el movimiento contínuo. PREFIERE QUEDARSE QUIETA, VIGILANDO LA MADRIGUERA, sin llamar la atención hasta que lo decida con DÍA, HORA Y LUGAR.

Es hogareña, una excelente ama de casa, administradora y anfitriona. Le gusta decorar su hogar con objetos exóticos y tiene especial interés por las antigüedades y piezas de valor.

Es la gran generadora del TRUEQUE como forma de vida.

Detesta recurrir al *cash* y siempre está esperando conocer a alguien para proponerle negocios clandestinos o peligrosos. No todas las sierpes son así; al contrario, muchas pecan de honestidad excelsa, aunque en el fondo de su retina buscarán su propio beneficio.

La serpiente se destaca más en lo intelectual que en lo manual o práctico, pero es sentimental y a veces su salud se deteriora si no encuentra estabilidad emocional.

Tiene *moods* desconcertantes; oscila entre amor y odio, frío y calor con la gente que la rodea, siendo a veces injusta y despiadada cuando no le siguen el tren.

Gran confidente, amiga, compañera, soporte moral, su forma de dar amor es inolvidable.

Creativa y artística en lo que emprenda, adora los espectáculos y la cultura, especialmente el teatro, el *music-hall*, el cine y los entretenimientos. Gran animadora de fiestas inolvidables, visita exposiciones, museos y *happenings* con gran placer.

La serpiente adora dormir más de lo necesario; entresueña, imagina un mundo ideal entre sábanas de raso, enroscada al amante de turno; carga CHI durmiendo e invernando.

Debe cuidarse de los excesos: droga, alcohol, sexo promiscuo y el juego, que la llevará a la gran rueda de la fortuna y a la miseria absoluta.

Es tan cerebral que si se enferma sabrá las causas que provocaron su mal. Debe cuidar su hígado, riñones e intestinos.

Si hace yoga, meditación y camina, estará siempre alineada y balanceada.

Tendrá éxito en cualquier oficio o profesión que desarrolle por vocación en su vida.

Es perseverante, constante, lúcida y audaz. Amasará una fortuna y la amarrocará o despilfarrará, según sean sus instintos consumistas.

Tendrá facilidad para los negocios, las finanzas, el diseño, la educación, los bienes raíces, la tecnología, las relaciones públicas, el arte en todas sus manifestaciones, la justicia. Su lema favorito es OJO POR OJO, DIENTE POR DIENTE.

SALÚ.

El Tao del amor y del sexo

Expertos y expertas en EL TAO DEL AMOR Y DEL SEXO, diez felicitado, *master* y phd. Es un don que traen al nacer y lo desarrollan hasta la plenitud, ejercitando el arte del KUNDALINI.

El ofidio enrosca a su presa con un fluido magnético que sale de su piel, ojos y lengua. Desparrama su creatividad incentivando la imaginación y sabe que sus recursos son inagotables.

Es tan sensual que el elegido/a tendrá que pedir un recurso de amparo a Afrodita para sobrevivir a esta etapa de amor cinco estrellas.

Su voz suave y melódica, sus manos que acarician cada centímetro de piel con voluptuosidad y concentración, su mítica lengua que recorre órganos interiores y exteriores, sacan al afortunado de la Tierra llevándolo a recorrer nuevas constelaciones.

Por su sabiduría ancestral, milenaria, el ofidio conoce los secretos del placer y los despliega como Aladino con su lámpara.

Por algo este signo es tan reclamado en el matrimonio y en aventuras extraconyugales; crea adicción, lo sabe y especula con eso.

Su precio amoroso está evaluado en yuans o altas cotizaciones; crea disputas, duelos y peleas que cambian el destino de la humanidad.

Quienes decidan experimentar con esta especie animal, no digan que no les avisé... y lleven el antídoto. ¡¡PELIGRO!! Sólo para croquetas podridas, avanzadas y refinadas. Si es virgen vaya a la escuela primero, pues puede terminar envenenada, sofocada o deglutida. Por otro lado, si tiene bastante experiencia de alcoba, incluido un *personal trainer*, rutina con ejercicios cardiovasculares, puede que esté lista para este plato exquisito y exótico.

La serpiente (varón y mujer) es una maestra, refinada; de nada le servirá a usted intentar desnudarlo.

El órgano sexual lo tiene en la cabeza. Hecha la croqueta se encienden todos sus sentidos. La neuronas cargadas de electricidad hacen fluir la energía atómica a todos sus sentidos, que despiertan en olas gigantescas, cuando llega al clímax da rienda suelta a sus pasiones... siempre salpicadas por sus bajos instintos, la sal y la páprika de la vida. Todo es aceptado, probado, experimentado, las rutinas, los clichés quedan desechados. La serpiente logrará que se sienta fluyendo hacia otras galaxias, vidas pasadas, submundos, y ultramundos. Viajará desde Egipto hacia Katmandú, pasando un tiempo entre las tribus MAORÍES y el RENACIMIENTO.

Esto no será por mucho tiempo, pues es una amante insaciable y mientras esté enroscada física y mentalmente no se podrá desprender. La piel quedará radiante y traslúcida después de hacer el amor con ella.

Gurú del sexo, exigente, dura, posesiva, ama con una extraña pasión y se renueva si es correspondida.

La belleza clásica o estándar no es la que más le atrae; no necesita ser un conejito de *Playboy*, sino alguien singular, distinguido y lleno de sensualidad; exige inteligencia, imaginación, creatividad, sentido del humor, en lo posible ácido o negro; si la hace reír lo adorará.

El baño deberá tener los placeres del mundo oriental: jacuzzi, aceites exóticos, perfumes caros, sahumerios, dátiles y caviar junto a champaña al alcance de la mano. Libros de arte erótico y poesía, un buen estéreo y una tarjeta sin límites de Victoria's Secret nunca están de más.

FELIZ ENROSQUE CON EL OFIDIO.

La Serpiente y su energía

★ SERPIENTE DE MADERA (1905-1965-2025) **Faro de claridad**

Esta serpiente posee más motivación que las demás serpientes. Es cautelosa a la hora de tomar una decisión y por lo general piensa las cosas más de una vez antes de poner manos a la obra. Cuando se propone algo, es muy difícil apartarla de su camino y se guiará sólo por su intuición y por lo que le dicte su corazón. Ama los placeres de la vida, como comer, dormir y hacer el amor. Prefiere la vida al aire libre y adora las vacaciones y los días de sol intenso. Es muy prolija y ordenada, y esto se nota en su casa y en sus espacios laborales. Para una relación exitosa con este ejemplar resulta necesario tener el mismo nivel de orden y limpieza en la vida. No es fácil de combinar con otras personas para el romance: los candidatos que se presenten deberán ser bastante comprensivos y dispuestos a cumplir con todo tipo de requisitos. Su exigencia puede ser a veces un impedimento para obtener la relación que tanto desea. Cuando ama es muy dedicada y responsable con su pareja y con sus hijos; se ocupa del hogar con una energía que brota de todos lados.

★ SERPIENTE DE FUEGO (1917-1977-2037)
Clarividencia y estrategia
Esta serpiente es realmente honesta y leal. Trabajará duro y será constante para conseguir lo que quiere en la vida, sometiéndose a veces a actividades que otros tal vez no toleran. Ama el lujo y la buena vida, y desde joven se encomienda a la misión de obtener estas comodidades a toda costa, pero si de alguna manera percibe que tendría que sacrificar todas estas cosas por un amor desenfrenado, lo hará.

Quizá no es muy expresiva cuando se enamora, y sus palabras a veces dejan algo que desear, pero en la práctica lleva la pasión a extremos elevadísimos y convierte la relación en algo sumamente gratificante para las dos partes. Es probable que necesite una pareja que aporte el lado del entretenimiento a la relación, ya que esta serpiente no se inspirará mucho con esta cuestión. Sus motivaciones en la vida son un tanto extrañas a la hora de analizarlas, pero de todas formas es muy constante y regular en sus actividades e inspira una confianza pocas veces vista.

Tener a una serpiente de fuego como enemiga, puede ser algo de qué arrepentirse. Cuando se siente acorralada o intimidada, no duda en clavar sus colmillos llenos de veneno y defenderse de quien la esté fastidiando.

★ SERPIENTE DE TIERRA (1929-1989-2049) **Sabiduría terrenal**
Probablemente es la serpiente más sensible y reservada de todas. Humilde, llena de amor para dar, contribuye en gran medida a las relaciones humanas e inspira una tranquilidad y una calma contagiosas. Para notar estas cualidades, sin embargo, es necesario tratarla durante cierto tiempo.

Es en realidad la más hogareña de las serpientes, sueña con un hogar lleno de calidez y amor y se esforzará en hacer que esto se concrete. A pesar de parecer un poco haragana, tiene un gran potencial para lograr los objetivos deseados en la vida, y además es muy confiable.

Un poco débil en las distintas luchas que propone la vida, llega a rendirse con facilidad cuando observa que algo parece no estar al alcance de sus manos. Ayuda a los demás sin ningún tipo de interés y está feliz de tener actividades secundarias o de menor importancia.

Se dice que es una amante excelente, llena de imaginación y con un alto grado de ingenuidad que hacen de la relación algo exquisito. Increíblemente talentosa para seducir a las personas, tiene una mirada difícil de resistir.

★ SERPIENTE DE METAL (1941-2001-2061) **Inolvidable picadura**
Un poco más arriesgada que otras serpientes. Sensible y amable, logra importantes progresos en su vida. Es muy trabajadora y realmente práctica a la hora de resolver problemas, aunque los entornos laborales que demandan mucha energía mental la pueden perturbar un poco.

Es muy apasionada, tal vez como ninguna otra serpiente. Necesita escuchar los puntos de vista de su pareja y dar consejos de vida. Protegerá lo que ama a toda costa, y se preocupará por el mundo y por sus seres queridos en forma muy notable. No debe ser abordada de una manera arbitraria, hay que captarla bien para conseguir lo que se quiere de ella y seguramente se obtendrán los resultados más deseados. Cuidará al extremo de su pareja e hijos, pero tal vez descuidándose ella misma, por lo tanto es necesaria una atención mutua en una relación con esta serpiente.

Muy sociable, tiene un gran círculo de amigos y es muy respetada por los que la rodean. Como enemiga pueden ser terrible, ya que así como tiene un lado servicial y amistoso, también oculta un aspecto de defensa altamente marcado que le brota cuando se ve amenazada de alguna manera.

★ SERPIENTE DE AGUA (1953-2013-2073)
Serpenteando el inconsciente
Esta serpiente es una gran idealista, aventurera; ama los sabores variados de la vida. Detesta estar sujeta a reglas o normas, no le gusta que le digan cómo debe comportarse y en general se arregla para sobrevivir de la manera más libre posible. Resulta también extremadamente hospitalaria y servicial; hará todo por todos de una manera natural y desinteresada.

Para conquistar a una serpiente de agua es necesario no forzarla a transitar por senderos que no quiere; se necesitará una gran comprensión e intuición, así como un discurso sincero y adulador a la vez.

Es una gran amante, excelente compañera y muy compinche. Sensual e imaginativa, querrá para su pareja y para sí todo tipo de aventuras y riesgos en la vida. Ama viajar, conocer lugares exóticos y comer las comidas más extrañas de los cinco continentes. Muy trabajadora en lo que le interesa, a veces sacrifica su espíritu de libertad si considera que está ocupándose de algo noble y humanitario.

La serpiente y sus ascendentes

★ SERPIENTE ASCENDENTE RATA (11 p.m. a 1 a.m.)
Será dinámica, curiosa y colérica. Materialista, amará la buena vida y tendrá complicaciones sentimentales que le costarán caro.

★ SERPIENTE ASCENDENTE **BÚFALO** (1 a.m. a 3 a.m.)
Este nativo será voluntarioso y muy trabajador. Tendrá mucho charme, será sociable y también un muy buen padre de familia, aunque exigirá la vida a cambio de su protección.

★ SERPIENTE ASCENDENTE **TIGRE** (3 a.m. a 5 a.m.)
Esta combinación será muy contradictoria. El tigre le aportará valentía y entusiasmo a la serpiente, que meditará antes de tomar decisiones. En el amor habrá aventuras plenas de romanticismo.

★ SERPIENTE ASCENDENTE **CONEJO** (5 a.m. a 7 a.m.)
Esta serpiente será la emperatriz de la diplomacia y las negociaciones. Su habilidad y encanto son notables; adora el lujo y la buena vida y exigirá que su pareja sea su esclavo. No habrá concesiones.

★ SERPIENTE ASCENDENTE **DRAGÓN** (7 a.m. a 9 a.m.)
Tendrá mucha suerte, si sabe valorar las oportunidades que le brindan. Magnética, egocéntrica y avasalladora, vivirá en un mundo utópico.

★ SERPIENTE ASCENDENTE **SERPIENTE** (9 a.m. a 11 a.m.)
Su capacidad de trabajo es envidiable: todo lo que toque lo transformará en oro. Intrigante, misteriosa y muy sensual, resultará irresistible e hipnotizará a cualquier distancia.

★ SERPIENTE ASCENDENTE **CABALLO** (11 a.m. a 1 p.m.)
Nadie puede resistir esta combinación de sagacidad y sex-appeal. Será una especialista en el arte de seducir. Se jugará por una causa y contagiará optimismo.

★ SERPIENTE ASCENDENTE **CABRA** (1 p.m. a 3 p.m.)
Será caprichosa. Buscará estímulos artísticos, creativos e imaginativos y pasará la vida apostando. Encontrará mecenas que la protejan y gastará dinero sin culpas.

★ SERPIENTE ASCENDENTE **MONO** (3 p.m. a 5 p.m.)
Genial, con humor y muy intelectual, será amoral, enroscará sin impedimentos a los que elija; transformará la energía y el universo. En el amor idealizará, perderá durante su camino a la gente de carne y hueso.

★ SERPIENTE ASCENDENTE **GALLO** (5 p.m. a 7 p.m.)
Apuntará alto en la vida. No delegará responsabilidades y amasará una fortuna. Omnipotente, susceptible, ciclotímica, lúcida, buscará aprobación en todo lo que haga.

★ SERPIENTE ASCENDENTE **PERRO** (7 p.m. a 9 p.m.)
Vivirá situaciones difíciles en su vida. Buscará afecto y no podrá fingir hipocresía. Será muy fiel, buena amiga y capaz de grandes sacrificios por quienes ama.

★ SERPIENTE ASCENDENTE **CHANCHO** (9 p.m. a 11 p.m.)
Esta serpiente vivirá tentada, culpable y mortificada. Necesitará encauzar su vocación y no dejarse arrastrar por las bajas pasiones. Trabajará y viajará, encontrará sus mejores amigos en el extranjero.

El ascendente y el amor

★ ASCENDENTE **SERPIENTE** (9 a.m. a 11 a.m.)
Probablemente, uno de los seres más fieles y protectores de todos los signos chinos. Dedicados, responsables y entregados al amor total, son personas que a veces necesitan tener como pareja a alguien que sepa llevar la relación hacia la aventura y la diversidad, ya que no les nace mucho hacerlo por sí mismos.

Son románticos, apasionados y saben como pocos qué es el sexo. Suelen ser bastante atléticos y tienen una salud admirable, y a menudo son un ejemplo de vida sana.

Son partidarios de una vida tranquila y ordenada, sin sobresaltos que los descoloquen y no tienen mucha imaginación a la hora de darle un toque picante a la relación, por eso les hace falta ayuda por parte de su pareja.

Trabajan arduamente para lograr lo que quieren y su carácter es de los que se necesitan para tolerar las cuestiones desagradables de la vida laboral o profesional. Conviene tener un diálogo abierto con estas personas a fin de evitar explosiones repentinas o cambios de humor inesperados. A veces suelen guardarse sus problemas para sí y no contar lo que les pasa o lo que sienten.

Muy a menudo son bastante clásicos con su forma de cortejar y su forma de amar resulta un poco chapada a la antigua. Quieren para su vida un hogar, hijos y estabilidad por sobre todas las cosas.

Personajes famosos del signo Serpiente

★ SERPIENTE DE **MADERA** (1865-1905-1965)
Sergio Pángaro, Luca Prodran, Moby, Inés Estévez, Bjork, Brooke Shields, Christian Dior, Gillespie, Blanca Oteyza, Javier Zuquer, Andrea Del Boca, Catherine Fullop, Daniela Mercury, Andrea Barbieri, Henry Fonda, Mariana Arias, Greta Garbo.

★ SERPIENTE DE **FUEGO** (1857-1917-1977)
Natalia Oreiro, Iván De Pineda, Alicia Silverstone, Gabriel Álvarez, John Fitzgerald Kennedy, Mel Ferrer, Nahuel Mutti, John Fontaine, Dean Martin.

★ SERPIENTE DE **TIERRA** (1869-1929-1989)
Ghandi, Milan Kundera, Princesa Grace de Mónaco, Rey Hassan de Marruecos, Irene Papas, Jacqueline Onassis, Jaser Arafat.

★ SERPIENTE DE **METAL** (1881-1941-2001)
Marta Pelloni, Lito Cruz, Antonio Gasalla, Carlos Perciavalle, Dostoievski, Pablo Picasso, Bob Dylan, Tina Serrano, Juan XXIII, Luis A. Lacalle, Paul Anka, Charlie Watts, Carole King, Tom Fogerty, Palito Ortega, Franklin Roosevelt, Sonia Brecia.

★ SERPIENTE DE **AGUA** (1833-1893-1953)
Leonor Benedetto, Raúl Taibo, Ricardo Bochini, Mao Tse Tung, Thomas Jefferson, Patricia Reyes Spíndola, Zoilo Cantón, Graciela Alfano, Osvaldo Sánchez Salgado, John Malkovich.

Natalia Oreiro

Testimonio

Yo soy una serpiente
EDDA DÍAZ - ACTRIZ

2001: el año en que vivimos en peligro...

Yo soy una serpiente muy siglo XXI.

Soy acuario; bicho de acuario.

Tan rara que ni yo me entiendo.

Así que no pretenderé que el mundo me entienda; bicha nacida en horas de la bicha igual a bicha al cuadrado; pero en el año del caballo y en signo (acuario) del tigre, mujer argentina y humorista... *Mezcla para espantar a cualquiera.*

En este 2001, julio 11, corre frío por la Argentina bienamada, hemos tenido otras batallas, pero ahora sentimos que el país corre peligro; se habla impunemente del riesgo país como se podría hablar del riesgo de que se quemen las tostadas, de engriparse.

Los medios expresan hoy: "el riesgo país subió". ¡Ay! En la tele flamea la bandera mientras una voz femenina susurra "salve Argentina, bandera azul y blanca...". Los jóvenes se van... los madurados no, sabemos que no hay sitio en el mundo donde la nostalgia nos haga bailar, donde podamos reírnos y llorar al mismo tiempo, donde estén todos los amores y los paraísos posibles: los paraísos de Borges.

¿Dónde iremos desterrados y soberbios, vulnerables pecadores?

No hay otro país en el mundo que pueda contener nuestra mitomanía, nuestra ciclotimia: ahora los mejores, ahora los peores... en un eterno síndrome de llanero solitario, de infancia retrasada, de postergación adolescente.

El país amado, el país del signo de la rata y de cáncer, el país madre-padre, el país socarrón, sentimental, tanguero, tierno hasta la cursilería, se ha puesto malhablado, brutal, como si el buen gusto que tanto amamos las bichas hubiera huido como los jóvenes...

¿Dónde están tus moditos de rata consentida, mimosienta y culta, Argentina querida? Dicen que en el año del dragón –el anterior– se gestan las miserias que salen a la luz en el año de la sabia serpiente.

Triste papel el de la serpiente... yo deseo que, en el 2002, cuando lean esto piensen: "¡Qué tarada!, ¿de verdad pensó que corría riesgo el país?".

¡Pero si este país nuestro da para todo, da! ¡Quiera Dios que así sea y que el 2002 nos encuentre llenos de la vital alegría del caballo, en nuestra tierra entera! Que así sea. Y, si no, si leemos esto es porque estaremos vivos, la fiesta continúa, la celebración continúa...

Con amor y luz.

Edda Diaz De Argentina

Serpiente
Tabla de compatibilidad

	AMISTAD	AMOR	TRABAJO	TRUEQUE
Rata	↕↕↕	♡♡♡	$$$	ഗഗഗഗ
Búfalo	↕↕↕	♡♡♡♡	$$	ഗഗഗ
Tigre	↕↕	♡♡	$$$	ഗഗഗ
Conejo	↕↕↕↕	♡♡♡	$$$	ഗഗഗ
Dragón	↕↕↕↕	♡♡♡♡	$$$	ഗഗ
Serpiente	↕↕↕↕↕	♡♡♡♡	$$$	ഗഗഗഗ
Caballo	↕↕↕↕	♡♡♡♡	$$$	ഗഗഗ
Cabra	↕↕↕	♡♡♡♡	$$	ഗഗ
Mono	↕↕↕↕	♡♡♡♡	$$$$	ഗഗഗഗ
Gallo	↕↕	♡	$$$	ഗഗഗ
Perro	↕↕	♡♡♡	$$$	ഗഗ
Chancho	↕↕↕↕	♡♡	$$	ഗ

- • Bajo astral
- •• Posible
- ••• Bien
- •••• Super
- ••••• Conexión total

Caballo

Caballo

Ficha técnica

Nombre chino del caballo:
MA

Número de orden:
SÉPTIMO

Horas regidas por el caballo:
11 AM a 1 PM

Dirección de su signo:
DIRECTAMENTE AL SUR

Estación y mes principal:
VERANO-JUNIO

Corresponde al signo occidental:
GÉMINIS

Elemento fijo:
FUEGO

Tronco:
POSITIVO

Eres Caballo si naciste:

25/01/1906 - 12/02/1907
CABALLO DE FUEGO

11/02/1918 - 31/01/1919
CABALLO DE TIERRA

30/01/1930 - 16/02/1931
CABALLO DE METAL

15/02/1942 - 04/02/1943
CABALLO DE AGUA

03/02/1954 - 23/01/1955
CABALLO DE MADERA

21/01/1966 - 08/02/1967
CABALLO DE FUEGO

07/02/1978 - 27/01/1979
CABALLO DE TIERRA

27/01/1990 - 4/02/1991
CABALLO DE METAL

12/02/2002 - 31/01/2003
CABALLO DE AGUA

He sido desierto, oasis
Estero, pantano
Mar y horizonte.
Potrero, alambrado
Pirca, sábana de raso,
Volcán, espejismo
Selva y arrecife.
Luna en cada fase
Llenando a la nueva.
Romance entre duendes y humanos.
Rapsodia, blues, zamba,
Pilar, estela, jeroglífico,
Papiro, arroz, maíz
Mango, fruto olvidado
Del éxtasis en CHICHICASTENANGO.
Vela, copal, huipil,
Tortilla, ceiba, fuego
Humo, silencio
Mica entre las piedras
Soñando...
          L. S. D.

Carta a la tropilla de mi vida

Será porque a mi padre le apasionaban tanto los caballos que este animal marcó mi vida desde la niñez.

En nuestra quinta de Parque Leloir, reserva ecológica que nutrió mi despertar artístico, cósmico y espiritual siempre había caballos que mi padre criaba, domaba y cabalgaba con sumo placer. Margarita, mi hermana yegüita y yo teníamos nuestros propios pingos; el de ella se llamaba MONA GUAZÚ, y el mío PIPIRÍ PORÁ, nombres guaraníes, pues nuestra bisabuela pertenecía al linaje indígena paraguayo.

Así nos criamos, pues nuestro padre no tuvo hijos varones, entonces para consolarse decía "Mi hogar ha sido bendecido sin ningún hijo varón" y nos ordenaba desde su espíritu de caudillo y gaucho nacional buscar en el campo a los caballos, darles una ración de avena y alfalfa, cepillarlos, rasquetearlos y dejarlos *fashion* para salir los tres a cabalgar.

Él tuvo varios animales, pero lo recuerdo con el PASUCO, ese alazán que lo hacía sentir el hombre más poderoso del mundo, cuando visitaba a la gente humilde que vivía en los pagos del *far west*, antes de que se asfaltara Gaona.

A mí me elegía para engrasar riendas y cabrestos, con la teoría de que tenía lindas manos y que la grasa era mejor que la crema humectante.

Era amigo de MOLINA SALAS, el loco que hizo varios raids a caballo a Chile y los Estados Unidos y que prefirió vivir con su caballo antes que con la legendaria cantante de jazz LOIS BLUE.

Entonces vi nacer potrillitos del vientre de yeguas y pararse tan rápidamente que me conmovía esa manera de emerger en el mundo y confiar en esas patas firmes y escuálidas que luego los harían trotar leguas de campo escarlata. Cuando era adolescente mi erotismo se acrecentó viendo a los caballos hacer el amor. La sangre hervía, las hormonas empezaban a expandirse y mis fantasías eran dignas de Animal Planet.

Cuando descubrí el horóscopo chino, a los dieciocho años, supe que la gente que pertenecía a este signo tendría una influencia poderosa en mi simia existencia.

Lo primero que hice fue confirmar que MÁGUI, mi hermana, era de este signo tan pasional, sexy y desbocado. Fuimos muy unidas cuando éramos chicas, pues nuestras hermanas mayores no vivían en casa, entonces contábamos la una con la otra para jugar, hablar, intercambiar revistas, cumplir con las obligaciones de mi padre y soñar en cómo sería nuestra vida fuera de FORTÍN BELLACO, segundo nombre que tuvo la quinta; el primero era LOS SARDOS, ya que los Squirru proceden de Cerdeña.

VERÓNICA, otra hermana yegüita, cumplía con estas características, siempre fue libre, independiente, vital, creativa, original, divertida; nos regalaba su tiempo para peinarnos, hacernos regalos, poner música para bailar y cantar sin tenerle miedo al papelón ni importarle los decibeles que emitía al ciberespacio.

En el amor los caballos me marcaron desde joven. Una atracción fatal, ese instinto sexual que nos desvía a pesar de saber que no nos conviene, mezclado con el entusiasmo, la energía depredadora, el imán de sus relinchos, sustos y ansiedades me convirtieron en una diestra jineta que se cayó y levantó en dos oportunidades para contar esta historia.

Mi primera sobrina, MACARENA nació bajo el polémico signo del caballo de fuego, y trajo un sol radiante a la familia con su gracia, belleza e inteligencia. Poeta, madre y astróloga los deleitará este año con la relación entre padres e hijos.

A mi vuelta de China me esperaba una de las mejores recompensas de la vida, conocer a HOBY, desde entonces mi amigo, compañero de camino en las buenísimas y en los malos trancos de la vida, discípulo, productor y consejero de este gran TAO donde conjugamos la creatividad y la pasión digna de su naturaleza de *fire horse*.

Amigas talentosas como VICKY AGUIRRE, que me convierte en mil mujeres diferentes en la tapa del año de mis libros con su riesgosa manera de jugarse en cada toma como un caballo de salto que confía en sus espíritus.

Quien corrige estos libros chinos año a año con una paciencia desconocida en los equinos, pero con la sabiduría de aportar siempre mejoras a mi desorden de simia, es MARISA CORGATELLI, artista plástica y buenísima amiga, corazón de yegua madrina.

Anoche en la quietud de la sierra donde vivo y escribo estos libros, vi dos reportajes a dos caballos notables: ANTONIO GALA y EDGARDO GIMÉNEZ. Los escuché sobre todo porque ambos han llegado a la madurez, algo que en general no apetece al signo más jovial, rebelde, coqueto del zoo, y los encontré tan sabios y atractivos, llenos de consejos vitales, confesiones sentimentales y buena memoria, algo que para la mayoría de los mortales pasa al olvido, que me acosté agradecida entresoñando con estos excepcionales caballos contemporáneos y posibles, un mundo de utopías.

RAFAEL ARGÜELLES, hombre de gran corazón, sensibilidad e inteligencia es un ejemplo de potrillo que llegó a tener pedigrí y compartirlo con su manada y amigos.

No se ofendan amigos caballos si no los recuerdo a todos. MARCOS mi mago podólogo con quien filosofamos mientras me restaura el apoyo a la tierra con su energía chamánica; SILVIA, amiga de la infancia con quien compartimos el incendio de mi casa y sobrevivimos a la época dura de la dictadura abriéndonos camino con machete y dulzura.

A ustedes, potros y potrancas que me han hecho corcovear, galopar y caer en el piso sin aviso les confieso que no sé si será porque mi ascendente roza sus crines pero los quiero mucho, porque a través de la experiencia con ustedes sigo evolucionando en el karma.

Significado del signo

El caballo representa la mano del mortero, la transgresión y el golpear certeramente. También simboliza la intersección de los caminos, una roca bloqueando un sendero, la mitad de una secuencia; el punto medio de algo que ocurre en el destino.

El año del caballo está en el medio de los doce signos y en esos años han ocurrido acontecimientos históricos notables: el final de la primera guerra mundial (1918), la gran depresión (1930) y la revolución cultural en China (1966).

La esencia de los nacidos durante este año es que son decididos, líderes, capaces de defender a los otros en tiempos de crisis jugándose la vida.

El caballo es esencialmente un artista, amigable, compinche, inteligente y muy hermoso. En la mitología china el caballo junto al dragón simbolizan el espíritu, la vitalidad, el poder y la buena suerte.

Los caballos son amados y venerados en la tradición china; los emperadores les erigían templos y los usaban como procreadores porque los consideraban benéficos para la familia imperial.

Fuente de inspiración de los artistas, se encuentran representaciones en piedra y metal que corresponden a la dinastía Tang (618-905 a.C.); cuando el juego de polo fue inventado los emperadores premiaban con un caballo blanco a quienes lograban los mayores honores, y aún el folklore chino utiliza al caballo blanco para simbolizar a los estudiantes que tienen notas muy altas.

En ambos sexos es enérgico, profundo, y rápido en su acción. Su nerviosismo, sangre caliente y fibra lo convierten en un rebelde, arriesgado y audaz corcel que está siempre alerta, despierto para reaccionar ante el menor estímulo.

Es jugador nato de lo que se proponga, fuerte e inteligente, ambicioso, correrá la carrera que más le divierta y estimule a través de la vida.

Sabe ganar y detesta perder, aunque sea un partido de bochas o de truco.

Siempre estará a la cabeza de lo que intente: negocios, romances, deportes o rock cinco estrellas.

El caballo es un gran comunicador, sabe transmitir y captar lo que flota en el aire y con la velocidad del rayo decodifica los mensajes más diversos llegando al corazón popular. Es por eso que las profesiones u oficios que realiza están siempre relacionadas con el trabajo en equipo, con *feed-back* y constante apoyo de quienes participan en sus fantásticas y vanguardistas ideas.

Sociable y honorable, siempre está en los lugares de moda, en los estrenos teatrales, en actos políticos, recitales y en la bombonera; lugares donde se concentre la gente y pueda captar lo que la mayoría desea.

El caballo late el día a día, lo cotidiano, lo que le pasa a la gente y a él, que siempre es el centro de atención de los lugares que visita.

Enérgico, vibrante, radiante, emana un *sex-appeal* irresistible. Es el signo con más *rating* en las conquistas, pues tiene el sí fácil y siempre está dispuesto a revolcarse en el establo o en las arenas movedizas del *stud*.

En ambos sexos, el caballo es agresivo en primera instancia, cae mal, grosero y atrevido. Su manera de protegerse es atacando a quien trate de atravesar su bello pelaje y lo dome a primera vista. Se resistirá, corcoveará, pateará y relinchará hasta los Pirineos.

Cuando entra en confianza, es un pequeño milagro, se entrega sin dudar y confía plenamente en esa persona, que deberá tenerle una paciencia china para escuchar sus caprichos y antojos.

El caballo es capaz, tiene salud para enfrentar grandes cambios de rumbo en su vida y necesita que lo fustiguen con una ramita, fusta o rebenque según la categoría del pedigrí.

Es excelente productor, manager u organizador de reuniones, sean éstas sociales, culturales o festivas.

Necesita tener un club de *fans* perenne que le digan lo genial, divino y *sexy* que es, pero si logra trabajar su parte ególatra, llegará lejos en la vida. No hay nadie más fascinante que un matungo sabio.

Siempre está ocupado, activo, generando proyectos o utopías. Hábil, a veces más manual que intelectual, logra encontrar labores terapéuticas que lo ayudan a mantenerse siempre joven, atlético y muy atractivo.

Es muy importante para él tener estabilidad emocional y afectiva. El entorno es clave en su vida: necesita amigos, parientes, conocidos que lo alienten con su bandera.

Su talón de Aquiles es que es muy nervioso e irritable, detesta saber que tiene límites para actuar y, más aún, jefes que le den órdenes.

Sus *moods* dependen de las caricias y terrones de azúcar recibidos; no soporta que lo excluyan de lo que sea y estará siempre dispuesto a pelear y a combatir para ganar el primer puesto.

Cuando el pingo está inspirado es el más divertido, atractivo e interesante de los mortales.

Es cierto que busca siempre lo más complicado: amores imposibles o triangulares, negocios riesgosos, pilotos de televisión, gastando CHI (energía) que podría capitalizar si no fuera tan disperso. Tiene habilidad para ganar y gastar el dinero de igual manera.

En realidad el caballo es un idealista, un soñador que prefiere vivir libremente antes que entregar su vida al DIOS DINERO.

Generoso, desprendido, lo compartirá con sus amigos y seres amados; invitaciones a cualquier *show* y salida a *shoppings*.

Al caballo hay que dejarlo libre para que entre y salga del establo cuando se le antoje; la calle es su gran maestra; buscará relacionarse con gente de todo nivel para enriquecer su experiencia.

Cualquier oficio o profesión en la que dedique horas de concentración para los demás y lo distriga de su *trip* será siempre una brecha para el equino.

Al recordarlos, una vez más les agradezco lo que aportaron a mi vida y les cuento que son y han sido como la yegua madrina, que no me han dejado perder en mis andanzas por la jungla.

El Tao del amor y del sexo

Este signo nace, vive y muere dedicado a EL TAO DEL AMOR Y DEL SEXO. Son los mejores maestros y discípulos en la materia; que logren un equilibrio entre su vida afectiva, sexual y anímica dependerá del grado de evolución espiritual, personal y social.

El POTRO y la YEGUA son instinto puro, para ellos el amor y el sexo son lo mismo al sentir bullir debajo de sus crines la sangre caliente y lanzarse al galope desenfrenado a atropellar, embestir, violar y desnudar a su objeto de deseo.

Su alta sexualidad le impide pensar, discernir, elegir si el elegido es una persona capaz de responder a sus demostraciones, demandas y exigencias; lo que más necesita el corcel es quedar satisfecho, y les aseguro que hay que tener un *training* digno de trofeos de salto a caballo, polo y pato con alto *handicap*.

El EGO-TRIP del equino es directamente proporcional a la energía que usa para sus conquistas amorosas.

Para él o ella no hay imposibles. Saben que con su *sex-appeal*, *glamour*, destreza, humor e imaginación tendrán a la presa en menos de cinco minutos, dispuesto a cabalgarlo al paso, trote o galope, según el antojo del caprichoso ejemplar.

El caballo es muy contradictorio en cuestiones del corazón. Parece fuerte, seguro, decidido, audaz, atrevido, insolente pero, cuando la respuesta llega de inmediato, cambia de actitud y se torna asustadizo, nervioso, inseguro y muy ansioso, espantando al amado con coces, relinchos y patadas que resultan a veces mortales.

Como es idealista y en el fondo de su alma buscará eternamente a su alma gemela, se aburre de lo fácil, rápido y ligero. Si bien es cierto que su apetito sexual es insaciable y no dejará pasar ninguna oportunidad que esté a su paso, involucrándose en situaciones en las que muchas veces quedará *Atrapado sin salida* o malherido, será víctima de su propio invento.

El caballo es ardiente, apasionado, trasgresor a la hora de hacer el amor. Dará todo de sí y no guardará nada para después; es transparente, sincero y leal. Tiene un sentido de posesión con su pareja que le juega malas pasadas, pues como es muy celoso, no soporta por mucho tiempo situaciones que no pueda controlar o dominar.

Necesitará entrega total del otro con su vida; adaptación a sus horarios, costumbres y antojos. No nació para esperar a nadie, adaptarse a la vida ajena y menos compartir amistades.

Este signo debería trabajar mucho su parte emocional y afectiva para lograr tener un equilibrio y armonía que lo convertirían en un ser adorable, cariñoso y muy cotizado en el CLUB DEL TRUEQUE.

Su espontaneidad le juega a favor y en contra a la hora del amor. Por un lado logra encender la llama, poner a su elegido al rojo vivo y producir orgasmos múltiples a control remoto, es un experto en la utilización de los sentidos, el tacto, la vista, la lengua, el olfato y el oído son sus tentáculos para dar y recibir placer.

Agota libros eróticos, novelas clásicas, películas de ciencia ficción; su talento amatorio cubre las células endodérmicas y epidérmicas en su totalidad.

El caballo es adicto al amor y crea una gran dependencia.

Sabe que su presencia es imprescindible para quien logra tener afinidad erótica y día a día teje una red invisible de situaciones que lo convierten en el centro de la existencia.

Exuberante con sus proezas amorosas y orgulloso de su virilidad estará siempre listo para entregarla o, en el caso de la yegua, su inagotable femeneidad.

El dejar satisfecha a su pareja es algo que realmente practica, no sólo lo dice. Contradictorio como amante, deja todo su ardor para el momento de hacer el amor. En el ANTES Y DESPUÉS es más bien tacaño y frío en cuanto a demostraciones de ternura. A los tres segundos y medio exactos después de haber soltado su último suspiro orgásmico se levanta a prender un cigarrillo o según la antigüedad del ejemplar se entrega a dormir y a roncar hasta la próxima *performance*.

El amante queda envuelto en recuerdos de placeres y despojos del revoltijo que quedó en el establo.

Pero A NO DESESPERAR... Así como se fue al galope, volverá, pues su energía sexual es inagotable.

Convencido de que estará en la misma posición que la dejó en la cama o en el establo; sin sospechar que usted tiene vida propia, vocación, horarios y una lista stand by de candidatos que están esperando que el caballo desista para poder ingresar en su corazón.

La YEGÜITA aspira encontrar al príncipe azul aunque sea en el último minuto de su fogosa existencia. Se enamorará joven y partirá del hogar para formar el propio, dejar descendencia y, con suerte, seguir la cabalgata con el mismo animal. Si no, será la MESALINA rompecorazones que no bajará la guardia hasta sentir saciados sus bajos instintos.

Hombre, mujer, tercer o cuarto sexo el caballo está en el podio VIP de los mejores amantes del zoo chino.

El caballo y su energía

★ CABALLO DE **MADERA** (1954-2014-2074) **Caballo de Troya**
Los caballos tienen por general una mentalidad bastante particular y a menudo esperan que las personas que los rodean piensen como ellos y compartan sus mismos puntos de vista. No es éste el caso del caballo de madera, que respeta más que sus compañeros del establo las opiniones ajenas y es consciente de que todas las personas son diferentes.

Es considerado, comprensivo y trata de no incomodar a la gente con su impulsividad, –que la tienen, como buenos caballos–, y evitan a toda costa meterse en la vida y en los problemas de los otros.

Es muy romántico, lleno de palabras de amor que brotan naturalmente de su boca y que apaciguan ciertas tensiones y malentendidos. Está dispuesto a entregar su corazón de una manera incondicional y a veces arriesgada. Es necesario entender a este caballo, pues lleva un ritmo un tanto más enérgico y vital tal vez que otros signos y tiene una manera de pensar que requiere comprensión de parte de la persona que lo acompañe en la vida.

Es buen orador y en las discusiones difícilmente salga perdiendo, a veces debido a su obstinación que no les permite una derrota oral.

★ CABALLO DE **FUEGO** (1906-1966-2026) **Alta tensión**
Líder por naturaleza, luchador y muy noble. Sin duda el caballo más vigoroso, enérgico y dinámico entre todos sus compañeros equinos. Altamente divertido y gracioso, tiene un sentido del humor y del entretenimiento realmente único.

Posee el don de la palabra. Siempre sale beneficiado en las discusiones gracias a su sensatez, lucidez y sentido de lo justo. Es casi imposible derrotar a este ejemplar en un duelo de palabras.

Es un poco difícil pero suele mostrarse más complicado de lo que es. Resulta un tanto ingenuo en el amor y generalmente no sabe qué hacer ante las dudas y las situaciones que surgen a lo largo de una relación. Es muy apasionado con la persona que está a su lado, y necesita además tener un lazo de amistad y compañerismo con el ser que ama para reafirmarse constantemente. No es bueno ahogarlo con planteos de celos o con reproches, ya que esto lo asusta. Hay que dejarlo fluir con lo que quiere y respetar sus *timing*.

★ CABALLO DE **TIERRA** (1918-1978-2038) **Un bello cabalgar**
Sabe lo que quiere y lucha duro por conseguirlo, aunque necesita bastante estímulo. Es constante, fácil de tratar y muy sensato; más tranquilo y calmo que los otros caballos, por lo general escucha con mayor atención que ellos a las personas que lo rodean.

Es muy servicial y hospitalario, le encanta recibir visitas y ser anfitrión. Adora cocinar para sus amigos desde un *hot dog* hasta un pollo a la sidra.

Más casero que el resto de los caballos, ama la lectura y generalmente dedica más tiempo de descanso en su vida que otras personas.

Este equino reconoce el peligro con mayor facilidad que otros de sus camaradas; lo analiza y trata de resolver con una sensatez propia de la energía tierra. Realmente apasionado, buen compañero de aventuras y muy divertido, aún en los momentos más difíciles mantiene su sentido del humor bastante entero.

En el amor, por lo general no tiene dueño. Si se enamora, está dispuesto a entregar su corazón casi totalmente, pero siempre conservará su sed de aventuras y diversidad que nace de la naturaleza del caballo.

★ CABALLO DE **METAL** (1930-1990-2050) **Poder desbocado**
Es el caballo más enérgico de todos. Siempre tiene algo que hacer, y no se cansa nunca de trabajar, salir a bailar, hacer deportes o viajar. Es inteligente, lleno de recursos, intuitivo y talentoso. Sin embargo, puede ser también evasivo, caprichoso e impredecible. A veces no cumple con su palabra pero sus excusas son altamente convincentes.

Sus estados de ánimo varían según la situación y su ciclotimia es bastante pronunciada. Resulta difícil seguirle el ritmo de vida que lleva, salvo que uno esté dispuesto a parar a descansar por unos pocos minutos nada más. Necesita experiencias variadas en su vida y siempre está buscándolas; a veces, de maneras insólitas. Es un poco arriesgado, en algunos momentos no toma conciencia del peligro.

No es la persona más confiable y leal en el sentido amoroso. Esto es un reflejo de su necesidad de aventura y diversidad en la vida. Sin embargo, se puede evitar tratando que la relación sea realmente variada y novedosa para mantener a este caballo cerca del establo.

★ CABALLO DE **AGUA** (1942-2002-2062)
No sé lo que quiero, pero lo quiero ya
Este caballo ama la vida y la naturaleza, tiene una condición poética e idealista y es extremadamente protector con los que ama. Defiende a muerte su familia y reacciona, a veces de manera inesperada, cuando se ve intimidado.

En el amor, las relaciones están llenas de altibajos. Por un lado, valora al extremo a su pareja y la hace sentir como alguien realmente importante para el mundo; por otro, puede sacar a relucir todas sus objeciones y críticas de un modo un poco insoportable. Sin embargo, es bastante olvidadizo con estas cuestiones y un enojo puede desvanecerse con rapidez. Lo que más le importa es el bienestar de su pareja y a veces no puede evitar decir lo que le disgusta. Ama los viajes y la diversidad del mundo, y resulta conveniente que la persona que esté dispuesta a compartir una relación con este caballito, considere su espíritu aventurero y acepte seguirlo adonde él decida ir.

Está lleno de buenas intenciones y de ganas de hacer el bien. Si fuera por él, trabajaría duro para que el mundo estuviera mucho mejor porque esto lo preocupa bastante. No hay que dejarse engañar por la naturaleza encantadora y seductora de este ejemplar, ya que a veces su *charme* puede ser sólo una apariencia.

El caballo y sus ascendentes

★ CABALLO ASCENDENTE **RATA** (11 p.m. a 1 a.m.)
Dedicará su vida a las relaciones sentimentales. Necesitará afecto, aprobación, y amará la vida social y las fiestas. Será explosivo y colérico, no escuchará consejos.

★ CABALLO ASCENDENTE **BÚFALO** (1 a.m. a 3 a.m.)
Este caballo llegará a las metas que se ha fijado. Será perseverante y más responsable que otros. En cada momento de su vida buscará inspiración y rodearse de gente creativa.

★ CABALLO ASCENDENTE **TIGRE** (3 a.m. a 5 a.m.)
Esta combinación será para valientes. La fuerza y la libertad se aliarán para conseguir lo que se proponga y será infatigable. Un líder de multitudes y en el amor, un elegido.

★ CABALLO ASCENDENTE **CONEJO** (5 a.m. a 7 a.m.)
Amará la buena vida y el lujo. Será estético y refinado, inteligente y muy sociable. Buscará el equilibrio y será muy independiente.

★ CABALLO ASCENDENTE **DRAGÓN** (7 a.m. a 9 a.m.)
Tendrá alas y galopará sobre las nubes. Sus proyectos serán grandiosos y se rebelará ante la rutina. Sensible a los halagos, defenderá las causas más nobles. Muy despilfarrador.

★ CABALLO ASCENDENTE **SERPIENTE** (9 a.m. a 11 a.m.)
Será muy manejador y orgulloso. Necesitará estímulos caros y muy refinados para desarrollar sus aptitudes. Vivirá situaciones sentimentales muy tormentosas.

★ CABALLO ASCENDENTE **CABALLO** (11 a.m. a 1 p.m.)
Este caballo será siempre desbocado. No escuchará consejos; será irracional, soberbio y muy orgulloso. Seducirá y pagará caros sus impulsos.

★ CABALLO ASCENDENTE **CABRA** (1 p.m. a 3 p.m.)
Será muy sentimental. Plasmará su talento artísticamente y le organizará la vida a los demás. Amará la belleza y será imprevisible, viajará y dará la vida por amor.

★ CABALLO ASCENDENTE **MONO** (3 p.m. a 5 p.m.)
Lúcido e inteligente. Manipulador, fantasioso, ambicioso, todo lo que haga será un éxito. Será infiel y jamás perderá en lo que realice.

★ CABALLO ASCENDENTE **GALLO** (5 p.m. a 7 p.m.)
Es organizado, diplomático, será fiel a sus amigos y amores. Sensible, leal, franco, deberá controlar su afán de dominación y omnipotencia.

★ CABALLO ASCENDENTE **PERRO** (7 p.m. a 9 p.m.)
Amigo leal y profundo, estará interesado en la filosofía y en defender la justicia y la libertad. Será realista, concretará proyectos de a poco, pero con solidez y honestidad; apasionado y muy protector.

★ CABALLO ASCENDENTE **CHANCHO** (9 p.m. a 11 p.m.)
Este caballo vivirá entre la pasión y la comodidad. Tendrá ímpetu de libertad y un sentido del deber que lo acompañará en lo que haga. Aventurero y despiadadamente sensual, será irresistible.

El ascendente y el amor

★ ASCENDENTE **CABALLO** (11 a.m. a 1 p.m.)
Estos personajes son tan fascinantes y carismáticos y al mismo tiempo tan complicados y poco comprometidos con el amor en general que muy a menudo causan tremendas confusiones en las personas. Cuando se disponen a amar, no los para nadie, pero si no consiguen ser atraídos por completo hacia lo que quieren, viven sólo episodios muy, pero muy cortos.
Tienen la cabeza en un lugar que es muy difícil de comprender para la gente que los rodea y a veces ni ellos mismos saben dónde están parados.
Cuando se sienten verdaderamente comprometidos, aplican todo su encanto para mantener la relación siempre viento en popa y suelen cortejar de maneras por demás originales y románticas.
Son sociales en extremo y necesitan estar en contacto con gente interesante para aprender y absorber lo mejor de las personas que se presentan en su vida.
Algunos, tienen una característica bastante particular: necesitan tener romances, aunque sean muy cortos, con personas sumamente atractivas y bellas para mantener su nivel de autoestima en una medida tolerable.

Resultan muy buenos padres de familia y apoyan a sus hijos en todo lo que hagan.

Personajes famosos del signo Caballo

★ CABALLO DE **MADERA** (1834-1894-1954)
Julio César, John Travolta, Kim Bassinger, Bob Geldof, Annie Lennox, Georgina Barbarossa, Luisa Kuliok, Pat Metheny, Michael Rourke, Kevin Costner, Carlos Alberto Bellingeri.

★ CABALLO DE **FUEGO** (1846-1906-1966)
Sinead O'Connor, Cindy Crawford, Rembrandt, Hoby De Fino, Marina Borenstein, Fabián Quintiero, Macarena Argüelles, Fernando Ranuschio, Navarro Montoya, Julián Weich, Carla Bruni, Gabriela Guimarey, Thomas Edison, Marco Rivara.

★ CABALLO DE **TIERRA** (1858-1918-1978)
Nelson Mandela, Liv Tyler, Billy Graham, Rita Hayworth, Robert Stack, Jeff Chandler, Leonard Bernstein, Catarina Spinetta, Pearl Bailey, Reimondo Panikkar.

★ CABALLO DE **METAL** (1870-1930-1990)
Alfredo Alcón, Franco Macri, Federico Chopin, Neil Armstrong, Ray Charles, Carlos Menem, Clint Eastwood, Sean Connery, Robert Duvall, Boris Yeltsin, Steve McQueen.

★ CABALLO DE **AGUA** (1882-1942-2002)
Jimmy Hendrix, Caetano Veloso, Federico Klemm, Paul McCartney, Martin Scorcese, Linda Evans, Bárbara Streisand, Harrison Ford, Nick Nolte, Janis Joplin, Carlos Reutemann, Chris Evert, Andy Summers, Hugo O. Gatti, Felipe González.

Paul McCartney

Testimonio

Yo soy un caballo
MATILDE HUIDOBRO - ARTISTA PLÁSTICA

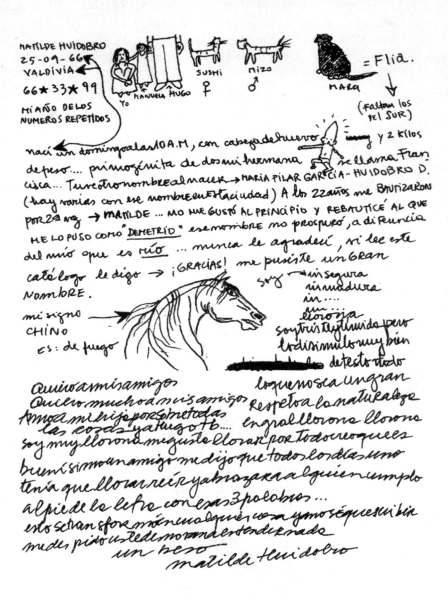

Caballo
Tabla de compatibilidad

	AMISTAD	AMOR	TRABAJO	TRUEQUE
Rata	↕↕↕	♡♡♡	$$$	♪♪♪
Búfalo	↕↕	♡♡	$$$	♪♪♪
Tigre	↕↕	♡	$$	♪♪
Conejo	↕↕↕	♡♡♡	$$	♪
Dragón	↕↕	♡	$$	♪
Serpiente	↕↕	♡♡	$$	♪♪♪
Caballo	↕↕↕	♡♡	$$$	♪♪♪
Cabra	↕↕↕	♡♡♡	$$$	♪♪♪
Mono	↕↕↕	♡♡♡♡	$$$$	♪♪♪
Gallo	↕↕↕	♡♡	$$	♪♪
Perro	↕↕↕↕	♡♡♡♡♡	$$$	♪♪♪
Chancho	↕↕↕↕	♡♡♡♡♡	$$$	♪♪♪

- • Bajo astral
- •• Posible
- ••• Bien
- •••• Super
- ••••• Conexión total

Cabra

Cabra

Ficha técnica

Nombre chino de la cabra:
XANG

Número de orden:
OCTAVO

Horas regidas por la cabra:
1 PM a 3 PM

Dirección de su signo:
SUD-SUDOESTE

Estación y mes principal:
VERANO-JULIO

Corresponde al signo occidental:
CÁNCER

Elemento fijo:
FUEGO

Tronco:
NEGATIVO

Eres Cabra si naciste:

13/02/1907 - 01/02/1908
CABRA DE FUEGO

01/02/1919 - 19/02/1920
CABRA DE TIERRA

17/02/1931 - 05/02/1932
CABRA DE METAL

05/02/1943 - 24/01/1944
CABRA DE AGUA

24/01/1955 - 11/02/1956
CABRA DE MADERA

09/02/1967 - 29/01/1968
CABRA DE FUEGO

28/01/1979 - 15/02/1980
CABRA DE TIERRA

15/02/1991 - 03/02/1992
CABRA DE METAL

01/02/2003 - 21/01/2004
CABRA DE AGUA

Casa
Refugio
Fortaleza
Amiga
Alegría
Espejo
Reflejo
De un gran dolor.
Reconstruís
Mi URANO EN CASA UNO
Disuelto en la espiral del tiempo.
L. S. D.

Carta a Osho • Cabra de metal

QUERIDO OSHO:

Una vez más he llegado a mi ashram serrano y te he leído para retomar la vida que intuitivamente he elegido y conquistado día a día.

La primera vez que oí de vos fue cuando viajaba por las RUTAS MAYAS y junto a Andy llegamos exhaustas a unas cabañas en Tulum que se llamaban OSHO.

El primer contacto contigo fue a través de los aluxes, estas entidades que habitan QUINTANA ROO y que hacen travesuras más o menos pesadas a quienes entramos sin pedir permiso.

Te aseguro que jamás olvidaré ese encuentro con final feliz en que los duendes me pusieron a prueba cuando me robaron todo el dinero que tenía en una faja y, después de dar vuelta la cabaña, los bolsos y carteras, y comprobar que tenía el cierre roto y los verdes evaporados, me entregué a las pérdidas materiales (en las que soy experta) y juré que ese disgusto no me amargaría el turquesa infinito del Caribe, ni la dulzura de su gente, ni la sensación de placenta con el universo caminando por la playa y mirando el cielo profético que inspiró los calendarios sagrados de los mayas.

Las explicaciones que recibía en tu territorio eran que OSHO era el gurú del sexo, un tipo revolucionario, hindú, y capaz de transmitir experiencias transpersonales. Imagínate el debut contigo. Soy reacia a dejarme empaquetar por gurúes, maestros o líderes que te imponen o que por causalidad caen en el TAO.

Tiempo después un amigo me habló de vos, horas, días, meses, años.

Escuché seriamente a Carlitos, y descubrí que alguna influencia había en su vida, pues algo en él había mutado. *Y llovieron flores* era el libro que tenía que leer para conocerte.

Son pocas e irrepetibles las veces que siento que alguien está dentro de mí dictándome los pensamientos, sentimientos, ejemplos concretos y palpables encendiendo la llama del conocimiento, refinando la sabiduría, despertando el KUNDALINI, acercando –como los pájaros que hacen su nido–, los palitos uno a uno en su pico para dar consistencia a su vida.

Entraste OSHO por la puerta grande que es la del corazón, pues los libros hace un año se suceden como el murmullo de un arroyo, el suave canto de las calandrias, la voz de Jimmy Scott, el sutil sonido de una piedra que cae al lago, el agua de una vertiente con la que tropezamos en el minuto anterior a morir de sed, las cuerdas de la guitarra cuando se rasgan desde las entrañas.

Río con vos, bailo, lloro, gimo, grito, libero toneladas de vidas acumuladas esperando ser pagadas, ordenadas, purificadas.

Entiendo lo que sola me parecía un vía crucis, un exilio en cualquiera de los planetas, un gran tormento con el que convivo desde antes de nacer; tu claridad, humor, sensibilidad, humanidad me abrazan y alivianan como una pluma de quetzal.

OSHO, amado u odiado; seguiste desde siempre tu intuición y predicaste lo que trataste de practicar en un mundo lleno de odios y fanatismos, intereses y egoísmo. Diste EXPERIENCIA a tus discípulos a cambio del I-SHO-KU-JU (techo-alimento y vestidos), y siempre fue el amor el trueque con el que vivías.

Dijiste lo que pensabas y te pasaba, transmitiste el pensamiento zen a través de Buda, Chuang-Tse y Lao-Tse.

Admiraste a Ouspensky, Nietzche, Jesús, Mahavira y Saraha.

Nos deleitaste con la vida de Mulla Nasrudin y sus debilidades y aciertos.

AMASTE A LAS MUJERES DÁNDOLES UN LUGAR PRIVILEGIADO que cada una sabrá apreciar según su autoestima.

Abrís llaves, atravesás cielos, mandás pájaros de otros reinos a visitarme frente a mi ventana, sos cada árbol bullendo savia, nube antojadiza, ave, mariposa, galaxia.

Sos el sol en el cenit y el ocaso, luna en cada fase hasta vaciarse y llenarse,

Sultán, hermafrodita, pescador, barca, puente, arteria, banquete, juglar, chivo de barba blanca que bebe dátiles y leche.

Sola no estoy porque te encuentro en cada panorámica al cielo y cuando ventilo el alma.

OSHO, EL QUE NUNCA NACIÓ NI MURIÓ.

Significado del signo

La cabra representa el NO TODAVÍA, el tiempo de la espera, el momento antes de que algo pase, y también nuevas posibilidades y comienzos.

La esencia de los nacidos durante este año es captar las oportunidades que se les presentan y la conveniencia frente a determinadas circunstancias.

La cabra posee el radar para captar determinados momentos, adaptarse, esquivar las piedras que hay en el camino y seguir andando con su gracia natural.

El ejemplo al respecto proviene de los conceptos de Confucio cuando en el gran templo del duque de Lu preguntó a sus discípulos "¿cómo saben que este hombre conoce las reglas de la conveniencia?", a lo que ellos respondieron: "cuando él pregunta acerca de todo". Y el maestro contestó: "eso es justamente la regla de la conveniencia".

Tres rayos juntos en el sol simbolizan el inicio del nuevo año, y esos rayos representan un auspicioso espacio de calidez, paz, consistencia y prosperidad.

El año de la cabra es considerado auspicioso, fértil y benéfico para todo el mundo.

La moderación, el refinamiento y el buen gusto son las características más notables del signo. Detesta los extremos, buscará moderar y equilibrar cualquier situación de agresión o violencia que aparezca en su entorno.

Cuando no se siente segura se retrae o acongoja, pero esencialmente es positiva y constructiva y aplica su inteligencia para preservarse del mal.

La cabra es contradictoria, a veces no coincide su prédica con lo que practica, está pendiente de los movimientos ajenos, busca pelear por cualquier cosa y carga con una mochila pesada a través de su vida.

Si logra apartarse del origen de los problemas o solucionarlos, se convierte en un ser creativo, sabio y crítico.

Es buena escucha de los problemas ajenos y en general logrará aconsejar sabiamente a los que se le acerquen.

La cabra es fácil de detectar por su carácter gentil, paciente, esotérico, activo, medido y generoso. Es conocido su espíritu intrépido y persistente para llegar al sentido vital de las cosas, y su manera es siempre sutil y profunda.

Amigable, siempre tiene sentido del deber y necesita cubrir sus prioridades.

Su intuición la lleva siempre a detectar el meollo o corazón de la gente y entrar como por arte de magia en sus vidas.

Su dulzura, buena predisposición, sentido estético y belleza le abren puertas blindadas.

Hipersensible, emotiva y apasionada, sufre cuando tiene peleas o enfrentamientos con sus socios, jefes y gente amada; es tal el estrés que se descompensa con rapidez. Es el signo con más facilidad para somatizar.

Hipocondríaca en general, sufre trastornos digestivos, pulmonares e intestinales. Con su frondosa imaginación entreteje novelas de ciencia ficción que la tienen como coprotagonista y alimenta todas sus fantasías.

La cabra es un signo dependiente; a través de su vida buscará estar con gente más fuerte y poderosa que la estimule y la lleve por caminos clorofílicos para descubrir laberintos y cornisas desde donde pueda balar tranquilamente.

Siempre está esperando el buen momento para actuar. Jamás se arriesgará si siente que no pisa en tierra segura, prefiere postergar o posponer algo antes de precipitarse.

Perfeccionista e hipercrítica estará buscando nuevas maneras de expresión a través del arte, la danza, la música y la literatura.

La cabra es una artista pura, necesitará gran estímulo y protección para su desarrollo anímico, espiritual y material. Algunas tienen la suerte de encontrar mecenas que las mantengan a través de su vida.

Es fundamental que salga temprano de la sobreprotección familiar, pues de lo contrario corre el riesgo de quedar atrapada cómodamente en el corral y le costará mucho enfrentar la vida.

Este sensible animal sufre por las injusticias que hay en el mundo: hambre, miseria, dolor y enfermedad. Su espíritu altruista logrará conectarse con los más desvalidos desarrollando su humanidad y sentido común.

La cabra tiene fama de ser muy interesada, trepadora, oportunista y ambiciosa. Creo que hay una variedad que sale del rebaño y acarrea mala fama al resto. Cuando logra plasmar su creatividad a través de un buen matrimonio o sociedad llega al éxtasis de sus aspiraciones más profundas.

Excelente gourmet, refinada coleccionista de arte, sibarita, es una criatura deliciosa que aporta gracia y belleza a la vida con su andar, decir y admirar.

Es el signo más yin del zoo, por eso es tan sensible a los estímulos exteriores e interiores que la rodean. Buena cocinera, ama de casa y jardinera, su habilidad manual es notable; capaz de tejer un telar como lo hacen los mayas, armar una escenografía para un programa de televisión o de hacer una instalación eléctrica en poco tiempo, disfruta de transformar la materia y darle consistencia.

Este sensible signo necesita dormir más horas que el resto de la gente, no tener exigencias matinales y no cumplir horario.

Detesta la rutina y las obligaciones; buscará desarrollar trabajos que le permitan ser dueña de su tiempo.

Tiene tendencia al consumo de alcohol y drogas, pues su naturaleza es adictiva. Amor y apoyo de los seres más cercanos la alejarán de los vicios ocultos.

Le encantan los deportes, las actividades al aire libre como caminar, nadar, cabalgar, jugar al golf, al polo o buscar tesoros en ruinas de civilizaciones milenarias.

Con el dinero es extremista; cuando lo tiene lo gasta y le cuesta ahorrar pues se tienta con invertir en bellezas para el hogar, vestuario o elementos para su trabajo personal.

Pero lo que más la excita es usar la tarjeta *golden* de su marido o padre y dejarlo en la ruina, asaltar alguna cartera en un cine y sacar provecho de su contenido.

Su destreza social, talento y *glamour* la convierten en un ser adorable capaz de desarrollar cualquier carrera u oficio. En este signo encontraremos más artistas que en otros, pero es ideal para las relaciones públicas, puede ser médica, dentista, joyera, modista, ingeniera, científica, decoradora, arquitecta, maestra y sabia como OSHO.

CAPÍTULO APARTE: LOS BERRINCHES DE LA CABRA SON PARA ALQUILAR BALCONES O DEGOLLARLA. Es muy caprichosa, tiene estados de ataque y contraataque y se pone furiosa cuando con sus artimañas no consigue lo que se propone.

LA CABRA ES UN PLACER PARA SABOREAR CON CALMA Y EN CÁMARA LENTA.

€l Tao del amor y del sexo

Si hay un signo que nació para amar y ser amado, es la cabrita.

Este suceptible, hipersensible, frágil animal necesita, a través de la vida, encontrar afecto en cada relación sentimental o amistosa, pues su equilibrio emocional depende únicamente de la gente con la que se relaciona.

Es querible apenas se la conoce; su dulzura, suavidad y modales despiertan ganas de protegerla, cuidarla, mimarla y prepararle un corral donde pueda desarrollar su capacidad ártística y creativa.

La cabra varón o mujer vive enamorada. Es el signo más PLATÓNICO, puede vivir toda la vida amando a alguien sin que se entere, pues su timidez, discreción y sentido común no permiten que exteriorice sus sentimientos.

Es experta en despertar sentimientos de culpa en la persona que ocupa su corazón. No hay razones concretas para detectar estos síntomas; sabe llegar al fondo del alma, contar historias melodramáticas, mezclar las mejores novelas clásicas con los *hits* de la televisión y convencer a su pareja de su sufrimiento.

La cabra es una artista nata, posee suficientes recursos para ser la heroína de una gran historia de amor y ser siempre la protagonista.

Es dependiente emocionalmente; buscará personas fuertes, dominantes y de buena posición económica para relacionarse. Necesita admirar antes de dar el sí a algún pretendiente y se hará desear...

Desde niñas, inventan situaciones amorosas con personas que las inspiran. Pueden imaginar que se casan con el actor o la actriz de moda, con la estrella de rock que visita su ciudad y conoce en un recital, con el deportista que rompe corazones a la multitud; la cabra fabula situaciones donde logrará ser centro de atención, pues su compenetración es total atravesando los rayos ultravioletas.

La cabra es ambiciosa; su sentido estético la inclinará a buscar personas bellas, elegantes y muy atractivas.

Necesitará que la cortejen, le hagan regalos carísimos, la inviten a viajar por el mundo con *golden card* ilimitada y le repitan tipo disco rayado que es única e irremplazable.

Ella pondrá un toque de distinción, *glamour* y refinamiento en cada situación, persona o problema que aparezca. Alegrará con su gracia, humor y originalidad los malos ratos, la tristeza y la depresión.

Para conquistarla habrá que tener paciencia, riqueza espiritual y material, aunque tiene fama de interesada, no se puede generalizar, pues su esencia es artística y mientras tenga estímulo para crear puede pasar situaciones adversas con alegría.

La cabra es romántica, por eso se enamorará de quienes atraviesen su suave piel de cordero, la sepan arrullar, mimar, captar, contener y hechizar. Dedicará su vida, tiempo y energía a su amado.

La verdadera realización de la cabra es a través de la pareja y si logra llevarla al altar su felicidad será absoluta.

En la intimidad necesitará un clima escenográfico antes de desnudarse.

Buena luz, preferentemente velas aromatizadas, fragancias exóticas traídas del Lejano Oriente, el más añejo vino importado, champaña *extra brut* francés o algún licor afrodisíaco que despierte sus sentidos.

El momento previo es clave para la sensual cabra que dará rienda suelta a sus artes amatorias bailando, cantando o creando alguna balada erótica que saque de la tierra a su *partenaire*.

En medio del juego erótico tirará el I-CHING, el tarot, las runas, o leerá la bola de cristal.

El macho cabrío reiniciará tantas veces como lo estimulen el acto sexual, balando un *blues;* la dama caprina será muy exigente en el lecho, pues tendrá un estado físico envidiable y sentirá que su belleza se expande en las maratones amatorias.

Algunas cabras son fetichistas, onanistas, con tendencias sadomaso-quistas y exhibicionistas.

Este signo tendrá cambios en la sexualidad a través de la vida. Oscilarán entre el *look* Heidi, *Portero de noche*, Peter Pan y las películas de Isabel Sarli tipo *Fiebre,* donde hace el amor con un equino.

Su realización es a través del amor y sus múltiples variantes.

Cuando sea madura, recordará cada experiencia sentimental con perspectiva, riendo y transmitiendo a sus nietos sus amores más locos que los de otras cabras...

La cabra y su energía

★ CABRA DE MADERA (1895-1955-2015) **Romántica y práctica**

Esta cabrita es divertida, sociable y creativa; una excelente compañía en cualquier situación, tiene mucho afecto para ofrecer. Sin embargo se inclina mucho en su interior y vaga en su conciencia, dificultando muchas veces la comunicación con los seres que la rodean y con la persona que ama.

Es bastante ciclotímica, cambia de estado de ánimo sin razón aparente y esto se nota más cuando se encuentra frente a una cantidad reducida de personas. Si se mantiene ocupada y trabajando, su vida no tiene muchas complicaciones. Los problemas surgen cuando a esta cabra se la deja con tiempo de sobra para pensar las cosas y por lo general es en ese momento cuando suele complicarse.

Ama la vida hogareña y es capaz de mantener a su familia en condiciones excelentes con realmente muy poco esfuerzo. La armonía del hogar es un factor fundamental para su bienestar psíquico. En el amor, es todo un desafío. Conviene que su pareja tenga una personalidad más fuerte que esta cabra, para aplacar sus estados de ánimo con seguridad y firmeza. Por otro lado, es increíblemente afectuosa y muy compañera, llena de cariño para dar.

★ CABRA DE FUEGO (1907-1967-2027) **Firmeza y ambición**

Esta combinación es realmente interesante. Por un lado, tenemos el afecto, la calidez, la creatividad y también la timidez propia de la cabra. Por el otro, tenemos la pasión tan intensa y el vigor intrínseco de la energía fuego. Esto la convierte en una persona que por períodos se mantiene fiel a su naturaleza caprina, con su reserva y su calma características, pero que de vez en cuando explota en llamas difíciles de sofocar.

Es muy profesional, competitiva y capaz de llevar a cabo casi todas las tareas que le surjan en el camino. Tiene una metodología sabia que hace que realice sus actividades con orden y prolijidad envidiables.

La cabra de fuego tiene fama de ser uno de los signos más apasionados y ardientes. Si se propone conquistar a la persona que la atrae, demuestra que cuando quiere algo, lo tiene. Su seducción es de escuela, y su manera de hacer ver las cosas es sorprendentemente convincente. Trata de mantener la relación siempre en su pico máximo y resulta difícil que se le vaya de las manos. Puede tomar por sorpresa y hechizar hasta a las personas más difíciles de seducir. De vez en cuando comete excesos, pero eso se observa muy poco a lo largo de su vida.

★ CABRA DE TIERRA (1919-1979-2039) **Sabia: maestra y discípula**

Esta cabra representa a los seres más sensibles. Refinada, llena de buen gusto y artista por naturaleza, la cabra de tierra es realmente perceptiva. Tiene el don de ver las cosas más allá de lo aparente y clasifica a la perfección la energía que la rodea.

Ama la buena vida y es excelente *gourmet*. Necesita todo tipo de estímulos para sentirse en armonía. Muy hábil con las manos, puede crear una artesanía preciosa con un trozo de vela derretida.

A veces es excesivamente perfeccionista con lo que hace: desde ordenar su habitación hasta cocinar un plato de fideos, en el que las cebollas deberán tener todas el mismo tamaño; esto puede ser muchas veces irritante para algunos y para la persona que comparte la vida con ellas.

Tiene una vida interior y espiritual difícil de igualar. Es poco probable que se aburra y es feliz con unos pocos amigos. No necesita estar constantemente conociendo gente para reafirmar su sociabilidad, ya que está muy segura de que es capaz de agradar y de ser querida. Por lo general pasa largos períodos de soledad, pero cuando se enamora, da a conocer una serie de cualidades que la convierten en una candidata muy deseada por todos.

★ **CABRA DE METAL** (1931-1991-2051)
Aprendiendo con originalidad
Esta cabra es la más dinámica de todas. Aunque las cabras son por naturaleza muy caseras y pasivas, esta combinación la hace más enérgica y a veces suele ser el centro de atención. Tiene un olfato particular para los negocios y por lo general logra puestos de gran importancia en su vida. Es original, creativa y necesita un ámbito equilibrado para vivir y trabajar.
Encuentra la motivación en su hogar, con su familia y con el ser que ama. Si se propone viajar, que le encanta, se preocupará por la seguridad de su hogar que ha sido abandonado por un tiempo.
En el amor, es abierta, muy afectuosa y romántica. Corteja a su pareja de maneras muy poéticas y clásicas. Suele dar tiempo a las relaciones, sin apartarse en cuanto algo negativo emerge. Tiende a analizar los altibajos con una sensatez y una filosofía que comprende que lo bueno y lo malo es parte de la vida y que es necesario aprender de todo lo que va aconteciendo en una relación. Pero si de alguna manera ha tomado una decisión, es casi imposible que cambie de parecer.

★ CABRA DE **AGUA** (1943-2003-2063) **Una joya distraída**
Este ejemplar se encuentra en armonía con su persona y con la vida. No es materialista, y pone mucho de su esfuerzo en estar bien espiritualmente y en lograr un hogar acogedor y lleno de alegría.
La cabra de agua evita responsabilidades importantes y descuida sus tareas por largos períodos. En general tiende a confiar demasiado en las personas y esto puede ser muchas veces un aspecto negativo, en el que se ve engañada o estafada por quienes advierten sus debilidades y sus excesos de confianza. Es necesario que esta cabra tenga amistades que la aconsejen y que le hagan bajar los pies a la tierra para evitar futuros inconvenientes.
Probablemente lo más remarcable de esta cabra es su tendencia a ocultar sus sentimientos. Suele encerrarse en su mundo propio y alejarse un poco de la realidad. Esto hace que pierda la oportunidad de relacionarse con gente y que no se atreva a profundizar mucho en una relación. Sin embargo, si esta cabra logra estar en pareja con alguien por un período significativo, despliega una personalidad que es a veces un premio para el que la está contemplando pues está llena de afecto para ofrecer. Se necesitará un largo tiempo para conocer por completo a esta cabra.

La cabra y sus ascendentes

★ CABRA ASCENDENTE **RATA** (11 p.m. a 1 a.m.)
Una cabra muy sibarita pero bastante emotiva a la vez; oportunista y astuta. Será fuerte, muy resistente al sufrimiento y a la adversidad.

★ CABRA ASCENDENTE BÚFALO (1 a.m. a 3 a.m.)
Tendrá la gracia, el talento y la constancia para descollar en las artes o en la política. Formará una familia numerosa y adoptará a los necesitados.

★ CABRA ASCENDENTE TIGRE (3 a.m. a 5 a.m.)
Una fiera para defender los derechos humanos; no descansará hasta lograr lo que se proponga, aunque el amor la distraiga del camino. Hipersensible, ciclotímica y muy graciosa, encontrará gente que la protegerá.

★ CABRA ASCENDENTE CONEJO (5 a.m. a 7 a.m.)
Una equilibrada, estética y refinada cabrita que vivirá con opulencia. Deberá encauzar su vocación y dedicarle todo el tiempo del mundo para ser la mejor. Tendrá muchos amigos, amará el lujo, las fiestas y la frivolidad.

★ CABRA ASCENDENTE DRAGÓN (7 a.m. a 9 a.m.)
Una cabra con voluntad inquebrantable. Tendrá principios, será luchadora y muy humana. Con gran poder de oratoria, arengará a las multitudes. Se casará por amor, pero no despreciará lo que le ofrezcan.

★ CABRA ASCENDENTE SERPIENTE (9 a.m. a 11 a.m.)
Una cabra astuta, sagaz, intuitiva y con olfato para los negocios. Cambiará seguido de profesión, casa y pradera. Necesitará que la admiren y adulen para sentirse segura. Muy rencorosa si la abandonan.

★ CABRA ASCENDENTE CABALLO (11 a.m. a 1 p.m.)
Una irresistible cabrita que despertará pasiones locas en la gente. Será antojadiza, graciosa, talentosa y muy imaginativa. Amará la libertad y la vida al aire libre.

★ CABRA ASCENDENTE CABRA (1 p.m. a 3 p.m.)
Un prodigio de creatividad. Su obra será fecunda, original, intuitiva y popular. Buscará gente afín para plasmar su imaginación, no soportará límites para vivir y hará lo que se le antoje siempre.

★ CABRA ASCENDENTE MONO (3 p.m. a 5 p.m.)
Una interesada y cínica cabra que especulará con los sentimientos. Se rodeará con lo mejor, nunca se dejará atrapar y gastará millones en la cuenta conjunta de su cónyuge.

★ CABRA ASCENDENTE GALLO (5 p.m. a 7 p.m.)
Una delirante y maniática cabra que exigirá mucho y dará "a su estilo". Necesitará programar su vida y vivir con la ilusión de que es el amor de la vida de todo el mundo.

★ CABRA ASCENDENTE PERRO (7 p.m. a 9 p.m.)
Una lúcida, justiciera y concreta cabra que no hará nada que no

sienta. Comunicativa, profunda e incisiva. Saldrá al mundo a luchar por sus ideales y encontrará gente que la seguirá en sus batallas.

★ CABRA ASCENDENTE CHANCHO (9 p.m. a 11 p.m.)
Una generosa, servicial, sibarita e inquieta cabra que amará el hogar, los amigos y las cosas esenciales de la vida. Su ambición se limitará a vivir con comodidad y a buscar el sustento cuando no haya más remedio.

El ascendente y el amor

★ ASCENDENTE CABRA (1 p.m. a 3 p.m.)
Pocos signos pueden igualar el conjunto de características positivas y prácticas que la cabra lleva en su naturaleza. El talento es algo que la caracteriza, y en general su capacidad de adaptación a las situaciones convierte a estos seres en gente extremadamente útil para la sociedad.

Se enamoran a fondo, son consideradas, apasionadas, y admiran a la persona que se les metió en la cabeza por varias razones, pero una muy frecuente es el hecho de que esta persona fue capaz de conquistarlas, que no es cosa fácil. Cuando esto sucede, la entrega es total.

Tienen mucha paciencia cuando viven situaciones desagradables, pero su tolerancia es un instrumento fundamental para mantener su romance y moldearlo de la manera que ellas quieren y, aunque no parezca, son ellas las que dirigen la batuta porque lo hacen de una manera subliminal.

Tal vez no son los seres más entretenidos y divertidos del mundo, y por lo general optan por la calma y la calidez del hogar, pero cuando despliegan su lado agitado, sorprenden a más de uno y siempre tienen algo original que sacar de la manga.

En general se sienten atraídas hacia personas de gran temperamento y personalidad, por lo tanto es necesario demostrar mucho carácter y lucir el talento individual para poder hechizar a estos personajes.

Personajes famosos del signo Cabra

★ CABRA DE MADERA (1835-1895-1955)
Krisnamurti, Patricia Miccio, Miguel Ángel, Isabel Adjani, Johnny Rotten, Miguel Zabaleta, Elvis Costello, Bruce Willis, Boy Olmi, Nina Hagen, Rodolfo Valentino, Mercedes Morán, Joe Jackson, Miguel Botafogo, Roberto Petinato, Bo Derek, Mel Gibson, Groucho Marx.

★ CABRA DE FUEGO (1847-1907-1967)
Atahualpa Yupanqui, Karina Rabolini, Nicole Kidman, Julia Roberts, Julio Bocca, Miguel de Cervantes, Araceli González, Boris Becker, John Wayne.

★ CABRA DE **TIERRA** (1859-1919-1979)
Eva Perón, Malcolm Forbes, Ian Smith, Dino de Laurentis, Lana Turner, Zsa Zsa Gabor, Jack Palance, Margot Fonteyn.

★ CABRA DE **METAL** (1871-1931-1991)
Osho, James Dean, Mónica Vitti, Annie Girardot, Ettore Scola, Rita Moreno, Angie Dickinson, Franz Liszt.

★ CABRA DE **AGUA** (1883-1943-2003)
Muhamad Alí, Adolfo Perez Esquivel, Mick Jagger, Keith Richards, Jim Morrison, Jimmy Page, Marilina Ross, Arnaldo André, José Luis Rodríguez, Rubén Rada, Joan Manuel Serrat, Catherine Deneuve, Víctor Sueyro, Charo López, Lech Walesa.

Osho

Testimonio

Yo soy una cabra
ERNESTO PABLO PESCE - ARTISTA PLÁSTICO

Nací en una casa donde el arte formaba parte de lo cotidiano. Mi padre, cabra de fuego, era obrero gráfico, militante socialista y aficionado a la ópera italiana. Su padre y abuelo, artistas pintores de frescos en iglesias de su Italia natal, en la región del Piamonte.

Mi bisabuelo no quiso emigrar y mi abuelo llegó a la Argentina con el resto de la familia para instalarse en Buenos Aires en el año 1900. El abuelo Eusebio construyó una casa en el barrio de Villa Urquiza, donde sus tres hijos fueron creciendo mientras él trataba de vivir de su oficio de artista pintor de frescos. Con el paso del tiempo, mi padre y sus dos hermanos formaron sus respectivas familias, la casa fue creciendo para albergar a las nuevas parejas y a los hijos que fuimos naciendo.

La ópera, la pintura y la política convivían con tareas artesanales; cuando fue necesario aumentar las habitaciones porque mi hermana, mis primos y yo habíamos crecido lo suficiente, mi padre y tíos se convirtieron en albañiles, plomeros, pintores de paredes. La solidaridad entre ellos y con los demás es uno de los recuerdos más bellos que guardo de esa época. Un día podían estar levantando una pared y al otro encontrarlos frente a un caballete pintando un óleo. Para mí, la tarea creativa nunca estuvo separada del trabajo manual, era tan natural pintar un cuadro como hacer ingeniosos juguetes o trabajos de carpintería.

Con mucha poesía, Ludovica dice que "la cabra nació para colaborar en el plan de embellecer el mundo, apostar a las utopías y arriesgar por nuevos paisajes humanos". Siento que mis ancestros inmigrantes recorrieron ese camino; yo, con toda modestia, trato de continuar con esa tarea.

Cabra
Tabla de compatibilidad

	AMISTAD	AMOR	TRABAJO	TRUEQUE
Rata	↕↕↕	♡♡	$	♘♘♘♘
Búfalo	↕↕	♡♡♡	$$	♘
Tigre	↕↕↕↕	♡♡	$$	♘♘♘
Conejo	↕↕↕	♡♡♡♡♡	$$$	♘♘♘♘♘
Dragón	↕↕↕↕	♡♡	$$$$	♘♘♘
Serpiente	↕↕↕↕	♡♡♡♡♡	$$$$$	♘♘
Caballo	↕↕↕↕↕	♡♡♡♡♡	$$$	♘♘♘♘
Cabra	↕↕↕↕	♡♡♡	$$$$	♘♘♘
Mono	↕↕↕↕↕	♡♡♡	$$$$	♘♘♘♘
Gallo	↕↕↕	♡♡	$$	♘♘♘
Perro	↕↕↕↕↕	♡♡♡♡	$$$	♘♘
Chancho	↕↕↕	♡♡♡	$$	♘♘

- • Bajo astral
- •• Posible
- ••• Bien
- •••• Super
- ••••• Conexión total

Mono

Mono

Ficha técnica

Nombre chino del mono:
HOU

Número de orden:
NOVENO

Horas regidas por el mono:
3 PM a 5 PM

Dirección de su signo:
OESTE-SUDESTE

Estación y mes principal:
VERANO-AGOSTO

Corresponde al signo occidental:
LEO

Elemento fijo:
METAL

Tronco:
POSITIVO

Eres Mono si naciste:

02/02/1908 - 21/01/1909
MONO DE TIERRA

20/02/1920 - 07/02/1921
MONO DE METAL

06/02/1932 - 25/01/1933
MONO DE AGUA

25/01/1944 - 12/02/1945
MONO DE MADERA

12/02/1956 - 30/01/1957
MONO DE FUEGO

30/01/1968 - 16/02/1969
MONO DE TIERRA

16/02/1980 - 04/02/1981
MONO DE METAL

04/02/1992 - 22/01/1993
MONO DE AGUA

22/01/2004 - 08/02/2005
MONO DE MADERA

Elegí nacer otra vez
Parida por mis antorchas
Encendidas en las dos puntas
Dejando caer las cenizas
Para transformar
A las mujeres
Que conversan
Luchan
Buscan
Amasan
Transparencia en las ideas
Para compartirlas con EL CREADOR.
        L. S. D.

Carta a mi • Mono de fuego

Nací exactamente a las doce del mediodía en punto; la misma hora en donde inicio esta carta en un domingo de otoño cálido de fin de mayo, sentada en la galería del este de mi casa, territorio del dragón, energía *yang* en el FENG-SHUI.

Estreno un pupitre de un gran artesano y amigo, RICHI, que tiene ese recuerdo de los buenos momentos de la infancia cuando ir al colegio era la única responsabilidad en la vida.

Intuí que haber emergido era un milagro y decidí vivir plenamente esta gran oportunidad que el SAMSARA (rueda de las vidas a través de las reencarnaciones) me otorgaba.

Me sumergí en LA EXPERIENCIA TÁNTRICA, que significa integrar la totalidad, lo bueno y lo malo, alto y bajo, oscuro y luminoso a mi simia existencia.

Mis recuerdos de la lejana infancia son *flu*, están impregnados de sonidos de pájaros y ranas, fragancias de sándalo y mirra, ambientes acogedores con biombos y muebles traídos de China por mi padre, combinados con una pinacoteca digna del MOMA (Museum of Modern Art) NACIONAL: Berni, Lacámera, Spilimbergo, Presas, Victorica, que llegaban a la quinta por la amistad con los pintores que tenían mi padre y mi padrino EL RAFA.

Mi madre sobre la chimenea tenía su colección de botellones de vidrio verde oscuro y rojo, que amaba y daba un toque sofisticado en contraste con los bozales, recados, monturas, espuelas listos para ensillar algún caballo criollo de los que mi padre domó frente a nuestro estupor.

Sillones cómodos, alfombras orientales y una biblioteca que jamás pudimos recuperar, cuando el incendio nos llevó todo, menos la vida.

Sé que la influencia clorofílica de la niñez marcó como yerra las características de mi signo chino. La imaginación desbordante, el diálogo constante con mis nahuales o espíritus protectores que siempre me alentaban en la ventaja de ser diferente y sufrir el vacío de los niños de mi edad; buscando mis propias certezas, trepada a los árboles, escondida en graneros y gallineros oliendo el estiércol de las gallinas contrastado con la menta que arrancaba de la quinta para vender en la calle.

Intuí que no me casaría, al menos joven, pues el mundo me titilaba a lo lejos y tenía el apoyo de mis padres, que no criaron hijas convencionales.

Fui escolta primera, abanderada, líder de *scouts*, de obras de teatro que escribía, actuaba y dirigía en la escuela con temas de vanguardia.

Siempre me expresé artísticamente y alenté a mis compañeros y amigos a animarse.

A los dieciocho años estaba viajando por la Argentina, durmiendo en playas solitarias visitadas por liebres curiosas y la Vía Láctea. Nunca me detuve, seguí fluyendo con el despertar de mi vocación de actriz en mis años mozos para convertirme en cantadora de las más antiguas astrologías.

Simultáneamente el amor me daba sus lecciones; cursé desde el *kindergarten* hasta doctorados en antropología, psicología y sexología con hombres de distintas culturas que me valoraron más que los locales, pues un PRIMATE LIKE ME no está en el identikit de la sociedad de consumo del Río de La Plata.

Aprendí tanto a través de mis amores que aún estoy haciendo la digestión para reencontrarme, pues estoy convencida de que aquellos que nos cruzamos en el TAO (camino) son personas con las que tenemos que compartir un pedazo de destino para evolucionar en el karma. Y en mi caso, el camino hacia la iluminación viene acompañado por largas temporadas en el XIBALBAY (infierno maya) de donde salieron los gemelos del POPOL VUH después de vencer todas las pruebas.

El humor jamás desapareció, pues está arraigado al ADN, a la inteligencia, sensibilidad, sentido común, flexibilidad, adaptabilidad de la especie.

El amor propio se pulverizó entre los veintisiete y los treinta y tres años cuando quedé pegada al enchufe y junté mis partes como mica.

EL EGO ES EL PUNTO G DE LOS MONOS. Reconozco tenerlo y administrarlo en cómodas e incómodas cuotas.

Aprendí a pedir perdón, a reconocer mis errores contra la soga, a compartir los frutos maduros y deliciosos con mi familia y amigos gozando como Chita en la selva.

Nunca me detuve en la juventud a analizar cada etapa de la vida, viví, sentí, actué llevada por la brisa que no se cuestiona nada.

Noté que en mis relaciones afectivas siempre quedaba agotada; daba más de lo que recibía, me postergaba, daba tanta libertad como pretendía obtener, sin éxito.

El amor es como jugar al TRUCO. Siempre arriesga el RETRUCO y el VALE CUATRO.

Siempre fui independiente y desde los dieciocho años trabajo para sostenerme; siempre contenta. Vendí discos y vinos en la calle, tuve agencia de prode, fui secretaria en una escribanía, vendedora en una boutique, hasta que me descubrió TATO BORES en 1980 y me convertí en el bicho raro del STAR-SYSTEM nacional.

Luego, engarzada como collar de jade, mi etapa de pitonisa china gestó una tradición oriental en el país y en el continente que me permitió hasta el día de hoy seguir viviendo y ayudando a mis seres queridos y anónimos a través de mis libros.

AFORTUNADA, quizás... En el camino tuve grandes tentaciones de dinero, contactos sociales y políticos para desvirtuar mi esencia; atravesé el portal del TO BE OR NOT TO BE.

Eso es lo más rescatable; duermo tranquila todas las noches, pues con el conocimiento no se puede lucrar.

Y si ser best-seller es un pecado en la Argentina, soy la peor de todas.

A través de las lianas y de los viajes profesionales conocí gente notable que enriqueció mi destino. Me abrieron portales galácticos, fui a China sola y casi muero de hambre, sed y soledad.

Recorrí las RUTAS MAYAS a fondo, con amigos y conmigo a cuestas, en periplos de locura, amor y muerte.

Organicé grupos de trabajo y estudio invitando "a los pesos pesados" del MUNDO MAYA, con quienes continué pagando altas cuotas kármicas.

A eso vine, y si me preguntaran qué me gustaría dejar como legado diría: saber que fui consciente de la gran oportunidad que me dio la vida y no dejar cuentas pendientes de ningún tipo con quienes me relacioné en el camino.

Despertar el KUNDALINI, ayudar desde mí, sin creer que cambiaré el mundo y ser equilibrada en el dar y recibir sin sentirme usada ni estafada.

Encontrar el punto medio. Reír, bailar cuando aparezca el deseo y "ser útil" para ustedes que son mis discípulos y maestros.

La evolución no se detiene.

Renuncié a la jaula dorada. Preferí la incertidumbre, la inseguridad y el desapego.

No me cambio por nadie.

Soy mono de fuego.

Significado del signo

El mono ocupa el noveno lugar en el zodíaco chino y representa el corazón del sol o de la galaxia que expande sus rayos de luz al universo, dando vida, calor y sabiduría.

En la mitología china se cree que Buda era mono, el signo más humano con sus defectos y virtudes acentuados.

La astucia, sagacidad, temperamento, lucidez del simio son tan avasalladores como su adaptación a los cambios.

El mono jamás se detiene, su vida es un constante fluir por las lianas de la jungla buscando los frutos maduros, exóticos y sabrosos que crecen en el Edén.

Su naturaleza curiosa, inquieta e impredecible lo convierten en un ser lleno de matices, sonidos, colores y vibraciones fascinantes; su espíritu sediento de aventuras provocará entusiasmo en la gente que se acercará buscando ideas innovadoras y de vanguardia.

El mono está relacionado con mitos y leyendas en China; una de ellas, *La gran sátira budista, El diario del oeste,* cuenta que el rey de los monos SUN WUKONG desafía a los reyes del cielo, del infierno y del mar, temiendo sólo a Buda que lo envía a la India acompañando al monje TRIPATAKA para traer a China todos los sutras que existían hasta el momento.

Esta historia plena de magia, humor y sabiduría tiene al REY MONO junto al cerdito y al monje como protagonistas.

El mono es inquieto, activo, tramposo, superinteligente, bravo y adorable.

Las personas nacidas durante este año son grandes pensadores y estrategas, calculadores y manipuladores. Adoran embaucar a la gente con sus monerías metiéndolos en aventuras de ciencia ficción.

El mono trabaja duro al principio para lograr sus objetivos; sacrifica amor, tiempo y familia, siempre riendo y buscando espacio para distraerse y gratificarse, pues el mono es el signo más competitivo del zoo, junto al dragón y a la rata.

Su carismática personalidad le trae problemas, celos y envidia con socios y compañeros de trabajo. Es muy común que el mono consiga ocupar puestos altos debido a su maravilloso talento para relacionarse con gente influyente y de poder.

La inconstancia y falta de escrúpulos le juegan malas pasadas: a veces tiene que escapar de sus propias coartadas. Son pocos los monos que consiguen llegar a sus objetivos con honestidad, trabajo y vocación.

El éxito atrae al mono y el mono es adicto al éxito.

Necesita sentirse amado, admirado, aplaudido constantemente.

Su gran originalidad marca la diferencia con el resto de los mortales.

Física y mentalmente se destaca por su *look*, manera de hablar, moverse y expresarse. Está SIEMPRE DE BUEN HUMOR, y si se enoja se esconde en la copa más alta de la selva a metabolizar su enojo, que puede convertirse en furia, o a tirar cocos desde los árboles.

El mono tiene un imán imposible de resistir: es un faro, una luz en las tinieblas. Su calidez, hospitalidad, franqueza despabilan a un muerto, anima la fiesta con charlas, canto y baile, arrimando a la gente al fogón. Aunque sea katunero (más de cuarenta años) siempre será jovial, travieso y divertido.

El mono se destaca por sus ideas poco convencionales, su audacia para arriesgarse en territorios desconocidos, su flexibilidad y mutación ante los bruscos cambios de la vida.

Es un surfista, un acróbata, un espadachín siempre listo para defender sus ideales, nada lo desviará del camino cuando tiene la IDEA FIJA.

Este desconcertante animal, lleno de energía, nació para ser líder.

Su gran memoria e inteligencia teórica y práctica logran una síntesis maravillosa para llegar al corazón popular.

Mago, hechicero, buceador de emociones, jugador compulsivo, le cuesta bajar de la cima. Adrenalina, riesgo, retiro al Aconcagua.

Oscila entre el *yin* y el *yang*, buscando el equilibrio, que raras veces encuentra.

EL MONO ES INCAPAZ DE RECONOCER SUS ERRORES. DETESTA QUE LO PRESIONEN, LE DESCUBRAN EL JUEGO, LO DESENMASCAREN.

Su cabeza no para ni cuando duerme, es un gran intrigante que consigue seguidores tocando el talón de Aquiles de la gente.

El mono es multifacético. Histriónico, mordaz, afable, consigue despertar interés y curiosidad en diversos ámbitos sociales y culturales.

Desde ya, tiene recursos para caer siempre bien parado, su seducción es irresistible y tiene una lista interminable de *fans* en el mundo.

Debajo de esa amabilidad y diplomacia se esconde un ser inseguro y temeroso. El mono es muy desconfiado, precavido y sectario. Necesita sobredosis de amor para entregarse a alguien y nunca lo hace en forma ciega. Su mente fría y cerebral lo hace detectar las emboscadas y los riesgos, y él los esquiva.

El mono es un genio para inventar negocios y ganar dinero.

Su fecunda imaginación le abre portales cósmico-telúricos donde reinan su creatividad y capacidad de trabajo.

Estará rodeado de gente extraña, original y rebelde. Podrá abarcar más de un proyecto y será un excelente organizador y promotor.

A veces le cuesta dosificarse: es intenso, dominante y demandante.

Tiene mucho *sex-appeal*, es atractivo sin ser la belleza estándar que pide el mercado.

Arranca risas y lágrimas simultáneamente, es lo más parecido a un ser humano.

UNA ESPECIE EN EXTINCIÓN.

El Tao del amor y del sexo

Dos leños ardiendo abrazados, consumiéndose vorazmente, sacando chispas, derritiéndose en la contextura del otro.

Amar hasta las últimas consecuencias, sin medir los riesgos. Jugándose hasta el infinito.

Intuición, magia, alquimia ininterrumpida.

Concierto de Vivaldi acompañando cada fase lunar y estación del año.

Romance de SEMIDIOSES, apuntando a los planetas y constelaciones para anidar entre sus espacios.

Susurro, murmullo, caricia en la espalda con una pluma de quetzal, faisán o ala de mariposa.

Crepúsculo en Tikal, amanecer en Tulum, luna llena en Las Rabonas, nieve cruzando el puente de Brooklyn.

Pausa, intervalo, paréntesis de alto voltaje en un mundo despoetizado.

Artista sin molde, el mono llega a producir cambios en las hormonas cuando se lo toca. Su *timing* para el juego amoroso es su mayor destreza; a fuego lento o incendiando logra crear una corriente magnética irresistible.

Es un volcán dormido hasta que empieza a despertar su lava interior. Como un gigante dormido abre los ojos para acariciar a su amante, lentamente mueve las aletas de la nariz hasta inspirar el aire que lo rodea y embriagarse con el almizcle de su piel, dejando su boca relajada para degustar el manjar del beso imaginado en su prodigioso cerebro.

La sangre le cambia el ritmo del corazón, la piel se hidrata suavizando las facciones como las de un recién nacido.

El viaje no tiene principio ni fin: para el mono es un juego de a dos, donde está siempre activo, atento, divertido y desprevenido.

Su curiosidad innata lo conduce por laberintos, regiones, precipicios, cavernas inexploradas donde es el mejor huésped de la Creación.

Sabe deslizarse con maestría entre las sábanas, alfombras, pisos de estuco o mármol de Carrara conduciendo a su pareja por nuevas texturas epidérmicas; no hay tiempo para pensar, masajes afrodisíacos desde la planta de los pies recorriendo pantorrillas, muslos, caderas, columna, vértebra por vértebra, espalda, nuca, y cada rincón donde sus fantasías lo deporten.

El tiempo es su mejor aliado, pues hacer el amor con el primate es atravesar la ley de gravedad y reconciliarse con Cronos.

El esoterismo del mono acompaña el erotismo que crece a medida que pasan los días, meses y años; su estilo siempre innovador que oscila entre la teoría y la práctica crea una dependencia alquímica difícil de olvidar en el ADN.

Seguirle el ritmo, los antojos y horarios es una fórmula más difícil de descifrar que la de la Coca-Cola.

Vive enamorado, pero no se engañen: este idealista, busca sensaciones, emociones y bruscos saltos que lo movilicen de su palmera sin importarle mucho las consecuencias que produce en el prójimo.Cuando se dé cuenta de que no es AFRODITA o ZEUS, sino un simple mortal, huirá...

En ambos casos tendrá harén, pues su capacidad imaginativa no se colma con un solo ser; este sibarita y erudito es un as del amor. Lloverán pétalos de jazmín, champaña, velas, ostras. Nada importa más que los dos amantes consumidos en esa idolatría. El elegido/a estará perdido en ese trance.

Cartas de amor, poemas leídos en griego, sueco o árabe, manjares a la luz de las velas, música flamenca o Miles Davis a lo lejos; el ardor de su mirada con pupilas dilatadas, lo tendrán sumergido en una nube de vapor. ¡¡PERO CUIDADO!! Si no tiene el corazón de hierro, o por lo menos una buena mutual con amigos cardiólogos, QUE DIOS LO AYUDE.

Inevitablemente un día ocurrirá que el príncipe se le acercará a darle un beso y descubrirá, ante su horror, que la diosa tiene mal aliento. El trance se desvanecerá antes de que usted ni siquiera se haya despertado; cuando esté lúcida será *too late,* no quedarán huellas ni rastros de este sueño. Sólo de haber estado un capítulo en *Alicia en el país de las maravillas* o en un cuento de Scherezade de *Las mil y una noches.*

El mono y su energía

★ MONO DE **MADERA** (1944-2004-2064)
Un mago que come frutos prohibidos
Este mono es probablemente el más divertido de todos. Fascinante, original y lleno de cartas bajo la manga. Es generoso y servicial, sus actividades por lo general tienen que ver con su sentido humanitario y conciliador aunque sus aspiraciones en la vida están orientadas al éxito personal y a las cuestiones materiales, y está muy bien aspectado para lograrlo.

Tiene el don de la palabra y siempre sale victorioso en las discusiones o en las charlas sobre temas generales. Mejor no intentar ganarle en este aspecto, ya que puede hacer quedar a su contrincante como un patán.

Posee un encanto particular con la gente y un poder de seducción realmente admirable que a veces puede traerle complicaciones.

En el amor, es muy afectuoso y está lleno de pasión. Una faceta que puede resultar un poco irritante es que por lo general tiende a llevar el timón de la relación de una manera muy sutil y difícil de impedir. Con su encanto y su tranquilidad lograr influir en su pareja al punto de un lavaje cerebral.

★ MONO DE **FUEGO** (1956-2016-2076)
Entre el supra e inframundo.
Este mono no para ni un segundo. Es extremadamente activo y emprendedor y ofrece una compañía sumamente interesante y agradable. Tiene un ritmo que es un poco difícil de seguir y muy a menudo obtiene lo que se propone.

Conviene que este mono dedique un tiempo considerable al descanso en su vida, para desprenderse de las tensiones y el estrés que con frecuencia lo invaden.

Es creativo, original y tiene una imaginación fuera de lo común. Se adapta a la personalidad de otra gente con la velocidad de la luz y se mimetiza sin que nadie se dé cuenta. Por lo general es muy exitoso en los negocios y en lo profesional; gran trabajador, pocas veces se da un respiro.

Cuando del amor se trata, es bueno llegar a conocerlo sabiendo que está siempre muy ocupado y lleno de proyectos; de esta manera se logrará una relación más transparente y sólida. Sabrá entretener a su pareja como pocos y desplegará su pasión y su inteligencia en caudales muy intensos

★ MONO DE **TIERRA** (1908-1968-2028) El *homo sapiens*
Es el mono más equilibrado de todos. Extremadamente mental y observador, logra tal vez más éxitos que sus compañeros primates. Se dedica más tiempo para descansar y relajarse; de esta manera examina su situación para tomar decisiones bien pensadas y calculadas.
Está hecho para los negocios, y por lo general confía más en la gente a la hora de encomendar tareas y labores de importancia. De esa manera logra formar un grupo de trabajo sólido y digno de crédito. Tiene un grupo de amigos muy numeroso y le gusta rodearse de gente talentosa y con dotes artísticas. Es bastante creativo y tiene condiciones prácticas que se ven reflejadas en su vida cotidiana.
Como amante puede ser muy apasionado, pero siempre y cuando su pareja sea un poco menos enérgica y tenga un carácter más calmo. Necesita recibir tanto como dan y si no ve una reciprocidad en la relación, es muy probable que abandone. Es necesario estar dispuesto a ayudarlo en lo que pida, a animarlo con su trabajo y a estar siempre abierto al diálogo.

★ MONO DE **METAL** (1920-1980-2040) **Una mina de oro**
Es líder en su reino. Está muy seguro de sí mismo y tiene muchísima confianza en todo lo que hace o está a punto de emprender. Su *ego-trip* es probablemente el más alto de todos los signos del zodíaco chino.
Está lleno de recursos para encarar todo tipo de tareas y dificultades, trabaja duro para conseguir lo que quiere y es un gran amigo. Sabe separar perfectamente entre lo que es el amor, lo profesional y lo familiar, y de esa manera no mezcla sus emociones y se desempeña de una manera muy exitosa. Las rutinas y las reglas fijas lo aburren al extremo, de manera que su vida será muy variada en todos los aspectos: esto es algo que su pareja deberá tener en cuenta desde el principio.
El entretenimiento es una marca de fábrica para este mono, que siempre está tratando de divertir a la gente que lo rodea. Es muy orgulloso y le cuesta reconocer sus errores. Si se ve acorralado en una conversación o en una discusión, logra cambiar de tema de una manera subliminal sin que nadie se dé cuenta.
Es probable que sus éxitos en la vida se den más en la parte profesional que en la afectiva, sin embargo, gozará de una vida amorosa interesante y será un excelente padre.

★ MONO DE **AGUA** (1932-1992-2052)
Haciendo *zapping* entre el *yin* y el *yang*
Este mono es bastante más discreto y racional que otros. No se le nota tanto la necesidad de ser el centro de la atención, aunque de todas formas es un mono, y esto es algo que siempre prevalece. Muy agradable y afectuoso, generalmente ayuda a los que necesitan una mano; sin embargo, es un poco oportunista y trata de sacar una tajada de todas las situaciones que surjan en su camino.
En el amor, resulta un tanto complicado de entender y a veces tiene

rollos absurdos, pero es capaz de amar intensamente y desea una vida familiar y un hogar lleno de afecto y calidez. Puede ser muy fiel y dedicado, y también un excelente padre.

Se aburre con rapidez de las situaciones que no encuentra interesantes o convenientes, pero de todas maneras puede ser muy paciente y constante cuando encuentra algo que considera importante o gratificador para su vida. Debe cuidar sus nervios, que aunque parecen muy firmes y resistentes, son en realidad bastante frágiles.

El mono y sus ascendentes

★ MONO ASCENDENTE **RATA** (11 p.m. a 1 a.m.)
Necesitará controlar todo y no dejar escapar ninguna oportunidad. Su astucia, avidez y rapidez para acortar caminos son asombrosas. El amor será una ecuación peligrosa y determinante en su destino. Cuidado con las trampas.

★ MONO ASCENDENTE **BÚFALO** (1 a.m. a 3 a.m.)
Tendrá principios, será muy autoritario y paternal. Su ambición estará acompañada de un gran tesón y creatividad. Amará el lujo, los viajes y las relaciones influyentes. Tendrá una familia numerosa.

★ MONO ASCENDENTE **TIGRE** (3 a.m. a 5 a.m.)
El músculo y el cerebro unidos para conquistar el Universo. Nunca se lo detectará en sus trampas, desaparecerá cuando se lo necesite pero defenderá a los pobres e indefensos. Romperá corazones, pero a él es difícil que lo atrapen.

★ MONO ASCENDENTE **CONEJO** (5 a.m. a 7 a.m.)
Un estético, refinado y sibarita mono que estará asediado socialmente. Sabrá encontrar la oportunidad para actuar, y siempre caerá bien parado. Triunfará en su vocación y en el matrimonio, logrando tener armonía en su vida.

★ MONO ASCENDENTE **DRAGÓN** (7 a.m. a 9 a.m.)
Un iluminado y humano mono que hará las cosas a lo grande. Será hipersensible, carismático, vital y muy curioso. Se enamorará profundamente y tendrá más de un matrimonio. Todo lo que toca lo transforma en oro.

★ MONO ASCENDENTE **SERPIENTE** (9 a.m. a 11 a.m.)
Un intelectual y filósofo mono que tendrá oportunidades increíbles para desplegar su talento. Le gustará el poder, el lujo y el control de las relaciones sentimentales. Su vida será legendaria.

★ MONO ASCENDENTE **CABALLO** (11 a.m. a 1 p.m.)
Un inconstante y apasionado aventurero. Perseverará en lo que le interese y no se dejará atrapar fácilmente. Su originalidad, buen corazón y convicción le abrirán las puertas en todo el mundo.

★ MONO ASCENDENTE **CABRA** (1 p.m. a 3 p.m.)
Un mono artista y refinado que buscará la seguridad material antes que nada. Viajará por trabajo, amor o placer, a lugares remotos. Deberá tomar responsabilidades desde muy pequeño. Su imaginación es su riqueza; concretará sueños infantiles con gloria.

★ MONO ASCENDENTE **MONO** (3 p.m. a 5 p.m.)
Tendrá pactos con Dios y con el mismo diablo. Su meta será protagonizar los mejores episodios de la vida y escalar posiciones sociales, políticas y sentimentales. Un genio de la estrategia.

★ MONO ASCENDENTE **GALLO** (5 p.m. a 7 p.m.)
Un mono exigente y estudioso que buscará perfeccionarse en lo que haga. Será muy sentimental, posesivo y contradictorio. Le costará reconocer errores y mantener la palabra. A veces reclamará más de lo que brinda.

★ MONO ASCENDENTE **PERRO** (7 p.m. a 9 p.m.)
Tendrá un espíritu humanitario y desinteresado. Luchará por una causa justa y no desaprovechará los contactos que surjan en su épica y agitada existencia. Tenderá al abandono y a la subestimación.

★ MONO ASCENDENTE **CHANCHO** (9 p.m. a 11 p.m.)
Un mono epicúreo y original que no se sacrificará demasiado por lo que hace. Se desviará fácilmente de su camino, pues no podrá resistir las tentaciones ni las influencias que surjan.

El ascendente y el amor

★ ASCENDENTE **MONO** (3 p.m. a 5 p.m.)
Es muy difícil resistirse a la originalidad, a la inteligencia y a la audacia de los monos. Alegran la vida de la gente con su increíble sentido del humor, sus ganas de vivir y sus sorpresas tan inesperadas.

A menudo están tan ocupados en sus asuntos –que nunca parecen tener fin–, que pueden provocar en su pareja brotes de celos y cuestionamientos varios. Es muy importante llegar a comprender la naturaleza viajera y aventurera de estos personajes, a fin de lograr una relación más transparente y sin sobresaltos, aunque es inevitable que éstos se presenten, pero los sobresaltos pueden también ser tremendamente excitantes. Son personas muy fieles, confiables y dispuestas a entregar por amor mucho más de lo que tienen.

Su creatividad es multiuso, la aplican a los negocios, a la amistad y al amor. A lo largo de la vida forman un numeroso e interesante círculo de amistades, y generalmente son los líderes de su grupo.

Románticos, apasionados y siempre inspirados para el amor en todas sus formas, son muy protectores y asisten en todo lo que pueden al ser que aman. Inventarán programas divertidísimos y tendrán proyectos alocados que descolocarán a cualquiera que se presente en su camino.

Personajes famosos del signo Mono

★ MONO DE **MADERA** (1884-1944-2004)
Carmen Maura, Bob Marley, Roger Waters, David Gilmour, Susana Giménez, Mario Mactas, Marta Oyhanarte, Arturo Puig, Selva Alemán, Gabriela Acher, Rod Stewart, Keith Emerson, Zulma Faiad, María Marta Serra Lima, Nora Cárpena, Antonio Grimau, Danny de Vito, Diana Ross, Lou Reed, Eliseo Subiela, Talina Fernández, Mirina Curutchet, Sebastián Spreng.

★ MONO DE **FUEGO** (1836-1896-1956)
Ricardo Darín, Celeste Carballo, Javier Lúquez, Geena Davis, Silvia Kutica, Osvaldo Laport, Martina Navratilova, Patricia Von Hermann, Luz O´Farrel, Carolina de Mónaco, Imanol Arias, Bjorn Borg, Daniel Grinbank, Alejandro Kuropatwa, Ludovica Squirru, Hugo Urtubey, Ulises Sabato.

★ MONO DE **TIERRA** (1858-1908-1968)
Libertad Lamarque, Gabriel Batistuta, Adrián Suar, Andrea Pietra, Pablo Potenzoni, Fabián Vena, Guillermo Andino, Elizabeth Márquez, Cartier Bresson, Nelson Rockefeller, James Stewart, Salvador Allende, Antonio Birabent, Carolina Papaleo, Martín Jacovella.

★ MONO DE **METAL** (1860-1920-1980)
Soledad Pastorutti, Charlie Parker, Valentino Spinetta, Juan Pablo II, Federico Fellini, Lucía Stancato, Lorenzo Anzoátegui, Mickey Rooney, Ricardo Montalbán.

★ MONO DE **AGUA** (1872-1932-1992)
Magdalena Ruiz Guiñazú, Elizabeth Taylor, Jean Cacharel, Anthony Perkins, Irma Roy, Peter O'Toole, Omar Shariff, Mariano Grondona.

Con macaco en *Wu Wei*

Testimonio

Yo soy un mono
SOLEDAD PASTORUTTI - CANTANTE

Sentirse mono es ser artista, artista con el dolor, con la alegría, demasiado expresiva para con cualquier pequeñez, es gozar con los gestos, exagerarlos, mirarse al espejo para seducirse uno mismo, disfrutar de una vida agitada, caer en un pozo cuando no hay movimiento, es desvelarse seguido sin encontrar papel que alcance para imprimir ideas, ideas que quizás en su mayoría desaparezcan al otro día, es necesidad de crear, de comenzar cada día con proyectos diferentes, mucha ansiedad y querer siempre manejar cada minuto, es tomar mucha carrera para remontar en un corto vuelo, pero siempre tomar carrera, es amar el trabajo y sobre todo, valorar la familia, los amores y el arte.

Por otra parte, la exigencia también es sentirse mono, pero lo malo de esta característica es que no sólo se limita a uno mismo sino que le exige demasiado al de al lado, a veces eso no es saludable para las relaciones con otras personas. Esta personalidad me lleva a analizar mucho a la gente y sus acciones, a querer colocar siempre más peso del lado contrario de la balanza, no para llevar la contra sino por pensar demasiado o quizá para no querer parecerme a nadie.

Del amor me gusta el romanticismo, la fidelidad, la compañía constante, los besos eternos, el respeto, la galantería, como si todo ocurriera en la ficción. Me gusta regalar continuamente y tratar de recordar todo tipo de aniversarios para sorprender. No dejo que nadie me guíe y en los peores momentos voy para adelante contra viento y marea, ser distinta es mi mayor satisfacción.

Creo ser muy sociable, pero la verdad es que en mi corazón cabe muy poca gente, lo que no quiere decir que no aprecie a otras personas, pues me gusta la solidaridad y mi sueño incansable es que todo el mundo me recuerde por buena persona y no por buena profesional.

Ciclotímica, insoportablemente cariñosa, soy feliz en mi pueblo con una bicicleta, con mi mascota (una perra), con mi auto, un buen aseo personal (tardo dos horas para bañarme y ponerme cremas), corriendo y sobre todo cantando.

Mi mal humor aparece con las mentiras (aunque yo miento continuamente de manera piadosa), cuando no me consultan las cosas, con la injusticia (siempre me gustó la parte del juez) y la infidelidad, cosa que no tolero por nada, pero "bué", siempre digo "nunca digas nunca", tratando de justificar posibles cambios de opinión que no serían ninguna barbaridad.

Mono
Tabla de compatibilidad

	AMISTAD	AMOR	TRABAJO	TRUEQUE
Rata	↕↕↕↕↕	♡♡♡♡	$$$$$	☺☺☺☺☺
Búfalo	↕↕↕↕↕		$$$$	☺☺☺
Tigre	↕↕↕	♡♡	$	☺☺☺☺☺
Conejo	↕↕↕↕↕		$	☺☺☺☺☺
Dragón	↕↕↕↕	♡♡♡	$$$$$	☺☺☺
Serpiente	↕↕↕	♡♡♡♡♡	$$$$	☺☺☺☺☺
Caballo	↕↕↕	♡♡♡♡	$$$	☺☺☺
Cabra	↕↕↕↕	♡♡	$$$$	☺☺☺
Mono	↕↕↕↕	♡♡♡♡	$$$$	☺☺☺
Gallo	↕↕↕	♡	$$$	☺☺☺☺
Perro	↕↕↕↕↕	♡♡	$$$$	☺
Chancho	↕↕↕↕↕	♡♡♡♡♡	$$$$$	☺☺☺☺☺

- • Bajo astral
- •• Posible
- ••• Bien
- •••• Super
- ••••• Conexión total

Gallo

Gallo

Ficha técnica

Nombre chino del gallo:
JI

Número de orden:
DÉCIMO

Horas regidas por el gallo:
5 PM a 7 PM

Dirección de su signo:
DIRECTAMENTE AL OESTE

Estación y mes principal:
OTOÑO-SEPTIEMBRE

Corresponde al signo occidental:
VIRGO

Elemento fijo:
METAL

Tronco:
NEGATIVO

Eres Gallo si naciste:

22/01/1909 - 09/02/1910
GALLO DE TIERRA

08/02/1921 - 27/01/1922
GALLO DE METAL

26/01/1933 - 13/02/1934
GALLO DE AGUA

13/02/1945 - 01/02/1946
GALLO DE MADERA

31/01/1957 - 17/02/1958
GALLO DE FUEGO

17/02/1969 - 05/02/1970
GALLO DE TIERRA

05/02/1981 - 24/01/1982
GALLO DE METAL

23/01/1993 - 09/02/1994
GALLO DE AGUA

09/02/2005 - 28/01/2006
GALLO DE MADERA

Estoy mil kilómetros más cerca de tu corazón.
Vuelco en un presentimiento nuestro amor
Paralelo como la plomada de tu precisión
Alegre como el sol
Reflejando la mica
Desde tu convicción de profeta anónimo.
L. S. D.

Carta a Dionisio • Gallo volador

QUERIDA RARA AVIS DE MI LÚDICO DESTINO:
Conocerte sigue siendo un aliento fresco y estimulante como la menta que crece en el arroyo.

Tu vida construida con el día a día de los amaneceres donde el gallo anuncia la transición sublime del oscuro manto de la noche al milagroso y sutil cambio de luz del alba, donde te levantás a recibir el día, con esas ganas que hace tiempo no veía y saltando de un brinco de la catrera inspeccionás si aún quedan brasas en la chimenea para templar el corral del castillo que fuiste soñando despierto, como el MAGO MERLÍN, transportando esas piedras de MOAIS, que en tus manos se esculpieron con sofisticada ignorancia dejando absortos a los peregrinos del mundo entero.

Con tu amorosa manera de acariciar el tiempo, la madrugada es una reina despojada de estrellas y planetas engarzados que saboreás extasiado, mientras la pava chamuscada de tantos mates compartidos espera mansa que la lleves a ese fuego de cavernícola que puede sobrevivir sin leña, pues Prometeo es tu aliado y te ayuda a encender la llama con la chispa sagrada de su corazón.

LAS CUATRO ESTACIONES DE VIVALDI madrugan despertando a los pájaros e insectos que pueblan tu paraíso.

Nacido entre las azules montañas de La Rioja, aparece el sol contento de saludarte.

Barres con tu escoba de yuyos la entrada de tu casa, dejándola más sucia.

Tus ojos despiadados aún están mansos, iluminados con truenos y relámpagos encendiendo tus pupilas azules de Mar Cantábrico.

Tus manos son tentáculos que atrapan mariposas en el aire, las espinas de las rosas te han hecho acupuntura en el TANTRA; tu postura es la de un arquero ZEN, flexible y clara como el agua de tu arroyo que serpentea su caudal con instintiva gracia.

Muchas veces me pregunto si sos un duende, un alux, un extraterrestre, un pastor, Dios o el diablo; la reencarnación directa de Van Gogh, un profeta alucinado, un niño con barba blanca que juega sin descanso capturando cada textura, sonido, perfume, sabor agridulce y lo transforma en cuadro, escultura, fotografía, canción, guiso, miel, fruto de tu árbol.

Llegando a vos es más posible LA ILUMINACIÓN, EL SATORI Y EL NIRVANA.

Sos espíritu, materia, dualidad integrada.

Flecha, algodón, lija, alta poesía, murciélago, colibrí, cóndor, templo, campana tibetana, sangre, carcajada, pan horneado, callo, alpargata.

Sos infinito, el que se te acerca evoluciona millones de años; rompés con tu espada invisible traumas, neurosis, atávicas situaciones dando vida a un ser nuevo, sin miedo, con ganas de saltar por las laderas desnudo haciendo el amor con la hierba buena y el guano.

Sos revolución, cambio, mutación, CRONOS Y KAIROS.

Sos crisis permanente, volcán, terremoto, niebla, arco iris, susurro, abrazo, látigo, remanso.

SOS COMO EL TAO (camino) QUE NO PUEDE SER DEFINIDO.

POR ESO TE AMO.

Significado del signo

El gallo representa un vaso vacío o un ánfora donde se fermenta el vino. El origen se remonta a los espíritus que hacían madurar el mijo en China.

Está asociado con celebraciones, felicidad y gratitud por los sucesos y la prosperidad que se le adjudican.

La esencia de las personas nacidas bajo este signo es la aplicación, la habilidad para separar las actividades de las metas.

Así como los granjeros tienen la costumbre de poner botellas de nuevo vino llenas de imaginación en los festivales, el gallo trabaja con gran determinación y destreza amando su labor, pensando en el porvenir.

Mientras progresa en la faena, su espíritu contradictorio se debate entre el TO BE OR NOT TO BE: está irritable y ansioso y crea un clima de alboroto en su entorno. Critica y pega unos COCOROCÓS que alteran el equilibrio ecológico del planeta.

Le cuesta disfrutar y gozar cuando ha finalizado su labor; siempre está a la defensiva y espera tener una riña de gallos con sus colegas, parientes y amigos.

El gallo es orgulloso, el primer animal en despertar a los otros para ir a trabajar y para mandar.

Según la tradición en China, el gallo representa las cinco virtudes: sociabilidad, razón para tener la cresta bien peinada; disciplina militar en cada acción de su vida; coraje, pues siempre cuida la retaguardia; generosidad pues siempre llama para repartir la comida y confiabilidad, precisión y ritmo en su cacareo.

Por otro lado, se acusa al gallo de no tener sentimientos profundos, pues mientras hace el amor está más preocupado por evitar que lo desplumen o despeinen que por hacer feliz a su amante.

El gallo es agudo, está siempre alerta y es agresivo; trabajará duro para crear algo consistente y sacrificará lo mejor de su vida pensando en el futuro.

Está apegado a la tradición, a la familia y a las costumbres.

Le fascinan el riesgo, los desafíos y explorar posibilidades fuera del gallinero.

Temperamental, ciclotímico, iracundo, despótico, cuanto más difíciles sean los obstáculos más lejos llegará en la vida.

Tiene una peligrosa tendencia a sentirse superior a los demás creando climas hostiles en su entorno. En su manera de gratificarse, el ego-trip le juega malas pasadas.

Al gallo le cuesta desprogramarse: tiene calculado minuto a minuto cada paso que dará, y cuando su plan no se cumple a la perfección se siente TAO OFF.

Es una buena lección en la vida tratar de vivir más WU WEI (no forzar la acción de las cosas y dejarse sorprender e influenciar por los demás.

Aplicado, prolijo, casi maniático, es un soldado que se permite pocas licencias fuera del regimiento.

En ambos sexos la lealtad y la franqueza son rasgos típicos de su carácter, dará su vida por defender sus creencias e ideas. Inflexible, a veces la pasa mal pues su discurso no refleja su sentir.

El gallo es un *compact-disk* lleno de sorpresas para escuchar: soberbio, conservador, poderoso, decisivo e inteligente.

Se desplaza por nuevos horizontes cuando le late algo arriesgando tiempo y dinero en empresas QUIJOTESCAS.

El gallo es arbitrario en sus juicios y decisiones.

No da puntada sin hilo, y sólo ayuda a aquellos en quienes cree, a pesar de su espíritu samaritano.

A través de su vida tiene muchos amigos con los que compartirá viajes, sociedades, estudio, deporte y diversión.

Estará abierto a ideas nuevas y originales, tendrá el bastón de mando y buscará seguidores bajo tierra.

Talentoso orador, convencional, está informado de lo que ocurre en el mundo y se destaca en su especialización.

El gallo es serio, estudioso y profundo. Experto en varias áreas, es arriesgado y audaz para las empresas difíciles.

Esta *rara avis* tratará de tener las emociones bajo control, mantener la distancia óptima y no demostrar que es vulnerable.

Su imagen es todo para él; de cualquier forma siempre se le escapará un lagrimón que secará con su pañuelo de seda natural.

Rápido, versátil pensador, punzante, logra tener enemigos a través de su vida.

Debajo de su ostentoso plumaje bulle un corazón tierno y afectuoso siempre listo para atender a sus amigos y casos S.O.S. El sentido del éxito depende para él de que las cosas salgan como las soñó, a cualquier precio; por eso se desestabilizará si le falla el plan.

Es muy leal y cálido con quienes lo acompañaron en sus aventuras y jamás los olvida: les dará nuevas oportunidades.

Si experimenta fracasos repetidos suele tornarse un ser vengativo, celoso y envidioso y cuando está en un ciclo negativo puede convertirse en una persona llena de frustraciones y manías.

Es importante el equilibrio emocional, afectivo y espiritual para este ser tan íntegro y omnipotente.

Cuando el gallo está como el sol naciente es capaz de construir un castillo como DIONISIO, en comunión con la naturaleza y las estrellas.

La mujer gallo está siempre a la vanguardia; en el arte, la moda, la música, pero especialmente en las ideas feministas y revolucionarias que cambian el curso de la historia.

Tiene buena salud, es deportista y le apasionan las terapias alternativas.

Su hipernerviosismo, ansiedad y alta sexualidad lo mantiene joven y atlético; debe dedicar varias horas del día al cuidado de su cuerpo, pues el signo más coqueto del zoo chino.

Sufre en los climas demasiados fríos o calurosos; buscará lugares templados desde donde pueda cantar la justa sin sufrir apremios en su salud.

El gallo es un experto en generar dinero, trabajo y negocios exitosos. Tendrá intuición para saber las necesidades del mercado y así, con su pico de oro y sus patas, llegar a sus objetivos.

De lo contrario vivirá del trueque, inventará ferias, venderá arte u objetos porno. Siempre volverá con CHI metálico al gallinero y hará regalos fabulosos. Pues es gastador y, además, tiene gustos carísimos.

Su buen gusto y refinamiento lo inclinarán por profesiones artísticas: arquitectura, diseño de todo tipo: prensa gráfica, moda, jardines de FENG-SHUI, decoración de interiores. Ingeniero, militar, médico, psiquiatra, cineasta, músico, carpintero, geólogo, editor, actor, diplomático: lo que intente hacer lo conseguirá.

AMARLO ES UNA EXPERIENCIA RELIGIOSA.

El Tao del amor y del sexo

A veces la vida te da sorpresas, sorpresas te da la vida...

Éste es el signo más impredecible para definir en el arte amatorio. Si bien es cierto que para la mayoría (hombres y mujeres) el amor está intrínsecamente vinculado con el compromiso legal y a la primera conquista le sigue una cita formal con todos los ingredientes para huir o ilusionarse del otro lado, esta *rara avis* sabe mantener la llama encendida durante más tiempo que otros signos.

Su capacidad amatoria es ilimitada; tiene recursos originales, artísticos y esotéricos para lograr una dependencia sutil y firme con el elegido de su corazón.

Desde que siente hervir la sangre debajo de sus plumas hasta que lo despluman o arrincona a su favorito en un *corner* del gallinero, el gallo está muy concentrado en la estrategia a seguir.

Desde ya se siente un ganador; la derrota no está en su escala de valores, o sea que a veces sus amores son unilaterales, onanistas o muy platónicos.

Tanto el gallo como la gallita son muy ambiciosos a la hora de elegir: se fijan en los mínimos detalles, desde la puntualidad y la pulcritud hasta el currículum vitae de la persona.

El erotismo está relacionado con la proyección social de su pareja; adora ser agasajado en lugares de moda, salir con gente famosa y exitosa, pavoneándose.

El gallo tiene un gran EGO-TRIP. A veces sofoca con sus discursos, comparaciones y juicios. Hay que sorprenderlo y bajarle el copete con un beso en su pico de oro, quitarle la agenda y el celular de la vista y acostarlo en una parva de heno en el gallinero.

Su respuesta al principio será tímida y lejana, pero según el talento del amante logrará de a poco convertirse en *Poderosa Afrodita* y Casanova.

El gallo exigirá, después del primer revolcón, CONTINUIDADDD. La demanda será enorme, pues los códigos secretos y las claves de ingreso en su corazón siempre estarán anunciando instrucciones a seguir como condición para estar a su lado.

AMOR IGUAL A POSESIÓN.

TANTO VALES, TANTO TE QUIERO.

CONTIGO CAVIAR Y CHAMPAÑA.

LUNA DE MIEL EN HOTELES CINCO MIL ESTRELLAS.

Tiene gustos caros y aunque sea de origen humilde siempre comprará el regalo más caro, invitará a comer al lugar de moda y su ropa interior será de hilos de oro.

Este exótico animal amará al estilo de películas como *Lo que el viento se llevó, Cumbres borrascosas, La casa de los espíritus* o *Ánimo de amar.*

Casi siempre dará el primer paso, sea varón o mujer, pero necesitará afirmar su afecto con demostraciones teatrales para autoconvencerse.

Sex-appeal; usar este término es quedarse corta con este estupendo ejemplar.

Si es varón, no hay mujer que pueda con sus encantos, viril, glorioso, no le podemos sacar los ojos de encima, produce secreciones en las glándulas sexuales en el instante en que lo vemos pasar, la boca se seca, las pupilas se dilatan, todo el cuerpo se estremece como un bandoneón tocado por Piazzolla.

Nos sentimos desvanecer sólo de expectativas. Este espécimen viene de fábrica con una garantía de por vida, que no la defraudará; también vienen incluidas baterías autorrecargables, nada de pastillitas celestes, rara vez necesita de aditamentos (algo que ayuda a la compañera de TAO), nunca calambres de mandíbula ni torcedura de cuello. Al máximo, tendrá que dejar que se enfríe un ratito; en caso de recalentamiento (esto ocurre cuando se hace presente el exceso de alcohol, o algún alucinógeno) volverá a funcionar de maravillas y a la brevedad con un apretón de pico pato.

Verbalice todas sus fantasías y el gallito se las hará realidad; sea atrevida, explore nuevos orificios prohibidos, fetichismo de pies, zapatos, lo que se le antoje. Él o ella le darán lengüetazos en lugares erógenos.

Ser pareja de un gallo es una experiencia hiperrealista con final abierto.

El gallo y su energía

★ GALLO DE **MADERA** (1945-2005-2065)
Un perfeccionista sentimental
Es el gallo más práctico, responsable y capaz. Logra todo lo que quiere en la vida y está lleno de éxitos. Su capacidad para ganar dinero y para lograr puestos de gran importancia sorprende a casi todos. Por su personalidad resulta necesario para el mundo; a veces no puede evitar hacer política.

Es extremadamente confiable, trabajador y dedicado. Tiene un gran sentido del humor y siempre alegra a la gente que lo rodea, aunque a veces parece chapado a la antigua.

Si su pareja desea todo un despliegue barroco de comodidades y cuidados, éste es el ejemplar a conquistar. Pero deberá tener en cuenta que su eficiencia a veces se convierte en soberbia y puede ahogar a la persona que está a su lado. Sin embargo, es leal, apasionado y excelente padre de familia. Querrá la mejor educación para sus hijos y dedicará gran parte de su tiempo para estar con ellos. Para algunas personas, éste puede ser el ejemplar perfecto; para otras, un opio.

★ GALLO DE **FUEGO** (1957-2017-2077)
Un investigador del *soul*
Este gallo es bastante más abierto que el resto de sus compañeros de corral. Está más dispuesto a escuchar a la gente a fin de obtener diferentes puntos de vista, que considera con respeto e implementa en situaciones futuras. Menos criticón y fastidioso que otros gallos, resulta muy agradable, una persona muy divertida, llena de un humor sincero y sin tapujos; como compañía es un placer.

Trabaja duro y muy a menudo asciende con mayor facilidad que otras personas, pues por su eficiencia y practicidad es muy preciado y valorado por sus superiores.

Da gran importancia a la familia y se divierte mucho en su hogar. Siempre encuentra tareas para realizar y su casa está decorada de una manera muy original.

Como amante, es famoso por su aguante físico y su constancia en estas prácticas. Es muy leal y tiene una confianza en su pareja que habla realmente bien de este ejemplar; espera lo mismo de su amado.

El gallo de fuego tiene un alto sentido de la justicia y es valiente y corajudo cuando tiene que defender una causa.

★ GALLO DE **TIERRA** (1909-1969-2029)
Bondad, humanidad y originalidad
Un gallo bastante contradictorio: amable, encantador, seductor, relajado y generoso, pero cuando las cosas no están saliendo como él quiere, puede tornarse muy quejoso y caprichoso. De todas formas, este ejemplar por lo general tiene más vida interior que otros gallos y es un ser muy calmo y pasivo.

Una de las cosas más importantes de su vida es la amistad. Ama ser anfitrión, cocinar para sus amigos y armar fiestas nocturnas. En una palabra, le encanta animar la fiestita. Al final de su vida gozará de un círculo de amistades no muy numeroso pero extremadamente leal y confiable.

Tiene un costado bastante materialista, casi siempre sus actividades guardan una cuota de interés muy adentro.

En el amor es muy afectuoso, sincero y dedicado aunque un poco celoso; tiene mucho para ofrecer a una pareja. Es un buen padre de familia y se sacrifica mucho por el bienestar de sus hijos..

★ GALLO DE **METAL** (1921-1981-2041) **Piquito de oro.** ¡¡Shhhhh!!
Artista y charlatán, siempre tiene mucho que hacer. Bondadoso y servicial, difícilmente se torna agresivo. Es más diurno que nocturno, y aprovecha la luz del día todo lo que puede. Su vida en el hogar es muy activa; le encanta cocinar, decorar y escuchar música. Ama recibir amigos y su hospitalidad no conoce límites.

En los negocios, logran más éxitos que muchos otros signos, y aún así tiene mucho tiempo para dedicarle a su pareja, a su familia y a sus amistades.

Resulta bastante más veloz que los otros gallos para animarse a conquistar a la persona que le mueve el piso; tiene la sensación de que el tiempo vuela y que hay que aprovecharlo de inmediato.

Cuando se enamora, realmente se compromete. Hará todo lo que pueda para hacer sentir a su amor lo más cómodo que pueda, tendrá enormes cantidades de amor y pasión para ofrecer y necesitará charlas de horas de duración. A veces es muy difícil llegar a igualar todo lo que este gallo tiene para dar, y por lo general la persona que está a su lado siente grandes responsabilidades y obligaciones que no siempre es capaz de cumplir. Pero cuando dos gallitos de metal se juntan, son la envidia del mundo entero.

★ GALLO DE **AGUA** (1933-1993-2053) **Maestros sin diploma**
Muy flexible, se adapta a todo tipo de situaciones y en general resulta muy tolerante. Sin embargo, es un poco exigente en sus relaciones,

posesivo y a veces muy celoso. Por lo tanto, es necesario entender su naturaleza para tener una relación saludable y libre de malentendidos. Inteligente, encantador y muy seductor. Logra ser reservado cuando siente que debe serlo, aunque a veces resulta bastante impulsivo y no lo puede evitar. Tiene un sentido del humor realmente ácido y sus bromas son a menudo de nene terrible.

Sabe ver sus defectos como pocas personas, y esto es extremadamente bueno para una relación con este gallo.

En las tareas hogareñas, no se destaca por la eficiencia y en general espera que sean llevadas a cabo por la persona con la que comparte la vida.

Cuando se enamora, es muy apasionado e imaginativo, aunque tenga algunas exigencias a veces un poco absurdas. Es constante y fiel con lo que ama, y ese es uno de sus aspectos más distintivos.

€l gallo y sus ascendentes

★ GALLO ASCENDENTE **RATA** (11 p.m. a 1 a.m.)
Un gallo lúcido que vivirá en forma despreocupada. Sentimental, tolerante y muy seductor, será un embajador donde vaya.

★ GALLO ASCENDENTE **BÚFALO** (1 a.m. a 3 a.m.)
Trabajará infatigablemente. Será estoico, austero, constante, capaz de grandes sacrificios por llegar a sus objetivos. Protegerá su familia y amigos, pero detestará hacer las cosas por obligación. Un *bon vivant*.

★ GALLO ASCENDENTE **TIGRE** (3 a.m. a 5 a.m.)
Será guerrero y altanero. Este gallo necesitará libertad para vivir y no soportará recibir órdenes de los demás.

★ GALLO ASCENDENTE **CONEJO** (5 a.m. a 7 a.m.)
Un gallo con un *charme* irresistible. Será elegante, refinado, brillante y carismático, además de conservador y muy cariñoso.

★ GALLO ASCENDENTE **DRAGÓN** (7 a.m. a 9 a.m.)
No tendrá límites en su ambición. Buscará fama, prestigio y poder. Se exigirá más de la cuenta y sus cóleras serán espectaculares. Será brillante, generoso y prolífico.

★ GALLO ASCENDENTE **SERPIENTE** (9 a.m. a 11 a.m.)
Aparentemente será frívolo, pero tendrá una inteligencia profunda y sutil. Es un gallo posesivo, independiente y conseguirá despertar irrefrenables pasiones.

★ GALLO ASCENDENTE **CABALLO** (11 a.m. a 1 p.m.)
Este gallo tiene palabra. Es generoso, altruista y de una fantasía

desbordante. Tiene miedo al ridículo y su *ego-trip* es *heavy*. Aventurero e intrépido, adora conquistar nuevos territorios.

★ GALLO ASCENDENTE **CABRA** (1 p.m. a 3 p.m.)
Completamente imprevisible. Buscará seguridad y un mecenas que lo contenga en sus caprichos. Vivirá al día y no soportará las críticas de nadie.

★ GALLO ASCENDENTE **MONO** (3 p.m. a 5 p.m.)
Atípico; vivirá desbordado en todo lo que haga y será muy sexual. Tendrá un humor ácido y será moralista del pico para afuera.

★ GALLO ASCENDENTE **GALLO** (5 p.m. a 7 p.m.)
Este gallo jamás pasará desapercibido. Tendrá una eficacia sorprendente, será un jefe de lujo y un hombre orquesta. Ególatra y vanidoso, se lo ama u odia.

★ GALLO ASCENDENTE **PERRO** (7 p.m. a 9 p.m.)
Este gallo vivirá al servicio de los demás. Defenderá las ideas en las que cree, será fiel, generoso y valiente. Escuchará y comprenderá a los otros en sus necesidades.

★ GALLO ASCENDENTE **CHANCHO** (9 p.m. a 11 p.m.)
Vivirá con autenticidad y no se guardará nada. Solitario, reservado, trabajador, será un buen confidente. En el amor encontrará su realización.

El ascendente y el amor

★ ASCENDENTE **GALLO** (5 p.m. a 7 p.m.)
Para algunos, la personalidad del gallo puede resultar bastante incómoda y muy difícil de tolerar. Tienen rasgos maniáticos, se preocupan por todo y siempre tienen algo que objetar, a veces sabiendo que no tienen razón pero sólo por el hecho de chillar con su pico como bien saben hacerlo.

Por otro lado, son personas muy comprometidas, serias y responsables cuando se trata de cuestiones amorosas. Protectores en extremo, a veces pueden ser también sumamente celosos y sospechar hasta de su mascota.

Tienen una tendencia a criticar casi todo lo que observan, y a veces les cuesta aceptar el trabajo de otros, a menudo por envidia o por simple rivalidad.

Se preocupan mucho por su estado físico y su salud. Tienen un sentido artístico bastante marcado, y generalmente logran ser reconocidos en lo que hacen. Pero en ciertos casos tienden a cerrarse en su propia actividad y a ignorar otras expresiones del arte.

Necesitan mucho afecto y devoción, ya que ellos tienen mucho para dar y esto a veces puede ser difícil de igualar. Por lo tanto es muy importante entender la naturaleza de estos seres para lograr una armonía y estabilidad que permitan que las cosas se den en forma natural.

Personajes famosos del signo Gallo

★ GALLO DE **MADERA** (1885-1945-2005)

Bette Midler, Yoko Ono, Piero, Sandro, Juan Alberto Mateyko, Deborah Harry, Roger Daltrey, Peter Townshend, Luisina Brando, Bryan Ferry, Eric Clapton, Ritchie Blackmore, Elton John, Julio Iglesias, Tanguito, Michael Douglas, Sergio Renán, Dianne Keaton.

★ GALLO DE **FUEGO** (1837-1897-1957)

Daniel Day Lewis, Sid Vicious, Siouxie Sioux, Katja Alemann, Robert Smith, Sandra Mihanovich, Nicolás Repetto, Alfie Martins, Miguel Bosé, Ricardo Mollo, Andrea Tenuta, Melanie Griffith, Alicia Moreau de Justo, Alejandro F. Murray, Paul Gallico, Juan Luis Guerra.

★ GALLO DE **TIERRA** (1849-1909-1969)

Pablo Echarri, Cecilia Milone, Katherine Herpburn, Marguerite Yourcenar, Valeria Bertucelli, Bárbara Duran, Laura Novoa, Giusseppe Verdi, David Niven, José Ferrer, Horacio Cabak, Elia Kazan.

★ GALLO DE **METAL** (1861-1921-1981)

Astor Piazzola, Peter Ustinov, Dionisio Aizcorbe, Tita Tamanes, Charles Bronson, Jane Russel, Alex Haley, Dick Bogarde, Simone Signoret, Deborah Kerr.

★ GALLO DE **AGUA** (1873-1933-1993)

Alberto Migré, Roman Polanski, Quincy Jones, Jean Paul Belmondo, Juan Flesca, María Rosa Gallo, Sacha Distel, Costa-Gavras, Joan Collins, Alberto Olmedo.

Doña Jovita y Olegario

Testimonio

Yo soy un gallo
JOSÉ LUIS SERRANO - ACTOR, DIRECTOR Y GUIONISTA

Me pongo a armar la vida
Armarla de armazón
No armarla de armadura.
Armarla.
Parte a parte
Pieza por pieza
Colocando sus componentes
ancestrales pero novedosos.

Por ahí...
Armarla de armas.

Para No matar el tiempo
Para Sí matar el miedo.

Fusiles contra el polizón
Que viaja en bandolera
Bajo la corralera;
En el pecho:
Bajo el sombrero;
En la cabeza.

Armado de carencias...
Armarse de paciencia,
Armarse de conciencia,
Armarse de licencias.

Armarse de cordura
Pero armarse de locura,
¡Toda la mixtura!

Queriendo armar la vida:
Amarla.

Amarla de alma...
que tanto te han herido
Como canta el vals antiguo.

Queriendo ando
Armando, Amando
Andando andando
Y amando amando.

Queriendo ando
Buscando ando.

Queriendo armar la vida
La voy andando
y la voy Amando.

Armando de armazón
Y Amando de corazón.

Gallo
Tabla de compatibilidad

	AMISTAD	AMOR	TRABAJO	TRUEQUE
Rata	↕↕↕↕	♡♡♡	$$$	♫♫♫
Búfalo	↕↕↕↕↕	♡♡♡	$$$$	♫♫♫♫
Tigre	↕↕↕	♡♡♡♡♡	$$$	♫♫♫
Conejo	↕↕	♡	$$$	♫♫
Dragón	↕	♡	$$	♫♫
Serpiente	↕	♡♡	$	♫
Caballo	↕↕↕↕	♡♡♡	$$	♫♫♫
Cabra	↕↕↕	♡♡	$	♫♫♫
Mono	↕↕↕	♡♡	$$	♫♫
Gallo	↕	♡	$	♫
Perro	↕↕↕↕	♡♡♡	$$	♫
Chancho	↕↕	♡♡♡♡	$	♫

- • Bajo astral
- •• Posible
- ••• Bien
- •••• Super
- ••••• Conexión total

Perro

Ficha técnica

Nombre chino del perro:
GOU

Número de orden:
UNDÉCIMO

Horas regidas por el perro:
7 PM a 9 PM

Dirección de su signo:
OESTE-NORDESTE

Estación y mes principal:
OTOÑO-OCTUBRE

Corresponde al signo occidental:
LIBRA

Elemento fijo:
METAL

Tronco:
POSITIVO

Eres Perro si naciste:

10/02/1910 - 29/01/1911
PERRO DE METAL

28/01/1922 - 15/02/1923
PERRO DE AGUA

14/02/1934 - 03/02/1935
PERRO DE MADERA

02/02/1946 - 21/01/1947
PERRO DE FUEGO

18/02/1958 - 07/02/1959
PERRO DE TIERRA

06/02/1970 - 26/01/1971
PERRO DE METAL

25/01/1982 - 12/02/1983
PERRO DE AGUA

10/02/1994 - 30/01/1995
PERRO DE MADERA

29/01/2006 - 17/02/2007
PERRO DE FUEGO

Carta a Abraham • Perro de madera

QUERIDO GUARDIÁN Y JARDINERO DEL SINUOSO SENDERO DE MI VIDA:

El otoño en traslasierra es lo único que siento intacto a través del NAJT (tiempo-espacio), gemelo de lo que atravesé en la cercana infancia, lejana juventud y bienvenida madurez. Lo poco que no ha cambiado en la aceleración planetaria y en lo que no me siento estafada.

La tarde es el premio a las mejores hazañas de la vida, cuando la tibieza del sol restaura lo gélido y desprolijo de los tropiezos y aciertos recorridos.

Amanecer este otoño en mi tierra COMECHINGONA es un milagro que intuí desde la placenta y admiré entre sueños y profecías.

Este lugar en sus cuatro estaciones está desde siempre ligado al hombre que acompañó a desmalezar, cultivar y cuidar el jardín de mi abuela MUNA y desde hace dos años el mío, respetando a la PACHAMAMA y sus despiadadas mutaciones como reacción al abuso de tantos.

Hablar con la tierra cada día es un don y desmalezarla, sembrarla, cultivarla, regarla y cosecharla acariciándola con la pala, el rastrillo, la guadaña, sin dañarla, esperando su tiempo fértil y queriéndola en el estéril es un arte superior.

Armonizarla con los antojos del tiempo, campeando al viento ciclotímico, a veces manso o huracanado, al fuego indomable y voraz, hipnótico y eterno en su constancia, sólo domesticado ante la presencia imprevisible del agua siempre necesaria en la zona, disfrazada de temporal, arroyo, nieve o cascada sin enojo ni alegrías desmesuradas es su innata vocación.

Abraham es un hombre de costumbres, hábitos, horarios regidos por la salida y puesta de sol, como la gente que siempre respetó las señales del tiempo y asimiló sus enseñanzas para transmitirlas a los que las cultiven en sus corazones.

Sabiamente escucha más a los pájaros y sus sinfonías que a los habladores de economía, agudiza el oído con el aullido de los perros en luna llena o cuando presiente un temblor para prevenir y proteger a su prole y amigos.

Percibe las nubes negras y afiladas que emergen de la nada destinándoles lluvias fuertes o livianas, falsas alarmas o piedras tanáticas que destruirán las parras y la esperanza.

ABRAHAM es la semejanza del patriarca de la Biblia con su legado; ha recorrido leguas entre su querencia, la mía y la de mi abuela MUNA que fue quien lo contrató hace cuarenta años para que convirtiera sus agrestes tierras en una granja modelo.

ABRAHAM le robó horas al sueño, a su amada Elvira, madre de seis hijos, incontables nietos y joya sin evaluar, pues su precio no existe. Ella lo acompaña en sus acciones y pensamientos y para quienes tenemos la suerte de conocerla y recibir su talento plasmado en sus míticos tallarines, postres de manzana y canela, pan amasado con forma de corderito y cariño sabemos que a veces DIOS DIRIGE EL TRÁNSITO con bondad.

ABRAHAM nunca faltó al trabajo, ni se fue antes, ni inventó excusas para acortar las soporíferas siestas donde se deshidrataba cortando el pasto, hachando leña, poniendo orden y comida en gallineros, corrales y establos. Más de una vez se quedaba, pasada la jornada, ayudando a alguno de nosotros, arreglando algún entuerto, esperando el arribo de los dueños de casa para darnos la bienvenida.

Su trabajo es su vida y a través de él sueña con mundos desconocidos, planetas alcanzables desde la Tierra, estrellas fugaces que le traigan sólo salud para seguir cumpliendo con el deber, pues la lotería es para otra raza de gente. Y él lo observa desde su escepticismo.

Supongo que el mundo de la astrología no es su debilidad, sólo se enteró por mí que le tocó un destino de perros, que conformarse con lo que se tiene es suficiente, que no sólo es bueno predicar sino practicar, y que ver crecer las semillas que se plantan es una fortuna.

Esta carta es una gratitud, un satori, un rayo de luz que me acompaña cada amanecer cuando escucho al hacha rítmica producir la dosis de leña que necesito para sentirme resguardada de los tragos amargos de la vida, cuando lo llamo para que me avive las brasas extinguidas de las noches largas y estrelladas, cuando lo veo inclinado más que erguido descubriendo calabazas entre los maizales, sacando cardos de mis rosas, plantando lavandas.

Mi voz parece un silbido para que responda al instante, aprecio su integridad, fortaleza, discreción y concentración. Mientras preparo el mate y abro las ventanas para agradecer otro día, lo encuentro como un duende en distintas partes del jardín cumpliendo con el deber; lo saludo como si fuera el mensajero de mi despertar al universo, mi clásico buen humor antes del mediodía coincide con el suyo, tácitamente festejamos *La dolce vita*.

Es un perro de madera, capaz de dar su vida por quien respeta y quiere, noble, leal, fiel a quien no le ha fallado en la vida, solidario y bien plantado en la tierra, su gran amiga.

Para mí, que creo en el karma, es un encuentro de recompensas de otras vidas.
Buda sin duda ha enviado a cuidarme a este perro tan familiar para cualquier desconocido.
El jardín que habito es el reflejo de su inspiración y transpiración.
Soy una enredadera entregada a cambiar el follaje, el color y la forma.
Sé que a mi jardinero, esté donde esté,
LE LLOVERÁN FLORES.

Significado del signo

El perro representa un cuadro donde hay una batalla y se nota la herida del lado izquierdo del animal, pero su imagen es la del combate como deporte. La imagen transmite la acción del ataque de una forma positiva por el tiempo, la destreza, la plasticidad de la danza bélica.

La esencia de los que nacen bajo el signo del perro es la observación con lupa, en forma detallada, de la vida. Está alerta aunque duerma: siempre tendrá el olfato atento, un ojo semiabierto para cuidar y proteger a sus seres queridos, amigos y vecinos.

Es el primero en detectar el peligro, en ladrar y a veces morder cuando detecta algo extraño a su alrededor.

Su inquietud crece cuando cae la tarde y la noche lo invita a buscar aventuras callejeras.

El perro es famoso en China y en el resto del mundo por su lealtad con amigos y su ferocidad con los enemigos de sus amigos.

El folklore dice también que el perro que nace en horas de la noche es más agresivo y sufrido que el nacido durante el día.

Quien nace en el año del perro es una persona inteligente, crédula, sensible, sociable y fuerte.

Tiene excelentes instintos e intuiciones y trabaja muy duro para llevar adelante sus obras y emprendimientos.

La mayoría de los canes son bien mandados, educados, serviciales y graciosos en apariencia, saben entrar en el corazón de la gente por su gran *charme*, humor y *sex-appeal*.

El perro vive el día a día con gran entusiasmo; profundo conocedor de la actualidad, está siempre listo para defender la justicia, la libertad y los derechos humanos con fervor.

Su vida es un eterno aprendizaje del cual sale siempre enriquecido y fortificado; es de los que se juegan "a puro huevo y candela" sin especular ni medir las consecuencias.

El perro no pasa desapercibido. Está siempre provocando cambios con su actitud revolucionaria. Desde la vida cotidiana hasta un plan de economía para minorías, es un gran actor que necesita público para sentirse estimulado y admirado.

Es cierto que es el signo del zoo con perfil más bajo, pero hay algunos que tienen un EGO-TRIP difícil de resistir. En realidad el can es tímido e inseguro y para defenderse ataca antes de saber qué le depara el otro.

Hay que ejercitar la paciencia china, el zen, la meditación y el control mental para no matarlos cuando se ponen NEGATIVOS, faceta perruna que conozco desde mi nacimiento; y, como consejo, NO SE EMPERREN EN TRATAR DE CAMBIARLOS, PUES ES PEOR.

Su temple de líder le produce choques y enfrentamientos con colegas, amigos, enemigos y parroquianos.

Hay toda clase de perros: falderos, que son obsecuentes y detestables; callejeros, que son sabios, de caza, que son temibles; de raza, que son muy *snob* y *fashion,* siempre a la vanguardia en moda, arte, ciencia y filosofía.

El perro es el mejor amigo del hombre y de su especie.

Atractivo, magnético, vital, misterioso, despierta pasiones dignas de Lelouch, Visconti, Passolini y Leonardo Favio.

La mujer perro es la más fascinante, valiente y arriesgada del zoo; vive el AQUÍ Y AHORA sin importarle el qué dirán.

No tiene una vida regalada ni fácil, pero sabe sacarle el jugo a cada encuentro, amor, amistad y es querida por la mayoría de la gente.

Es el mejor confidente, sabe captar los problemas ajenos como propios y sus consejos son siempre acertados. Tiene espíritu samaritano, generoso con su tiempo y su cucha, sacrifica muchas veces sus prioridades. Sobreviviente de momentos cruciales donde se juega la vida, en ocasiones sale malherido.

El perro tiene el olfato como sentido que lo distingue del resto del zoo. JAMÁS FALLA, a pesar de nosotros.

A veces le cuesta obtener éxito inmediato con su labor, esfuerzo, estudio o vocación. Nunca baja la guardia, se entretiene haciendo otras cosas: sexo, deporte, teatro, política; necesita estar permanentemente ocupado, pues si no resulta insoportable para quienes conviven con él.

El perro sufre las traiciones y decepciones más que otros signos.

Tiene sentimientos profundos y memoria muy maquiavélica cuando decide vengarse de alguien. Su lema es: OJO POR OJO, DIENTE POR DIENTE.

Su impulsividad le trae serios conflictos en la convivencia. Es arbitrario, despótico, dominante, manipulador y muy terco cuando se le mete una idea fija.

Su desbordante CHI le permite ser multifacético y estar lleno de ideas y actividades que logra plasmar en tiempo *record.*

Criticar es su deporte favorito, rara vez reconoce sus defectos o fallas; detesta ser descubierto en sus falencias. La omnipotencia y sentido del deber combinados lo convierten en alguien muy inaccesible a la hora de la verdad.

El perro, aunque gane dinero, detesta derrocharlo. Sabe administrar mejor EL DINERO AJENO QUE EL PROPIO, Y SIEMPRE AYUDA A LOS MÁS NECESITADOS.

Viajar no es una prioridad, le cuesta dejar la cucha y a los cachorros; ama su casa y tiene buen gusto para decorarla.

La curiosidad del can lo lleva a conectarse con gente diversa y llena de matices. Adoptará *homeless*, odaliscas y travestis, pues su apertura mental y social es ilimitada, produciendo shocks en su entorno y familia.

El perro tiene una salud de hierro física y mental; es inquieto, movedizo, está siempre activo y desarrolla a fondo su imaginación con incursiones por *gyms*, clubes y terrenos baldíos.

A veces por razones afectivas cae en depresiones, vicios que lo destruyen y de los que le cuesta escapar.

Su ansiedad es su peor karma; si consigue apaciguarla será un Buda en potencia.

El perro es un gran defensor de su casa y de su seguridad.

Gran previsor para las épocas duras, sabe ganarse la vida con el sudor de su frente y con su talento, a veces tardíamente descubierto.

Algunos perros son tacaños; les cuesta dar y disfrutar con el dinero.

Otros son excesivamente generosos; les sacan hasta las pulgas y se mueren de frío en las gélidas noches de invierno.

El perro puede tener éxito en la empresa que se proponga. Desde lo artesanal, artístico, económico, desarrollando su fecunda imaginación.

La moda le fascina y siempre estará en la vanguardia, siendo ejemplo de elegancia y refinamiento.

Educador, filósofo, geólogo, abogado, juez y fiscal, el perro ladrará a la luna creciente sus confesiones inconfesables.

€l Tao del amor y del óexo

Pienso en la gente que pertenece a este signo y me pregunto cómo será ser perro y transitar el amor desde su particular estilo de amar.

Realmente el reflejo de las características del animal más fiel, leal y protector del zoo se percibe en ellos.

El amor es el motor de su inspiración, creatividad e incondicionalidad.

Enamorarse es un cambio de vida para el can; su vida solitaria o sus andanzas por el mundo son parte de su rutina; siempre cumplirá el deber y volverá a la cucha con algún hueso para masticar.

Cuando alguien entra en su corazón imprevistamente y ocupa el centro de su vida, tendrá que adaptarse al cambio de costumbres, horarios y filosofía sin anestesia.

Su naturaleza apasionada, íntegra e intuitiva seducirá al elegido, que tendrá la suerte de tener un amor al estilo LASSIE o RINTINTÍN.

El perro da y exige lo mismo; el *feed-back* en el amor es un buen *training*.

El punto G del perro es su innata fidelidad cuando aparece el amor de su vida. Es tan intensa su capacidad de amar que a veces ahoga a su pareja con lamidas, mordidas, ladridos que sólo son manifestaciones de su gran voltaje amatorio, y provoca una situación claustrofóbica.

Es tan importante para su equilibrio emocional estar en pareja, compartir comidas, paseos, problemas, reuniones de consorcio, filosofía alta y taco aguja que buscará compañeros que le estimulen el erotismo a través de la imaginación y de la vida cotidiana.

El perro macho saldrá a buscar compañía con su habitual gentileza, amabilidad, recursos múltiples de seducción, dejando a la cachorra extasiada ante sus habilidades multifacéticas.

La perrita recurrirá a su *sex-appeal, charme,* belleza salvaje que siempre erotiza a una cola de candidatos que le harán propuestas decentes e indecentes para llevarla lo antes posible a un lecho improvisado de almohadones orientales o pajonales, pues su instinto sexual no da tiempo para pensar, y cuando quiera reaccionar será tarde.

Esta mujer inspira para el casamiento y tiene la maternidad incorporada. Son pocas las que escapan a las tentaciones que les ofrecen.

En ambos sexos, o sus derivados, la sexualidad está ligada al amor y el compromiso que establece con su pareja; por eso los perros nacen para enfrentar las experiencias límite y adversidades con estoicismo.

En el macho can no hay que pretender un buen ANTES Y DESPUÉS, pues el apuro en el acto sexual es casi una constante; áspero, energético pero sin sutilezas, ladra más que murmura. Si usted goza del *look* taladro lo encontrará entre los jadeos y sonidos lujuriosos que emita al hacer el amor.

El cachorro mejora cuando se hace adulto con las experiencias callejeras y las relaciones que atesora en su collar ecológico.

A veces está tan preocupado por sus tareas mundanas que no se percata de la revolución sexual que ocurrió en la década de los 60, ni de la liberación femenina; es una especie de hombre de Neanderthal.

Si alguna vez se cruzó con el concepto del punto G, pensó que hablaban de hacer un gol de futbol o de la bomba atómica.

Una vez apaciguada su libido y despojado de sus líquidos viriles, se convierte en un cachorro tierno y juguetón, con miradas somnolientas y dulces, largos brazos y patas para abrazar a su amada, hasta quedar profundamente dormido entresoñando un mundo mejor.

La perrita lleva con orgullo el eslogan "es una perra en la cama y una dama en la casa". Sabe tocar con sutileza los resortes de la libido en el otro, deja fluir su imaginación y logra un éxtasis imposible de olvidar.

Ambos sexos tienen un sentido del humor ácido y negro que provoca diversos estados en la pareja; desde la exaltación, la furia, la ternura, los juegos sadomasoquistas y la libertad de expresión más notable que alguien se atreva a explorar.

A su juego lo llamaron. El perro sabe que con caricias, algo de comer y una cucha donde reposar de sus travesías puede demostrar que el amor es un arte que conoce muy profundamente.

El perro y su energía

★ PERRO DE MADERA (1934-1994-2054)
Defensor de la libertad, la justicia y el sexo
Tiene una salud y unas ganas de vivir que le brotan del fondo de su

espíritu. Ama viajar, aprovechar el día todo lo que puede y conocer gente. Muy seductor y encantador como suelen ser los perros, se encomienda la tarea de divertir a la gente que los rodea y se esmera en hacerla feliz. Conocerlo no resulta muy complicado y a menudo su personalidad no es otra cosa que lo que tiene para ofrecer. Cuando se llega a penetrar en la mente de este perro, no se descubrirán muchas más cosas de las que se observaron en un principio. Muy amable y comprensivo, trata de orientar a la gente hacia el buen camino. Detesta no ser valorado como persona y cuando se ve criticado no hace mucho para revertirlo y se entrega fácilmente a la situación.

Es muy romántico y no le cuesta expresar lo que siente cuando se encuentra enrollado en una relación. Es muy raro ver a este perro exaltado y enojado, y casi nunca inicia una discusión. Un buen consejo para mantener la relación estable y feliz, es no someterlo a tareas rutinarias o aburridas, ya que en estos casos pierde la paciencia con gran facilidad.

★ PERRO DE FUEGO (1946-2006-2066)
Perro que ladra muerde, muerde
Es un perro de gran importancia para el mundo, aunque con su humildad trate de negarlo. Bondadoso, servicial y generoso, transforma el camino a su paso.

Se destaca como el perro más enérgico y dinámico de todos, dotado de una personalidad deliciosa resulta verdaderamente difícil llegar a aburrirse con él como compañía.

No se calla la boca cuando considera que una injusticia se está llevando a cabo. Es un orador excelente, y sus palabras tienen un alto poder de persuasión, pero cuando éstas parecen no funcionar, no duda en luchar a mordisco limpio.

Tiene muchísima imaginación, pero sólo la usa cuando considera que será valorada por las personas que tiene alrededor.

Es un amante perfecto, compinche, ultraapasionado y comprensivo. Sus cualidades son de las que siempre se están buscando por ahí. Mantiene una promesa al pie de la letra y no se permite una mentira hacia el ser que ama. Su pareja deberá estar atenta a las peleas en las que se pueda enrollar este perro y tendrá que tirar la toalla aunque éste insista en que todavía le queda resto.

★ PERRO DE TIERRA (1958-2018-2078)
Un lujo de la especie canina
Extremadamente sensible y susceptible, no se mete en la vida de nadie y trata de mantenerse alejado de la gente que hace daño. Está dispuesto a escuchar los problemas de las personas y no duda en ayudar si siente que tiene el deber de hacerlo. Es el perro más idealista y humanitario de todos, y piensa que todas las personas comparten este sentimiento tan intensamente como él.

Resulta ingenuo, generoso y desapegado y esto a veces puede llegar a traerle problemas que difícilmente podrá revertir. Para que esto no pase, necesitará personas que lo traigan a la realidad y que le hagan entender que no todo el mundo comparte sus ideales. El amor es un aspecto a trabajar con este perro. Por un lado, es extremadamente cariñoso, fiel y ama todo lo que la vida de hogar tiene para ofrecerle. Excelente padre, educa a sus hijos con gran responsabilidad. Por otro lado, no tolera ver a su pareja resignada a la derrota en la batalla con la vida y no entiende que ésta no posea el mismo espíritu apasionado y revolucionario que él. Uno de los rasgos más positivos de este perro, es que a pesar de todo, siempre mantiene su alma joven y juguetona.

★ PERRO DE METAL (1910-1970-2030) **Un mastín irresistible**
Este perro es muy sociable. Necesita estar en contacto permanente con el mundo exterior y llevar un estilo de vida que demande contactos y relaciones con las personas que considera interesantes.

Es trabajador pero tiende a hartarse con facilidad de la rutina y sobre todo resulta más afectado que otras personas cuando se lo somete a cambios de planes repentinos y bruscos.

Tiene un sentido del humor muy marcado y ama rodearse de gente entretenida. Es muy leal con sus amigos y ama las salidas nocturnas, los cines y los días al aire libre. Suele pasar vacaciones inolvidables junto a sus seres queridos y es un excelente compañero de ruta.

Cuando vive un romance, tal vez sea el más fiel de todos los perros, aunque tenga otro tipo de demandas. Para que este ejemplar se sienta cómodo y no se aburra deberá tener una vida espiritual y una relación muy apasionada y fogosa. Pero vale la pena, ya que tiene mucho para dar y es verdaderamente famoso por su ardor a la hora del dormitorio.

★ PERRO DE AGUA (1922-1982-2042) **Jugador emocional**
Tiene un encanto y un poder de seducción que hace que el mundo se rinda a sus pies. Es un poco reservado, tímido y oculta gran parte de sus emociones, aunque diga que es lo que se observa a simple vista. Muy diplomático y sensato, por lo general llega a lo que quiere sin levantar nunca el tono de voz.

Una vida social variada y exótica es de gran importancia para este perro. Necesita estar en contacto con artistas, con gente creativa y original.

Inspira fragilidad y ternura con sólo observarlo, y generalmente es muy cuidado y protegido por la gente que lo ama. Un poco inseguro y dubitativo de sí mismo, resulta bastante complicado en su interior y pasa mucho tiempo pensando y reflexionando sobre lo que está bien y mal, sobre lo que hace o no hace y a veces resuelve sus problemas de maneras un tanto frívolas.

No es fácil entenderlo cuando se le presenta el amor pues tiende a provocar dudas en la persona que ha caído bajo su hechizo. De todas maneras es extremadamente cariñoso, afectuoso y necesita contacto físico como pocas personas en el mundo. Es sincero, romántico y muy apasionado.

El perro y sus ascendentes

★ **PERRO ASCENDENTE RATA** (11 p.m. a 1 a.m.)
Tendrá un espíritu aprovechador y muy crítico. Participará en acontecimientos populares y sabrá escuchar consejos. Será muy sentimental y estará apegado al pasado.

★ **PERRO ASCENDENTE BÚFALO** (1 a.m. a 3 a.m.)
Vivirá exigido por las responsabilidades propias y ajenas y no descansará nunca. Sus principios son sólidos, nobles y desinteresados. El amor será para él la recompensa más preciada y difícil de obtener. Sus reglas son flexibles y su humor corrosivo.

★ **PERRO ASCENDENTE TIGRE** (3 a.m. a 5 a.m.)
Un soldado de la justicia y los derechos humanos. Hará todo por convicción y nunca se entregará. Amará apasionadamente y tendrá un espíritu altruista. Nació para la política y las artes.

★ **PERRO ASCENDENTE CONEJO** (5 a.m. a 7 a.m.)
Un sibarita y discreto perro que necesitará mucho afecto para realizarse. Tendrá suerte, trabajará lo necesario y no se privará de nada. Es sumamente vulnerable a la influencia de los demás.

★ **PERRO ASCENDENTE DRAGÓN** (7 a.m. a 9 a.m.)
Un perro inquieto, innovador y egocéntrico que buscará prestigio, fama y poder. Amará el lujo, la comodidad, y tendrá relaciones efímeras y superficiales, aunque trate de profundizarlas. Su realización es en los negocios, ciencias o deportes. Un inconformista.

★ **PERRO ASCENDENTE SERPIENTE** (9 a.m. a 11 a.m.)
Un perro lleno de prejuicios y contradicciones. Necesitará controlar sus impulsos para no agobiar con exigencias a los demás. Su realización se concreta en los negocios o en la política. Buscará escalar socialmente; será una burbuja de champaña.

★ **PERRO ASCENDENTE CABALLO** (11 a.m. a 1 p.m.)
Un perro increíble y magnético que no dejará de hacer algo por los demás en la vida. Egocéntrico, autoritario, avasallador; su humor es genial y su capacidad para resolver problemas, admirable. Despertará pasiones irrefrenables.

★ **PERRO ASCENDENTE CABRA** (1 p.m. a 3 p.m.)
Un perro servicial, inconstante y sentimental que necesitará tener seguridad material para no desequilibrarse. Antojadizo, caprichoso, informal y muy selectivo, necesitará que lo admiren y aplaudan para tomar decisiones.

★ PERRO ASCENDENTE **MONO** (3 p.m. a 5 p.m.)
Un ácido, profundo y sagaz perro que hará siempre lo que se le antoje. Será creativo, original, inquieto, y vivirá peripecias sentimentales que decidirán su destino.

★ PERRO ASCENDENTE **GALLO** (5 p.m. a 7 p.m.)
Un perro quisquilloso, calculador y muy inseguro. Necesitará comprobar, como Santo Tomás, para creer; le costará arriesgarse en caso de decisión. El amor será un tormento si no acepta al otro como es.

★ PERRO ASCENDENTE **PERRO** (7 p.m. a 9 p.m.)
Un trashumante que se enriquecerá con su propia experiencia. Será un idealista, vivirá al día y siempre tendrá tiempo y espacio para los amigos. Un sabio consejero al que habrá que escuchar con atención.

★ PERRO ASCENDENTE **CHANCHO** (9 p.m. a 11 p.m.)
Un perro generoso, auténtico y talentoso que concretará sus aspiraciones si tiene apoyo efectivo. Hará dinero y lo donará a instituciones de beneficencia. Se casará varias veces y tendrá mucho hijos.

El ascendente y el amor

★ ASCENDENTE **PERRO** (7 p.m. a 9 p.m.)
Estos seres son bastante impredecibles y a veces es difícil saber qué es lo que les sucede en realidad. Hay que estar preparado para reacciones sorpresivas, cambios de planes y también una incertidumbre que ellos transmiten con frecuencia.

Son románticos, apasionados y muy imaginativos con el sexo; diplomáticos con la gente y realmente interesantes como amigos. Suelen ser elegantes, encantadores y dotados de un buen gusto difícil de igualar. A pesar de ser perros, el tema de la fidelidad no es un aspecto tan sencillo como parece. Todo depende de cómo se sienten ellos en una relación: si obtienen el nivel de diversión que quieren y si no se los abruma con frecuentes planteos, se puede estar tranquilo. Pero cuidado: no hay que confiarse, ya que los perros (aunque no parezca) necesitan una vida agitada y siempre hay que estar pendiente de esto para poder mantener el lazo fuerte todo el tiempo.

No es bueno contradecir a estos individuos si presentan ideas descabelladas; en lo posible hay que apoyarlos en todo lo que hagan, ya que a veces sorprenden a muchos con sus proyectos tan alocados al principio.

Personajes famosos del signo Perro

★ PERRO DE **MADERA** (1874-1934-1994)
Mónica Cahen D'Anvers, Gato Barbieri, Voltaire, Shirley McLaine,

Federico Luppi, Sofía Loren, Brigitte Bardot, Charly Squirru, Elvis Presley, Chunchuna Villafañe, Carol Burnett, Rocío Jurado.

★ PERRO DE **FUEGO** (1826-1886-1946)
Freddie Mercury, Gerardo Romano, Donald Trump, Moria Casán, Eduardo Constantini, Gianni Versace, Ronaldo Hanglin, Oliver Stone, Bon Scott, Ilie Nastase, Susan Sarandon, Jorge Asís, Cher, Silvester Stallone.

★ PERRO DE **TIERRA** (1838-1898-1958)
Madonna, Prince, Rigoberta Menchu, Maribel Verdú, Gustavo Belatti, Kate Bush, José Luis Clerc, Pipo Cipolatti, Michael Jackson, Chou En-Lai, Gary Newman.

★ PERRO DE **METAL** (1850-1910-1970)
Madre Teresa de Calcuta, Paola Krum, Juan Castro, Chiang Ching-Kuo, Leo García, Luis Miguel, Mariano Mores, André Agassi, Lola Flores, Sócrates, Uma Thurman, Gabriela Sabatini, Jacques Costeau, Chris O'Donnel.

★ PERRO DE **AGUA** (1862-1922-1982)
China Zorrilla, Marilú Dari, Norman Mailer, Alejandro Toker, Vittorio Gassman, Alejandro Dumas, Alberto Closas, Molière, Ava Gardner, Franco Zeffirelli, Judy Garland, Pierre Cardin, Víctor Hugo.

Mónica Cahen D'Anvers

Testimonio

Yo soy un perro
SONIA CRESNIK - AMBIENTADORA

Con mi gato durmiendo a mi lado, en la cama, mi lugar preferido, mi nave espacial y mi refugio, donde viajo con los ojos cerrados y adonde quiera, me pregunto qué clase de perra soy. ¡Paso de sentirme un gran danés a un chihuahua!

He recorrido un largo camino. Viajé, vi, aprendí y experimenté mucho y sin embargo no me conformo ni con lo que he logrado de mí misma ni con el mundo que me tocó vivir.

Amo la naturaleza, la música y crear cosas lindas, pero sólo le encuentro sentido a la vida cuando puedo ser útil a los demás.

Cuando me abrazan y siento ternura es el único momento en que encuentro un poco de paz...

Perra solitaria, carente, vagabunda, cariñosa, emocional, profunda, buscavidas, gitana... buscando su lugar en esta tierra, mientras sueña con el paraíso y un amor... que no es de este mundo, como siempre me dijo mi madre.

Perro
Tabla de compatibilidad

	AMISTAD	AMOR	TRABAJO	TRUEQUE
Rata	↕↕↕	♡	$$$	♘♘♘♘
Búfalo	↕↕↕↕↕	♡♡♡♡♡	$$$$$	♘♘♘♘♘
Tigre	↕↕↕↕	♡♡♡♡♡	$$$$	♘♘♘♘
Conejo	↕↕↕	♡♡♡♡	$	♘♘♘♘
Dragón	↕↕↕	♡	$	♘♘
Serpiente	↕	♡	$	♘
Caballo	↕↕↕↕↕	♡♡♡♡♡	$$$$$	♘♘♘♘♘
Cabra	↕↕↕↕	♡♡♡♡	$	♘♘♘♘♘
Mono	↕↕↕↕↕	♡♡♡	$$$$$	♘♘♘♘♘
Gallo	↕↕↕	♡	$$	♘♘♘
Perro	↕↕	♡♡♡	$$	♘♘
Chancho	↕↕↕↕	♡♡♡	$$	♘♘♘♘♘

- •   Bajo astral
- ••   Posible
- ••• Bien
- •••• Super
- ••••• Conexión total

Chancho

Chancho

Ficha técnica

Nombre chino del chancho:
ZHU

Número de orden:
DUODÉCIMO

Horas regidas por el chancho:
9 PM a 11 PM

Dirección de su signo:
NOR-NORDESTE

Estación y mes principal:
OTOÑO-NOVIEMBRE

Corresponde al signo occidental:
ESCORPIO

Elemento fijo:
AGUA

Tronco:
POSITIVO

Eres Chancho si naciste:

30/01/1911 - 17/02/1912
CHANCHO DE METAL

16/02/1923 - 04/02/1924
CHANCHO DE AGUA

04/02/1935 - 23/01/1936
CHANCHO DE MADERA

22/01/1947 - 09/02/1948
CHANCHO DE FUEGO

08/02/1959 - 27/01/1960
CHANCHO DE TIERRA

27/01/1971 - 14/02/1972
CHANCHO DE METAL

13/02/1983 - 01/02/1984
CHANCHO DE AGUA

31/01/1995 - 18/02/1996
CHANCHO DE MADERA

18/02/2007 - 06/02/2008
CHANCHO DE FUEGO

Hiciste mi casa
Piedra a piedra
Con el viento volando
Tu libertad
La lluvia llorando
Sobre tus hombres
Ángeles de pruebas difíciles
Esperando actuar
Estuve exiliada dentro
Refugiada de mis experimentos
Que me dieron sueños para no claudicar.
Intuyéndote en el instante
Donde aparecías
Coincidiendo
Con mis ganas de quererte
En este mundo real.
     L. S. D.

Carta a Pepita • Chancho de agua

QUERIDA PEPITA:
¡Qué sutiles los mecanismos de la memoria, que al pensar en chanchos que me inspiren y a quienes quiera mucho, apareciste reflejada en mi alma!

Así volé sin escoba a la niñez casi adolescencia, cuando nos conocimos en Parque Leloir, ese clorofílico rincón del *far west* donde me llevaron después de dar el grito primal y donde viví hasta que el incendio puso punto y coma a esa etapa crucial de la vida.

Creo que el cariño entre las dos nació de inmediato, reconociéndonos como amigas que no se ven desde hace un par de vidas y que tienen que ponerse al día con sus andanzas, sueños y amores.

Tus hijos varones eran una buena excusa para visitarte; producían alboroto en las florecientes hormonas que despertaban en los caminos de tierra con olor a aromos en agosto y retamas en noviembre.

Siempre me pareciste una mujer guapa, valiente y estoica.

Me fascinaba que sacaras agua de la bomba, prendieras faroles de noche e improvisaras manjares en la penumbra escuchando la sinfonía de los pájaros autóctonos.

Tus ojos negros con un poco de carbonilla sin rimmel parecen pintados por Goya, tu voz ronca *à la page* de la cicatriz en tu mejilla izquierda que siempre inspiró respeto son rastros que se extrañan al no verte.

Tu piel aceituna, casi siempre bronceada por tu pasión de poner la cara "al mal tiempo", curtida de soles abrasadores, tempestades, huracanes, ciclones que afrontaste en el cuerpo y el alma. Tenías un marido difícil que exigía demasiado y a todos paralizaba.

Tu silencio era peor "que el de los inocentes", porque flotaba en el aire una tensión que era la declaración de otra guerra.

En aquellos años donde el tiempo parece una tortuga, me quedaba fines de semana contigo mientras me mimabas llevándome el desayuno a la cama con tostaditas y algún dulce casero hecho en esas vasijas de cobre, que no sé si eran tuyas o de mi abuela.

Me ponías las mejores sábanas, encendías la salamandra para que no enfermara mientras escuchabas mis delirios riendo hasta despabilar a los venteveos.

Tu vida era demasiado rutinaria; cuidando hijos y a los primeros nietos, haciendo compras y milagros, limpiando con descarga acuática tus reservados sufrimientos y nostalgia del futuro.

Tus hijos mamaron siempre de tus tetas hasta vaciarte, nunca te quejaste, echada en el corral aceptaste tu destino de mujer de otra época rebelándote a través de la literatura que devoraste huérfana de aventuras extramaritales.

Nos intercambiábamos libros, los comentábamos entre mate y torta frita, truco o canasta en la casa colonial de vanguardia que Manolo te hizo para resucitarte.

Siempre con el faso en las comisuras de la boca, desafiando a los gauchos de la zona que eran necesarios para sentir que vivíamos en el campo y para convocarlos en alguna doma o asado.

PEPITA: Siempre erguida y vestida de negro o colores oscuros.

Me acuerdo cuando te pedí una llave antigua, grande y pesada de la colección que tenían colgando en la pared, para mi debut teatral de ama de llaves en *El médico a palos* de Molière. Me la diste a escondidas de Manolo, que si notaba que le faltaba una llave nos ajusticiaba como a CAMILA O'GORMANN.

Me diste un calor que necesitaba en mi frágil pubertad; huérfana de padre y con una madre ocupada en la sobrevivencia.

Fuiste madraza, nodriza, amiga, hermana, cocinera de los brebajes del alma y de unos inolvidables huevos quimbo que eran tu hazaña.

Cuando te dije que eras chancho en el zodíaco chino te reíste como si supieras ese destino de *Como agua para chocolate*.

Orgullosa de tu cría defendiste como un jabalí

salvaje el chiquero donde siempre hubo espacio para los hijos adoptivos y colados, hambrientos de tu ternura y protección desinteresadas.

Tu jardín era tu refugio, templo, amante secreto. Siempre te vi trabajando con alegría, plantando, transplantando flores, cortando el pasto, barriendo las hojas bordó en el otoño para después quemarlas en una fogata donde tirabas tus rencores agridulces.

Nunca te sobró plata; pero dabas la sensación de reproducirla como los panes; lograste abundancia inventando algo rico para comer.

Estar con vos es aceptar la simpleza de la vida y homenajearla.

Llegar al fondo del corazón, siempre postergado en esta insultante globalización.

Retomar el hilo de la novela de la vida, amaneciendo y anocheciendo con el ritmo del sol.

Es agradecer tu existencia llena de pasión, lucidez y sabiduría.

CHANCHO DE AGUA: En esta temporada que nos regala la vida, quiero decirte que estás tan presente acompañándome en este retiro natural y elegido donde unimos nuestro PARQUE INTERIOR y lo hicimos florecer para perfumar nuestros destinos.

Significado del signo

Para los chinos el chancho representa a un hombre y una mujer haciendo el amor en el cielo, el fin y el inicio de un nuevo ciclo, pues como es el último animal del zodíaco marca el cambio del tiempo entre el viejo y el nuevo año lunar.

La esencia de los que nacen durante este año es la resignación, aceptar la vida tal cual es con los cambios cíclicos sin modificar su naturaleza.

El chancho es sabio, un profundo observador y pensador; consciente de su rol en cada situación de la vida, donde prefiere ser más espectador que actor.

Cálido, generoso, sensual y protector en sus relaciones privadas, a pesar de ser cabeza dura, se lo quiere por su ingenuidad y simpleza.

En público es tímido y reservado, pero si se siente cómodo es capaz de sorprender a la gente con una capacidad histriónica desmesurada.

A veces, como mecanismo de defensa, agrede a sus interlocutores provocando cortocircuitos o situaciones tensas en el ambiente.

El chancho vive alegremente cada etapa de la vida sin mayores cuestionamientos sobre el TO BE OR NOT TO BE.

En las familias rurales de China el chancho junto al perro conviven en armonía aportando el alimento a la casa.

Representa la familia y el hogar; la tradición oriental afirma que si hay un chancho en una casa será un hogar muy afortunado.

Se lo considera uno de los animales domésticos más inteligente, curioso, con conocimientos e ideas muy avanzadas.

A veces esta inteligencia se desperdicia pues es muy inseguro y, al no especular, guarda sus conocimientos e intuiciones debajo de la tierra.

El optimismo del porcino es contagioso, irradia alegría, sentido del humor y entusiasmo. Como contrapartida tiene un sentido del ridículo que lo paraliza en situaciones sociales y laborales. Prefiere estar detrás de bambalinas que delante, aunque sea el cerebro de la acción.

La mayoría de los chanchos son pacíficos hasta que los atacan o invaden su territorio. Puede convertirse en un jabalí salvaje capaz de devorar de un bocado a sus atacantes; se vuelve irracional y muy primitivo. Saber graduarlo es un arte superior.

Cuando está manso es amoroso, generoso, servicial, capaz de dar su corazón sin dudar a quien se le cruce en el camino.

Es el mejor amigo del zoo chino. Afortunados quienes gocemos de su amistad; será para toda la vida e incondicional.

El chancho es muy refinado: su buen gusto abarca desde la excelente comida, la decoración de su casa, el buen vestir, hasta ser un gran coleccionista de arte.

Su sensibilidad le produce ir hasta el final en cada experiencia de la vida, muchas veces queda atrapado "víctima de su propio invento".

Paga carísimo sus extralimitaciones sexuales y sus vicios ocultos, pero a medida que crece aprende a no prodigarse tanto.

La vida social le divierte y aprecia los manjares y divertimentos; es a su vez un excelente anfitrión.

El chancho tiene sentimientos profundos aunque no los exprese en público. Necesita nutrirse intelectual y filosóficamente. Admira a la gente que es independiente y tiene vida propia.

A veces es melancólico cuando las cosas no le salen bien o cuando no puede asumir sus responsabilidades.

Este perfeccionista sufre estrés por su labor, jamás comparte sus sufrimientos y cree que pasar penurias es parte del crecimiento espiritual, atravesando crisis muy duras en soledad.

El hogar y el bienestar son sus prioridades.

Viajar le gusta pero siempre está deseando volver a su casa, es medido con el dinero, aunque a veces se da gustitos de comidas y ropa.

En el *fashion* es imaginativo, artístico, clásico y conservador

Aprecia las salidas al cine, al teatro, a la cancha y a los recitales.

Es lo más parecido a un ser humano.

Es un chancho para adoptar sin dudar un instante.

El Tao del amor y del sexo

Especialistas doctorados en este arte mayor, sólo es cuestión de saber esperar la oportunidad.

El vellocino de oro nació para amar y ser amado. Dedicará su vida a cultivar este arte y será la presa ideal de los que se acerquen al chiquero, siempre abierto, dispuesto a recibir legiones de amantes con quienes intercambiará experiencias eróticas de alto nivel.

El chancho es el signo más vulnerable al amor; su innata ingenuidad, candidez y predisposición a dejarse llevar por sus instintos lo convierten en un mago del TAO erótico.

Su pasión por el sexo a veces coincide con el enamoramiento, otras veces se distrae en pantanos y ciénagas sin involucrarse afectivamente.

Este sibarita, sensual y desprejuiciado chanchito entrega su corazón cuando siente bullir la sangre debajo de su espesa piel sin medir las consecuencias. Es por eso que siempre estará más expuesto a sufrir que otros signos cuando el amor lo envuelva en temporadas al estilo *Último tango en París, Portero de noche* o *Kamasutra*.

La prioridad en su vida siempre es el amor, aunque esté disfrazado de camaleón.

El chancho buscará parejas que lo estimulen mental y físicamente, pues no sólo es un adicto al sexo sino a la imaginación, la inteligencia y la exótica belleza. Su naturalidad, buena onda y simpleza atraen como un faro a lo lejos.

Es un maestro en las preliminares del amor, sabe encender la llama, logra despertar curiosidad e interés en su *partenaire* y destila un ADN irresistible que invita a la intimidad.

Cuando se enamora, el chancho entrega sin dudar su alma, corazón, cuerpo y posesiones, integrando al otro en una danza apasionada.

Desnudarse es lo de menos; el drama es vestirse otra vez. Le encanta ensayar posturas en el chiquero y siempre estimulará a seguirlo en sus alocadas ideas eróticas. Sabe satisfacer los reclamos, pedidos y súplicas de su pareja.

En ambos sexos la sexualidad es prioridad en su vida. Tiene mucho éxito, pues su natural predisposición a dar y recibir placer se cotiza alto en el mercado de valores.

El chancho demuestra sus afectos con efusividad, es cariñoso, simpático, querendón y está siempre listo para abrir la puerta para ir a ...

El chancho aprecia la sinceridad, claridad y transparencia de su pareja. Necesita apoyo incondicional para consolidar una relación y, si bien es siempre el que más arriesga, a veces duda antes de continuar empantanándose.

Su éxito radica en la sutileza que tiene para captar la graduación erógena de LA FLOR DE SU SECRETO.

Es un termómetro, un rayo láser, una foto KIRLIAN, un buzo de tesoros debajo del mar, que por perseverante descubre la ciudad de Alejandría.

Su capacidad amatoria es infinita como la Vía Láctea.

Recolecta amores como un coleccionista de mariposas, plumas de quetzal, piedras con mica, luciérnagas de ojos verdes.

El chancho sabe que es amado por su bondad, coraje, sinceridad y vulnerabilidad. Puede ser posesivo, celoso, dominante y paranoico. Estos ingredientes resultan muy excitantes a la hora de hacer el amor.

Su naturaleza romántica combinada con su fogosidad produce infartos en la multitud.

Hacer el amor con un puerco es perder el sentido del tiempo y del deber; uno entra en otra dimensión.

Ella convertirá el chiquero en una alcoba de LAS MIL Y UNA NOCHES, con fragancias exquisitas, inciensos de sándalo y mirra, copal, y palo de rosa; descorchará un vino cosecha setenta y siete, pondrá sábanas de raso negro, música de las películas de Almodóvar con Miles Davis y excelentes joyas que sacará de la galera y divertirá a su amado con un *streep-tease* digno de Madonna.

Su sentido del humor y sensualidad combinados producirán una explosión en el tallo de jade del amante que quedará en el *Libro Guiness de los records*.

No hay que olvidar que para muchos porcinos el sexo está ligado a la reproducción y en cada encuentro tendrán la posibilidad de gestar una legión de descendientes.

El chancho abarca toda la gama de posibilidades: fantasías, secretos, orgías, *swingers*; enfiestarse y volver a la dualidad son variantes del signo más lujurioso del zoo chino.

Les aconsejo graduar las dosis porcinas.

El chancho y su energía

★ CHANCHO DE **MADERA** (1935-1995-2055)
Un sibarita extrasensorial
Tiene una intuición poco común en los chanchos. Es muy organizado y estable, se maneja con firmeza y seguridad en la vida y por lo general sabe tratar con mucha diplomacia a la gente que tiene a su alrededor.

Amable y bondadoso, posee una vida espiritual muy positiva y relajada. Tiene un gran sentido del humor y se toma los problemas con calma zen. Se adapta fácilmente a las situaciones y resuelve muchos de sus inconvenientes de una manera persuasiva sin uso de la violencia.

Resulta muy trabajador, creativo y su entusiasmo es más pronunciado que el de los demás chanchos. Logra puestos que otros nunca alcanzarían y es muy respetado por sus colegas. Puede ser un poco amarrete de vez en cuando.

Capaz de dar lo mejor para su hogar y su familia, hace del chiquero una *suite* cinco estrellas. Le encanta entretener a sus hijos y está pendiente de su compañía.

Como amantes es muy efusivo y sensual, aunque es necesario que esté bien motivado, porque de otra forma, puede llegar a distraerse un poco.

★ CHANCHO DE **FUEGO** (1947-2007-2067)
Un chancho sobrevaluado
Llegar a conocer y a descifrar a este chancho es una tarea a largo plazo. Su personalidad es bastante distinta del resto de sus compañeritos porcinos y se maneja en la vida de maneras muy curiosas.

Está lleno de recursos para sacar de la manga y tiene habilidad para transmitir sus emociones hacia la gente que lo rodea y hacer que la situación se oriente para el lado que él quiere. Saca provecho de cosas que otras personas nunca imaginarían, y está dotado de una brillante lucidez.

Es muy probable que este chancho logre un importante éxito profesional y material en su vida, debido a su intuición para los negocios y su alto sentido de la organización.

Un buen consejo para aquel que haya echado el ojo a nuestro querido chancho de fuego, es tratar de no hacer evidente el deseo por conocerlo profundamente cuando se está iniciando la relación. Hay que dejarlo a él solo desplegar su ramo de cualidades y respetar sus tiempos. No desesperar si se muestra un poco autoritario, es algo que a veces no puede evitar. Con un poco de paciencia, se podrá disfrutar de todo lo sexy, apasionado y cariñoso que este chancho puede ser.

★ CHANCHO DE TIERRA (1959-2019-2079)
La Vía Láctea en tu corazón
Este chancho es de los más calmos y sensibles de todos. Sus objetivos en la vida serán de una naturaleza simple, llana y humilde. Las relaciones humanas serán su incentivo número uno, y siempre estará pendiente de cómo hacer felices a los demás.

No es el más activo de los chanchos, y su meta en la vida se centrará en lograr una estabilidad en el amor y en la familia. No tendrá muchas pretensiones materiales, sólo contar con sus seres amados cuando lo desee y lo necesite.

Es una persona tímida, reservada y un poco temerosa del mundo exterior. Resulta necesario que este chancho no esté demasiado tiempo encerrado en su universo y que conozca a más personas además de su familia y sus amigos más íntimos, que a menudo son pocos. Tiene que entender que el mundo no siempre es agresivo y peligroso y que hay muchas oportunidades más allá de su cálido chiquero.

Es realmente lujurioso a la hora de la pasión, tal vez el más ardiente de todos los chanchos. Muy seductor, hechiza con su mirada y con pocas palabras. Necesita alguien más enérgico y activo que él para equiparar la balanza del amor y para realizar tareas que a este chancho no le nacen cuando está solo.

★ CHANCHO DE METAL (1911-1971-2031)
Un vellocino de oro y pasión
Fascinante, lleno de sorpresas y con mucha personalidad. Responsable, carismático y dotado de una mente práctica y sabia, parece tener la experiencia de milenios vividos en la eterna rueda de la encarnación.

Nació para hacer el bien y para ayudar a los más necesitados; posee alma de mecenas y a lo largo de su vida se ganará el digno respeto que merece.

Es menos exigente que otros chanchos con respecto a los lujos de la vida; lo material no es lo más importante para este ejemplar, que compensa la existencia con su onda y su energía, aunque suele ser muy exitoso.

Resulta responsable a la hora de ganarse la vida y mantener a su familia; excelente padre y muy protector, a veces se le va la mano con cuidados excesivos.

Famoso por su llama y su pasión en el amor; lujurioso y ultraerótico, es muy fiel con la persona que comparte su techo y su cama. No es una persona fácil de conocer de entrada, y puede tomar la vida entera hasta que uno llegue a penetrar en su mente. Es bueno que tenga amigos que lo entretengan y que estimulen su sentido del humor, ya que lo tienen un poco apagado, aunque, cuando se copa, ¡cómo se copa!

★ CHANCHO DE AGUA (1923-1983-2043) **Un chancho utópico**
El fuerte carácter de este chancho es uno de sus rasgos más distintivos. Suele meterse en problemas que se desarrollan a largo plazo y es común verlo arrepentido de haber hecho lo que hizo tiempo atrás. Es un poco tedioso y bastante cabeza dura. Sin embargo, resulta extremadamente apasionado y lo más importante en su vida es el amor. La principal motivación en su existencia es tener una familia a quien cuidar y proteger, y se esfuerza enormemente en educar a sus hijos a su estilo, les guste o no. Si tiene hijas, es bastante guardabosques con los pretendientes que osan golpear la puerta de su hogar.

Aunque parezca muy seguro de sí mismo, por lo general oculta una fragilidad y una susceptibilidad que emerge cuando se lo provoca o fastidia. Suele tener una larga cola de admiradores a sus espaldas, ya que es muy elegante y galán. La fidelidad no es un rasgo que realmente lo caracterice, y a menudo es poco disimulado si está teniendo una aventura extramatrimonial. Un buen consejo para mantener una relación constante con este chancho, es darle los respiros que merece cuando es necesario y tratar de no ahogarlo con planteos que se sabe van a irritarlo.

€l chancho y sus ascendentes

★ CHANCHO ASCENDENTE **RATA** (11 p.m. a 1 a.m.)
Un chancho vicioso, astuto y muy entrometido. Trabajará cuando lo necesite e inspirará protección. Le encantará ser el primero en enterarse de las cosas, y le costará guardar un secreto.

★ CHANCHO ASCENDENTE **BÚFALO** (1 a.m. a 3 a.m.)
Un autoritario y responsable chancho que pensará en el deber sobre todas las cosas. Disciplinado, estudioso, obsesivo, no claudicará en sus objetivos. Buscará el apoyo de la familia y los amigos cuando esté deprimido.

★ CHANCHO ASCENDENTE **TIGRE** (3 a.m. a 5 a.m.)
Un chancho rebelde y corajudo que buscará la justicia y la defenderá en forma incondicional. Será muy inconstante, ciclotímico y vicioso. Tendrá que hacerse cargo de las pasiones que despierta y de los hijos que trae al mundo.

★ CHANCHO ASCENDENTE **CONEJO** (5 a.m. a 7 a.m.)
Un refinado, estético y sibarita chancho al que le costará encontrar su vocación. Estará apegado a la familia y necesitará amor para su realización holística.

★ CHANCHO ASCENDENTE **DRAGÓN** (7 a.m. a 9 a.m.)
Un chancho con ambición. Protagonizará sucesos extraordinarios, cambiará de trabajo, país y amigos con asombrosa rapidez. Hará fortuna, la gastará y empezará de nuevo.

★ CHANCHO ASCENDENTE **SERPIENTE** (9 a.m. a 11 a.m.)
Un chancho posesivo, celoso y muy exigente. Tendrá gustos caros, ambiciones desmedidas y mucha suerte para conseguir lo que se proponga. En el amor desplegará sus encantos, conquistando lo imposible.

★ CHANCHO ASCENDENTE **CABALLO** (11 a.m. a 1 p.m.)
Un eterno inconformista al que habrá que seguir o abandonar. Ambicioso, egocéntrico, déspota, no soportará perder. Necesitará triunfar en su vocación y hará todo lo posible para lograrlo. El amor le llegará cuando menos lo espere.

★ CHANCHO ASCENDENTE **CABRA** (1 p.m. a 3 p.m.)
Un chancho sensual, gracioso y artístico que desbordará generosidad y camaradería. Tendrá una casa confortable y gente que lo protegerá. El amor será su refugio y estímulo creativo.

★ CHANCHO ASCENDENTE **MONO** (3 p.m. a 5 p.m.)
Un chancho original, inteligente y profundo que sabrá los secretos de las relaciones entre los seres humanos. Descollará en su profesión, tendrá amores y amigos que lo adorarán y protegerán.

★ CHANCHO ASCENDENTE **GALLO** (5 p.m. a 7 p.m.)
Un ejemplar minucioso, programado y extravertido al que habrá que darle pautas de vida. Encontrará tarde su vocación y se dispersará en los laberintos de su imaginación.

★ CHANCHO ASCENDENTE **PERRO** (7 p.m. a 9 p.m.)
Solitario y arisco, vivirá observando a los demás para luego criticarlos. Trabajará intensamente y guardará el dinero para la vejez. Tendrá varios amores y matrimonios; pero con la vejez puede volverse avaro, miserable y terminar solo.

★ CHANCHO ASCENDENTE **CHANCHO** (9 p.m. a 11 p.m.)
Un diamante en bruto al que habrá que saber pulir sin dañarlo. Necesitará más amor que otras cosas para ser feliz, desarrollarse y crecer artísticamente. Un espécimen sabio e intelectual.

El ascendente y el amor

★ ASCENDENTE **CHANCHO** (9 p.m. a 11 p.m.)
Los chanchitos tienen su propia manera de demostrar los sentimientos. Son personas bastante particulares que necesitan consentir y complacer a los seres que aman y a sí mismas.

Son tal vez un poco celosos con quienes aparecen en escena: en ocasiones tienden a demostrarlo con miradas asesinas. Esto se debe a que por lo general ellos son seres fieles, apasionados y siempre dispuestos a apoyar a su ser amado en cualquier circunstancia de la vida. Pero hay que tener cuidado, son también más astutos de lo que parecen, y a veces pueden tener amantes escondidos que nunca se descubren.

Aman la vida en familia, son caseros y proveen a sus hijos de la mejor educación y cuidado. Son sibaritas: les encanta comer y suelen ser excelentes cocineros. Hay que ayudarlos a que cuiden su estado físico, ya que a menudo tienden a dejarse estar y a no hacer ningún tipo de ejercicio.

Son muy trabajadores y por lo general logran éxitos de gran importancia; consiguen reconocimiento en lo que hacen.

A veces hay que sacudirles un poco la cabeza o darles unas palmadas porque suelen quedarse dormidos fácilmente o vagar en su mundo propio.

Personajes famosos del signo Chancho

★ CHANCHO DE **MADERA** (1875-1935-1995)
Luciano Pavarotti, Dalai Lama, Woody Allen, Maurice Ravel, Isabel Sarli, Antonio Ravazani, Pinky, Jerry Lee Lewis, Julie Andrews, Bibi Anderson, Alain Delon, Eduardo Gudiño Kieffer.

★ CHANCHO DE **FUEGO** (1887-1947-2007)
Deepak Chopra, Mercedes Sosa, Carlos Santana, Glenn Close, Hillary Clinton, Brian May, Arnold Schwarzenegger, Steven Spielberg, Jorge Marrale, Víctor Hugo Morales, Iggy Pop, Keith Moon, Oscar Moro, José Carreras, Georgio Armani, Mick Taylor, Ron Wood, Steve Howe, Chiang Kai-Shek, Mijail Barishnikov, Richard Dreyfuss, Jorge González.

★ CHANCHO DE **TIERRA** (1839-1899-1959)
Fabiana Cantilo, Jorge Luis Borges, Gustavo Ceratti, Silvana Suárez, Darío Grandinetti, Michael Hutchence, Victoria Abril, Michelle Acosta, Pedro Aznar, Al Capone, Ernest Hemingway, Humphrey Bogart, Indra Devi, Rosana Arquette, Angus Young, John D. Rockefeller, Val Kilmer, María Socas, Adrián Ghio, Bobby Flores, Fred Astaire, Alfred Hitchcock.

★ CHANCHO DE **METAL** (1851-1911-1971)
Ernesto Sábato, Winona Ryder, Carolina Peleritti, Claudia Schiffer, Eugene Ionesco, Robert Taylor, Ginger Rogers, Ricky Martin, Diego Torres.

★ CHANCHO DE **AGUA** (1863-1923-1983)
René Favaloro, Sai Baba, Juan Manuel Fangio, príncipe Rainiero de Mónaco, Charlton Heston, Eduardo Falú, María Callas, Carlos Páez Vilaró, Henry Kissinger, David Perez.

Carolina Peleritti

Testimonio

Yo soy un chancho
CAROLINA PELERITTI - ACTRIZ

Me considero una... chancha porcina en absoluto con mi piel rosa refregándose en las maderas de mi chiquero, mi lugar en el mundo, mi cosmos de barro, mezclado con los residuos de la vida mundana.

Por mis sentidos pasan todos los placeres. En ellos me inundo y nutro infinitamente. Soy fiel al instinto salvaje y vuelvo a él con el profundo sonido de mi nariz, esponjosa e inmunda.

Adentro de mi, también todo es rosa, mi carne es sabrosa, tensa y dura, grasa hasta el límite perfecto, hasta la combinación exacta de glamour y chanchada...

Podría escribir de mi natural personalidad chanchuna, pero creo que ya pasaría a relatar claros ejemplos de diferentes comportamientos e instintos animales, y para eso, mejor estudiarnos en Animal Planet...

A todo este universo de animales... experiencia y sabiduría ¡¡¡Buena vida!!!

Chancho
Tabla de compatibilidad

	AMISTAD	AMOR	TRABAJO	TRUEQUE
Rata	↕↕↕↕↕	♥♥♥	$$$$	♌♌
Búfalo	↕↕↕	♥♥♥	$$$$	
Tigre	↕↕↕↕↕	♥♥♥♥	$$$$	♌♌♌♌
Conejo	↕↕↕↕	♥♥♥♥	$$	♌
Dragón	↕↕↕	♥♥	$$$	♌
Serpiente	↕↕↕↕	♥♥	$$	♌
Caballo	↕↕↕↕	♥♥	$$$$	♌♌
Cabra	↕↕↕	♥♥♥♥	$$$	♌♌♌
Mono	↕↕↕↕↕	♥♥♥♥	$$$$	♌
Gallo	↕↕	♥♥	$$	♌♌
Perro	↕↕↕	♥♥	$$	♌♌
Chancho	↕↕↕↕↕	♥♥♥♥♥	$$$	♌♌♌♌♌

- Bajo astral
- • Posible
- • • Bien
- • • • Super
- • • • • Conexión total

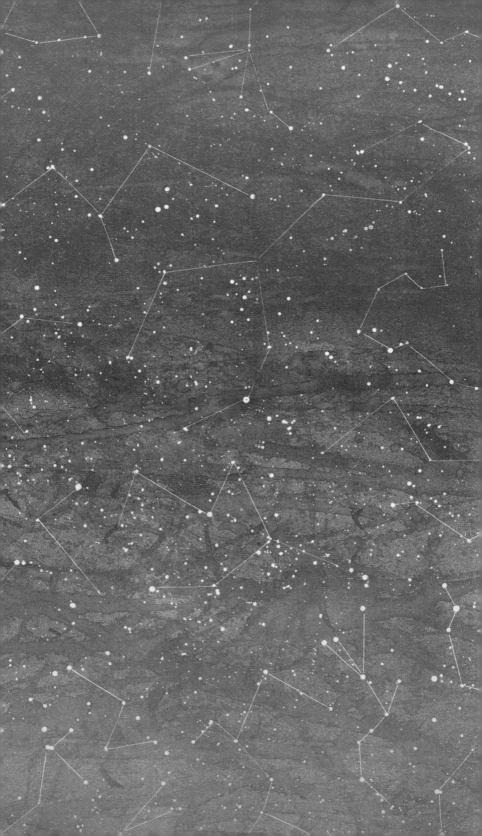

Los chicos y el horóscopo

Por Macarena Argüelles

Ya lo dijo la inolvidable Madre Teresa: los mejores maestros son los niños.

Cada chico es un MILAGRO. Aprender a conocerlos es una tarea sublime que nos enseñará a ayudarlos y, de paso, nos hará mejores personas, liberándonos de algunos fantasmas de nuestra propia infancia. A través de sus ojos se nos abre un universo mágico e ilimitado que no todos saben o quieren compartir.

Ludovica ama a los chicos. No los subestima ni los desvaloriza. Los respeta. Los *juniors,* hipersensibles como son, detectan inmediatamente la luz interior y exterior de su pitonisa amiga.

Al pequeño zoo le divierte el horóscopo chino y hasta se sienten más identificados con el animalito que les tocó en suerte que con su signo occidental. ¿Acaso no suena más copado ser una linda gatita de metal que una capricorniana a secas o un tigre de fuego que un simple geminiano?

Decenas de chicos trabajaron conmigo, felices, y me dieron grandes pistas para armar este capítulo. Ojalá que alguna les sirva para comprenderlos un poco más y quererlos mejor.

De lo demás se ocuparán ellos mismos.

M. A.

Niño Rata

La ratita presumida, coquetamente vestida y peinada, barría la vereda con esmero cada día para que la vieran al pasar; e iba rechazando, uno a uno, babosos pretendientes por groseros y ruidosos. Gracias a su mezcla de ingenuidad y ambición casi termina en las fauces de un gato malvado. ¿Quién la salvó finalmente? Su tímido y precavido ratón vecino de toda la vida, que acabó conquistándola con su astucia y su valor.

Todos estos aspectos, y varios más, conviven en este complejo animalito.

Que te quiera un ratoncito es una prueba que vale la pena atravesar. Son niños que resguardan su mundo interior, al que nos invitan sólo por un rato. No buscan la soledad porque la llevan consigo, acarrean su cuevita invisible dondequiera que vayan y entran y salen de ella como por arte de magia. Sin embargo, no tienen ni un bigote de autistas. Su antenita parabólica capta TODO lo que pasa alrededor... o lo que va a pasar.

Ni sueñen con tratar de engañarlos. Su natural desconfianza se debe a que son realistas y están preparados para afrontar la verdad desde chiquitos. Perder la fe en las personas más importantes de su vida, puede convertirlos en adultos cínicos y egoístas.

Individualistas natos, suelen ser los más "distintos" de la familia. Las niñas suelen sentirse unas "lauchitas", sufren más de un complejo en su infancia y adolescencia, para luego convertirse en mujeres ESPLÉNDIDAS, que nunca son conscientes de su belleza. Necesitan tiempo para metabolizar los hechos y las personas. Prefieren el papel de observadores pues detestan ponerse en evidencia.

Son bien tiranitos cuando se les antoja y piden atención a gritos; más vale que se la demos porque su sensibilidad herida no cicatriza fácilmente. Necesitan y aceptan límites, siempre y cuando sean sensatos y razonables.

Meticulosos, creativos y rapidísimos, las maestras no siempre los captan. Son selectivos con sus amistades. Elegirán sólo dos o tres buenos amigos que les durarán toda la vida.

Generalmente son menudos y ágiles, comen poquito todo el tiempo; no los atormenten con el tema porque son sanísimos. ¡Y qué limpitos! Nunca les costará mandar a una ratita "al agua pato".

Los que pudimos disfrutar de cerca la pícara mirada de un ratoncito, nos enamoramos perdidamente de esos ojos brillantes que iluminan nuestras mañanas y sentimos sus dientitos de leche clavados, para siempre, en nuestro corazón.

Relaciones hijos y padres

★ RATA - RATA

¡¡¡BINGO!!! Se sienten absolutamente cómodos y a salvo el uno con el otro. El pequeño roedor intuye al toque cuando el horno no está para bollos y se esconde en su guarida a esperar. El ratón adulto siente en su propia piel cuando su ratita está atribulada y la acompaña sin hacerle molestas preguntas. Y, por el mismo precio, los dos son obsesivos del orden y la limpieza así que tendrán un motivo menos de pelea.

★ RATA - BÚFALO

El progenitor búfalo se deja seducir por su ratita. Ésta le aporta magia y alegría a su rutina. El arisco roedor se dejará adorar sin demostrarle demasiado su cariño, pero en los momentos de zozobra, será al búfalo el único a quien recurra. Éste hará bien en enseñarle a ganarse el queso con el sudor de su frente.

El bufalito es paciente. Al roedor no le vendría mal contagiarse de su retoño y sacar el pie del acelerador. Ambos sueñan con grandes cosas. La rata mundana estimulará al poco sociable bufalín, pero deberá resistir a la tentación de moldearlo a su imagen y semejanza: MISIÓN IMPOSIBLE. No hay nadie más testarudo que su hijito con cuernos.

★ RATA - TIGRE

Mixed feelings. La ratita admira al tigre como persona; pero como padre no termina de cerrarle. El ratoncito es práctico y concreto mientras que su felino progenitor es algo delirante. No estaría mal que se imitaran mutuamente. Juntos la pasan bomba, el tigre o la tigresa tirarán la cueva por la ventana para los cumpleaños de su lauchita.

Al felinito lo beneficia el pragmatismo de su papá o mamá rata. A veces el roedor es demasiado directo y duro con el tigrecito, sobre todo a la hora de bajarle los humitos, pero con el tiempo se lo agradecerá. Lo que no le agradecerá es su manía compulsiva por el orden... palabra que no existe en el disco rígido de los pequeños tigres. MICKEYS Y MINNIES de mi corazón, aflojen con el plumero.

★ RATA - CONEJO/ GATO

El vástago roedor intentará sacar provecho de su aplomado progenitor con toda clase de caprichos, que le serán concedidos por un tiempo... hasta que una mañana fatal, mamá coneja o papá gato pierda la paciencia y le lance una mirada más gélida que la del Capitán Hielo. Astutos ratoncitos, empiecen a considerar el plan B.

Es difícil que un gatito pierda la calma, pero la acelerada rata es capaz de lograrlo. No soportan ver al conejito haciendo fiaca y pululan por la casa buscándole cosas para hacer. "¡¡¡Ya vaaaaaa!!!", se defiende como puede el pequeño siamés. Si quieren evitar un Tom y Jerry en continuado aconsejo a los ratones padres o tutores que hagan contacto con el reloj biológico de sus gatitos.

★ RATA - DRAGÓN

Bienaventurado el ratoncito que ligue a un dragón en el reparto de padres. Tienen tantas coincidencias que la vida les regalará una fiesta compartida. Como el resto de la humanidad no termina de captarlos, el fogoso progenitor comprenderá íntimamente a la ratita y le dará la confianza que le falta para ser ella misma.

El dragón infante mantiene hechizado al sensitivo roedor. Disfruta de su alegría y su carácter tan expresivo. Con su dragoncito, la rata se suelta y muestra su faceta más lúdica. El mitológico animalito aprenderá el arte del ahorro y la previsión de la prudente rata. Juntos, unirán el Cielo con la Tierra.

★ RATA - SERPIENTE

La víbora adulta es controladora y posesiva, suele enroscar a los hijos con su amor, y la ratita necesita independencia. Está programada para tomar sus propias decisiones y hacer las cosas por sí misma desde que deja los pañales. Sólo va a resultar si la serpiente respeta su hermetismo y no la invade.

Para la viborita, su mamá reúne la belleza de Cameron Díaz, el magnetismo de Nastassia Kinsky y la inteligencia de Norma Aleandro (roedoras todas ellas). Odia compartirla con sus hermanos aunque teme sus repentinos ataques de cólera. Papá ratón tiene en mente demasiadas ambiciones para la serpientita, que nacen de su propios deseos inalcanzados... ¡OJO AL PIOJO!

★ RATA - CABALLO

La ratita mira al transparente caballo con esa expresión de "yo sé lo que estás pensando" y lo obliga a cambiar de speech sobre la marcha. Ambos admiran la franqueza. Cuando el pequeño roedor está de mal humor el potro o la yegua tienen el don de devolverle la sonrisa. Lo que le da por los... bigotes al reservado ratón es que su desbocado padre hable de él en público. *WILD HORSES*, metiendo violín en bolsa.

El potrillito, algo torpe y atolondrado, recibirá más de un reto del meticuloso roedor, que tendrá que aprender a contar hasta diez antes de estallar. Las yegüitas coquetas imitan a mamá rata. Son muy compañeras pero las ciclotímicas ratonas pueden herirlas con sus reacciones imprevistas. Los caballitos son tan sensibles como fuertes.

★ RATA - CABRA

Un vínculo digno de Freud. Pueden volverse muy dependientes una de la otra. A medida que crezca, la ratita aprenderá a organizarle la vida a la soñadora cabra y a decirle lo que nadie se atreve por miedo a lastimar su espíritu frágil. A cambio, la cabra será su sostén afectivo y la iniciará en el amor por el arte y la cultura. A veces la ratita siente que el precio por tanto amor es demasiado alto... *if you know what I mean*.

Los padres ratones manifiestan lo mejor de sí con el tierno chivito. A la cabrita no le molesta que la dirijan mientras se sienta segura y calentita. La prueba de fuego será en la adolescencia, cuando el niñito adorable que tocaba la guitarra se convierta en el rockero metálico más famoso del vecindario. No desesperen; por lo mismo pasaron los padres de Mick Jagger, Keith Richards y Jimmy Page, cabras que hicieron historia.

★ RATA - MONO

CASI UNA EXPERIENCIA RELIGIOSA. El inseguro ratón saca pecho cuando está cerca de su simio progenitor. El orangután siente con su ratita una conexión muy fuerte, le encanta salir con ella porque todo le divierte. En el fondo son dos personalidades sólidas, pragmáticas y responsables que saben abrir la puerta para ir a jugar. *CHAPEAU*!!!

Al pequeño chimpancé, la rata lo tiene cortito. Y como al monito los ratones le caen bien, se dejará "supervisar" con gusto. Eso sí, cuando se le meta algo en la mollera no va a renunciar a su voluntad ni por todas las bananas del mundo; el roedor es tan determinado como su hijo y nunca le pedirá esos sacrificios. UNA MONADA.

★ RATA - GALLO

Al extravagante y sociable gallo le costará entender por qué de a ratos, y sin causa aparente, su simpático ratoncito se vuelve tan huraño. El roedor a veces necesita silencio y tranquilidad, algo difícil de lograr en el gallinero. Tan difícil como que el ave de corral cierre el pico y guarde un secreto de la discreta ratita... y kikirí que le haga.

El emplumadito necesita que le reafirmen su importancia; la rata sólo lo hará de a ratos, cuando esté en un *good mood*. Si se trata de mamá ratona y gallinita, hojearán juntas la revista *Para ti*. Ambas son prolijas y ansiosas y pueden ponerse algo OBSESIVAS. Té de tilo... y a otra cosa, mariposa.

★ RATA - PERRO

La ratita goza de un biorritmo más bien acelerado. El estilo aplomado pero alerta de su can progenitor le marcará el rumbo. Puede ser que el prudente perro no le resulte tan divertido como los padres de sus compañeritos; pero éstos recurrirán al papá o la mamá del ratoncito cuando necesiten consejo. La lauchita se los "prestará" con orgullo.

El melancólico cachorro recibirá una constante inyección de optimismo del práctico papá ratón o mamá rata. No le vendría mal imitar al roedor y pensar más en sí mismo y menos en los demás. Aprenderán uno del otro a discernir entre ideales y ambiciones, menuda tarea si las hay. Juntos lo lograrán.

★ RATA - CHANCHO

La ratita disfruta del *look* "hágalo usted mismo" que el cerdo imprime a su hogar. El ratoncito querrá una mascota; de puro caprichoso. El chancho aceptará gustoso porque es superbichero y terminará ocupándose él mismo del *pet* del "nene" o la "nena". Al minúsculo y ansioso roedor a veces lo exaspera la sangre fría del porcino pero le tiene tanto cariño que no lo juzga como al resto de la tribu.

Un padre que come queso más que padre es un amigo. La rata procreadora y el chanchito infante hasta suelen parecerse físicamente. El cerdito ni se inmuta cuando el ratón está "sacado". Éste le agradece su discreción en silencio cuando pasó la tormenta. OINK, OINK.

Niño Búfalo

Quienes tuvieron la suerte de ver la película inglesa *Billy Elliot* recordarán a ese chico puro, compasivo y determinado, que luchó contra la más completa adversidad para cumplir con su sueño y terminó convirtiéndose en un bailarín prodigioso. Billy era un auténtico bufalito, de agua, para ser más precisos. Y su fuerza y convicción son marcas de fábrica en estos nobles animalitos.

La mayoría de los búfalos no tienen una infancia fácil. Por alguna razón que sólo ellos conocen, les toca sufrir en una etapa de su niñez. Con el tiempo van a bloquear ese recuerdo: son demasiado "duros" para andar llorando en los rincones pero el dolorcito queda hasta que forman sus propias familias, y para eso, en definitiva, nacieron.

Son chicos sanos, deportistas y competitivos. Parcos por naturaleza; sólo dicen lo justo en el momento justo y van al grano. Son muy respetados por el resto de la "tribu". En la familia y el colegio suelen ser los "defensores de pobres y ausentes". Ese espíritu de solidaridad y justicia crecerá con ellos y es su don más maravilloso. Es una bendición tener un bufalito en casa porque se puede contar con ellos indefinidamente.

Las bufalitas son bastante *yang*. Son de las que trepan a los árboles con sus primos varones y se niegan a usar vestiditos con punto *smock*.

No existe ser más terco que un pequeño buey; éste es su gran defecto-virtud que sus seres queridos deben aprender a manejar.

Es el tipo de alumno que no le cae simpático a la maestra pues no se esfuerza por agradar. Debajo de este grueso pellejo, hay un almita solitaria que pide amor a gritos. Terriblemente celosos, no lo van a demostrar ni a palos.

Sensibles a la tradición, los abuelos son importantísimos para ellos y siempre hay uno que marca su destino. Es un lazo que sus padres harían bien en fomentar.

A veces sus familias los descuidan en la pubertad y adolescencia porque parecería que se cuidan solos. CRASO ERROR: los bufalitos son *naïve* y muy influenciables a las malas compañías. Es una etapa para profundizar el DIÁLOGO, algo que les cuesta por naturaleza.

La mirada transparente de un bufalito te traslada a tiempos lejanos de caballeros y princesas, cuando la palabra, el respeto y el honor eran valores inquebrantables. Como su pequeño gran espíritu.

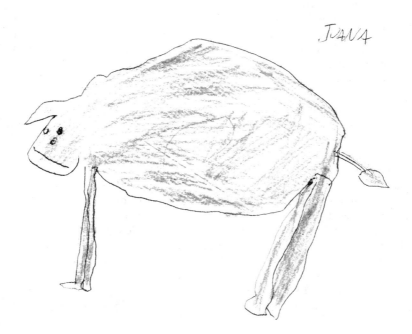

Relaciones hijos y padres

★ **BÚFALO** - RATA

El bufalito es paciente. Al roedor no le vendría mal contagiarse de su retoño y sacar el pie del acelerador. Ambos sueñan con grandes cosas. La rata mundana estimulará al poco sociable bufalín, pero deberá resistir a la tentación de moldearlo a su imagen y semejanza: MISIÓN IMPOSIBLE. No hay nadie más testarudo que su hijito con cuernos. El progenitor búfalo, se deja seducir por su ratita. Ésta le aporta magia y alegría a su rutina. El arisco roedor se dejará adorar sin demostrarle demasiado su cariño, pero en los momentos de zozobra, será al búfalo el único a quien recurra. Éste hará bien en enseñarle a ganarse el queso con el sudor de su frente.

★ **BÚFALO** - BÚFALO

Entre ellos se entienden. Y se descifran. Su diálogo será un "ping-pong" de frases cortas y concretas. El que ande con ganas de chusmear, mejor que salga corriendo de esa casa. Pueden pasarse horas juntos escuchando música de la década de los 70 y mirando partidos de tenis por cualquier canal de deportes. Se extrañan muchísimo cuando están separados y si algo del otro les molesta no se andan con rodeos. AL PAN, PAN, Y AL VINO, CHOCOLATADA.

★ **BÚFALO** - TIGRE

Al bufalito lo deslumbra el tigre, y está siempre listo para ser su intrépido compañero de aventuras. Al resto de la tribu le costará seguirles el ritmo. Tendrán alguna que otra agarrada, pero ambos poseen la cualidad de no ofenderse. Un verdadero DÚO DINÁMICO.

El impetuoso cachorrito de tigre hallará en el buey la calma que necesita para dominar sus instintos salvajes. Papá o mamá búfalo se divertirá con su personalidad llena de vida. No intentarán coartar su libertad pero sí le harán respetar ciertos mandatos. El tigrecito los acatará porque conoce bien los bueyes con que ara.

★ **BÚFALO** - CONEJO / GATO

El bufalín es un diamante en bruto y el conejo adulto será un verdadero Pigmalión para su hijito. Lo refinará y le regalará el don del tacto y la sutileza. Como ambos son de metabolismo lento se tomarán el tiempo para disfrutar de las pequeñas cosas, pero el incansable Bufalito Bill empujará al viejo Bugs Bunny a mover un poco más el rabito.

El gato o conejito se va apoderando de a poco de la vida de su papá o mamá buey. Esa miradita felina hechiza de tal manera al búfalo, que es capaz de trabajar mil horas extras para darle todos los gustos a la criatura. El conejillo lo retribuirá llenándolo de besos y mimos y logrará el milagro de desestructurarlo. FRANELA TOTAL.

★ **BÚFALO** - DRAGÓN

El dragón tiene grandes metas en su vida para él y sus hijos, pero los pequeños bueyes pueden sentirse intimidados y hasta disminuidos ante tanta grandeza pues ellos necesitan la seguridad del día a día. En el fondo ambos son igualmente audaces pero con diferentes estilos. PIANO, PIANO al combustible progenitor. Ser hijo de un búfalo puede ser una bendición para un dragoncito, aunque no le resulte divertido. Aprenderá del buey a creer más en la constancia y el esfuerzo que en el brillo de los fuegos artificiales. Mamá o papá búfalo admirarán la creatividad y originalidad del dragoncillo, pero lo mantendrán con las patitas en la tierra.

★ BÚFALO - SERPIENTE
Si el ofidio es el jefe o jefa de la casa, incentivará la independencia del bufalito, que al ser algo parco y tan familiero, encuentra difícil salir de su núcleo más íntimo. La serpiente, firme pero cariñosa, lo impulsará sin que se sienta desprotegido. De yapa, le dará al dogmático buey el toque zen que a veces les falta.
Con el búfalo, la serpientecita se sacó el primer premio en el QUINI-PADRES. Se siente y sentirá segura, comprendida y mimada por el buey toda su vida. Pero atención, esta luna de miel filial despierta celos en el resto de la familia y será el equitativo búfalo quien deba aplacarlos.

★ BÚFALO - CABALLO
El bufalito es naturalmente disciplinado. Esto le viene bien al equino procreador, que admira los buenos modales pero le aburre enseñarlos. Comparten la ingenuidad y los buenos sentimientos y juntos pastarán por los prados de la vida. El veloz corcel se tomará el tiempo de esperar a su buey pequeñín, pero nunca se detendrán.
El potrillito quiere imitar al buey progenitor pero sus *timings* son diferentes. Los dos aman la luz del día y los desafíos pero el búfalo le enseñará a ser más precavido. Al optimista caballito le resultan un plomo ciertos estados melancólicos de su padre bufaloso, pero con él siempre se siente seguro y a salvo.

★ BÚFALO - CABRA
ATENCIÓN, padres cabrunos. Si quieren evitar futuros desencuentros con sus bufalitos, no insistan con llevar a la nena al Colón o al nene al Museo de Bellas Artes. "*BULLSHIT!*", rezongará el poco diplomático buey. Para infiltrar el amor al arte en sus pequeñas osamentas, deberán hacerlo de a poco y como quien no quiere la cosa.
La cabrita tiene muchas ideas pero le cuesta concretarlas. El búfalo es un hacedor y a veces cree que su chivito piensa demasiado. Unidos por el amor, pueden encontrar el equilibrio entre la cabeza y la acción. Un hijo dócil como la cabrita se dejará impulsar por el buey porque confía en que nunca lo dejará solo. No se equivoca.

★ BÚFALO - MONO
Al buey pequeñín le gustaría ser tan ágil y gracioso como su papá

mono, pero le cuesta cambiar su tono MONOcorde. Mamá mona siempre encuentra una solución creativa para los problemas de sus hijos y los bufalitos, tan generosos con su tiempo, serán fieles admiradores de las monerías maternas. KING KONG o la MONA CHITA a domicilio.

El cansino buey observa las andanzas de su monito con su típica media sonrisa, pero no siempre lo acompaña. Los pequeños chimpancés a veces se rebelan ante tanta reunión familiar que organiza el búfalo, pero terminan aceptando porque creen que los bueyes son los mejores y más sólidos padres del mundo. Tienen razón.

★ BÚFALO - GALLO

Si el búfalo es el hijo de esta relación, deberá poner piloto automático y tapones en sus oídos para soportar los altisonantes embates de su mamá gallina. Ésta lo premiará llevándolo consigo por los cien barrios porteños, de programa en programa. De papá gallo heredará su pasión por el deporte. ¡GOOOOOL!

Al buey le falta paciencia para el *trip:* pañales, vómitos y otros accesorios. A partir del primer cumpleaños del plumífero, la cosa mejora. Una sola palabra de papá o mamá buey tranquiliza al pollito más que un sedante. Ambos adoran compartir aburridísimas historias familiares. El silencioso búfalo nunca interrumpirá a su "piquito de oro". TRADICIÓN, FAMILIA Y BLA, BLA, BLA.

★ BÚFALO - PERRO

En sus primeros años, el buey pondrá a su madre o padre canino en un pedestal. El perro se sentirá identificado con la timidez del bufalito porque él mismo la sufrió de chico y tenderá a sobreprotegerlo. El bufalito es más fuerte de lo que parece y se rebelará ante tantos cuidados, pero el balance definitivo será de AGRADECIMIENTO TOTAL.

El can es una fotocopia de su progenitor búfalo. Ambos son enemigos de las estridencias. El buey no necesita inculcarle al cachorro sus valores de honradez y lealtad porque el can ya los trae incorporados. La única contraindicación es que se encierran en sí mismos cuando están atribulados. Tarea para el hogar: mejorar la COMUNICACIÓN.

★ BÚFALO - CHANCHO

Los padres chancho son amorosos y divertidos, pero algo colgados de la palmera. El pequeño buey tendrá que flexibilizarse y comprender desde pequeño que mientras él organiza, el cerdo improvisa. El conservador bufalito acabará aceptando por amor a su progenitor *hippie. PEACE AND LOVE.*

El cochinito goza de una imaginación infinita. El buey llama a las cosas por su nombre pero admira el vuelo y la fantasía que despliega su chanchito. Hacer reír a un búfalo no es tarea fácil pero el cerdito lo logrará a menudo. Su bufaloso padre le dará sustancia a su vida y le ayudará a concretar su creatividad con disciplina.

Niño Tigre

Tyger, tyger, burning bright,
in the forests of the night...
William Blake

Tormenta estrepitosa de rayos fulgurantes o día de solazo reluciente: está llegando al mundo un tigrecito. Los seres nacidos bajo este signo no están hechos para las medias tintas y se encargarán de demostrarlo con el correr de los años.

Nada hace sospechar que el mimoso cachorrito que acunamos en nuestros brazos se convertirá en el poderoso y carismático ejemplar que alterará el statu quo de nuestra existencia.

De pequeños son suaves como gatitos, y de hecho lo son. Sólo un observador más avispado puede detectar señales de su futuro poderío pues éstas serán sutiles, casi imperceptibles.

Los bebés tigre son franeleros, tranquilos y dormilones. Eso siempre y cuando la leche esté a la temperatura justa, si no, prepárense para recibir un mamaderazo en la cabeza.

Acto seguido los enfrentará con su mirada luminosa y su sonrisa irresistible y "aquí no ha pasado nada".

Líderes por naturaleza, no aceptan una ley o un mandato sin cuestionarlo. Son los príncipes de la provocación. Dentro de ellos hay algo que se resiste a ser domesticado.

No es nada fácil educar a un tigrecito que nunca contesta: "Sí, mamá" o "sí, papá" y desafía constantemente lo establecido. Pero este espíritu libre e indomable, lleno de entusiasmo por la vida, es su mayor tesoro. Un progenitor sabio debería ayudarlo a encauzar su gran energía en vez de reprimirla.

Sociables y curiosos, les encanta estar con los adultos porque son "agrandaditos".

Son *girl* y *boy scouts,* siempre listos para la aventura. De sangre calentita, no les gusta perder ni a la rayuela.

Los felinitos varones vivirán agarrándose a las piñas con sus compañeros, las chicas se meterán en problemas por defender a la débil de la clase. Son audaces y temerarios, prepárense para visitar seguido las guardias médicas en busca de algún puntito de sutura o un yeso amigo. Nada grave.

Sólo en la intimidad de su guarida bajarán la guardia y se permitirán ser los mimosos cachorritos que vimos nacer. Si sus padres están cerca para calmarlos y darles confianza, los tigrecitos aprenderán a sentirse seguros sin tener que ocultar su esencia pura y vulnerable.

Relaciones hijos y padres

★ **TIGRE - RATA**
Al felinito lo beneficia el pragmatismo de su papá o mamá rata. A veces el roedor es demasiado directo y duro con el tigrecito, sobre todo a la hora de bajarle los humitos, pero con el tiempo se lo agradecerá. Lo que no le agradecerá es su manía compulsiva por el orden... palabra que no existe en el disco rígido de los pequeños tigres. MICKEYS Y MINNIES de mi corazón, aflojen con el plumero.

Mixed feelings. La ratita admira al tigre como persona; pero como padre no termina de cerrarle. El ratoncito es práctico y concreto mientras que su felino progenitor es algo delirante. No estaría mal que se imitaran mutuamente. Juntos la pasan bomba, el tigre o la tigresa tirarán la cueva por la ventana para los cumpleaños de su lauchita.

★ **TIGRE - BÚFALO**
El impetuoso cachorrito de tigre hallará en el buey la calma que necesita para dominar sus instintos salvajes. Papá o mamá búfalo se divertirá con su personalidad llena de vida. No intentarán coartar su libertad pero sí le harán respetar ciertos mandatos. El tigrecito los acatará porque conoce bien los bueyes con que ara.

Al bufalito lo deslumbra el tigre, y está siempre listo para ser su intrépido compañero de aventuras. Al resto de la tribu les costará seguirles el ritmo. Tendrán alguna que otra agarrada, pero ambos poseen la cualidad de no ofenderse. Un verdadero DÚO DINÁMICO

★ **TIGRE - TIGRE**
La adrenalina y el vértigo son divertidos por un rato, pero la vida real es otra cosa.

El tigrecito necesita aprender el valor del dinero y el tigre mayor tiene la suerte de vivir en la abundancia sin esforzarse demasiado. El felino progenitor está orgulloso de su cachorro y fomenta exageradamente su egocentrismo.

Algún otro integrante de la tribu deberá poner paños fríos a este majestuoso dúo antes que se produzca un incendio. *NEVER A DULL MOMENT.*

★ **TIGRE - CONEJO / GATO**
El progenitor conejo tiene la calma· chicha. La intensidad de su

cachorrito le enternece, pero esos planteos existenciales del tigrecito no encuentran eco ni respuesta en papá o mamá liebres. Ellos se enteran de las injusticias leyendo el diario en su sillón, con sus pantuflas de piel y un whisky en la mano. Comparten dos atributos que los acercarán: INTELIGENCIA Y CURIOSIDAD El conejito tendrá que acostumbrarse a andar a los saltos en un incómodo *port-enfant* que su mamá tigresa llevará de un lado al otro. Al gazapo le encanta salir, pero extraña su almohadita de plumas y su manta de angora. Los padres tigre estimulan el intelecto superior del conejillo, pero tanto despliegue de energía los deja exhaustos. NONI, NONI.

★ TIGRE - DRAGÓN
Al revés que el resto del zoo, un dragón jamás pondrá freno a los ímpetus de su cachorro de tigre. Lo estimulará a ir más lejos en pos de sus ideales. Para el mitológico progenitor, no hay nada que su retoño no sea capaz de lograr. Humildad y prudencia: CERO. Pero todo bien pues los dos funcionan de esa manera. A TODO O NADA.

Papá tigre festejará las payasadas del dragoncito y tendrá que compartir el estrellato dentro de la casa. El dragón es tan audaz como su felino progenitor, pero su mentalidad es más rígida. El liberal tigre a veces confundirá al pequeño dragón con su moral sui géneris. Haría bien en pensar antes de hablar delante del prejuicioso dragoncillo.

★ TIGRE - SERPIENTE
El padre serpiente le pondrá límites firmes al salvaje tigrecito pero sin levantarle jamás la voz, que en realidad es el único tipo de autoridad que respetan. A su vez el tigrecito le ayudará a tomarse la vida más a la ligera y a olvidarse por un rato de esa bendita agenda mental que las serpientes adultas llevan incorporada... ¡ALELUYA!

Los tigres y tigresas aman hacer lo que quieren y a la hora que quieren; las serpientes son abanderadas de la puntualidad y el compromiso. Si no van a poder cumplir mejor no prometan nada. Reconquistar a la sensata culebrita llenándola de regalos tampoco funciona. Remítanse a pedirles perdón y desarmarlas con su magia irresistible.

★ TIGRE - CABALLO
Los tigres tienen sus *fans* desde chiquitos; pero son contados con los dedos de una garra los que realmente los entienden. El potro o la yegua conocen la verdadera esencia de su felinito; sobre los hombros equinos, el feroz tigrecito se recuesta. Se divierten tanto juntos que ignoran al resto pero son tan egocéntricos que no se dan cuenta...

Los potrillos son líderes natos. Ante su progenitor tigre inclinan las crines y pasan a un segundo plano; se esfuerzan por demostrarle que heredaron su osadía y sus agallas. Como son más cándidos, pueden lastimar su cuerpo o alma en el intento. Para evitarlo, será mejor que el tigre se detenga y preste atención a los sentimientos del equinito.

★ **TIGRE** - CABRA

Desobediente y rebelde, el tigrecito necesita libertad y argumentos justos. Padres cabra: a su juego los llamaron, con ustedes el tigrecito andará como un violín pues respeta la bondad antes que el despotismo. La cabra, hipnotizada con el *charme* felino, suele endeudarse para dar los gustos al cachorro, y encima son ¡CARÍSIMOS! BEEEEE. Se escuchará el lamento del cabrito por toda la casa en busca de una pizca de atención de su padre o madre tigre. El felino le dará una palmadita en la cabeza y seguirá con su vorágine personal. PAREN LA MOTO. La cabrita necesita estímulo y aprobación de todo tipo. Tómense cinco minutos y tómense un té con la criatura.

★ **TIGRE** - MONO

Libertad, igualdad y bananas. Si el tigrecito necesita que le dejen la soga larga, con el progenitor simio, tendrá cuerda para rato. Gozan con el mismo humor, algo oscurito, que no le hace gracia al resto de la casa. El mono o la mona no intentará que el felinito baje el copete, pues ellos son aún más fanfarrones. MODESTIA APARTE...

El monito salta de rama en rama, seguro y confiado en que su papá tigre o mamá tigresa lo defenderá y auxiliará en todo momento. El felino es apasionado y ama el vértigo. El pequeño simio siente el mismo entusiasmo por la vida pero es más astuto y reposado. Necesitará más *relax* y menos LIVIN' LA VIDA LOCA.

★ **TIGRE** - GALLO

El cachorrito de tigre siente que nació para grandes cosas y le molesta que papá o mamá emplumado lo atosigue con pequeñeces. Si el gallo o gallina hacen un esfuerzo por callar a tiempo y no torturar a la fierita con sus propios miedos, en el futuro el *feed-back* será de empatía total.

El tigre estimula a su pequeño plumífero a expresar su *côté* audaz y original, pero la falta de horarios y rutinas desconcierta al pollito. Los arranques de furia del tigre o tigresa dejan al sensible gallito con las plumitas machucadas. Así que, padres felinos, controlen sus instintos feroces y bajen un cambio con sus pollitos.

★ **TIGRE** - PERRO

Después de un día ajetreado, el tigrecito hijo de perro (o perra, perdonando la expresión) recibe el premio de llegar a casa y que su progenitor canino lo atienda y le lama las heridas. De segundo premio obtendrá una oreja que lo escuche atentamente hasta que el felinito, desahogado, se duerma en sus brazos.

El perrito suele ser blanco de injusticias por su timidez y humildad. Defiende a todo el mundo menos a sí mismo. El tigre o tigresa mostrará los colmillos a quien sea que ose meterse con su bebé. Al pequeño can le darán un poco de vergüenza las pasionales demostraciones del felino; pero apreciará, en secreto, su lealtad y protección.

★ TIGRE - CHANCHO

En el cálido chiquero que su papá o mamá chancho armó, el niño tigre establece su base de operaciones; sale a la aventura respaldado por el cariño del porcino que nunca le hará recriminaciones molestas y disfrutará como chancho con el relato de sus andanzas. En este hogar el ahorro nunca será la base de la fortuna, pero abundarán los amigos, la buena música y los manjares. CHÉVERE.

Para el cochinillo, su progenitor tigre, es como un superhéroe salido del canal de dibujitos. Y se convertirá en su copiloto de la vida. Como el felino es transgresor, no existirá el "prohibido para menores de 18 años" y compartirán programas y vivencias que otros chicos a su edad ni imaginan, todo sanamente y en familia. El chanchito crecerá un poco más rápido sin perder su ingenuidad y pureza.

Niño Conejo / Gato

En *Alicia en el país de las maravillas* conviven dos personajes mágicos y misteriosos: el siempre apurado CONEJO BLANCO que inicia a la niña en la historia y el intangible GATO DE CHESIRE que aparece y desaparece dejando su enigmática sonrisa estampada en el aire.

Así de indescifrables son los gatitos-conejitos que emergen en nuestros destinos.

De recién nacidos es tan poco el tiempo que están despiertos que nada hace imaginar el magnetismo irresistible que desplegarán unos meses más tarde. Démosles un añito o dos, y tendrán a toda la familia y el barrio irremediablemente HIPNOTIZADOS.

Su inteligencia superior, instinto seductor compulsivo y sentido de la oportunidad son los secretos del encantamiento. Mejor que sus padres descubran el antídoto para resistir al hechizo a la hora de ponerle límites: el cómodo y manipulador conejito los necesita imperiosamente. De la firmeza y objetividad de sus mayores dependerán la integridad y rectitud con que se manejará en la vida.

Es fundamental encaminarlos por la buena senda, pues, desde mininos, prefieren los atajos.

Su energía es más bien nocturna y ¡HORROR!, aman dormir de día.

Hay que sacarlos a pasear hasta cansarlos, cosa que no es difícil. Lo que costará un poco más es exorcizar sus miedos, que son muchos. Pero concretos y reconocibles.

Estos niños tan cariñosos y expresivos llenan la casa de alegría y bendiciones. Tienen suerte y la contagian. Son conscientes de su influjo y saben explotarlo. Absolutamente DEMANDANTES, tienen un séquito de "esclavos".

Se destacarán en su clase, casi sin estudiar, y despertarán pasiones encontradas entre sus compañeros y maestros. Adoran a sus hermanos, sobre todo a los mayores, pero siempre hacen la suya.

De temperamento manso, ronronean cuando están a gusto; pero si se meten con sus posesiones –materiales o afectivas–, la emprenden a los arañazos.

La mamadera es su mejor amiga y pueden tomar una docena por día. De más grandes se pondrán maniáticos y selectivos en la mesa. NO TRANSEN con todos sus caprichos.

Un poco de rigor a tiempo les recordará quién es el amo por ahora; como el célebre gato con botas, necesitan uno desesperadamente. Sin la mano amorosa que los acaricia, y la dulce voz que los acuna, la majestuosidad del conejo o gatito se marchita y el conjuro se desvanece.

Ellos necesitan nuestros mimos como el aire que respiran y a nosotros nos falta el aire cuando no los tenemos cerca. Tan cerca, que podamos tocar su suave y mullida cabecita y oír la dulce música de sus maullidos.

María Sol Villagras.

14 Años.

Relaciones hijos y padres

★ CONEJO/ GATO - RATA

Es difícil que un gatito pierda la calma, pero la acelerada rata es capaz de lograrlo. No soportan ver al conejito haciendo fiaca y pululan por la casa buscándole cosas para hacer. "¡¡¡Ya vaaaaaa!!!", se defiende como puede el pequeño siamés. Si quieren evitar un Tom y Jerry en continuado aconsejo a los ratones padres o tutores que hagan contacto con el reloj biológico de sus gatitos.

El vástago roedor intentará sacar provecho de su aplomado progenitor con toda clase de caprichos, que le serán concedidos por un tiempo... hasta que una mañana fatal, mamá coneja o papá gato pierda la paciencia y le lance una mirada más gélida que la del Capitán Hielo. Astutos ratoncitos, empiecen a considerar el plan B.

★ CONEJO/ GATO - BÚFALO

El gato o conejito se va apoderando de a poco de la vida de su papá o mamá buey. Esa miradita felina hechiza de tal manera al búfalo, que es capaz de trabajar mil horas extras para darle todos los gustos a la criatura. El conejillo lo retribuirá llenándolo de besos y mimos y logrará el milagro de desestructurarlo. FRANELA TOTAL. El bufalín es un diamante en bruto y el conejo adulto será un verdadero Pigmalión para su hijito. Lo refinará y le regalará el don del tacto y la sutileza. Como ambos son de metabolismo lento se tomarán el tiempo para disfrutar de las pequeñas cosas, pero el incansable Bufalito Bill empujará al viejo Bugs Bunny a mover un poco más el rabito.

★ CONEJO/ GATO - TIGRE
El conejito tendrá que acostumbrarse a andar a los saltos en un incómodo *port-enfant* que su mamá tigresa llevará de un lado al otro. Al gazapo le encanta salir, pero extraña su almohadita de plumas y su manta de angora. Los padres tigre estimulan el intelecto superior del conejillo, pero tanto despliegue de energía los deja exhaustos. NONI, NONI.
El progenitor conejo tiene la calma chicha. La intensidad de su cachorrito lo enternece, pero esos planteos existenciales del tigrecito no encuentran eco ni respuesta en papá o mamá liebres. Ellos se enteran de las injusticias leyendo el diario en su sillón, con sus pantuflas de piel y un whisky en la mano. Comparten dos atributos que los acercarán: INTELIGENCIA Y CURIOSIDAD.

★ CONEJO/ GATO - CONEJO / GATO
Un hogar donde sobrarán los almohadones y las muestras de afecto. Tanto el progenitor como el hijo felino saben disfrutar de la vida mientras otro integrante de la familia trabaja sin descanso para dar los gustos a este par de sibaritas. Ni hablar si se trata de madre e hija felinas; el hombre de la casa deberá tener, al menos, dos empleos. Lo recompensarán con arrumacos, masajes y deliciosas comiditas. MIAUUUUUUUUU.

★ CONEJO/ GATO - DRAGÓN
Una relación ambigua. El suave conejito en realidad teme a su padre o madre dragón, pero no se atreve a enfrentarlo. El fogoso progenitor se hará cada vez más adicto al amor de su gatito y, movido por su egoísmo, no reconocerá el miedo que se esconde tras el respeto. NUNCA ES TARDE para abrir los ojos y empezar de nuevo. FRÍO, frío; CALIENTE, caliente. En la superficie, el dragoncito y don gato o doña coneja se entienden bien. Les gusta salir juntos, viajar y divertirse. Pero conversar no es lo mismo que DIALOGAR. Y cuando las papas queman para el dragoncillo, su progenitor felino puede ser tan frío como el iceberg que hizo hundir al Titanic.

★ CONEJO/ GATO - SERPIENTE
En cuanto al conejito, éste muere de amor por su papá o mamá serpiente. Si existe la reencarnación, en la vida anterior seguro que fueron novios. Simplemente le encanta cómo es, lo que hace, lo que dice

y cómo lo dice... cuando le deja pasar un aviso, porque ambos le dan a la lengua duro y parejo... MIMITOS, MIMITOS.

La pequeña serpiente disfrutará de una vida hogareña relajada bajo el bigote protector de su padre conejo. No le faltará nada, ni material ni emocionalmente y como las viboritas son autodisciplinadas, el exceso de comodidad gatuno no las afecta... siempre y cuando sean escuchadas.

★ CONEJO/ GATO - CABALLO

Desde gazapo, el conejo parece tener todo bajo control mientras el equino lucha para no perderlo. Para el caballo o la yegua, la compañía de su retoño felino es como un oasis, una estadía en un *spa* suizo. No le exigirá tanto como a sus otros hijos, aunque debería hacerlo. El gatito se dejará amar, fingiendo indiferencia. MISH...

No por mucho relinchar... El caballito agota sus fuerzas en todo lo que emprende. El gato que le dio el ser le enseñará a cuidar su reserva de energía y a disfrutar un poco más en el proceso. El potrillito se rebelará ante tanta pasividad, pero de a poco le irá tomando el gustito. El conejo se contagiará de su entusiasmo. Trueque feliz.

★ CONEJO/ GATO - CABRA

Su voz suave y sus manos calentitas: éstas son las cosas que más le gustan al gatito de su cabra progenitora. El conejito es subjetivísimo con su mamá o papá caprino. Hasta en la adolescencia suavizará sus defectos con un manto de ternura. La cabra le da todo su amor y es lo más cariñoso que se puede pedir en la vida. MÁS QUE SUFICIENTE.

El gato o gata se transforma con el nacimiento de su cabrita y pasa a ser su protector para siempre. Sólo una personita tan frágil y vulnerable puede hacerle abandonar su cómodo estilo; por él o ella se desvivirá día y noche. Entre los dos se dará una alquimia sagrada, una sublime comunión de espíritus de sensibilidad exquisita. *VOILÁ.*

★ CONEJO/ GATO - MONO

FIESTA, *FOREVER.* El gatito es un espectador de lujo, finamente acomodado en la butaca más confortable de la casa dispuesto a disfrutar por horas el show de monerías de papá o mamá. No le importa pasar desapercibido frente al simio en ágapes y fiestas. Mientras tanto, no se perderá detalle de la velada; para luego hacer reír al mono con sus cínicas observaciones. SÁLVESE QUIEN PUEDA.

El monito no para un minuto. Su progenitor gatuno no le pondrá freno pues admira la astucia y seguridad con que se mueve. Lo mandará a los colegios más caros para que se codee con la *"crème de la crème".* No ahorrará en clases de arte, tennis y computación. El refinado gato sólo quiere lo mejor para su graciosa y talentosa criatura.

★ CONEJO/ GATO - GALLO

Si el hijo es el gatito o conejita, la cosa no será demasiado armónica. Eso de dormir, dormir y dormir... olvídalo chico. Si la vida te regaló un padre gallo, ¿qué hacemos con las persianas cerradas en un día tan divino? Felinitos queridos, aconsejo OMMM, OMMM y más OMMM.

El talón de Aquiles del gallito es su excesivo sentido del deber; su despreocupado progenitor felino le mostrará cómo relajarse y disfrutar de la vida. *"Don't worry, be happy"*, será el mensaje que regalará el gato o la coneja a su siempre ocupado pollito. La pequeña ave le enseñará al inconstante felino, el valor del esfuerzo cotidiano.

★ CONEJO/ GATO - PERRO

El conejo sabe que a su progenitor canino todo le cuesta; el perro casi nunca está de mal humor, pero a veces se pone melancólico y suspira... El perceptivo gatito lo quiere tanto que dejará sus caprichitos de lado y se conformará, agradecido con lo que su leal padre o madre pueda darle. Poco *shopping* y mucho Centro Cultural Recoleta.

Perrito y gato conviven en armonía cuando los une el amor filial. Tienen una relación calma y sin sobresaltos. Es raro que el conejo o coneja levante la voz con su cachorro; éste es tan dócil que casi no le dará motivos. Los gatos adoran viajar, y el perrito es tan buen compañero de andanzas que juntos son capaces de dar la vuelta al mundo.

★ CONEJO/ GATO - CHANCHO

Para el cerdo adulto su conejito es un enigma. En algunos momentos, el sincero y honesto porcino siente que hay gatito encerrado. Con su amor tan fresco y sin vueltas, termina desarmando al prudente y hermético felinito que le entregará su corazón. El conejito sucumbirá ante los ricos platos que le prepara mamá chancha. ¡MMMMM!

Papá o mamá gatunos son especiales para neutralizar aquellos raptos de cólera que, de vez en cuando, despliegan los chanchis. No se puede ser un santo las 24 horas y los cerditos necesitan descargar sus bajos instintos. Al conejo no se le mueve un pelo del bigote y, postberrinche, aconsejará al cochino que no confíe tanto en los demás.

Niño Dragón

Todos los dragones de nuestra vida son quizá princesas que esperan de nosotros vernos bellos y animosos. Todas las cosas aterradoras no son quizá más que cosas sin socorro que esperan que nosotros las socorramos.

R. M. Rilke, *Cartas a un joven poeta.*

Los integrantes de una familia en la cual aterrizó un dragón están avisados: presten atención a su crecimiento y su evolución. No lo dejen solo. Su vida no será fácil pues está aquí para cosas superiores y no siempre comprensibles. El dragoncito llegó para dejar su huella indeleble, para abrir nuestro horizonte, para ofrecernos el calor de sus entrañas.

Son bebés y chiquitos muy buenos. Se destacan sin proponérselo; tal vez por ese estilo imperial que naturalmente destilan: medias sonrisas y leves inclinaciones de cabeza.

Es raro ver a un dragoncito en el medio de un feroz berrinche a los gritos pelados.

El niñito tiene estrategias más sutiles y efectivas para conseguir lo que se le apetece: desde un chupetín hasta un viaje a Disney. Es casi imposible negarse. ¿Por qué? Quién lo sabe. La supremacía del dragón no se analiza, se METABOLIZA. Todos caen rendidos a sus pies, tarde o temprano. Hasta sus propios hermanos, que suelen tenerle envidia o algún rencorcillo oculto. En el colegio y en su casa son protectores y archigenerosos con sus cosas y su tiempo. Siempre dispuestos a ayudar; sus teléfonos no paran de sonar en el Día del Amigo. Pero por alguna razón kármica, no todos aprecian o devuelven sus favores.

Suelen ser los payasos Plín Plín de la tribu. Tienen un humor del tipo inglés: ácido e inteligente. Estar junto a un dragoncito es una inyección de vida y optimismo. Sus ojitos ríen y lanzan chispas. Cuando están en las malas se transforman en mascaritas de dolor que no saben disimular. Tienen un sentido intenso y algo trágico de la vida.

A veces sufren por ser diferentes o no encajar en el medio que les toca.

Por suerte entienden temprano que serán sus propios guías. Quizás por eso logran sus metas antes que el resto. A la fuerza aprenden a no esperar nada de nadie.

Tal vez un dragoncito feliz es el que pueda apagar su fuego interno por un rato y descansar en los brazos afectuosos de sus padres. Los que parieron un dragón están invitados a entrar en el Reino de los Cielos. No hay mayor bendición que apoyarlos en todo lo que emprendan, aunque parezca descabellado; aunque sus sueños los alejen de nosotros.

Nuestro amor los pondrá de pie, una y otra vez, a lo largo de la vida.

Hubo una vez, hace mucho tiempo, un niñito dragón que nació en un establo, en Belén.

Relaciones hijos y padres

★ **DRAGÓN - RATA**
El dragón infante mantiene hechizado al sensitivo roedor. Disfruta de su alegría y su carácter tan expresivo. Con su dragoncito, la rata se suelta y muestra su faceta más lúdica. El mitológico animalito aprenderá el arte del ahorro y la previsión de la prudente rata. Juntos, unirán el Cielo con la Tierra. Bienaventurado el ratoncito que ligue a un dragón en el reparto de padres. Tienen tantas coincidencias que la vida les regalará una fiesta compartida. Como el resto de la humanidad no termina de captarlos, el fogoso progenitor comprenderá íntimamente a la ratita y le dará la confianza que le falta para ser ella misma.

★ **DRAGÓN - BÚFALO**
Ser hijo de un búfalo puede ser una bendición para un dragoncito, aunque no le resulte divertido. Aprenderá del buey a creer más en la constancia y el esfuerzo que en el brillo de los fuegos artificiales. Mamá o papá búfalo admirarán la creatividad y originalidad del dragoncillo, pero lo mantendrán con las patitas en la tierra.
El dragón tiene grandes metas en su vida para él y sus hijos, pero los pequeños bueyes pueden sentirse intimidados y hasta disminuidos ante tanta grandeza pues ellos necesitan la seguridad del día a día. En el fondo ambos son igualmente audaces pero con diferentes estilos. PIANO, PIANO al combustible progenitor.

★ **DRAGÓN - TIGRE**
Papá tigre festejará las payasadas del dragoncito y tendrá que compartir el estrellato dentro de la casa. El dragón es tan audaz como su felino progenitor, pero su mentalidad es más rígida. El liberal tigre a veces confundirá al pequeño dragón con su moral sui géneris. Haría bien en pensar antes de hablar delante del prejuicioso dragoncillo.
Al revés que el resto del zoo, un dragón jamás pondrá freno a los ímpetus de su cachorro de tigre. Lo estimulará a ir más lejos en pos de sus ideales. Para el mitológico progenitor, no hay nada que su retoño no sea capaz de lograr. Humildad y prudencia: CERO. Pero todo bien pues los dos funcionan de esa manera. A TODO O NADA..

★ **DRAGÓN - CONEJO / GATO**
FRÍO, frío; CALIENTE, caliente. En la superficie, el dragoncito y don gato o doña coneja se entienden bien. Les gusta salir juntos, viajar y divertirse. Pero conversar no es lo mismo que DIALOGAR. Y cuando las papas queman para el dragoncillo, su progenitor felino puede ser tan frío como el iceberg que hizo hundir al Titanic.
Una relación ambigua. El suave conejito en realidad teme a su padre o madre dragón, pero no se atreve a enfrentarlo. El fogoso progenitor se hará cada vez más adicto al amor de su gatito y, movido por su egoísmo,

no reconocerá el miedo que se esconde tras el respeto. NUNCA ES TARDE para abrir los ojos y empezar de nuevo.

★ DRAGÓN - DRAGÓN

Fantástica alquimia. Son igual de ocurrentes e inagotables, por lo tanto, cosas para hacer juntos no les van a faltar. La pregunta es QUIÉN los para... va a ser difícil. Si hay algún otro miembro sensato y determinado en la familia, puede ser que lo logre.

El dragón progenitor es autoritario, pero no gritón. El dragoncito es algo pedante, pero mucho más influenciable y crédulo de lo que parece. NO TODO LO QUE RELUCE ES ORO. Consejo: traten de mantener la llama en piloto.

★ DRAGÓN - SERPIENTE

El *figlio* dragón respeta muchísimo a papá o mamá serpiente; tal vez demasiado. El ofidio es afectuoso pero tiene ese "no-sé-qué" distante que paraliza al impetuoso dragoncito. A su vez, el reptil verá sus propias virtudes y defectos reflejados en su fogosa criatura. Una relación intensa que necesitará de muchos juegos compartidos.

Son muchas las cualidades que unen a la culebrita con su progenitor mitológico. Son dos personalidades fortísimas; esto puede dar lugar a roces por no ceder el poder. El dragón terminará dejando en claro su autoridad (asadito de escamas de por medio). En un buen día son inseparables, se idealizan mutuamente y les sobran razones para hacerlo.

★ DRAGÓN - CABALLO

Amor sin barreras. El caballo siente hasta en las crines la necesidad de proteger al dragoncito. Conoce bien la frágil sensibilidad de su almita y no se deja engañar con la imagen segura y resuelta del pequeño fogoso. El dragón en miniatura se toma un recreo y se muestra tal cual es. El buen caballo jamás lo decepcionará.

El dragón invita al potrillito a participar de un mundo excitante. El caballito, aventurero e impulsivo, cabalgará sin cansancio al lado de papá o mamá dragón. Ambos son superintensos, pero saben estar juntos sin invadirse mutuamente. La libertad es su ley. Entre ellos nunca existirán las ofensas ni los reproches.

★ DRAGÓN - CABRA

La cabra progenitora arma un hogar muy *Familia Ingalls* que le servirá al dragoncito de base operativa para planear su ambicioso futuro. La fogosa criatura necesita tomar riesgos y a menudo se quema o se lastima física y espiritualmente. En la pausada y amable cabra encontrará consuelo y comprensión. Como dice el tango: "vuelvo vencido a la casita de mis viejos" CHÁN, CHÁN.

El dragón vuelve agotado después de un día de trabajo. La fresca sonrisa de su cabrita le devuelve la energía y la esperanza. El tierno cabrito siente que su progenitor es un héroe y no le importa ser el coprotagonista. Juntos son Don Quijote y Sancho Panza: dos idealistas creativos y originales que luchan por cambiar el mundo.

★ DRAGÓN - MONO

BATMAN Y ROBIN. No hay desafío al que no se atreva este par. El destino unió a estos dos seres que destilan magia y hechizan la vida. Los pobres santos que convivan con ellos no tendrán un minuto de respiro pero jamás se aburrirán. En la pubertad, al jactancioso dragoncillo puede molestarle parecer "pintado" al lado del orangután o la orangutana... ¡dejá de comer banana, te invito a pasear en liana!

Al pequeño simio se le ocurre una idea tras otra. El dragón será el primero en apoyarlo en lo que sea, por delirante que parezca y laburará de sol a sol para brindarle al monito una educación abierta y cosmopolita. Sienten el mismo terror a quedarse estancados. Es probable que terminen instalándose en otras tierras que aprecien mejor sus talentos. BON VOYAGE.

★ DRAGÓN- GALLO

El pequeño dragón necesita acción y el gallo le hará perder el tiempo con cuestiones prácticas y aburridas. Es cierto que el discurso del gallo o la gallina a veces saca de quicio a cualquiera pero la reacción fogosa del dragoncito pondrá las plumas de su padre o madre en su lugar... por lo menos por un tiempo.

A los gallitos les fascina escuchar las didácticas historias que el progenitor dragón relata pacientemente. Si bien la dragona no está mucho en casa, el gallito es bastante independiente durante el día; pero cuando oscurece, afloran sus miedos ancestrales y necesita el besito de las buenas noches. El pollo no teme al poder del dragón, respeta la autoridad porque es, a su vez, autoritario. DE TAL PALO...

★ DRAGÓN - PERRO

El dragoncillo es un pequeño huracán que se atreve a todo. El perro no es tan optimista ni confiado como su fogoso bichito; hace bien en contagiarle un poco de prudencia. Pero de la cautela al miedo hay un paso. El guau-guau deberá hacer un esfuerzo supremo por no cortarle las alitas ni el mambo al dragoncito, sin dejar de advertirlo y cuidarlo. Con el tiempo, su hijo se lo agradecerá.

Al perrito hay que darle un poco de cuerda para que salga de la cucha. El dragón será su motor. A veces el pequeño can no se anima y el dragón pierde la poca paciencia que tiene. Son dos polos opuestos que logran que se haga la luz en el segundo en que hacen contacto. Pasará el tiempo y seguirán intentando comprenderse. Cuando hay amor...

★ DRAGÓN - CHANCHO

¿A QUIÉN SALE ESTE CHICO? Se pregunta el cerdo. Le cuesta sintonizar con la nube de fantasía en la que vive el dragoncito. El porcino es concreto, aunque a veces cree en los pececitos de colores. El dragoncito necesita expresar su fuego interno y con el chancho o chancha a veces siente que es como hablar con la pared. Suéltense, cochinos, muéstrenle a la criatura su perfil más alocado, que sabemos que lo tienen.

Progenitores dragones: ESTÁN NOMINADOS. Pueden salvarse si logran entibiar su entusiasmo devorador. El cerdito es de digestión lenta y reposada. Su corazoncito tierno necesita contactos de todo tipo y no resiste ser ignorado. Un puerquito herido se convierte en PUERCOespín. El dragón o dragona que baje de las nubes y se atreva a embarrarse en el chiquero encontrará en el chanchito su eterno cable a tierra. GRACIAS. DE NADA.

Niño Serpiente

Si la llegada de un heredero es un acontecimiento especial; ni les cuento si el vástago en cuestión resulta ser serpiente. Sepan desde ya que nació para transformar y transformarse ¿y a quiénes primero sino a sus propios padres?

Estos bebés tan tranquilos, que duermen como angelitos y dan tan poco trabajo (al principio) logran engañar al más desprevenido de los humanos.

Su presencia se va fortaleciendo a medida que crecen, hasta que un buen día se convirtieron en los EMPERADORES de la casa. Y lo increíble es que no hacen nada especial para serlo.

Son suaves en apariencia, inteligentes, encantadores. Manejan a sus padres de taquito y son déspotas con sus hermanos. Su superioridad es innata y salta a la vista.

Estos niños sueñan permanentemente pero lo disimulan muy bien. Su mirada serena y determinada esconde un mundo de sensaciones tan rico como el fondo del mar.

Las serpientes de tierra tienen el don de apaciguar los ánimos, de poner orden en el caos, de adivinar los pensamientos.

Un rato están calladitas y al otro hay que acallarlas; oscilan entre el adentro y el afuera, entre el *yin* y el *yang,* entre la luz y la oscuridad. Este poder de transmutación les durará toda la vida y deberán aprender a convivir con él.

"Serpiente" : Olivia Torres Lacroze

En el colegio casi siempre son líderes. Están los reptilitos contestatarios y desafiantes, siempre listos para organizar la rebelión en la granja. Pero a no desesperar; este grupo de ofidios se aplaca totalmente en la adolescencia, que es el momento en que el resto del zoo se revoluciona. Es que ellos siempre van un paso adelante. Son observadores agudísimos. Absorben mucho la energía ajena, por eso el arte o el deporte son sus mejores aliados para descargar. Necesitan mucho amor pero no del tipo invasivo. Son fuertes y se adaptan a casi todo; pero no hay que abusar de sus agallas. Cuando sufren se encierran en sí mismos o se convierten en Jaimitos imposibles de manejar. El secreto es escucharlos y tratar de ponerse en su piel o, mejor dicho, debajo de ella. Ellos solos se acercarán reptando, despacito, cuando lo consideren necesario.

Ellos saben cuándo es el momento. Ellos siempre SABEN.

Relaciones hijos y padres

★ SERPIENTE - RATA

Para la viborita, su mamá reúne la belleza de Cameron Díaz, el magnetismo de Nastassia Kinsky y la inteligencia de Norma Aleandro (roedoras todas ellas). Odia compartirla con sus hermanos aunque teme sus repentinos ataques de cólera. Papá ratón tiene en mente demasiadas ambiciones para la serpientita, que nacen de su propios deseos inalcanzados... ¡OJO AL PIOJO!

La víbora adulta es controladora y posesiva, suele enroscar a los hijos con su amor, y la ratita necesita independencia. Está programada para tomar sus propias decisiones y hacer las cosas por sí misma desde que deja los pañales. Sólo va a resultar si la serpiente respeta su hermetismo y no la invade.

★ SERPIENTE - BÚFALO

Con el búfalo, la serpientecita se sacó el primer premio en el QUINI-PADRES. Se siente y sentirá segura, comprendida y mimada por el buey toda su vida. Pero atención, esta luna de miel filial despierta celos en el resto de la familia y será el equitativo búfalo quien deba aplacarlos.

Si el ofidio es el jefe o jefa de la casa, incentivará la independencia del bufalito, que al ser algo parco y tan familiero, encuentra difícil salir de su núcleo más íntimo. La serpiente, firme pero cariñosa, lo impulsará sin que se sienta desprotegido. De yapa, le dará al dogmático buey el toque zen que a veces les falta.

★ SERPIENTE - TIGRE

Los tigres y tigresas aman hacer lo que quieren y a la hora que quieren; las serpientes son abanderadas de la puntualidad y el compromiso. Si no van a poder cumplir mejor no prometan nada. Reconquistar a la sensata culebrita llenándola de regalos tampoco funciona. Remítanse a pedirles perdón y desarmarlas con su magia irresistible.

El padre serpiente le pondrá límites firmes al salvaje tigrecito pero sin levantarle jamás la voz, que en realidad es el único tipo de autoridad que respetan. A su vez el tigrecito le ayudará a tomarse la vida más a la ligera y a olvidarse por un rato de esa bendita agenda mental que las serpientes adultas llevan incorporada... ¡ALELUYA!

★ SERPIENTE - CONEJO / GATO

La pequeña serpiente disfrutará de una vida hogareña relajada bajo el bigote protector de su padre conejo. No le faltará nada, ni material ni emocionalmente y como las viboritas son autodisciplinadas, el exceso de comodidad gatuno no las afecta... siempre y cuando sean escuchadas.

En cuanto al conejito, éste muere de amor por su papá o mamá serpiente. Si existe la reencarnación, en la vida anterior seguro que fueron novios. Simplemente le encanta cómo es, lo que hace, lo que dice y cómo lo dice... cuando le deja pasar un aviso, porque ambos le dan a la lengua duro y parejo... MIMITOS, MIMITOS.

★ SERPIENTE - DRAGÓN

Son muchas las cualidades que unen a la culebrita con su progenitor mitológico. Son dos personalidades fortísimas; esto puede dar lugar a roces por no ceder el poder. El dragón terminará dejando en claro su autoridad (asadito de escamas de por medio). En un buen día son inseparables, se idealizan mutuamente y les sobran razones para hacerlo.

El *figlio* dragón respeta muchísimo a papá o mamá serpiente; tal vez demasiado. El ofidio es afectuoso pero tiene ese "no-sé-qué" distante que paraliza al impetuoso dragoncito. A su vez, el reptil verá sus propias virtudes y defectos reflejados en su fogosa criatura. Una relación intensa que necesitará de muchos juegos compartidos.

★ SERPIENTE - SERPIENTE

Longitud de onda total. No necesitan mirarse para percibir lo que siente el otro. Tras la locuacidad que los caracteriza se esconde una reserva total; por fin pueden relajarse con alguien sin disimular sus verdaderas emociones. Los padres serpiente se ponen obsesivos con el seguimiento escolar y el reptilito no necesita quemarse las pestañas, *please* no le rompan las escamas y cuídense mutuamente: hay pocos como ustedes.

★ SERPIENTE - CABALLO

El indomable progenitor caballo, se convierte en un humilde poni ante la resuelta viborita, que lo tiene totalmente calado y lo deja de una pieza con aquellas metafísicas observaciones que siempre dan en el talón de Aquiles equino. Aguanten caballos y no se dejen enroscar como Carlitos por Cecilia: él, brioso percherón; ella, bella ofidia.

Papá o mamá serpiente es un bálsamo para el inquieto ADN del potrillo, que a veces se marea en su propia calesita. La parsimonia del reptil le hace bajar un cambio y le da orden y profundidad a sus pensamientos. Para retribuirlo, el pequeño corcel le contagiará su energía y su alegría de vivir, que no es poca.

★ SERPIENTE - CABRA

Las cabras son padres encantadores. A la serpientita le encantan sus mimos y palabras cariñosas. Pero afuera la vida no es tan rosa como en casa y las soñadoras cabras harán bien en mostrarles la realidad, si no quieren tener a la cómoda culebrita instalada en el hogar hasta los cuarenta. ¡LARGUEN, MUCHACHOS!

"Mi nene es un bombón", afirma orgullosa la serpiente de su cabrita. Y lo es. Hay pocos chicos tan dulces y cariñosos. La diligente víbora se desvivirá por su heredero, pero ATENCIÓN: la cabrita tiene un *look* frágil y desvalido pero necesita aire y la posesiva serpiente no le hará un favor con su tendencia a la sobreprotección.

★ SERPIENTE - MONO

La viborita hija de un mono siente que nació en la montaña rusa. ¡Qué mareo! Por momentos es divertidísimo, pero a veces la reflexiva culebrita se agota. No se quejen, chimpancés, si sus solitarias criaturas se encierran en sus cuartos a encontrarse con ellas mismas. Las pequeñas serpientes saben que ustedes las aman y no cambiarían de padres ni por un segundo.

Al monito le cuesta ponerse en la piel de su boa progenitora. No tiene nada que reprocharle, pero secretamente desearía que fuera menos concentrada y más relajada. Es que el pequeño simio necesita fluir al ritmo de su corazón y la previsora serpiente programa hasta el último detalle. La vida les dio el regalo de aprender uno del otro.

★ SERPIENTE - GALLO

El gallo y la viborita son enérgicos pero sensatos. Será un tira y afloje permanente pero más mental que explosivo. Si van "de *shopping*", mamá gallina y reptilita volverán con las bolsas casi vacías porque a ninguna de las dos le gusta tirar manteca al techo. MARIANA NANNIS se moriría de angustia con este dúo.

A papá-mamá ofidio le maravilla tener un hijo tan curioso. El diálogo entre ellos es veloz como una flecha. El pollito es responsable y trabajador como la serpiente. El único peligro es que la soberbia de los dos haga sentir al gallito superior al resto (aunque más vale que sobre autoestima y no que falte).

★ SERPIENTE - PERRO

La serpientita adora el carácter tranquilo de su padre perruno. El can la apoya en todo lo que emprende y la sigue a todas partes... a veces la solitaria viborita necesita menos amor y un poco más de soledad. La culebrita pretenderá que su servicial progenitor sea su esclavo. El canino haría bien en negarse para que el cómodo reptil arrastre un poquito más el cascabel.

No hay mejor programa para el perrito que salir de paseo de la mano de papá o mamá serpiente, que siempre le enseña cosas interesantes. No le va a comprar todo el quiosco, eso sí, pero el humilde cachorro se conforma con poco. La víbora deberá dar una "reptadita" al costado y ceder más protagonismo al tímido cachorrito cuando estén en público; así lo ayudará a afirmar su personalidad, que es algo que les cuesta bastante.

★ SERPIENTE - CHANCHO

Hay cosas para trabajar en esta unión genealógica entre el cerdito y la serpiente; pero ambos poseen la conciencia y la sabiduría para lograrlo juntos. La serpiente es exigente y perfeccionista mientras que el pequeño jabalí es gánico y disfruta jugando solo, por horas, en su chiquero propio. El ofidio debería resistir a la tentación de llenarlo de clases y cursos de todo tipo. LET IT BE.

La viborita siente una gran ternura por su progenitor porcino. Aquí puede darse uno de los típicos casos en que los hijos terminan haciendo de padres de sus padres, ¿por qué no? La vida unió a estos seres tan especiales, que se protegen y enriquecen mutuamente. HOGAR DULCE HOGAR.

Niño Caballo

She knows that life is a running race, a face shouldn't show any sign.
Melody (Bee Gees)

Si tu hijito es alegre y extravertido, del tipo terremoto: es un caballito típico. Si tu hija es tímida y modesta como una margarita: es una yegüita como Dios manda. ¿Tenés un sobrino muy maduro para su edad, educado y diplomático como un *lord* inglés? También es un potrillo auténtico. Existen tantos tipos distintos de caballos como de personalidades. Lo curioso es que ya en la adolescencia y definitivamente en la adultez las diferencias se evaporan y son todos, inconfundiblemente, CABALLOS PURA SANGRE.

Hay señas particulares que comparten todos los potrillitos. Intuición, pasión, fuerza, lealtad y candidez. No son astutos, tampoco improvisados. Actúan por impulso. Rápido. Ya mismo, si es posible. Y si es imposible, también. Son ansiosos pero no son kamikazes, saben cuidarse movidos por su gran instinto de supervivencia. Les falta paciencia para las cosas cotidianas, pero les sobra serenidad para los asuntos importantes de la vida.

Los caballitos y yegüitas son ansiosos. Siempre están a la expectativa de algo. Algunos lo demuestran y sus relinchos llegan hasta el obelisco. Otros soportan su desasosiego con estoicismo. PRECACUCIÓN: muchos padres de equinos ni se enteran que su hijo está sufriendo. Las señales son casi imperceptibles, pero que las hay, las hay.

El problema es que TODOS llevan el estigma de querer ser los mejores. Desde la salita de tres, el diminuto corcel se destaca por su bondad y su confiabilidad. Ofrecen su energía y su alma a los demás pues no conciben la falta de voluntad y de justicia. La mirada de los otros es su guía y su condena. Les importa demasiado qué piensan de ellos: sus maestros, sus padres, sus

JUAN QUINTANA 11 años

compañeros. Eso de "hazte la fama y échate a dormir", no fue escrito para ellos. Se pasan parte de la vida tratando de corresponder a su gran reputación. No toleran defraudar a nadie, aunque a ellos los decepciona medio mundo. Antes de demostrar su dolor prefieren poner distancia. Si los alientan a ser ellos mismos y les juran amor incondicional, puede ser que en algún momento de su vida se atrevan a ser realmente LIBRES. Sostienen los pilares de la casa con su valor y su entusiasmo. Crecen ante la adversidad y nos tranquilizan con su sola mirada. Nuestros potrillos desafiarán vientos y tempestades por sus seres queridos. Caminen, troten o cabalguen, nunca nos dejarán a pie. Nuestros nobles caballitos jamás nos dejarán solos.

Relaciones hijos y padres

★ CABALLO - RATA

El potrillito, algo torpe y atolondrado, recibirá más de un reto del meticuloso roedor, que tendrá que aprender a contar hasta diez antes de estallar. Las yegüitas coquetas imitan a mamá rata. Son muy compañeras pero las ciclotímicas ratonas pueden herirlas con sus reacciones imprevistas. Los caballitos son tan sensibles como fuertes.

La ratita mira al transparente caballo con esa expresión de "yo sé lo que estás pensando" y lo obliga a cambiar de *speech* sobre la marcha. Ambos admiran la franqueza. Cuando el pequeño roedor está de mal humor el potro o la yegua tienen el don de devolverle la sonrisa. Lo que le da por los... bigotes al reservado ratón es que su desbocado padre hable de él en público. WILD HORSES, metiendo violín en bolsa.

★ CABALLO - BÚFALO

El potrillito quiere imitar al buey progenitor pero sus *timings* son diferentes. Los dos aman la luz del día y los desafíos pero el búfalo le enseñará a ser más precavido. Al optimista caballito le resultan un plomo ciertos estados melancólicos de su padre bufaloso, pero con él siempre se siente seguro y a salvo.

El bufalito es naturalmente disciplinado. Esto le viene bien al equino procreador, que admira los buenos modales pero le aburre enseñarlos. Comparten la ingenuidad y los buenos sentimientos y juntos pastarán por los prados de la vida. El veloz corcel se tomará el tiempo de esperar a su buey pequeñín, pero nunca se detendrán.

★ CABALLO - TIGRE

Los potrillos son líderes natos. Ante su progenitor tigre inclinan las crines y pasan a un segundo plano; se esfuerzan por demostrarle que heredaron su osadía y sus agallas. Como son más cándidos, pueden lastimar su cuerpo o alma en el intento. Para evitarlo, será mejor que el tigre se detenga y preste atención a los sentimientos del equinito.

Los tigres tienen sus *fans* desde chiquitos; pero son contados con los dedos de una garra los que realmente los entienden. El potro o la yegua conocen la verdadera esencia de su felinito; sobre los hombros equinos, el feroz tigrecito se recuesta. Se divierten tanto juntos que ignoran al resto pero son tan egocéntricos que no se dan cuenta...

★ CABALLO - CONEJO / GATO

No por mucho relinchar... El caballito agota sus fuerzas en todo lo que emprende. El gato que le dio el ser le enseñará a cuidar su reserva de energía y a disfrutar un poco más en el proceso. El potrillito se rebelará ante tanta pasividad, pero de a poco le irá tomando el gustito. El conejo se contagiará de su entusiasmo. Trueque feliz.

Desde gazapo, el conejo parece tener todo bajo control mientras el equino lucha para no perderlo. Para el caballo o la yegua, la compañía de su retoño felino es como un oasis, una estadía en un *spa* suizo. No le exigirá tanto como a sus otros hijos, aunque debería hacerlo. El gatito se dejará amar, fingiendo indiferencia. MISH...

★ CABALLO - DRAGÓN

El dragón invita al potrillito a participar de un mundo excitante. El caballito, aventurero e impulsivo, cabalgará sin cansancio al lado de papá o mamá dragón. Ambos son superintensos, pero saben estar juntos sin invadirse mutuamente. La libertad es su ley. Entre ellos nunca existirán las ofensas ni los reproches.

Amor sin barreras. El caballo siente hasta en las crines la necesidad de proteger al dragoncito. Conoce bien la frágil sensibilidad de su almita y no se deja engañar con la imagen segura y resuelta del pequeño fogoso. El dragón en miniatura se toma un recreo y se muestra tal cual es. El buen caballo jamás lo decepcionará.

★ CABALLO - SERPIENTE

Papá o mamá serpiente es un bálsamo para el inquieto ADN del potrillo, que a veces se marea en su propia calesita. La parsimonia del reptil le hace bajar un cambio y le da orden y profundidad a sus pensamientos. Para retribuirlo, el pequeño corcel le contagiará su energía y su alegría de vivir, que no es poca.

El indomable progenitor caballo, se convierte en un humilde poni ante la resuelta viborita, que lo tiene totalmente calado y lo deja de una pieza con aquellas metafísicas observaciones que siempre dan en el talón de Aquiles equino. Aguanten caballos y no se dejen enroscar como Carlitos por Cecilia: él, brioso percherón; ella, bella ofidia.

★ CABALLO - CABALLO
Intensidad al 100 %. Se mueven en tropa, siempre juntos. Si están separados se comunican por teléfono, fax, e-mail o señales de humo. A veces los ataca la claustrofobia, pero la culpa es más fuerte y se reportan de inmediato. En las malas son invencibles y no hay peligro que los paralice. Se ofenden, de puro impacientes, pero no son rencorosos. Generosos y confiados, ponen las manos en el fuego y se sacan un brazo por el otro.

★ CABALLO - CABRA
La cabra da rienda suelta a la alegría y el entusiasmo de su potrillo y no lo acompaña en cuerpo, pero sí en espíritu. Ambos son detallistas y apasionados por la estética. A veces, el progenitor caprino baja la cortina y el susceptible caballito se siente rechazado. Con el tiempo sabrá que no es cuestión de fondo, sino de forma. EL AMOR ES MÁS FUERTE.

SUPERMAN y la MUJER MARAVILLA son unos tarados al lado de papá o mamá equinos. Para la cabrita, su progenitor todo lo puede. El caballo es sensible a la ternura y la creatividad del chivito y decide apoyarlo y estimularlo hasta que la muerte los separe. El chivito se siente tácitamente exigido y avasallado por el potro. En el futuro, necesitará cortar el cordón para encontrar solo su camino.

★ CABALLO - MONO
El caballito se prende en todas y el mono o mona exacerbará su espíritu aventurero. El simio es más práctico, aunque a veces se va por las ramas y el potrillo es algo naïf, pero tiene buenos reflejos. Los dos tienen un gran corazón, pero el corcel aprenderá del chimpancé a enfriar un poco sus emociones y usar más la cabeza. No está mal.

El monito vive de fiesta junto al potro o la yegua. Andan curioseando por aquí y allá y tienen pila para rato. El pequeño simio necesita echarse un rato a leer un libro y comerse una banana. El impaciente y brioso equino a veces lo agota y el simio se lo dice. El caballo se enoja, pero es mucho relincho y pocas nueces. HAPPY END.

★ CABALLO - GALLO
El feed-back entre mamá gallina y yegüita será bueno. Las dos son coquetas y femeninas, les divertirá compartir programejos frívolos y fashion. Papá gallo será un excelente guía para el equinito. Pondrá freno

y realismo (que al caballo no le sobra) a sus ambiciones desbocadas y a su forma exagerada de ver la vida.

Los padres equinos son bastante dispersos y nerviosos; esto no ayuda al gallito. Discutirán bastante, pero los dos son pura espuma. Papá caballo o mamá yegua son supercariñosos y el distante gallito necesita mucho contacto físico para ablandarse. El gallito comprende a su brioso progenitor y la telepatía es total. El corcel deberá pegar un buen relincho semanal para recordar quién es el que manda.

★ CABALLO - PERRO

Están hechos de la misma pasta. Son buena gente y se les nota. Pero el perro se paraliza ante la adversidad, mientras que el caballito arremete contra todo. El pequeño corcel se siente protegido por una fuerza superior. Su progenitor canino a menudo cree que la vida lo engañó. No todo es blanco o negro. Juntos tendrán que descubrir los matices.

El perrito confía ciegamente en el caballo o yegua. Sabe que el equino nunca lo abandonará, pero a veces hace la suya y el pequeño can se siente desamparado. El tordillo estimula al perrito a que se exprese pues conoce bien su tendencia a bloquearse. Juntos combatirán las injusticias a capa y espada y serán amigos para siempre.

★ CABALLO - CHANCHO

Se llevan bien la mayor parte del tiempo. El caballito necesita acelerar la moto y el porcino se toma su tiempo para todo. El escrupuloso chancho o chancha machacará al potrillo con una serie de preceptos morales, que ellos mismos no siempre cumplen. NADIE ES PERFECTO.

Al alazán progenitor el chanchito le hace mucha gracia. Adora su carácter tranquilo pero firme. Resiste sus ocasionales pataletas con serenidad, pues los caballos reservan la poca paciencia que Dios les dio para sus hijos. No se sentará a armar *puzzles* con el modesto cerdito, pero elogiará cálidamente cada uno de sus logros.

Niño Cabra

Conocer a una cabrita es quererla instantánea e irremediablemente. Tienen un aura especial que detecta todo ser viviente. Algo bueno debemos haber hecho en otra vida, para que en ésta nos toque la gracia de tener una cabra en la familia.

Su futura salud mental y emocional dependerá de cómo la tratemos y guiemos en la infancia. No son débiles, al contrario, tienen un gran temple interior. Sí son vulnerables. Nacen con una sensibilidad que no es de este mundo. Sus padres no podrán evitar que sufran las miserias propias y ajenas, pero podrán acompañarlos y contenerlos. EL AMOR LOS HARÁ FUERTES.

Los cabritos piensan mucho, preguntan todo y se obsesionan con algunos temas. Hay que enseñarles a desdramatizar la realidad para que puedan disfrutar de la vida. Con que aprendan a cuidarse es suficiente, pretender que se defiendan es demasiado pedir.

En el cuento de *Los siete cabritos*, mamá cabra tiene que dejarlos solitos por un rato, pero antes les da toda clase de instrucciones para que no se dejen engañar por el astuto lobo. Ellos son muy obedientes y siguen las órdenes al pie de la letra, pero son tan ingenuos, buenos y distraídos, que finalmente el lobo feroz los engulle de un bocado. Milagrosamente la cabra madre logra recuperarlos sanos y salvos.

Son imaginativos, ocurrentes e ingeniosos. No se esfuerzan demasiado pues están acostumbrados a que los demás se desvivan por ellos. Malcriar y sobreproteger a un cabrito es fácil y tentador, pero no le hacemos ningún favor para el porvenir.

Las niñas de este signo son dulces y femeninas, se parecen más a Susanita que a Mafalda. Sueñan con el Príncipe Azul y una casa llena de chicos.

Los varones son más felices en un colegio mixto pues son bastante *yin*. Los deportes brutos y las trompadas no van con ellos. Son más bien artistas o intelectuales. Su potencial creativo no tiene límites. Sin alguien que les inculque el valor de la constancia y la disciplina, se dispersarán y su talento terminará desperdiciado.

En el cielo están los ángeles. En la tierra, las cabritas.

Relaciones hijos y padres

★ CABRA - RATA

Los padres ratones manifiestan lo mejor de sí con el tierno chivito. A la cabrita no le molesta que la dirijan mientras se sienta segura y calentita. La prueba de fuego será en la adolescencia, cuando el niñito adorable que tocaba la guitarra se convierta en el rockero metálico más famoso del vecindario. No desesperen; por lo mismo pasaron los padres de Mick Jagger, Keith Richards y Jimmy Page, cabras que hicieron historia.

Un vínculo digno de Freud. Pueden volverse muy dependientes una de la otra. A medida que crezca, la ratita aprenderá a organizarle la vida a la soñadora cabra y a decirle lo que nadie se atreve por miedo a lastimar su espíritu frágil. A cambio, la cabra será su sostén afectivo y la iniciará en el amor por el arte y la cultura. A veces la ratita siente que el precio por tanto amor es demasiado alto... *if you know what I mean.*

★ CABRA - BÚFALO

La cabrita tiene muchas ideas pero le cuesta concretarlas. El búfalo es un hacedor y a veces cree que su chivito piensa demasiado. Unidos por el amor, pueden encontrar el equilibrio entre la cabeza y la acción. Un hijo dócil como la cabrita se dejará impulsar por el buey porque confía en que nunca lo dejará solo. No se equivoca.

ATENCIÓN, padres cabrunos. Si quieren evitar futuros desencuentros con sus bufalitos, no insistan con llevar a la nena al Colón o al nene al Museo de Bellas Artes. *"BULLSHIT!"*, rezongará el poco diplomático buey. Para infiltrar el amor al arte en sus pequeñas osamentas, deberán hacerlo de a poco y como quien no quiere la cosa.

★ CABRA - TIGRE

BEEEEE. Se escuchará el lamento del cabrito por toda la casa en busca de una pizca de atención de su padre o madre tigre. El felino le dará una palmadita en la cabeza y seguirá con su vorágine personal. PAREN LA MOTO. La cabrita necesita estímulo y aprobación de todo tipo. Tómense cinco minutos y tómense un té con la criatura.

Desobediente y rebelde, el tigrecito necesita libertad y argumentos justos. Padres cabra: a su juego los llamaron, con ustedes el tigrecito andará como un violín pues respeta la bondad antes que el despotismo. La cabra, hipnotizada con el *charme* felino, suele endeudarse para dar los gustos al cachorro, y encima son ¡CARÍSIMOS!

★ CABRA - CONEJO / GATO

El gato o gata se transforma con el nacimiento de su cabrita y pasa a ser su protector para siempre. Sólo una personita tan frágil y vulnerable puede hacerle abandonar su cómodo estilo; por él o ella se desvivirá día y noche. Entre los dos se dará una alquimia sagrada, una sublime comunión de espíritus de sensibilidad exquisita. *VOILÁ.*

Su voz suave y sus manos calentitas: éstas son las cosas que más le gustan al gatito de su cabra progenitora. El conejito es subjetivísimo con su mamá o papá caprino. Hasta en la adolescencia suavizará sus defectos con un manto de ternura. La cabra le da todo su amor y es lo más cariñoso que se puede pedir en la vida. MÁS QUE SUFICIENTE.

★ CABRA - DRAGÓN

El dragón vuelve agotado después de un día de trabajo. La fresca sonrisa de su cabrita le devuelve la energía y la esperanza. El tierno cabrito siente que su progenitor es un héroe y no le importa ser el coprotagonista. Juntos son Don Quijote y Sancho Panza: dos idealistas creativos y originales que luchan por cambiar el mundo.

La cabra progenitora arma un hogar muy *Familia Ingalls* que le servirá al dragoncito de base operativa para planear su ambicioso futuro. La fogosa criatura necesita tomar riesgos y a menudo se quema o se lastima física y espiritualmente. En la pausada y amable cabra encontrará consuelo y comprensión. Como dice el tango: "vuelvo vencido a la casita de mis viejos" CHÁN, CHÁN.

★ **CABRA** - SERPIENTE

"Mi nene es un bombón", afirma orgullosa la serpiente de su cabrita. Y lo es. Hay pocos chicos tan dulces y cariñosos. La diligente víbora se desvivirá por su heredero, pero ATENCIÓN: la cabrita tiene un *look* frágil y desvalido pero necesita aire y la posesiva serpiente no le hará un favor con su tendencia a la sobreprotección.

Las cabras son padres encantadores. A la serpientita le encantan sus mimos y palabras cariñosas. Pero afuera la vida no es tan rosa como en casa y las soñadoras cabras harán bien en mostrarles la realidad, si no quieren tener a la cómoda culebrita instalada en el hogar hasta los cuarenta. ¡LARGUEN, MUCHACHOS!

★ **CABRA** - CABALLO

SUPERMAN y la MUJER MARAVILLA son unos tarados al lado de papá o mamá equinos. Para la cabrita, su progenitor todo lo puede. El caballo es sensible a la ternura y la creatividad del chivito y decide apoyarlo y estimularlo hasta que la muerte los separe. El chivito se siente tácitamente exigido y avasallado por el potro. En el futuro, necesitará cortar el cordón para encontrar solo su camino.

La cabra da rienda suelta a la alegría y el entusiasmo de su potrillo y no lo acompaña en cuerpo, pero sí en espíritu. Ambos son detallistas y apasionados por la estética. A veces, el progenitor caprino baja la cortina y el susceptible caballito se siente rechazado. Con el tiempo sabrá que no es cuestión de fondo, sino de forma. EL AMOR ES MÁS FUERTE.

★ **CABRA** - CABRA

NO SE PUEDE VIVIR DEL AMOR. Una casa no se puede comprar con amor. Las cuentas no se pueden pagar con amor... el sabio buey Calamaro podría haberse inspirado en este dúo etéreo y encantador, pero poco laburador.

Si alguien en ese hogar se ocupa de las cuestiones prácticas y aburridas puede ser que lo salve del descontrol. Sabemos que las cabras están para otras cosas.

★ **CABRA** - MONO

El mono está encantado con la originalidad y la chispa de su chivito y lo incentivará al mango. A ambos les interesa TODO y son dos mentes que brillan. Alternarán entre campings y museos. Hasta que la cabrita se caaaaanse, y empiece a quejarse. Sólo por un ser tan adorable, el simio es capaz de sentarse en una rama a esperar...

Como PETER PAN y MARY POPPINS, las cabras adultas nunca abandonan su niño interior. Qué bueno que la vida les regale un monito para jugar juntos. Lástima que el racional chimpancé no se banca las "depres" ni los malos humores del ciclotímico papá chivo o mamá cabra. OSHO, la cabra Maestra, decía: ESTO TAMBIÉN PASARÁ.

★ **CABRA** - GALLO

Si la madre es la gallina, deberá controlar su propensión a criticar la pachorra de su vástago; no le vendría mal que su cabrita le enseñara a relajarse. Y en cuanto al papá gallo... basta de organizar maratónicas actividades para el intelectual chivito. Los dos deberán aprender el arte de la negociación.

"¿Horarios y rutinas? ¡Yo no estoy!", dice la cabra bohemia. El gallito deberá acostumbrarse a que sea su otro progenitor (o la abuela, si es hijo de dos cabras) el que vaya a las reuniones del colegio. La recompensa valdrá la pena: una linda casa, con verde, libros y música. Un pollito se transforma en un cisne de la mano una cabra.

★ CABRA - PERRO

La cabrita se siente tranquila junto al perro o perra que le tocó en suerte. Pero necesitaría un espíritu más pujante para emular, ya que la seguridad tampoco es su fuerte. De todas maneras, el chivito sensible aprecia la gran bondad del perro aunque no sea un canto a la vida. ARRIBA EL ÁNIMO Y LOS CORAZONES.

El cachorro no se siente presionado por la cabra, aunque a veces quisiera que le prestara más atención. Cuando está en un buen día, papá cabruno comparte sus variados conocimientos con el perrito, siempre ávido para escuchar a los mayores. Mamá cabra adora tener la casa divina, pero le fastidia organizarla. La diligente perrita lo hará por ella.

★ CABRA - CHANCHO

El chancho es un padre buenísimo pero chinchudo. Si se despertó cruzado... ¡alejaos, por un rato, sensibles cabritas! Los dos tienen un *timing* reposado, que puede alterar un poco al resto de la tribu. Lo único que el chivito no digiere es que el cerdo siempre deje para mañana lo que puede hacer hoy. PILAS; PLEASE.

A la cabra le enternece que el chanchito la quiera imitar en TODO. La prodigiosa memoria del cerdito le salva la vida a la "colgada" cabra, que nunca recuerda dónde dejó los anteojos, ni la llaves, ni el auto. El chanchi es feliz sabiéndose necesario, y al cómodo progenitor caprino le viene bien tener un hijo tan trabajador. NO ABUSAR.

Niño Mono

El monito entra intempestivamente en nuestra existencia, como una corriente de aire fresco y eléctrico, que llena toda la casa.

No es fácil captar la esencia de este genial "bichito". Destila una energía tan intensa, que algunos adultos le temen. Para conocerlo en profundidad hay que agarrarlo SOLO. El monito es uno con público y otro sin él. No por nada hay tantos monos célebres. Necesitan el aplauso, las luces y el reconocimiento. Son líderes y populares desde que salen de la *nursery*. Ése será un don que algún día puede volverse en su contra.

Los pequeños chimpancés son tan simpáticos, inteligentes y graciosos, que la gente se les apiña alrededor como moscas. Coleccionan amigos por docenas. Quien los ama de verdad, intuye que ese carisma tan potente es una carga inmerecida. Los simios, niños y niñas, tienen fama de rebeldes. Lo son si tienen la desgracia de nacer y crecer en un ámbito rígido, autoritario y mediocre. Estos chicos son demasiado originales e innovadores. Son los precursores de su generación. Irritan a algunos maestros y directores porque son "cancheritos" y logran destacarse sin esfuerzo. Sacan de la galera mil y un ardides para salirse con la suya y siempre tienen una respuesta para todo. A los padres más débiles les cuesta ponerles límites, lo cual es poco aconsejable. Los monitos son lúcidos y sensatos, por las buenas acatan razones lógicas y las respetan. Si empiezan por dominar a su propia familia, en el futuro no dejarán títere con cabeza.

Les gusta el dinerillo desde "purretes", y aunque son buenos y honestos, la típica picardía simiesca puede hacerle desaparecer unas monedas a la hermana mayor. NO BIG DEAL. Salen indemnes de retos y castigos porque son histriónicos y convencen de su inocencia a Dios y María Santísima. Por poco, es uno el que termina pidiéndoles perdón.

Todo esto es la cáscara de la banana, no se asusten. Con un monito se puede contar incondicionalmente, en las buenas y en las malas. Con ellos se puede hablar de todo, no importa la edad que tengan. Su alegría es un tregua en nuestras vidas chatas y rutinarias.

El monito o monita brilla como una estrella en la noche cerrada. Empapémonos de su luz y no les pidamos el sacrificio de quedarse quietos.

Siempre volverán a regalarnos sus gracias. Siempre volverán para ofrecernos su amor.

Relaciones hijos y padres

★ MONO - RATA

Al pequeño chimpancé, la rata lo tiene cortito. Y como al monito los ratones le caen bien, se dejará "supervisar" con gusto. Eso sí, cuando se le meta algo en la mollera no va a renunciar a su voluntad ni por todas las bananas del mundo; el roedor es tan determinado como su hijo y nunca le pedirá esos sacrificios. UNA MONADA. CASI UNA EXPERIENCIA RELIGIOSA. El inseguro ratón saca pecho cuando está cerca de su simio progenitor. El orangután siente con su ratita una conexión muy fuerte, le encanta salir con ella porque todo le divierte. En el fondo son dos personalidades sólidas, pragmáticas y responsables que saben abrir la puerta para ir a jugar. *CHAPEAU!!!*

★ MONO - BÚFALO

El cansino buey observa las andanzas de su monito con su típica media sonrisa, pero no siempre lo acompaña. Los pequeños chimpancés a veces se rebelan ante tanta reunión familiar que organiza el búfalo, pero terminan aceptando porque creen que los bueyes son los mejores y más sólidos padres del mundo. Tienen razón.

Al buey pequeñín le gustaría ser tan ágil y gracioso como su papá mono, pero le cuesta cambiar su tono MONOcorde. Mamá mona siempre encuentra una solución creativa para los problemas de sus hijos y los bufalitos, tan generosos con su tiempo, serán fieles admiradores de las monerías maternas. KING KONG o la MONA CHITA a domicilio.

★ MONO - TIGRE

El monito salta de rama en rama, seguro y confiado en que su papá tigre o mamá tigresa lo defenderá y auxiliará en todo momento. El felino es apasionado y ama el vértigo. El pequeño simio siente el mismo entusiasmo por la vida pero es más astuto y reposado. Necesitará más *relax* y menos LIVIN' LA VIDA LOCA.

Libertad, igualdad y bananas. Si el tigrecito necesita que le dejen la soga larga, con el progenitor simio, tendrá cuerda para rato. Gozan con el mismo humor, algo oscurito, que no le hace gracia al resto de la casa. El mono o la mona no intentará que el felino baje el copete, pues ellos son aún más fanfarrones. MODESTIA APARTE...

★ MONO - GATO /CONEJO

El monito no para un minuto. Su progenitor gatuno no le pondrá freno pues admira la astucia y seguridad con que se mueve. Lo mandará a los colegios más caros para que se codee con la *crème de la crème*. No ahorrará en clases de arte, tennis y computación. El refinado gato sólo quiere lo mejor para su graciosa y talentosa criatura.

FIESTA, FOREVER. El gatito es un espectador de lujo, finamente acomodado en la butaca más confortable de la casa dispuesto a disfrutar por horas el show de monerías de papá o mamá. No le importa pasar desapercibido frente al simio en ágapes y fiestas. Mientras tanto, no se perderá detalle de la velada; para luego hacer reír al mono con sus cínicas observaciones. SÁLVESE QUIEN PUEDA.

★ MONO - DRAGÓN

Al pequeño simio se le ocurre una idea tras otra. El dragón será el primero en apoyarlo en lo que sea, por delirante que parezca y laburará de sol a sol para brindarle al monito una educación abierta y cosmopolita. Sienten el mismo terror a quedarse estancados. Es probable que terminen instalándose en otras tierras que aprecien mejor sus talentos. BON VOYAGE.

BATMAN Y ROBIN. No hay desafío al que no se atreva este par. El destino unió a estos dos seres que destilan magia y hechizan la vida. Los pobres santos que convivan con ellos no tendrán un minuto de respiro pero jamás se aburrirán. En la pubertad, al jactancioso dragoncillo puede molestarle parecer "pintado" al lado del orangután o la orangutana... ¡dejá de comer banana, te invito a pasear en liana!

★ MONO - SERPIENTE

Al monito le cuesta ponerse en la piel de su boa progenitora. No tiene nada que reprocharle, pero secretamente desearía que fuera menos concentrada y más relajada. Es que el pequeño simio necesita fluir al ritmo de su corazón y la previsora serpiente programa hasta el último detalle. La vida les dio el regalo de aprender uno del otro.

La viborita hija de un mono siente que nació en la montaña rusa. ¡Qué mareo! Por momentos es divertidísimo, pero a veces la reflexiva culebrita se agota. No se quejen, chimpancés, si sus solitarias criaturas se encierran en sus cuartos a encontrarse con ellas mismas. Las pequeñas serpientes saben que ustedes las aman y no cambiarían de padres ni por un segundo.

★ MONO - CABALLO

El monito vive de fiesta junto al potro o la yegua. Andan curioseando por aquí y allá y tienen pila para rato. El pequeño simio necesita echarse un rato a leer un libro y comerse una banana. El impaciente y brioso equino a veces lo agota y el simio se lo dice. El caballo se enoja, pero es mucho relincho y pocas nueces. HAPPY END.

El caballito se prende en todas y el mono o mona exacerbará su espíritu aventurero. El simio es más práctico, aunque a veces se va por las ramas y el potrillo es algo naïf, pero tiene buenos reflejos. Los dos tienen un gran corazón, pero el corcel aprenderá del chimpancé a enfriar un poco sus emociones y usar más la cabeza. No está mal.

★ MONO - CABRA

Como PETER PAN y MARY POPPINS, las cabras adultas nunca abandonan su niño interior. Qué bueno que la vida les regale un monito para jugar juntos. Lástima que el racional chimpancé no se banca las "depres" ni los malos humores del ciclotímico papá chivo o mamá cabra. OSHO, la cabra Maestra, decía: ESTO TAMBIÉN PASARÁ.

El mono está encantado con la originalidad y la chispa de su chivito y lo incentivará al mango. A ambos les interesa TODO y son dos mentes que brillan. Alternarán entre campings y museos. Hasta que la cabrita se caaaaanse, y empiece a quejarse. Sólo por un ser tan adorable, el simio es capaz de sentarse en una rama a esperar...

★ **MONO - MONO**
Son demasiado egocéntricos como para tener un clon en la misma casa. Verdad que la pasan bomba, ¿cómo la van a pasar dos primates juntos? Pero compartir cartel, ya es otro menester. Los integrantes del hogar deberán hacer esfuerzos sobrehumanos para que cada uno de los simios tenga su altar de adoración propio. El monito junior no acepta favores del gorila mayor. Son autosuficientes desde que andan en MONOpatín.

★ **MONO - GALLO**
Si el hijo es mona o monito, deberá hacer hula-hula para esquivar las exigencias de su progenitor con pico. NO PROBLEM, al simio le sobra cintura y astucia para eso y mucho más. El tesoro que comparten es un refinado sentido del humor a prueba de balas; la nobleza y el amor por la justicia. Pasan de la admiración a la irritación mutua en menos de lo que canta un...
Los monos se desviven por sus criaturas; pero tienen demasiados intereses fuera de su casa. El gallito es bien tirano y exige dedicación full-time. Naturalmente engreído, el pollo puede sentirse la última gaseosa del desierto con un progenitor mono. Para éstos, sus hijos son superiores al resto. Y a veces lo son.

★ **MONO - PERRO**
Al monito, audaz y "lanzado" lo beneficia el punto de vista más prudente y cuidadoso del can. Eso de MÁS VALE PREVENIR... no figura en el libreto del antojadizo chimpancé. Pero tampoco la mala onda de que le estén pinchando el globo todo el tiempo. La pobre perra vive aterrada cada vez que el simio sale de casa. RELAX. Los monos no dan puntada sin hilo y tienen todo fríamente calculado.
El cachorro se reconcilia con la vida, a través de los ojos risueños del mono que le dio el ser. Cuando el orangután nota que su perrito empieza a ponerse tristón, lo agarra de un brazo y se lo lleva de parranda. Hamburguesas y algo más.

★ **MONO - CHANCHO**
Qué placer para el simio tener un padre o madre tan *cool*. Con el chancho, el monito puede hacer su vida. No es que el cerdo no lo cuide, pero respeta la independencia de la criatura porque confía en ella. El monín le confesará sus más íntimos secretos. El chancho no es tan convencional como parece y lo escucha sin juzgarlo.
El simio pretende que su familia le siga el tren. El cochinito es dócil pero terriblemente cabeza dura. El mono o mona deberá ponerse en su lugar y no avasallarlo. El cerdito es algo indeciso, pero una vez que se define va para adelante. Un poco más de franela por parte del simio evitará que se enfurruñe. Con un progenitor tan creativo y estimulante, el niño o niña no corre peligro de ACHANCHARSE.

Niño Gallo

La película Pollitos en fuga (*Chicken's Run*), narra la historia de un grupo de gallos y gallinas oprimidos que anhelan escapar de un gallinero *look* campo de concentración. Estos maravillosos personajes animados definen qué es lo que estos incomprendidos animalitos realmente desean en sus vidas: VOLAR.

Ayudemos a nuestros pollitos a desplegar sus alas antes de que se conviertan en quejosas aves de corral que hace rato desistieron del intento.

Los gallitos nacieron programados para hacer lo correcto; hasta los más rebeldes poseen este sentido innato del deber. Es muy saludable para ellos dejarlos cacarear de vez en cuando, así se desahogan de tanta carga autoimpuesta que los hace somatizar algunas enfermedades y afecciones. El baile es una gran terapia para las pollitas, que se mueven con una gracia deliciosa y a los gallitos los benefician los deportes que combinan el cuerpo y la cabeza.

Les cuesta ahondar en sus sentimientos y reconocer sus emociones. Son susceptibles y no les gusta estar solos mucho tiempo.

Desde bebés, el sueño no es su fuerte. No caen fácilmente en los brazos de Morfeo. Tampoco se permiten dormir hasta tarde porque, como dicen del GALLO PINTO... "todo el mundo espera su COCORICÓ".

De mente brillante, aprenden a hablar muy temprano y a leer y escribir en el *kinder*. Populares al máximo, tienen una presencia magnética y son fabulosos conversadores.

Naturalmente competitivos; los hay verdaderos gallitos de riña, pero la mayoría son *fair play*; sólo se impacientan cuando pierden contra ellos mismos.

Necesitan un pequeño sabático de vez en cuando para recargar sus cuerpos y neuronas agotadas. Después les va a costar arrancar porque de pronto se convierten en Reyes del *relax* que dirigen de izquierda a derecha desde la cama ¿Qué hacer? Una buena patada en las plumas posteriores y volverán a ser los diligentes pollitos de siempre.

Los gallitos necesitan encontrar la paz. En el fondo tienen terror al eterno zorro que acecha el gallinero; para disimularlo es que a veces son mandones y COCORITOS.

Si aprendemos a contenerlos con amor en sus momentos de intranquilidad, en el futuro disfrutaremos de hombres y mujeres extraordinarios, llenos de bondad, luz y color que nos agradecerán el haberles enseñado a volar, por fin, hasta el arco iris.

Relaciones hijos y padres

★ GALLO - RATA

El emplumadito necesita que le reafirmen su importancia; la rata sólo lo hará de a ratos, cuando esté en un *good mood*. Si se trata de mamá ratona y gallinita, hojearán juntas la revista *Para ti*. Ambas son prolijas y ansiosas y pueden ponerse algo OBSESIVAS. Té de tilo... y a otra cosa, mariposa.

Al extravagante y sociable gallo le costará entender por qué de a ratos, y sin causa aparente, su simpático ratoncito se vuelve tan huraño. El roedor a veces necesita silencio y tranquilidad, algo difícil de lograr en el gallinero. Tan difícil como que el ave de corral cierre el pico y guarde un secreto de la discreta ratita... y kikirí que le haga.

★ GALLO - BÚFALO

Al buey le falta paciencia para el *trip:* pañales, vómitos y otros accesorios. A partir del primer cumpleaños del plumífero, la cosa mejora. Una sola palabra de papá o mamá buey tranquiliza al pollito más que un sedante. Ambos adoran compartir aburridísimas historias familiares. El silencioso búfalo nunca interrumpirá a su "piquito de oro". TRADICIÓN, FAMILIA Y BLA, BLA, BLA.

Si el búfalo es el hijo de esta relación, deberá poner piloto automático y tapones en sus oídos para soportar los altisonantes embates de su mamá gallina. Ésta lo premiará llevándolo consigo por los cien barrios porteños, de programa en programa. De papá gallo heredará su pasión por el deporte. ¡GOOOOOL!

★ GALLO - TIGRE

El tigre estimula a su pequeño plumífero a expresar su côté audaz y original, pero la falta de horarios y rutinas desconcierta al pollito. Los arranques de furia del tigre o tigresa dejan al sensible gallito con las plumitas machucadas. Así que, padres felinos, controlen sus instintos feroces y bajen un cambio con sus pollitos.

El cachorrito de tigre siente que nació para grandes cosas y le molesta que papá o mamá emplumado lo atosigue con pequeñeces. Si el gallo o gallina hacen un esfuerzo por callar a tiempo y no torturar a la fierita con sus propios miedos, en el futuro el *feed-back* será de empatía total.

★ GALLO - CONEJO / GATO

El talón de Aquiles del gallito es su excesivo sentido del deber; su despreocupado progenitor felino le mostrará cómo relajarse y disfrutar de la vida. *"Don't worry, be happy"*, será el mensaje que regalará el gato o la coneja a su siempre ocupado pollito. La pequeña ave le enseñará al inconstante felino, el valor del esfuerzo cotidiano.

Si el hijo es el gatito o conejita, la cosa no será demasiado armónica. Eso de dormir, dormir y dormir... olvídalo chico. Si la vida te regaló un padre gallo, ¿qué hacemos con las persianas cerradas en un día tan divino? Felinitos queridos, aconsejo OMMM, OMMMy más OMMM.

★ GALLO - DRAGÓN

A los gallitos les fascina escuchar las didácticas historias que el progenitor dragón relata pacientemente. Si bien la dragona no está mucho en casa, el gallito es bastante independiente durante el día; pero cuando oscurece, afloran sus miedos ancestrales y necesita el besito de las buenas noches. El pollo no teme al poder del dragón, respeta la autoridad porque es, a su vez, autoritario. DE TAL PALO...

El pequeño dragón necesita acción y el gallo le hará perder el tiempo con cuestiones prácticas y aburridas. Es cierto que el discurso del gallo o la gallina a veces saca de quicio a cualquiera pero la reacción fogosa del dragoncito pondrá las plumas de su padre o madre en su lugar... por lo menos por un tiempo.

★ GALLO - SERPIENTE

A papá-mamá ofidio le maravilla tener un hijo tan curioso. El diálogo entre ellos es veloz como una flecha. El pollito es responsable y trabajador como la serpiente. El único peligro es que la soberbia de los dos haga sentir al gallito superior al resto (aunque más vale que sobre autoestima y no que falte).

El gallo y la viborita son enérgicos pero sensatos. Será un tira y afloje permanente pero más mental que explosivo. Si van "de *shopping*", mamá gallina y reptilita volverán con las bolsas casi vacías porque a ninguna de las dos le gusta tirar manteca al techo. MARIANA NANNIS se moriría de angustia con este dúo.

★ GALLO - CABALLO

Los padres equinos son bastante dispersos y nerviosos; esto no ayuda al gallito. Discutirán bastante, pero los dos son pura espuma. Papá caballo o mamá yegua son supercariñosos y el distante gallito necesita mucho contacto físico para ablandarse. El gallito comprende a su brioso progenitor y la telepatía es total. El corcel deberá pegar un buen relincho semanal para recordar quién es el que manda.

El *feed-back* entre mamá gallina y yegüita será bueno. Las dos son coquetas y femeninas, les divertirá compartir programejos frívolos y *fashion*. Papá gallo será un excelente guía para el equinito. Pondrá freno y realismo (que al caballo no le sobra) a sus ambiciones desbocadas y a su forma exagerada de ver la vida.

★ GALLO - CABRA

"¿Horarios y rutinas? ¡Yo no estoy!", dice la cabra bohemia. El gallito deberá acostumbrarse a que sea su otro progenitor (o la abuela, si es hijo de dos cabras) el que vaya a las reuniones del colegio. La recompensa valdrá la pena: una linda casa, con verde, libros y música. Un pollito se transforma en un cisne de la mano una cabra.

Si la madre es la gallina, deberá controlar su propensión a criticar la pachorra de su vástago; no le vendría mal que su cabrita le enseñara a relajarse. Y en cuanto al papá gallo... basta de organizar maratónicas actividades para el intelectual chivito. Los dos deberán aprender el arte de la negociación.

★ GALLO - MONO

Los monos se desviven por sus criaturas; pero tienen demasiados intereses fuera de su casa. El gallito es bien tirano y exige dedicación *full-time*. Naturalmente engreído, el pollo puede sentirse la última gaseosa del desierto con un progenitor mono. Para éstos, sus hijos son superiores al resto. Y a veces lo son.

Si el hijo es mona o monito, deberá hacer hula-hula para esquivar las exigencias de su progenitor con pico. NO PROBLEM, al simio le sobra cintura y astucia para eso y mucho más. El tesoro que comparten es un refinado sentido del humor a prueba de balas; la nobleza y el amor por la justicia. Pasan de la admiración a la irritación mutua en menos de lo que canta un...

★ GALLO - GALLO

Gallo y gallito se sacarán brillo a sus plumas mutuamente. Habrá mucho diálogo más bien superficial, pero compartirán momentos de confesiones íntimas. El plumífero mayor no será nada objetivo con el pollito pues ver los defectos de su hijo sería como reconocer los propios, y sabemos que los gallos se llevan "autocrítica" a marzo. El peligro es que no sepa contener a su retoño en sus momentos *down*. Quizás no sea una relación profundísima pero el vínculo será indestructible.

★ GALLO - PERRO

El discreto perro trata de combatir lo que más le molesta de su gallito: la soberbia. El omnipotente pollito siente que todo es posible con confianza y entusiasmo; el pesimismo de su progenitor lo paraliza. El can debería de encontrar la manera de conectarse con su avecita. Cuando están *tête à tête* el gallito o gallinita se dulcifica y el perro baja la guardia. *LET ME TRY AGAIN*.

El cerebral plumífero planifica mientras su cachorro actúa por olfato. Es tan completa la lista de actividades que le diseñó el gallo o la gallina, que apenas le queda tiempo para echarse en la cucha a ver pasar la vida. El perrito se desvivirá por ganarse su aprobación. El ave tendrá que suavizarse, si no, el cancito se encerrará y le ocultará sus sentimientos.

★ GALLO - CHANCHO

El porcino es impredecible y al pollito le cuesta adaptarse a los cambios. Para compensar, papá o mamá chancho será un gurú para el plumífero que abrirá su cabeza y su corazón y lo llenará de mimos, amor y dulzura. El cerdo aprenderá el valor del compromiso y la palabra a través de su pequeño emplumado. El cariñoso y suave chanchito desarmará completamente al circunspecto papá gallo o a la formal mamá gallina. Los dulces cerditos los pueden y aunque a veces dicen cosas extrañas y tienen ataques de rabia inexplicables los plumíferos no se inmutan; ellos nacieron para no perder el garbo ni la compostura.

Niño Perro

Los perritos han trascendido a través de la pantalla como verdaderos héroes. Siempre ayudando al prójimo a riesgo de su vida y venciendo a los malvados con valor e inteligencia. Sin hacer alarde de sus proezas. Por la única y sagrada recompensa de hacer felices a sus amos. Así son los perros de simples y complejos.

El genial Jack London, escribió *El Llamado de la Selva* y *Colmillo Blanco*, dos libros prodigiosos. El primero cuenta la desgarradora historia de un perro que escapa de la civilización y termina liderando una cuadrilla de lobos. El segundo describe el intento de domesticar a un perro salvaje. Ambos relatos, hablan de los dos grandes aspectos del perro y su lucha interior. Conocer el lado oscuro del corazón de estos animalitos nos allanará el camino para apoyarlos y sostenerlos. Los cachorritos son adorables. Traviesos y juguetones de bebotes, luego se convierten en niños amables y bien predispuestos. También los hay ariscos y desatados, según la "raza" y el ENTORNO. Por algo se dice que los perros se parecen a sus dueños. Son muy influenciables y adaptables al medio. Ocultan sus penas pues no soportan ser un estorbo. Son leales hasta la obsesión, pero de una sola persona: el amo elegido. Puede ser el papá, la mamá, un hermano, o un tío. Los demás recibirán su amor a secas.

El perrito se hará cargo de sus hermanos menores y mayores. De su casa, de sus compañeros desvalidos, y hasta del vecinito de enfrente. Tras esta hiperactividad que desarrollan por los demás, se esconde el miedo o la negación a ocuparse de su propia vida. SU felicidad será una asignatura pendiente, que algún día se impondrá con fuerza y ahí, AGARRATE CATALINA Y PATITAS PA' QUE TE QUIERO. Hay que enseñarles a enfocarse en sí mismos y en su propio deseo. Su virtud máxima es la de ser solidario. La condescendencia es su peor enemiga.

Los cachorros necesitan estar solos cuando algo no anda bien. Viven preocupados; pero son orgullosos y se esconden detrás de su humor sarcástico. Critican hasta a sus mejores amigos, es su manera de defenderse de los posibles ataques.

Las perritas son lindas y tímidas, les encanta que las ponderen pero no se la creen ni ahí. Regalarles algo material o espiritual es un placer porque son agradecidísimas.

Los "caniños" necesitan creer en un mundo mejor, donde estén a salvo y puedan expresar su generosidad y su altruismo sin que los muerdan y los lastimen. Necesitan kilos de optimismo y esperanza. Para ser sólo niños y no salvadores de la humanidad. Para ladrar y aullar, si es necesario. Para jugar y reír, despreocupados.

Relaciones hijos y padres

★ **PERRO - RATA**

El melancólico cachorro recibirá una constante inyección de optimismo del práctico papá ratón o mamá rata. No le vendría mal imitar al roedor y pensar más en sí mismo y menos en los demás. Aprenderán uno del otro a discernir entre ideales y ambiciones, menuda tarea si las hay. Juntos lo lograrán.

La ratita goza de un biorritmo más bien acelerado. El estilo aplomado pero alerta de su can progenitor le marcará el rumbo. Puede ser que el prudente perro no le resulte tan divertido como los padres de sus compañeritos; pero éstos recurrirán al papá o la mamá del ratoncito cuando necesiten consejo. La lauchita se los "prestará" con orgullo.

★ **PERRO - BÚFALO**

El can es una fotocopia de su progenitor búfalo. Ambos son enemigos de las estridencias. El buey no necesita inculcarle al cachorro sus valores de honradez y lealtad porque el can ya los trae incorporados. La única contraindicación es que se encierran en sí mismos cuando están atribulados. Tarea para el hogar: mejorar la COMUNICACIÓN.

En sus primeros años, el buey pondrá a su madre o padre canino en un pedestal. El perro se sentirá identificado con la timidez del bufalito porque él mismo la sufrió de chico y tenderá a sobreprotegerlo. El bufalito es más fuerte de lo que parece y se rebelará ante tantos cuidados, pero el balance definitivo será de AGRADECIMIENTO TOTAL.

★ **PERRO - TIGRE**
El perrito suele ser blanco de injusticias por su timidez y humildad. Defiende a todo el mundo menos a sí mismo. El tigre o tigresa mostrará los colmillos a quien sea que ose meterse con su bebé. Al pequeño can le darán un poco de vergüenza las pasionales demostraciones del felino; pero apreciará, en secreto, su lealtad y protección.

Después de un día ajetreado, el tigrecito hijo de perro (o perra, perdonando la expresión) recibe el premio de llegar a casa y que su progenitor canino lo atienda y le lama las heridas. De segundo premio obtendrá una oreja que lo escuche atentamente hasta que el felinito, desahogado, se duerma en sus brazos.

★ **PERRO - CONEJO / GATO**
Perrito y gato conviven en armonía cuando los une el amor filial. Tienen una relación calma y sin sobresaltos. Es raro que el conejo o coneja levante la voz con su cachorro; éste es tan dócil que casi no le dará motivos. Los gatos adoran viajar, y el perrito es tan buen compañero de andanzas que juntos son capaces de dar la vuelta al mundo.

El conejo sabe que a su progenitor canino todo le cuesta; el perro casi nunca está de mal humor, pero a veces se pone melancólico y suspira... El perceptivo gatito lo quiere tanto que dejará sus caprichitos de lado y se conformará, agradecido con lo que su leal padre o madre pueda darle. Poco *shopping* y mucho Centro Cultural Recoleta.

★ **PERRO - DRAGÓN**
Al perrito hay que darle un poco de cuerda para que salga de la cucha. El dragón será su motor. A veces el pequeño can no se anima y el dragón pierde la poca paciencia que tiene. Son dos polos opuestos que logran que se haga la luz en el segundo en que hacen contacto. Pasará el tiempo y seguirán intentando comprenderse. Cuando hay amor...

El dragoncillo es un pequeño huracán que se atreve a todo. El perro no es tan optimista ni confiado como su fogoso bichito; hace bien en contagiarle un poco de prudencia. Pero de la cautela al miedo hay un paso. El guau-guau deberá hacer un esfuerzo supremo por no cortarle las alitas ni el mambo al dragoncito, sin dejar de advertirlo y cuidarlo. Con el tiempo, su hijo se lo agradecerá.

★ **PERRO - SERPIENTE**
No hay mejor programa para el perrito que salir de paseo de la mano de papá o mamá serpiente, que siempre le enseña cosas interesantes. No le va a comprar todo el quiosco, eso sí, pero el humilde cachorro se conforma con poco. La víbora deberá dar una "reptadita" al costado y ceder más protagonismo al tímido cachorrito cuando estén en público; así

lo ayudará a afirmar su personalidad, que es algo que les cuesta bastante.

La serpientita adora el carácter tranquilo de su padre perruno. El can la apoya en todo lo que emprende y la sigue a todas partes... a veces la solitaria viborita necesita menos amor y un poco más de soledad. La culebrita pretenderá que su servicial progenitor sea su esclavo. El canino haría bien en negarse para que el cómodo reptil arrastre un poquito más el cascabel.

★ PERRO - CABALLO

El perrito confía ciegamente en el caballo o yegua. Sabe que el equino nunca lo abandonará, pero a veces hace la suya y el pequeño can se siente desamparado. El tordillo estimula al perrito a que se exprese pues conoce bien su tendencia a bloquearse. Juntos combatirán las injusticias a capa y espada y serán amigos para siempre.

Están hechos de la misma pasta. Son buena gente y se les nota. Pero el perro se paraliza ante la adversidad, mientras que el caballito arremete contra todo. El pequeño corcel se siente protegido por una fuerza superior. Su progenitor canino a menudo cree que la vida lo engañó. No todo es blanco o negro. Juntos tendrán que descubrir los matices.

★ PERRO - CABRA

El cachorro no se siente presionado por la cabra, aunque a veces quisiera que le prestara más atención. Cuando está en un buen día, papá cabruno comparte sus variados conocimientos con el perrito, siempre ávido para escuchar a los mayores. Mamá cabra adora tener la casa divina, pero le fastidia organizarla. La diligente perrita lo hará por ella.

La cabrita se siente tranquila junto al perro o perra que le tocó en suerte. Pero necesitaría un espíritu más pujante para emular, ya que la seguridad tampoco es su fuerte. De todas maneras, el chivito sensible aprecia la gran bondad del perro aunque no sea un canto a la vida. ARRIBA EL ÁNIMO Y LOS CORAZONES.

★ PERRO - MONO

El cachorro se reconcilia con la vida, a través de los ojos risueños del mono que le dio el ser. Cuando el orangután nota que su perrito empieza a ponerse tristón, lo agarra de un brazo y se lo lleva de parranda. Hamburguesas y algo más.

Al monito, audaz y "lanzado" lo beneficia el punto de vista más prudente y cuidadoso del can. Eso de MÁS VALE PREVENIR... no figura en el libreto del antojadizo chimpancé. Pero tampoco la mala onda de que le estén pinchando el globo todo el tiempo. La pobre perra vive aterrada cada vez que el simio sale de casa. RELAX. Los monos no dan puntada sin hilo y tienen todo fríamente calculado.

★ PERRO - GALLO

El cerebral plumífero planifica mientras su cachorro actúa por olfato. Es tan completa la lista de actividades que le diseñó el gallo o la gallina, que apenas le queda tiempo para echarse en la cucha a ver pasar la vida. El perrito se desvivirá por ganarse su aprobación. El ave tendrá que suavizarse, si no, el cancito se encerrará y le ocultará sus sentimientos. El discreto perro trata de combatir lo que más le molesta de su gallito: la soberbia. El omnipotente pollito siente que todo es posible con confianza y entusiasmo; el pesimismo de su progenitor lo paraliza. El can debería de encontrar la manera de conectarse con su avecita. Cuando están *tête à tête* el gallito o gallinita se dulcifica y el perro baja la guardia. LET ME TRY AGAIN.

★ **PERRO** - PERRO
Depende la raza y el tipo de carácter. Si son dos canes tranquilos, tendrán un buen enganche, aunque no sean precisamente unas castañuelas. Si son del tipo más salvaje, andarán juntos en busca de diversión y hamburguesas, aprovechando, por supuesto, las gangas y ofertas del día. Les encanta ir al cine y después criticar juntos la "peli". El perrito menor no podrá dormir después de ver a Cruela Deville en los *101 dálmatas*. GUAU.

★ **PERRO** - CHANCHO
Cuando el perrito está ansioso, la parsimonia del chancho que lo alumbró logra que achique el pánico. Ambos son sobrios y de perfil bajo. Al cerdo le encanta estar acurrucado en su casa, junto a su progenie. El perrito se echa a su lado, pero tarde o temprano, se siente encerrado y le urge salir a mover un poco la colita. BYE, BYE.
El cochinito requiere estabilidad y el can es constante. Cuando al cerdito lo asalta el mal humor, el perro lo levanta en peso con alguno de sus sermoncillos moralistas que el chanchito, arrepentido, se aguanta sin pestañear. Su espíritu positivo y optimista le dará al perro o perra otra visión de la vida. Más gozosa y menos melancólica. ¡AUUUUU!

Niño Chancho

"¡Qué amor!", exclama una tía gorda delante del rozagante lechoncito. Efectivamente estos chiquitos son amorosos, buenos y sencillos. Usualmente llegan al mundo tras un parto sin complicaciones, como anunciando de entrada lo considerados que son.
Los cerditos bebés prefieren estar en su casa, con sus peluches, que salir a pasear en coche. A los tres o cuatro años, ya se perfilan como unas personitas tan maduras y solícitas, que la "seño" los extraña cuando faltan a clase. Y faltan seguido; es una lucha mandarlos al cole. Son tan caseros y pegotes, que no entienden quién inventó esa tortura llamada Jardín de Infantes (alemán tenía que ser), que los obliga a abandonar su amado chiquero. Una vez que se adaptan, son alumnos aplicadísimos gracias a su memoria prodigiosa y su sed de conocimiento, que los convierte en verdaderos autodidactas. Sobresalen en las materias de arte y manualidades

pues son habilísimos. No por nada los *Tres chanchitos* pusieron manos a la obra para construir sus casas. No son todos igual de trabajadores, pero la intención es lo que importa. Tal vez los dos cerditos menores no terminaron de hacer sus casas para tener la excusa de seguir viviendo juntos. Los chanchitos odian las separaciones y las despedidas. Cuando están sufriendo se ponen decididamente tercos, protestones y malhumorados. Estallan en accesos de ira y cólera inexplicables. Los que conviven con él o ella, saben que la manera más eficaz de sacarles la cara de tujes es dándoles algo rico para comer.

Son indecisos y primero dicen que NO, de puro inseguros, ásperos y cabezas duras. A los dos minutos empiezan a aflojar, y antes de que se den cuenta, ya los convencimos de ir a la Luna.

Es imperante que les enseñemos un poco de buenos modales a los pequeños Porkys y Piggys pues son rudos, directos y ariscos en las reuniones sociales. No le vendrían mal unas lecciones con la condesa de Chikoff, pero por el momento alcanzaría con que se dignen a saludar y digan "por favor" y "gracias".

Todo lo demás será coser y cantar. Acompañar el destino de un niñito así es una gloria. Será un devoto aliado de su familia, siempre deseoso de ser útil y de expresar su cariño con la palabra justa.

El chanchito nos permite ser parte de su mundo interno de armonía y belleza.

El cerdito no ambiciona trascender por su fuerza sino por su magia.

Relaciones hijos y padres

★ CHANCHO - RATA

Un padre que come queso más que padre es un amigo. La rata procreadora y el chanchito infante hasta suelen parecerse físicamente. El cerdito ni se inmuta cuando el ratón está "sacado". Éste le agradece su discreción en silencio cuando pasó la tormenta. OINK, OINK. La ratita disfruta del *look* "hágalo usted mismo" que el cerdo imprime a su hogar. El ratoncito querrá una mascota; de puro caprichoso. El chancho aceptará gustoso porque es superbichero y terminará ocupándose él mismo del *pet* del "nene" o la "nena". Al minúsculo y ansioso roedor a veces lo exaspera la sangre fría del porcino pero le tiene tanto cariño que no lo juzga como al resto de la tribu.

★ CHANCHO - BÚFALO
El cochinito goza de una imaginación infinita. El buey llama a las cosas por su nombre pero admira el vuelo y la fantasía que despliega su chanchito. Hacer reír a un búfalo no es tarea fácil pero el cerdito lo logrará a menudo. Su bufaloso padre le dará sustancia a su vida y le ayudará a concretar su creatividad con disciplina.

Los padres chancho son amorosos y divertidos, pero algo colgados de la palmera. El pequeño buey tendrá que flexibilizarse y comprender desde pequeño que mientras él organiza, el cerdo improvisa. El conservador bufalito acabará aceptando por amor a su progenitor *hippie*. PEACE AND LOVE.

★ CHANCHO - TIGRE
Para el cochinillo, su progenitor tigre es como un superhéroe salido del canal de dibujitos. Y se convertirá en su copiloto de la vida. Como el felino es transgresor, no existirá el "prohibido para menores de 18 años" y compartirán programas y vivencias que otros chicos a su edad ni imaginan, todo sanamente y en familia. El chanchito crecerá un poco más rápido sin perder su ingenuidad y pureza.

En el cálido chiquero que su papá o mamá chancho armó, el niño tigre establece su base de operaciones; sale a la aventura respaldado por el cariño del porcino que nunca le hará recriminaciones molestas y disfrutará como chancho con el relato de sus andanzas. En este hogar el ahorro nunca será la base de la fortuna, pero abundarán los amigos, la buena música y los manjares. CHÉVERE.

★ CHANCHO - CONEJO / GATO
Papá o mamá gatunos son especiales para neutralizar aquellos raptos de cólera que, de vez en cuando, despliegan los chanchis. No se puede ser un santo las 24 horas y los cerditos necesitan descargar sus bajos instintos. Al conejo no se le mueve un pelo del bigote y, postberrinche, aconsejará al cochino que no confíe tanto en los demás.

Para el cerdo adulto su conejito es un enigma. En algunos momentos, el sincero y honesto porcino siente que hay gatito encerrado. Con su amor tan fresco y sin vueltas, termina desarmando al prudente y hermético felinito que le entregará su corazón. El conejito sucumbirá ante los ricos platos que le prepara mamá chancha. ¡MMMMM!

★ CHANCHO - DRAGÓN

Progenitores dragones: ESTÁN NOMINADOS. Pueden salvarse si logran entibiar su entusiasmo devorador. El cerdito es de digestión lenta y reposada. Su corazoncito tierno necesita contactos de todo tipo y no resiste ser ignorado. Un puerquito herido se convierte en PUERCOespín. El dragón o dragona que baje de las nubes y se atreva a embarrarse en el chiquero encontrará en el chanchito su eterno cable a tierra. GRACIAS, DE NADA. ¿A QUIÉN SALE ESTE CHICO? Se pregunta el cerdo. Le cuesta sintonizar con la nube de fantasía en la que vive el dragoncito. El porcino es concreto, aunque a veces cree en los pececitos de colores. El dragoncito necesita expresar su fuego interno y con el chancho o chancha a veces siente que es como hablar con la pared. Suéltense, cochinos, muéstrenle a la criatura su perfil más alocado, que sabemos que lo tienen.

★ CHANCHO - SERPIENTE

Hay cosas para trabajar en esta unión genealógica entre el cerdito y la serpiente; pero ambos poseen la conciencia y la sabiduría para lograrlo juntos. La serpiente es exigente y perfeccionista mientras que el pequeño jabalí es gánico y disfruta jugando solo, por horas, en su chiquero propio. El ofidio debería resistir a la tentación de llenarlo de clases y cursos de todo tipo. LET IT BE.

La viborita siente una gran ternura por su progenitor porcino. Aquí puede darse uno de los típicos casos en que los hijos terminan haciendo de padres de sus padres, ¿por qué no? La vida unió a estos seres tan especiales, que se protegen y enriquecen mutuamente. HOGAR DULCE HOGAR.

★ CHANCHO - CABALLO

Al alazán progenitor el chanchito le hace mucha gracia. Adora su carácter tranquilo pero firme. Resiste sus ocasionales pataletas con serenidad, pues los caballos reservan la poca paciencia que Dios les dio, para sus hijos. No se sentará a armar *puzzles* con el modesto cerdito, pero elogiará cálidamente cada uno de sus logros.

Se llevan bien la mayor parte del tiempo. El caballito necesita acelerar la moto y el porcino se toma su tiempo para todo. El escrupuloso chancho o chancha machacará al potrillo con una serie de preceptos morales, que ellos mismos no siempre cumplen. NADIE ES PERFECTO.

★ CHANCHO - CABRA

A la cabra le enternece que el chanchito la quiera imitar en TODO. La prodigiosa memoria del cerdito le salva la vida a la "colgada" cabra, que nunca recuerda dónde dejó los anteojos, ni la llaves, ni el auto. El chanchi es feliz sabiéndose necesario, y al cómodo progenitor caprino le viene bien tener un hijo tan trabajador. NO ABUSAR.

El chancho es un padre buenísimo pero chinchudo. Si se despertó cruzado... ¡alejaos, por un rato, sensibles cabritas! Los dos tienen un *timing* reposado, que al resto de la tribu puede alterarlos un poco. Lo único que el chivito no digiere, es que el cerdo siempre deje para mañana lo que puede hacer hoy. PILAS; *PLEASE.*

★ **CHANCHO - MONO**
El simio pretende que su familia le siga el tren. El cochinito es dócil pero terriblemente cabeza dura. El mono o mona deberá ponerse en su lugar y no avasallarlo. El cerdito es algo indeciso, pero una vez que se define va para adelante. Un poco más de franela por parte del simio evitará que se enfurruñe. Con un progenitor tan creativo y estimulante, el niño o niña no corre peligro de ACHANCHARSE. Qué placer para el simio tener un padre o madre tan *cool*. Con el chancho, el monito puede hacer su vida. No es que el cerdo no lo cuide, pero respeta la independencia de la criatura porque confía en ella. El monín le confesará sus más íntimos secretos. El chancho no es tan convencional como parece y lo escucha sin juzgarlo.

★ **CHANCHO - GALLO**
El cariñoso y suave chanchito desarmará completamente al circunspecto papá gallo o a la formal mamá gallina. Los dulces cerditos los pueden y aunque a veces dicen cosas extrañas y tienen ataques de rabia inexplicables los plumíferos no se inmutan; ellos nacieron para no perder el garbo ni la compostura.
El porcino es impredecible y al pollito le cuesta adaptarse a los cambios. Para compensar, papá o mamá chancho será un gurú para el plumífero que abrirá su cabeza y su corazón y lo llenará de mimos, amor y dulzura. El cerdo aprenderá el valor del compromiso y la palabra a través de su pequeño emplumado.

★ **CHANCHO - PERRO**
El cochinito requiere estabilidad y el can es constante. Cuando al cerdito lo asalta el mal humor, el perro lo levanta en peso con alguno de sus sermoncillos moralistas que el chanchito, arrepentido, se aguanta sin pestañear. Su espíritu positivo y optimista le dará al perro o perra otra visión de la vida. Más gozosa y menos melancólica. ¡AUUUUU!
Cuando el perrito está ansioso, la parsimonia del chancho que lo alumbró logra que achique el pánico. Ambos son sobrios y de perfil bajo. Al cerdo le encanta estar acurrucado en su casa, junto a su progenie. El perrito se echa a su lado, pero tarde o temprano, se siente encerrado y le urge salir a mover un poco la colita. BYE, BYE.

★ **CHANCHO - CHANCHO**
CHANCHO GUSTO. Vivirán en una chalet primoroso, los canteros rebosantes de flores y la heladera siempre llena. No se calentarán mucho por nada. Son gánicos y antojadizos. Mamá chancha pondrá el grito en el cielo cuando vea llegar al cerdito todo embarrado. El chanchi fruncirá el morro cuando lo obliguen a quedarse a comer en el colegio. En las noches estrelladas, caja de bombones de por medio, se dedicarán a chusmear y a hablar de la vida sin pausa y sin ninguna prisa.

Lucas Menéndez · Caballo de metal

HIERROS ZAINOS DE IBERIA

Dolores Blaquier • Caballo de agua

Luli con Hoby, Caballo de fuego,

bajo el cielo de Aspen

San Jorge

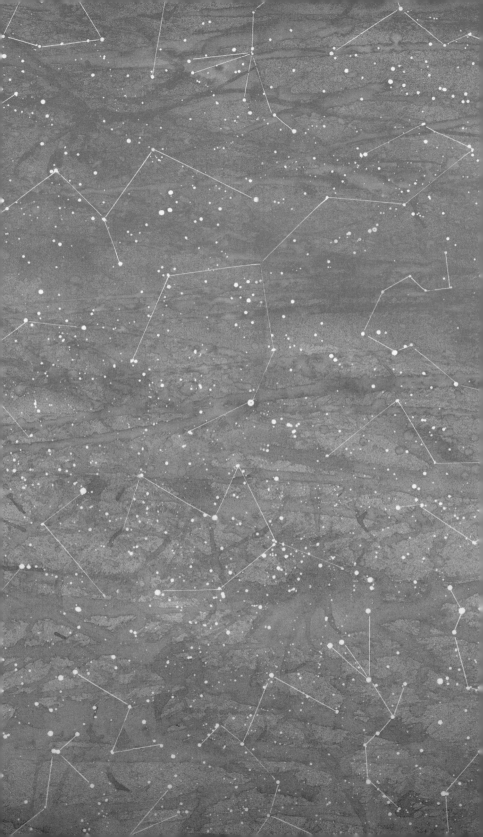

Los signos
y la música

Por Hoby De Fino y Santiago Siutti

Rata

Los roedores siempre estuvieron muy atentos a los sonidos. Seducidos por el bombo de la ciudad, los reyes del chillido sostienen la plataforma de la música urbana.

Las ratas curten los ritmos más cálidos, más eléctricos y sucios. Siempre están jugando a las escondidas y silbando alguna canción como en procesión. Las de fuego responden más al estilo de marcha militar.

Estos animales tienen la capacidad de introducirse en el fondo del inconsciente de la gente y hacerse inolvidables, como lo ha demostrado claramente un personaje típico de este signo, Wolfgang Amadeus Mozart, con sus melodías y piezas musicales que hasta el día de hoy persisten en la memoria colectiva.

Las ratas son muy afectadas por los ruidos y la música en general. Las mujeres rata tienen un *côté* meloso, apaciguado, orientado al *easy-listening*, y especialmente los discos de efectos especiales.

Los hombres, por otro lado, tienen cierta inclinación hacia el jazz y todos sus derivados, *acid, scant, blues.*

La mayoría son idealistas, socialistas, solidarios, y siempre preocupados y colaborando en las causas humanitarias. Poniéndole un tinte de arenga planetaria, como el gran ejemplo del ratón Bono.

Discos Rata

- The Smiths - *The Smiths* (1984)
- Prince - *Purple Rain* (1984)
- Beck - *Odelay* (1996)

Búfalo

Metiéndonos en las entrañas de estos seres, de movida nos damos cuenta de que tienen un ritmo constante por naturaleza. Como un marcapasos interno que los hace vibrar siempre en el mismo *loop*.

Pacientes, rústicos, de un sonido interno casi sórdido mezclado con un *heavy* externo que no admite miradas al costado. Cuando les gusta un género, son conservadores, cerrados y limitados; les cuesta admitir nuevas tendencias.

En general son muy trabajadores, responsables y dedicados. Típicos ejemplos son: Johann Sebastian Bach, con su estudio minucioso y matemático de la música; Mark Knopfler, con sus doce o trece horas diarias de práctica con la guitarra; y Andrés Calamaro, otro ejemplar de músico búfalo, que se lo pasa grabando día y noche.

Es como si estuvieran en negras en un compás de cuatro cuartos. No son muy amigos del silencio y protestan en clave de fa.

Fafa fa faa, fafa fa faa, canturrean por lo bajo, como Jimmy Scott y su ambigua voz, seduciendo a individuos de todas las latitudes, con su música curtida durante tantos años por este capo del jazz.

Muy fieles a sí mismos, de características punzantes, con sus pensamientos y sentimientos que no pueden amplificar.

Clicks de la vida moderna: búfalo que entra en un bar porque escuchó una cumbia.

Discos Búfalo

* Bob Marley - *Burning* (1973)
* Pescado Rabioso - *Artaud* (1973)
* David Bowie - *Earthling* (1997)

Tigre

De sello independiente, rugen *fortissimo* todo lo que sienten. Despliegan sus matices sonoros al compás de lo que sienten.

"El día que me quieras" está en el imaginario argentino de todo tigre hecho y derecho: como Carlos Gardel, con su voz de prócer jugando a ser el verdadero rey de la selva de la vida, nos comunicó su variada gama de sensaciones.

En el génesis son más *cool,* para luego devenir en características musicales más marcadas.

En términos femeninos, hay dos ejemplos bien opuestos. La dulzura perversa, *naïve,* casi mórbida de los temas cantados por Marilyn Monroe; y por otro lado la fuerza, el coraje, la pasión, las piernas de esta verdadera tigresa que es Tina Turner.

Como exponentes masculinos, Miles Davis hacía sonar su trompeta muy felinamente, mientras que Leonardo Favio, más allá de su *look,* siempre entonó sus melodías de una manera bizarra pero humanitaria a la vez.

Poco convencionales en sus gustos, los menores tienen una acentuada tendencia al *soul;* en cambio casi todos los mayores están orientados hacia una música electrónica *New Age,* mientras una minoría muestra un costado un poco "cachudo".

No podemos pasar por alto que la banda más grande de rock del planeta, The Rolling Stones, se formó en Londres en 1962, año del tigre de agua. ¿Alguna duda?

Discos Tigre

* The Beach Boys - *Smiley Smile* (1962)
* The Rolling Stones - *It's Only Rock & Roll* (1974)
* Run-DMC - *Raising Hell* (1986)

Conejo

En cierto nivel son los *dandies* de la música. Sofisticados, vanguardistas, creativos y transgresores. Parecen tener una sensibilidad especial para con el mundo musical que está en el aire. Son radiales, *supertechno,*

294 ▥ Ludovica Squirru

superclásicos, *supersoul*. Tienen el sonido incorporado en el *hard disk* del inconsciente.

Los caracteriza la seducción, el *charme*, el *sex-appeal* que por ejemplo brotó de la garganta de nuestro admirado y nunca olvidado Frank Sinatra.

Tienen también un costado autóctono, folklórico, de ideales musicales. Otros están al día con todo lo vinculado a Internet. Napster, mp3, *loops, samples* y piraterías digitales de todo tipo.

Son grandes mezcladores e innovadores. Reciclan sonidos *vintage,* clásicos y rockeros; licuados con *hip-hop, house, garage,* en fin, bien Fat Boy Slim.

Son los que más luchan para que todo no se tropicalice y para que no se monopolicen las ventas.

Además, le ponen más *dub* a los sentimientos que a los mecanismos orquestados por la sociedad.

Los conejos o gatos tienen un asombroso sentido de la audición. En la Argentina, desde niño, Charly García brilló por su oído absoluto, destacándose lírica y musicalmente, mientras que en los últimos años Fito Páez, otro conejo del palo, sigue generando conciencia y creando nuevas inquietudes.

Discos Conejo
• Patty Smith - *Horses* (1975)
• Will Smith - *Willennium* (1999)
• Gustavo Ceratti - *Bocanada* (1999)

Dragón

Tienen una estructura básica que podría ser tomada como una danza de *capoeira*. De movimientos abiertos, ondulantes, que se disparan hacia todos los puntos cardinales. Se copan haciendo *contact-improvisation* con todos los estilos musicales que encuentran.

Son de abrir nuevos campos en materia de composición y reciclan hasta el más baqueteado disco de pasta. Son fetichistas con los objetos relacionados con la música: teléfonos con forma de guitarra, panderetas usadas como ceniceros, hojas pentagramadas como individuales y mucho poster de su artista favorito.

¿Están en el cielo o se hacen? ¿Fuga o misterio? Alta fidelidad para conectarse con el cosmos, de ahí a un puente directo a los *graffiti* y letras que riman con la vida real.

Tocan distinto; pueden ser bastante incomprendidos, pero a la vez muy admirados. Con un carisma inusual y un oído particular, reconocen la música de cualquier disco. Hay un porcentaje mínimo hipervanguardista que está al día de lo último en materia de *raves, technivals,* sellos, festivales y acerca de cuál es el último *dj* de turno.

Graban, graban y graban. Graban todo, desde ruidos de la selva;

pájaros, agua fluyendo, hojas crujiendo; hasta todos los sonidos urbanos; autos, bocinas, gente y sus derivados. Usan *baffles* para todo, en una potencia desmesurada. Transgreden las reglas pautadas por la industria, de manera que sin ser comerciales igual logran un gran éxito. En definitiva, creen en el amor, tratan de darle una oportunidad a la paz, creen en el poder de la gente, en el karma instantáneo, en los héroes de la clase obrera, en los juegos mentales, en las mujeres y en las madres... imaginen... John Lennon.

Discos Dragón

* The Ramones - *The Ramones* (1976)
* Janes Addiction - *Nothing's Shocking* (1988)
* Pixies - *Surfer Rosa* (1988)

Serpiente

Spiritual music for the people. Ése es uno de sus lemas principales. Saben, captan, vibran con la música, aunque no tengan el oído más prodigioso.

A menudo le pegan en el palo a la hora de elegir grupos musicales. A lo sumo, el gran segundo de alguna década, el bajista que no fue, la promesa del gran baterista. Saben del grueso pero tardan en llegar a lo preciso. Se adaptan finalmente a las nuevas tendencias, pero a veces ofreciendo un poco de resistencia.

Saben que a veces sus gustos no son de los mejores pero aun así los defienden hasta las últimas consecuencias.

Los hay talentosos, y les gusta expresar su opinión sobre la gente que los rodea. Algunos poseen una cierta facilidad para las letras, para la poesía, para palpitar lo que sucede en el aire, la música que ocurre a la vuelta de la esquina. Son lo suficientemente sensibles para volcar en la lírica el sentimiento de una época tal como lo hiciera y hace Bob Dylan, un perfecto ejemplar de esta raza.

A las chabonas serpientes les cuesta más engancharse con los *hits* del viejo mundo, están más propensas al *mainstream* americano. Las más "grosas" y auténticas son mucho más abiertas y se copan desde una chacarera hasta el más taladrador *hardcore-techno*.

Son de los que mejor han mezclado e incorporado la nueva sonoridad, secuenciando *samples* y melodías con variadísimos *drum loops* y cajas de ritmo analógicas. En los últimos años han logrado transmitir lo mejor de lo moderno popular bien, esos sonidos que están en el ambiente, que tanto vemos reflejados en la publicidad y en la vida misma.

Discos Serpiente

* *Saturday Night Fever* (1977)
* Madonna - *Like a Prayer* (1989)
* Gorillaz - *Gorillaz* (2001)

Caballo

Apasionadísimos con la música. De poner CD antes de cepillarse los dientes. Con una cadencia subida de tono para la media general. Vanguardistas al mango, llevan la delantera como en el hipódromo. Son psicodélicos, divagadores, con un ímpetu fuerte de esencia rockera. Otros pueden ser muy bohemios pop, siempre listos para escuchar nuevas bandas de su género favorito. La polifonía les entra por todos los poros. Tienen muy buen criterio para la música. Recordemos que Paul McCartney es caballo de agua y ha escrito varias de las melodías más hermosas del siglo XX.

Tienen un *supersoul* interno que se nota hasta en los zapatos y se adecuan a sensibilizar los oídos de los demás haciéndoles escuchar lo que están esperando inconscientemente en la disco o en el bar.

Histéricos, obsesivos, dedicados en su labor relacionada con este *métier.* Capaces de colgarse con una frase durante varios días. Saben y no saben. Tienen como un sexto sentido que les baja cual antena, a veces con alguna interferencia; pero cuando enganchan bien, son de alta fidelidad y emotividad extrema. Janis Joplin podría reflejar bien estos aspectos.

Tienen una tendencia propia a incursionar en otros estilos para ir adquiriendo lo mejor de éstos y llevarlos hacia sí.

Son de transgredir y evangelizar gente hacia algunos autores o géneros que provocan cierta resistencia o rechazo.

Los más mansos o curtidos por la vida se acostumbran a escuchar ritmos más cálidos, como la *bossa nova,* el samba, el tango. Músicas que tienen que ver con el adentro, los sentimientos y los años. Un caballero de fina estampa que maneja muy bien estas cuestiones es el maestro Caetano Veloso.

Discos Caballo

- The Beatles - *Revolver* (1966)
- AC-DC - *Highway To Hell* (1978)
- Sinead O'Connor - *I Do Not Want What I Haven't Got* (1990)

Cabra

Tienen gustos variados y siempre clase A. Eligen lo mejor de cada género y tienen un gusto exquisito y sofisticado. Poseen una gran sensibilidad para desglosar nota por nota y entender el mensaje oculto de la música.

Les gusta grabar, mezclar, editar, tararear la vida de manera desapegada. Consumen lo que les llega a través de su canal y lo reciclan de una manera muy especial.

Son muy críticos con lo que escuchan, pero dan oportunidad aunque no les guste de entrada. Se mantienen fieles al estilo que los embandera. Buenos ejemplos son: Atahualpa Yupanqui, transmitiendo una entereza única, y el dúo caprino Jagger-Richards, con más de treinta años en dupla, generando satisfacción.

A veces les cuesta aceptar nuevas tendencias y tardan en llegar a incorporar nuevos sonidos. Pero en esto ayuda mucho la radio, Internet o la televisión.

Unos cuantos poseen un costado creativo que les nace de todo lo que han escuchado durante sus vidas. Hacen como una síntesis de todo lo que tienen metido en la cabeza y lo procesan para volcarlo luego en formato de disco.

Es bueno que se reúnan con gente capaz y talentosa a la hora de crear, para que los ayuden a mantener una línea coherente y no muy volada y lograr que lleguen al destino indicado. Los más idealistas se reflejan mucho con un capo de su raza, Joan Manuel Serrat y su onda para la libertad. Desde allí, parten todas las cabras hacia un mundo mejor e infinito, donde desde el cielo a la tierra convergen los más incalculables sonidos del planeta.

Discos Cabra

- The Beatles - *Sgt. Pepper's Lonely Hearts Club Band* (1967)
- The Clash - *London Calling* (1979)
- Nirvana - *Nevermind* (1991)

Mono

Esencialmente, llevan el estilo Manu Chao en sus entrañas. Amantes del buen jazz desde siempre; del nuevo tango onda Fer Samalea hasta el maestro Astor Piazzola. Les va mucho la buena *bossa,* mueren por Jobim y tienen debilidad por Caetano Veloso.

Con un adentro muy Lennon y con una estética y un ritmo muy *reggae,* Bob Marley podría ser el auténtico rey de los monos.

Les copa bailar al compás de la marimba, sumergidos en ritmos latinos. No son de lo más *cool* en la pista, pero tienen un movimiento desarticulado muy original.

Una serenata puede ser altamente seductora para inspirar a cualquier mono y elevarlos a planos realmente *high.*

En su sentido más "melanco" y sobre todo cuando están solos, les gusta la música que mueve las sensaciones que tienen que ver con estados de ánimo más profundos. Un buen ejemplo de inspiración y creación pueden ser los Pink Floyd, David Gilmour y Roger Waters, primates a *full.*

En particular, les gusta tener música de fondo para casi todo lo que hacen. Cocinar, meditar, leer, escribir, ordenar son actividades que siempre tienen una melodía que las acompaña.

Son los de mejor predisposición para incorporar nuevos cantantes y nuevos grupos. Están abiertos a escuchar todo lo nuevo que acontece en el mundo de la música, siempre que se lo sepan transmitir y bajar con tacto y *swing.*

Discos Mono
- Aretha Franklin - *Lady Soul* (1968)
- Serú Girán - *Bicicleta* (1980)
- PJ Harvey - *Dry* (1992)

Gallo

La nueva generación de gallitos está enganchando todos los nuevos estilos; la mezcla del *dance* y el *heavy metal*, o sea el Nü Metal; los más refinados adoran la nueva onda del pop francés, el French Touch; y los más bohemios, el *dancehall*, un *reggae* sampleadísimo y ultralupeado.

La vieja generación fue bastante *mod*. Scooters, trajes y *speed*, para después devenir en una rebeldía poco común para la época. Un claro ejemplo podrían ser los volátiles Roger Daltrey y Pete Townshend, líderes Who.

El sentir gallo es práctico, metódico pero un tanto ruidoso. Picnic sensorial, festichola en su corral, con gérmenes externos que se cuelan en un etnobeat comprimido como en mp3. Digamos, son perturbables, lentos, pero saben perfectamente hacia dónde van y cuál es su propósito.

La cresta del gallo simboliza a *full* el movimiento *punk* con varios próceres de este signo que deslumbraron y deslumbran con su presencia. Sid Vicious a la cabeza, Deborah Harry, Siouxie en la defensa y el líder de los Cure, Robert Smith, la dejaron picando para que el cocoreo siga perdurando de por vida.

Tienen mucha nostalgia. Se remiten a épocas, sueños, y enseguida pueden asociar más que ninguno aquella canción del viaje de fin de curso con su primera novia o el tema de tal o cual verano o esa melodía que cuando la escuchás por la radio sólo atinás a subir el volumen.

Discos Gallo
- The Who - *Tommy* (1969)
- Serú Girán - *Peperina* (1981)
- U2 - *Zooropa* (1993)

Perro

Fieles a lo que les gusta, los de agua realmente son jugados y transgresores. Muy abiertos, finos y delicados en sus preferencias. Simpatizantes del folklore tradicional, sorprenden a otros con su gusto por este género. Son la música, están en la movida y tienen el guiño de saber por dónde va la cosa.

En los recitales ladran a sus ídolos hasta quedarse afónicos. Dos que aullaban de la mejor pero diferente manera, eran (Dios los siga teniendo en la gloria) Freddie Mercury, emocionándonos a todos con sus rapsodias perrunas, y Bon Scott, disminuyendo a toda competencia que lo desafiara.

El sonido sincopado del *jungle* y del *trip hop* estimula y divierte a los más modernos de esta raza. Los hay milongueros y gustosos del *swing*, pero prefieren que la música sea básicamente de acompañamiento. Les gusta mucho bailar pero en un ambiente adecuado. Puede ser en una casa con amigos, en un *drugstore* familiar y, si se ayudan con unas copas, son capaces de bailar al ritmo del más puro rock & roll imitando al gran rey de los sabuesos movedizos, Elvis Presley. Reyes indiscutidos del pop de los ochenta, saben lo que quiere la gente en el planeta (y por eso son de tierra) Prince, Madonna y Michael Jackson, dieron y siguen brindando carisma, *groove,* onda, alegría transmutados en un *collage* de coreografías y *performances* que despiertan una gama de explosiones controvertidas en la mayoría de los seres.

Discos Perro
• Led Zeppelin - *Led Zeppelin III* (1970)
• Michael Jackson - *Thriller* (1982)
• Laurie Anderson - *Big Science* (1982)

Chancho

Lo más *one more time* del planeta. Cuando les gusta un tema, lo escuchan y lo bailan hasta el hartazgo. Son los que más inspiran a todos los demás signos. Muy de seguir la corriente. No tienen la intuición exacta pero saben bien quién la tiene, y por eso los siguen. Tampoco son los mejores bailarines, pero les hacen la segunda al más *top,* siendo hipersimpáticos y graciosos en sus movimientos. No saben tanto de música pero siempre quieren y están dispuestos a saber. Aprenden, metabolizan y luego enseñan. Su paso clave puede ser un *break-dance aggiornado* 2001, que los lleva a catapultarse entre los más *high.*
Como en los misterios religiosos de la ópera, mezclados con el espectáculo escénico cantado, un gran chancho como Luciano Pavarotti nos hace oír de otra manera que *la vita è bella.* Y si, encima, a todo esto le sumamos un tenor de la talla de José Carreras, implica que los marranos nos elevan a una actitud más elegante transportada a los aires de otras épocas.
Les gusta ponerse los auriculares y salir a caminar la calle, la playa, su ruta. De grabaciones variadas, pueden llegar a tener en un mismo disco desde la canción más emocionante de Mercedes Sosa, esa que nos hace poner la piel de gallina, hasta el *riff* más furioso de Angus Young. De allí notamos su apertura en el plano del gusto musical. No se hacen tanto problema por tal o cual género. No se reprimen, no se avergüenzan y muy poco les importa el qué dirán.

Discos Chancho
• Black Sabbath - *Paranoid* (1971)
• John Lennon - *Imagine* (1971)
• Charly García - *Clix Modernos* (1983)

Predicciones para el año 2002

Caballo de agua

Introducción al I-Ching y al Ki 9 estrellas

El Ki 9 Estrellas está considerado una de las formas más antiguas de la astrología. Originado en los comienzos de la civilización china bajo el nombre de Chiu Kung Ming Li, esta práctica ha adquirido una gran popularidad entre los países occidentales durante los últimos cincuenta años.

Sabemos que el cielo ha sido una gran fuente de inspiración y de conocimiento para casi todas las civilizaciones, que han denominado de distintas maneras el concepto y la noción de "energía". CHI, en China; KI, en Japón; PRANA, en India; KAA, en Egipto, para citar algunos ejemplos.

De acuerdo con sus creencias, esta energía tenía una doble naturaleza. La que provenía de la tierra misma, que forma los paisajes, el agua, los suelos; y la que provenía del cosmos, que determina los climas y las temporadas. Se creía que los cambios en estos ciclos eran la influencia primordial del año en que nacemos y del año que transcurrimos.

Para la antigua civilización china, la energía cósmica se originaba en los confines del universo, y era, en su mayor parte, filtrada por nueve estrellas. A partir de ese concepto surge la denominación de esta práctica.

Los extremos de este "filtro", eran dos estrellas, Vega y Polaris. Vega, por un lado, representaba la energía pasiva o yin, el frío, el invierno, la luna; mientras que Polaris, representaba la energía activa o yang, el calor, el verano, el sol. Entre estas estrellas o extremos del filtro, se encuentra un grupo de siete estrellas, que son las que componen la constelación de la Osa Mayor, precisamente. Este grupo rota entre Vega y Polaris, y de acuerdo con cada estación, su orientación es distinta. Este fenómeno servía de guía o brújula en la antigüedad y dio lugar a la creencia de que la energía cósmica varía de acuerdo con las temporadas.

J-Ching

El I-CHING es uno de los libros más antiguos del mundo y, también conocido como el *Libro de las Mutaciones*, es el que dio lugar al Ki 9 Estrellas y al FENG-SHUI. Es un libro de enseñanzas que fue transmitido de generación en generación para brindar una respuesta a las preguntas formuladas por todos aquellos que lo consultaran.

Está compuesto de ocho trigramas básicos que contienen los elementos *yin* y *yang*, y se cree que éstos fueron creados por el emperador Fu Hsi cerca del año 3000 antes de Cristo. Los trigramas se combinan de diferentes maneras y tienen un significado particular que debe ser interpretado por la persona que recurre a este milenario libro guía.

Un trigrama es un grupo de tres líneas horizontales, que se dibujan una arriba de la otra. Las líneas rotas representan la energía *yin* y las enteras representan la energía *yang*. Existen ocho combinaciones posibles.

Trigrama

Cielo
Humanidad
Tierra

La línea de arriba representa la influencia de los cielos, la de abajo la influencia de la tierra y entre estas dos energías se encuentra la humanidad. Estos trigramas servían de guía para los hombres que vivían la vida entre estas dos fuerzas.

El I-CHING utiliza dos trigramas encimados que forman los hexagramas, conjuntos de seis líneas que pretenden acercar una respuesta más compleja y profunda a las preguntas de sus usuarios.

Hexagrama

Cuando los ocho trigramas se convierten en hexagramas, podemos obtener 64 posibles combinaciones.

Para saber qué hexagrama se debe consultar, se utilizan dos técnicas antiguas. Una, es arrojar tallos de milenrama, y otra, que es la más usada, consiste en tirar tres monedas seis veces. Una vez que se tiran las tres monedas por primera vez, se asigna el número tres para las caras, y el dos para las secas. Si el total de las monedas resulta en un número impar, se debe trazar una línea entera, mientras que si resulta en un número par, se deberá trazar una línea rota. Esta operación se repite otras cinco veces más, sumando un total de seis tiradas, y se van trazando las líneas para formar un hexagrama.

Este libro representa una importante fuente autoconocimiento y de visión. Es muy importante que los propietarios del libro lo cuiden y no permitan que otras personas lo utilicen, ya que las energías que conserva pertenecen a su dueño y de otra manera se mezclarían y perdería precisión a la hora de ser consultado. Cuando se formula una pregunta, se deben tener las monedas en la mano, y cuando no se utilizan, deben estar bien guardadas y siempre limpias. Las preguntas deben ser en lo posible cortas, simples y con un significado bien definido.

El J-Ching y el Ki 9 estrellas

En el Ki 9 Estrellas, los ocho trigramas representan a los miembros clásicos de una familia, que también son ocho. El padre, la madre, el hijo mayor, la hija mayor, el hijo del medio, la hija del medio, el hijo menor, la hija menor. Sin embargo, el sexo de cada una de estas personas no es necesariamente uno en especial. Por ejemplo, el padre puede ser hombre o mujer, y lo que importa es el rol que desempeñan y las características de su personalidad. El centro del sistema, como en el FENG-SHUI, se denomina Tai Chi. Éste es el punto por donde giran y se sostienen los miembros de la familia, o las habitaciones o regiones de una casa y no se lo representa con un trigrama. Significa el comienzo y el fin de un ciclo.

Padre (Cielo) 6 Metal
Las tres líneas yang representan a la condición masculina por completo. Estas personas, sin importar el sexo, tendrán una personalidad emprendedora y autoritaria. Se podrá notar en las familias, escuelas y trabajos, por su manera pacífica y efectiva de tratar con las diferentes situaciones que se presentan en su camino. A veces pueden ser bastante estrictos por su necesidad de ser justos e igualitarios.

Madre (Tierra) 2 Suelo
Este trigrama representa la condición femenina por sus tres líneas *yin*, y las personas Tierra 2 Suelo se verán influidas por esta característica *yin*. Serán muy perceptivas, serviciales y afectuosas. Brindarán oportunidades a la gente en la medida justa.

Hijo Mayor (Trueno) 3 Árbol (Madera)
La línea yang provee estabilidad en la fase de crecimiento, que está representada por las dos líneas *yin* que se encuentran por encima de ésta. Como es el primer hijo, será el que intente las cosas por primera vez y el que explorará y descubrirá las diferentes cuestiones de la vida, a veces de una manera impetuosa. Será también el que proteja el camino de sus futuros hermanos.

Hija Mayor (Viento) 4 Árbol (Madera)
En esta oportunidad, la línea *yin* se encuentra por debajo de las dos otras líneas yang. Esto significa que su proceso de crecimiento será un poco más lento que el de su hermano mayor. De todas formas, como su hermano mayor, estará siempre buscando nuevas maneras de expresarse en su arte y su trabajo y cometerá también errores a causa de su ímpetu pronunciado.

Hijo del medio (Agua) 1 Agua
Por ubicarse en el medio de la familia, estas personas servirán para ayudar a resolver los problemas del hogar y serán mediadores. Sus cualidades apacibles y reflexivas que surgen a partir de la energía agua, serán de gran ayuda para calmar los ánimos de peleas y discusiones.

Hija del medio (Fuego) 9 Fuego
Estas personas, al igual que el hijo del medio, mediarán entre los problemas de su familia y también serán capaces de llegar a soluciones rápidas y prácticas. La intensidad de su energía fuego las hará desafiantes y combativas.

Hijo Menor (Montaña) 8 Suelo
Estas personas se benefician a partir de la experiencia vivida por todos sus familiares. Esto les brinda una mayor oportunidad para reflexionar y podrán expresarse con más claridad y de una manera más intelectual.

Hija Menor (Lago) 7 Metal
Como el hermano menor, estas personas tienen la capacidad de expresarse con toda la experiencia y vivencia de sus familiares, y reflexionar de una manera más espiritual y divertida.

Séptimo Hijo (Centro) 5 Suelo
Este rol no es representado con un trigrama, ya que posee todas las cualidades de los ocho trigramas anteriores. Su característica principal es la capacidad de adaptarse a las diferentes situaciones y de saber tratar mejor que nadie a sus familiares y a las demás personas. Se manejan independientemente del resto de su familia y no temen a afrontar ideas nuevas y a emprender proyectos audaces.

Predicciones preventivas e intuitivas

La travesía

*Dudo y me muevo por la vida estando alerta
porque no sé qué es lo que va a suceder.
Y no tengo ningún principio que seguir.
He de decidir a cada instante.
Nunca decido de antemano.
He de decidir cuando llega el momento.*

Lao-Tse

En el umbral de un nuevo tiempo, ciclo o año preparo mi alma para brindarles un camino inesperado de predicciones basadas en nuestro amigo el I-CHING.

También los invito a no creer en sus predicciones ni en mis interpretaciones. Los dejo libres para decidir cuál es el atajo, sendero o ruta que prefieran transitar cabalgando al hipocampo.

El NAJT (tiempo-espacio) depara bendiciones a quienes sigan su intuición, se deslicen por praderas, valles, montañas, playas, estepas, desiertos, nieves eternas, elevando sus más profundos deseos a la Vía Láctea que estará repleta de tesoros para repartir entre quienes apuesten a ella como hada madrina del cambio inexorable que viviremos.

En épocas de sequía espiritual los maestros nos esperan en cualquier lugar y a toda hora para aconsejarnos, darnos un poco más de luz, estimularnos, ampararnos, despertarnos el KUNDALINI, despojarnos de lo que nos sobra para ir más livianos de peaje kármico por el RAID DE LA VIDA.

EN LA CANCHA SE VEN LOS PINGOS, y durante este tiempo sabremos cuáles son nuestros límites. Esas fronteras desconocidas que sólo se atraviesan por amor, vocación, imaginación, fascinación y coraje.

Lo imposible será posible.
Lo inalcanzable, cercano.
El arte como juego.
El salto cuántico.
La calidad más que la cantidad.
El presente consciente.
La doma de lo irracional.
La llama sagrada.
La autopista al nirvana.
El secreto develado.
El manjar de los dioses.
El beso soñado.
El abrazo desbocado.
El aliento esfumado.
El viaje continuado.
Desaprender, olvidar, flotar.
L. S. D.

Carta de Dionisio para el tiempo equino

Mi querida Lu:

Cuánto me alegra que aceptaras algunos de mis escritos porque sin duda estamos ayudando a muchas personas a que se haga la luz en sus mentes, ya que se trata, ni más ni menos, de la verdad de Cristo; difundir esta verdad es nuestra misión "cuando ayudas, te ayudas a ti mismo", no lo dudes; la gente necesita saber y no sólo creer.

Se avecinan grandes cambios espirituales en este principio de la era de Acuario, si bien primero tendremos que pasar duras pruebas, necesarias para que se produzca el cambio tan anhelado.

Aquí en "el Castillo" tienen mucha aceptación estos mensajes que distribuyo, señal de que estamos en el camino correcto.

La gente necesita saber qué nos depara el futuro inmediato, y así disminuir su sufrimiento, que ya comenzó en este planeta, que por siglos ha hecho caso omiso a las leyes y los mandamientos recomendados por JESUCRISTO. Y ahora queda muy poco tiempo para el arrepentimiento "los tiempos son llegados". Terremotos, tornados, inundaciones, enfermedades se irán incrementando. Es lo que hemos sembrado ¡¡¡TODO SE PAGA!!!

Los buenos no tienen nada que temer, las jerarquías espirituales ya tienen planeado después de este APOCALIPSIS un destino más halagüeño, tendremos una etapa de paz y espiritualidad nunca conocida desde la época de ATLANTE.

El planeta Tierra pasará a ser un hábitat para espíritus más evolucionados, que son los niños que están reencarnando desde hace aproximadamente una década. Para que esto se lleve a cabo, y pronto, se hizo necesario el éxodo de todas las almas que se negaron a creer y aceptar los mandamientos, o sea que serán exiliados hacia planetas de otra galaxia, donde pagarán sus errores y a la vez serán útiles. Aquí en la Tierra avanzaremos hacia una nueva etapa, un mayor respeto por todo lo que Dios puso sobre la Tierra; el respeto mutuo, la libertad, la armonía, sin vigilantes ni jueces; ¡¡¡POR EL AMOR, EL VERDADERO AMOR!!!

La máxima energía que lo resuelve todo, lo allana todo. La falta de amor es la única causa de sufrimiento, las enfermedades, los conflictos mentales, de lo más básico y vital.

Amar significa servir, ayudar, cooperar. Todo el mundo manifestado reposa sobre el amor, ES EL SENTIDO PROFUNDO DE TODO LO QUE EXISTE. FUERA DEL AMOR NO EXISTE COMPARACIÓN POSIBLE, PUEDES POSEERLO TODO, PERO SI NO TIENES AMOR, NO TIENES NADA. POR EL AMOR COMPRENDEMOS, PORQUE CUANDO AMAMOS PARTICIPAMOS DE LA EXISTENCIA CÓSMICA. DEBEMOS AMAR PORQUE LA VIBRACIÓN DEL AMOR ES UNA FUERZA QUE LIGA, UNE, QUE PONE EN RELACIÓN TODAS LAS FUERZAS DE LA CREACIÓN. SI QUEREMOS PASAR POR EL MUNDO DE LOS DIOSES, DEBEMOS PASAR POR EL AMOR, AMOR ES TODO LO CREADO. MEDIANTE ESA ENERGÍA QUE LLAMAMOS AMOR ESTAMOS PLENOS, SÓLO ASÍ SE REALIZA LA PLENITUD DEL SER.

Hasta tanto no despiertes esa energía, no serás apenas mejor que un animal, nadie está exento de amor, encuéntralo, descúbrelo, ponlo en práctica con el servicio, ¡da amor y serás feliz!

El hombre ha pasado por experiencias terribles, pero fue necesario. Así aprende a elegir y cuando acierta asciende a las más altas cumbres de la conciencia. SOMOS DIOSES, SEREMOS COMO DIOSES. Hemos sido creados a imagen de Dios. ¡NO LO DEFRAUDEMOS!

En sucesivas reencarnaciones el hombre terrícola tendrá que ir creando un intercambio cada vez más grande con las entidades de las jerarquías superiores, gracias a las fuerzas que están latentes en su alma.

Debo insistir en que los mundos espirituales son completamente distintos del mundo físico, y cuando el alma penetra en esos mundos tiene que habituarse a muchos valores que son totalmente opuestos a los de este mundo material. Cuando más logremos esa calma superior, esa paz que nos da el cumplimiento de las leyes de Dios, de los mandamientos, con mayor facilidad podremos tomar parte en los hechos y desenvolvimiento de los mundos superiores.

Entre las actividades del mundo físico, sólo la creación artística, la búsqueda de la verdad y la necesidad de servir a los demás, la dedicación a un ideal espiritual, son lo más parecido a nuestra futura vida espiritual. Para acercarse a las distintas almas es necesario esperar que llegue el momento en que ellas mismas se sientan atraídas por las verdades del espíritu, y si ello es así en nuestro mundo con mayor razón lo es en los dominios del mundo espiritual. LA CALMA INTERIOR SERÁ SIEMPRE LA PERFECTA ACTITUD A TOMAR.

El hombre es parte de un todo y todos los acontecimientos que se producen, los cambios y mutaciones en nuestra galaxia y en los millones de mundos en el universo se reflejan en nuestro sufrido planeta Tierra. Como es arriba es abajo.

Sin embargo el pensamiento del hombre terrícola ejerce una gran influencia en todo lo que lo rodea: un solo pensamiento egoísta sostenido un tiempo prolongado puede producir un importante deterioro en el planeta y extensivo en el universo, como una piedra que se deja caer en un estanque producirá una onda expansiva total ocasionando la ruptura y desarmonía en el gran cosmos.

El pensamiento es el que enferma al hombre, y no los virus y las bacterias como pretenden hacer creer a las almas sencillas; los virus y todas las especies bacterianas son justamente todo lo contrario, son las defensas de nuestro organismo y mantienen la armonía en nuestro cuerpo. El hombre no tiene por qué enfermar, son sus pensamientos egoístas los que producen en el tiempo todo tipo de enfermedades, sin excepción "cosecharás lo que sembraste" y si hieres por la espada, ¡por la espada morirás!

Queda muy poco tiempo para el arrepentimiento: tornados, incendios, inundaciones, enfermedades, eso hemos sembrado. ¡Y ahora llegó el tiempo de pagarlo! Pero, repito, nadie pagará más de lo que se ha ganado. Además, como las jerarquías espirituales al servicio de Dios, ya tienen planeado para el hombre justo un destino más halagüeño después de este Apocalipsis les espera una vida muy superior, espiritual, sin dolor ni sufrimiento, SIN GUERRAS. REINARÁ EL AMOR.

En cambio, los malos, egoístas que se negaron y despreciaron los mandamientos, matando, depredando y envenenando el planeta que Dios nos dio para que gozáramos, serán derivados, exiliados hacia planetas más atrasados donde pagarán sus culpas, y de paso serán útiles, porque la sabiduría y la omnisciencia no desperdicia nada: todos son útiles.

LA TIERRA ES UN SER VIVO. Y sufre cuando se la maltrata con agroquímicos, con explosiones nucleares, con venenos terribles, entonces reacciona terriblemente con terremotos, tornados, el hombre enferma y sufre las consecuencias de su proceder.

EL HOMBRE SE CONVIERTE EN LO QUE PIENSA. Ésa es la única verdad y los medicamentos sólo agravan más porque son tóxicos como los pensamientos negativos.

Los hombres deben hacer un esfuerzo para creer, aceptar la reencarnación, única manera lógica que tenemos para que la vida continúe, nuestras vidas son una y única a través de miles de reencarnaciones. La dificultad surgió en el siglo V en el Concilio de Constantinopla, donde fue borrada.

MUCHA ORACIÓN: es la única consolación y serán aliviados nuestros sufrimientos. ¡MUCHO AMOR! DA AMOR Y VENDRÁ A TI.

El Castillo de Dionisio
Santa Vera Cruz (5301). Provincia de La Rioja. Argentina

Predicciones preventivas para el año del caballo de agua

Cabalgando

Imaginen a BUDA, CRISTO, MAHAVIRA, LAO-TSÉ, SÓCRATES, OSHO, ALAN WATTS, REIMONDO PANIKKAR, SOR JUANA INÉS DE LA CRUZ, INDIRA GHANDI, ISADORA DUNCAN, ANAÏS NIN reunidos en una cabalgata para contarnos sus vidas, dándonos consejos y escuchándonos.

Así imagino que será el año del caballo de agua. Reencontrarnos con seres superiores en el plano real o interdimensional y seguir la corriente del WU WEI (no forzar la acción de las cosas).

El año del caballo siempre marca un cambio en la acción, pensamiento y sentimientos de la gente. Se abren las compuertas del corazón y se relinchan las verdades a los cuatros vientos, dejando que el FENG-SHUI ordene y mejore el CHI (individual, familiar, social, nacional y mundial).

El potro no espera a nadie; la impaciencia, el ritmo acelerado de su elegante andar y la elocuencia serán notorias durante este año.

La adaptabilidad a los cambios dependerá exclusivamente de LA ACTITUD frente al vértigo del tiempo. El año marcará un giro en las cuestiones filosóficas de la humanidad.

LAS EMERGENCIAS serán tantas, que habrá que ser SOLIDARIO para seguir participando del cambio que trae el hipocampo.

Desde catástrofes naturales: sequías, incendios, devastación del medio ambiente, terremotos, maremotos, huracanes y recalentamiento del planeta; hasta crisis en los sistemas políticos y económicos de las grandes potencias y países del tercer mundo.

Renacerán los derechos humanos con altas manifestaciones y rebeliones a nivel nacional y mundial.

Crecerá la oposición a la globalización desde las pequeñas a las grandes aldeas, desarrollándose un sistema de vida para la comunidad donde se atiendan los principios básicos de salud, higiene, ecología, educación (con reformas en el sistema educativo), economía y cultura. Durante el año equino habrá grandes gritos de LIBERTAD, IGUALDAD Y FRATERNIDAD. Caerán en actos mortales los verdugos, los cómplices del mal y se hará JUSTICIA.

La vida valdrá poco o mucho; según sea la cuenta kármica de cada ser humano y su conciencia para revertir sus acciones.

La gente participará nuevamente en las decisiones tomando las riendas de su destino.

Un aliento de vida, energía, entusiasmo inundará los corazones y las almas, para recuperar la dignidad humana.

Aparecerán líderes espirituales que acompañarán los procesos del cambio económico como FRITJOF CAPRA, REIMONDO PANIKKAR reuniendo la ciencia, el arte, la religión, en un rumbo holístico.

El mundo llegará al límite de la tolerancia.

Es sabido que en los años del caballo se genera violencia; pero la energía agua, da una posibilidad de mutación a los choques entre ORIENTE Y OCCIDENTE, LA G7, EL TERCER MUNDO Y LATINOAMÉRICA.

Dependerá del esfuerzo de cada ciudadano el cambio de rumbo en el desboque y frenesí del año equino.

Habrá una lenta activación en el rumbo de la economía, del sistema social y cultural.

El entusiasmo del caballo convocará reuniones, congresos, seminarios, polémicas y lugares de encuentro para debatir e intercambiar ideas y proyectos.

Renacerá el arte; será el vehículo o motor para desarrollar campañas de conciencia, ecología, sobre la salud (sida, mal de chagas, cáncer, anorexia, mujeres golpeadas), y los temas tabú que saldrán a la luz con la velocidad del rayo.

El caballo propone una vuelta a la esencia, a los recursos naturales, al centro de la vida, de las relaciones humanas reciclando pasiones, rencores, odio y humillación en amor, confianza y compasión.

El caballo de agua es sabio esencialmente y buscará reconciliación con uno mismo y con el prójimo. Estará abocado a tareas de gran magnitud; pactos de paz, fronteras, libre comercio, consolidación de pueblos y naciones.

NELSON MANDELA será un gran protagonista en su año; provocará encuentros y reconciliaciones claves para el acontecer del mundo

Habrá mayor integración de los indígenas al mundo; se abrirán las compuertas para el acercamiento desde lo étnico, artístico, textil, económico, espiritual, científico y humano; los emisarios o líderes de cada región aportarán altos conocimientos cósmico-telúricos.

La participación de la mujer será esencial y clave en el rumbo del nuevo milenio. Pensadoras, políticas, científicas, artistas, poetisas, escritoras darán pautas para unir las energías *yin* y *yang* logrando equilibrar y armonizar el alocado ritmo equino.

La posibilidad de una tercera y devastadora guerra mundial existe. El mundo árabe y hebreo; Europa, central y los Estados Unidos interviniendo en Latinoamérica, África, Oceanía con la sorpresa de China y Japón agazapados como el tigre y el dragón esperando despertar.

El camino inexorable es el CAMBIO EN EL RUMBO DE LA CONCIENCIA Y LA APUESTA EN LOS VALORES.

La cresta de la ola materialista está explotando y deja los deshechos tóxicos navegando en nuestra conciencia para que nos contaminen y tapen los poros, las arterias, el corazón y la mente o esperando convertirse en abono fértil para transmutar.

Como siempre creo que LA RESPONSABILIDAD es de cada uno y su misión en esta vida; orientar y guiar a los más necesitados, dar lo que seamos o tengamos sin esperar nada a cambio, ser solidarios y sentirnos parte fundamental del telar de la existencia.

Nadie nos salvará si no estamos preparados para dar el salto, el cambio de rumbo desde lo interior, reconociendo el camino recorrido, sin saltearnos nada y con humildad, paciencia y buen humor.

Al caballo le gusta que lo alaben, estimulen y lo convenzan de que es imprescindible para la vida del ser amado.

Es hora de declarar nuestro amor a quien amamos secretamente, pedir ser correspondido, exigirnos más lealtad y compromiso.

Tomar las riendas de lo que generamos consciente e inconscientemente.

Ser niños y adultos al mismo tiempo.

Apostar a la utopía.

Imaginar un mundo posible en el que tenemos que mejorar nuestras virtudes y atenuar los defectos.

Ser dueños de nuestro tiempo, energía y vida.

Amar hasta las últimas consecuencias sin pedir permiso.

Pedir perdón y arrepentirnos.

Bailar, reír, jugar y explorar.

Rebelarnos.

Participar desde el corazón y el KUNDALINI.

Invitar a seres posibles e imposibles, reales e imaginarios, virtuales y soñados a cabalgar junto a nosotros este tiempo lleno de oportunidades, novedades y cambios.

INTENTAR SER FELICES.

El J-Ching dice

HEXAGRAMA PRINCIPAL 10. LU / EL PORTE (LA PISADA)

El porte representa, por una parte, el modo correcto de conducirse. Arriba se halla el cielo, el padre; abajo el lago, la menor de las hijas. Esto demuestra la diferencia entre alto y bajo, una distinción que constituye el fundamento de la compostura, la tranquilidad, el comportamiento correcto en la sociedad. LU, en el sentido de pisada, significa literalmente "pisar sobre algo". Lo "sereno", que es pequeño, pisa sobre lo "fuerte" que es grande. El movimiento de ambos signos primarios o trigramas se dirige hacia arriba. El que lo fuerte pise lo débil es algo obvio y no encuentra mención especial en el I-CHING.

El pisar por parte de lo débil, su porte frente a lo fuerte, no resulta con todo peligroso, pues ocurre con alegre serenidad, sin arrogancia; de este modo lo fuerte no se irrita sino que más bien lo deja hacer, con benevolencia.

EL DICTAMEN
Pisar la cola del tigre.
Éste no muerde al hombre. Éxito.
La situación es en verdad difícil. Lo más fuerte y lo más débil se encuentran en contacto directo. Lo débil le pisa los talones a lo fuerte y se entretiene provocándolo. Pero lo fuerte lo deja hacer y no le hace ningún daño, pues el contacto es alegre y nada hiriente.

La situación humana es ésta: uno tiene que habérselas con personas salvajes, inabordables. En este caso el objetivo deseado se alcanza si en su porte, en su conducta, se atiene uno a las buenas costumbres. Las formas de conducta buenas y gratas conquistan el éxito aun en el caso de enfrentarse con gente irritable.

LA IMAGEN
Arriba el cielo, abajo el lago: la imagen del porte.
Así distingue el noble entre alto y bajo y afirma
con ello el sentido del pueblo.
El cielo y el lago revelan una diferencia de altura que se ha producido por sí misma conforme a la naturaleza de ambos; por lo tanto ninguna forma de envidia enturbia esta relación. Así también en el seno de la humanidad tiene que haber diferencias de nivel. Es imposible lograr que la igualdad general sea una realidad. De lo que se trata es que las diferencias de rango en la sociedad humana no sean tan arbitrarias e injustas, pues de otro modo la envidia y la lucha de clases será consecuencia inevitable. Si, en cambio, las diferencias de rango externas responden a una justificación interior, y si la dignidad interior forma la pauta para el rango externo, reinará la calma entre los hombres y la sociedad logrará el orden.

S

Madera	Fuego	Tierra
Buena suerte y viajes de placer	Alegría y fortuna Felicidad	Problemas Mala suerte Amor con disgustos
Madera Salud Alegría Honores	Tierra Cambio de empleo o domicilio Falta de dinero Accidentes Robo	Metal Dinero Bueno suerte en todo Amor
Tierra Desgracias Enfermedades Muerte	Agua Melancolía Tranquilidad Serenidad	Metal Fortuna Buenos negocios Mejora la situación

E ... O

N

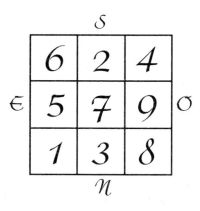

S

E ... O

N

2002

Predicciones preventivas para la Argentina

Tomando las riendas del destino

El año del caballo es el opuesto al signo de la Argentina en la astrología china, que es el de la rata.

La energía que rige el año lunar es el agua, la energía de la Argentina según el año de independencia es 1816, fuego. El agua apaga el fuego según la ley de control de las energías.

Por eso, desde el punto de vista de la astrología oriental será un año difícil, conflictivo, de grandes enfrentamientos y aprendizaje.

Sabemos que no existen los milagros ni los cambios mágicos de almanaque para la cosmovisión oriental.

Es por eso que: ARGENTINOS, DEBEMOS TOMAR LAS RIENDAS DE NUESTRO DESTINO, Y DOMAR AL POTRO DESBOCADO DE LOS INSTINTOS, LA IRRACIONALIDAD Y LOS ERRORES HUMANOS.

Este año nos encontrará desnudos, como vinimos al mundo, sin padres que nos alimenten, alberguen, crien y eduquen.

Seremos padres e hijos simultáneamente, aprenderemos a gatear, mamar, levantarnos del lodo solos o acompañados, según la humanidad y solidaridad que tengamos, y trataremos de visualizar de qué se trata este "karma de nacer al sur", que no pudimos ni supimos conseguir.

Es altamente positivo este tiempo de transición entre una vieja y nueva conciencia. Es asumir quiénes somos realmente sin ilusión, ni espejismos; como en estos *reality shows* tan de moda que reflejan la vida tal cual es, aunque aún la magia televisiva disimule algunas crueldades.

EN LA ARGENTINA REINARÁ EL SILENCIO. UN SILENCIO DIFERENTE.

El de asumir que la ley de causa y efecto y el *boomerang* son las consecuencias directas del karma (acción incompleta) de lo que hacemos, decimos y pensamos.

Es asumir un nuevo rumbo como personas (algo que hemos dejado de ser hace tiempo...) a pesar del esfuerzo de unos pocos.

Es sacarse la careta y dejarlo ser más que hacer. Es volver al sulky, al caballo, a andar a pie, y, ya que nos endeudamos con la cuota del auto super-sport, abandonarlo sin deseo ni culpa para otras eras.

EN LA ARGENTINA habrá un cambio en la vida y las costumbres de la gente. EL TRUEQUE COMO EJE EN LA ECONOMÍA crecerá y generará una nueva posibilidad en la vida diaria de la comunidad.

Desde las provincias hacia la capital habrá una movilización histórica.

Marchas, manifestaciones, asambleas y fuertes enfrentamientos entre el decadente poder político y las fuerzas renovadoras saldrán a la luz.

La relación rata-caballo es pasional, irracional, violenta y en general termina mal, si no se llegan a poner de acuerdo...

Dentro del caos habrá luz; en el arte, la ciencia y la educación surgirán líderes con apoyo popular para gestar una nueva forma de convivencia entre los altos y los bajos, entre la brecha de riqueza desmedida y pobreza feroz en que nos encontrará la transición del año ofídico al equino.

Es un año de autorreflexión, de innovación, de reencuentro generacional, de diálogo profundo entre quienes habitamos y amamos este país. La voz de los hermanos indígenas saldrá a la luz para proponer un intercambio de conocimiento, ideas renovadoras y fuertes reclamos que deberemos atender para saldar la deuda histórica y humana.

En las instituciones habrá rupturas que producirán desconcierto y enfrentamientos necesarios para la renovación del nuevo ser nacional.

La economía deberá ser atendida desde lo holístico: pensadores, filósofos, científicos, poetas que expliquen a la gente de qué se trata la vuelta "al patacón".

Nos miraremos a los ojos y sabremos que no estamos solos en esta cabalgata sin rumbo ; es un peregrinaje hacia el centro de nuestras vidas, de nuestros corazones, de nuestra imaginación.

El caballo de agua es un medium entre lo posible e imposible. Un gran idealista, un revolucionario pacifista que tratará de encauzar este torrente de confusión y furia en un río donde podamos nadar sin ahogarnos, bañarnos sin contaminarlo y pescar nuevas especies para alimentarnos.

ES UN TIEMPO DE CAMBIOS PROFUNDOS EN EL RUMBO DE NUESTRO DESTINO.

Llegarán extranjeros a poblar nuestras tierras, a intercambiar su cultura y conocimiento y nos darán otra visión del universo.

Estaremos más sensibles, receptivos y transformados.

Es un año de grandes choques, enfrentamientos entre los últimos emisarios del mal para convertir en abono este fruto podrido.

LA EDUCACIÓN será reestructurada desde la raíz; nuevos planes, ideas y proyectos mejorarán el nivel intelectual y creativo de la cantidad de niños desbocados y sin rumbo en el Río de la Plata.

Renacerá el amor con la crisis; gente sola a través de Internet, lugares de encuentros donde se vencerá la timidez por conectarse con gente desconocida, y florecerán los romances, las relaciones a corto y largo plazo en medio de la tempestad.

Es un año de crecimiento interior, búsqueda de nuevos recursos de sobrevivencia, y sorpresas agradables.

ARGENTINA Y URUGUAY estarán unidas en proyectos humanos, artísticos y económicos.

Saldrá a la luz la verdad en cada uno y deberemos enfrentarla "a puro huevo y candela".

El inconsciente estará desbocado, brotando como manantial de montaña a cada hora y en cada lugar, sin escapatoria.

Aparecerán nuevas responsabilidades en la vida cotidiana y de la comuna, que deberemos asumir con tolerancia y modestia para finalmente poder convivir en una ARGENTINA de diferentes culturas e ideologías.

El nuevo tiempo propone celebrar la cabalgata del hipocampo conjugando diversos puntos de vista: humanos, antropológicos y sociológicos con altura y compromiso.

Reunirnos y elegir una fecha propicia para fundar energéticamente esta nueva era del país, sumando astrólogos, pensadores, artistas, gente simple, mujeres, abuelas, niños, seres considerados marginales, seres humanos con una nueva conciencia en un ritual donde sintamos que "sutil o radicalmente algo cambia" en nuestro jardín interior y exterior.

El 2002 marcará el rumbo de una Argentina que se cansó de ser "víctima de su propio invento" para enamorarse por segunda vez de su destino.

€l J-Ching dice

Hexagrama principal
45.TSUI / LA REUNIÓN (LA RECOLECCIÓN)

EL DICTAMEN.
La reunión. Éxito.
El rey se acerca a su templo.
Es propicio ver al gran hombre.
Esto trae éxito. Es propicia la perseverancia.
Ofrendar grandes sacrificios trae ventura.
Es propicio emprender algo.
La reunión que forman los hombres en sociedades mayores es ora natural, como sucede en el seno de la familia, ora artificial, como ocurre en el Estado. La familia se reúne en torno del padre como jefe. La continuidad de esta reunión tiene efecto en razón de las ofrendas de los antepasados, celebraciones durante las cuales se reúne todo el clan. En virtud de un acto de piadoso recogimiento, los antepasados se concentran en el espíritu de los deudos, para no dispersarse y disolverse.

Donde es cuestión de reunir a los hombres, se requieren las fuerzas religiosas. Pero también ha de existir una cabeza humana como centro de reunión. Para poder reunir a los otros, ese centro de la reunión debe concentrarse en sí mismo.

Sólo mediante una concentrada fuerza moral es posible unificar al mundo. En tal caso, grandes épocas de unificación como ésta dejarán también el legado de grandes obras. Es éste el sentido de los grandes sacrificios ofrendados. Por cierto también en el terreno mundano las épocas de reunión exigen grandes obras.

LA IMAGEN
El lago está por sobre la tierra:
La imagen de la reunión.
Así el noble renueva sus armas
Para afrontar lo imprevisto.
Cuando el lago se reúne en el lago elevándose por sobre la tierra, existe la amenaza de un desbordamiento. Hay que tomar medidas de precaución contra ello. Así también donde se juntan hombres en gran número surgen fácilmente querellas: donde se juntan bienes se produce fácilmente un robo. Por eso es preciso, en épocas de reunión, armarse a tiempo, con el fin de defenderse de lo inesperado. La aflicción terrenal se presenta en la mayoría de los casos a causa de acontecimientos inesperados para los que uno no está preparado. Si uno se halla preparado y en guardia, la aflicción puede evitarse.

Predicciones preventivas para la Rata basadas en el I-Ching

La rata opuesto complementario del hipocampo Al paso con algunos galopes silenciosos

Amadas roedoras:

Conocedoras del arte de escabullirse, desaparecer, huir, pedir asilo en la ONU, remontar el acueducto en épocas de crisis, hacer zapping en situaciones límite; este año dependerá del grado de sabiduría que tengan para respetar al caballo, que con ustedes tiene una ATRACCIÓN FATAL.

Les recomiendo sobredosis de sentido del humor, pues si no se ríen tipo el GUASÓN, llorarán como BETTY LA FEA.

Las predicciones deberían actuar como medicina preventiva y aquietar las aguas del inconsciente, agudizar la intuición para detectar las trampas fatales del tiempo equino.

Los cambios son desde el INFRAMUNDO al SUPRAMUNDO. Cada rata deberá transitar el arte del equilibrio para no quedar presa en un laberinto de pasiones.

La excitación provocada por la fiebre equina tendrá consecuencias inmediatas.

El desafío del año del caballo será luchar con los fantasmas interiores y esperar pacientemente los resultados sin forzar la acción (WU WEI). SACAR EL PIE DEL ACELERADOR. LATIR AL RITMO DEL PASUCO, ALAZÁN TOSTADO, ZAINO O BAYO.

Las roedoras harán un curso de vida que las purificará dejándolas con el hanta virus. Es un giro de ciento ochenta grados en sus vidas y esta oportunidad dependerá del estado de sobrevivencia del año ofídico.

EL ENTUSIASMO en concordancia con EL SEGUIMIENTO es altamente benéfico, si saben detectar los pequeños milagros que están gestándose subfluvialmente.

Ustedes, que son tan mentales, que se hacen el bocho sin parar, hagan un STOP y dejen que el flujo universal los lleve a cabalgar "la ola de

ZUVUYA". Sacarán provecho –como lo hacen habitualmente– de cada encuentro, persona, lugar y circunstancia. Estarán más espontáneas, abiertas, cariñosas y creativas iniciando un nuevo ciclo en su evolución.

El J-Ching te aconseja

Hexagrama principal
16. YÜ / EL ENTUSIASMO

EL DICTAMEN
El Entusiasmo. Es propicio
designar ayudantes y hacer marchar ejércitos.
El tiempo del Entusiasmo se funda en la presencia de un hombre importante que se halla en empatía con el alma del pueblo y actúa en concordancia con ella. Por tal motivo se le brinda una obediencia voluntaria y general. Con el fin de despertar el entusiasmo es necesario, por lo tanto, que en sus disposiciones se atenga a la índole de los conducidos. En esta regla del movimiento que sigue la línea de menor resistencia se funda la inviolabilidad de las leyes naturales. Éstas no constituyen algo externo a las cosas, sino la armonía del movimiento inmanente en las cosas. Por esta causa los cuerpos celestes no se desvían de sus órbitas y todo el acontecer natural tiene lugar con firme regularidad. De un modo parecido se presentan las cosas en la sociedad humana. También en su seno podrán imponerse únicamente aquellas leyes que se hallan arraigadas en el sentir del pueblo, pues las leyes que contradicen ese sentir sólo suscitan el resentimiento.

El Entusiasmo hace asimismo posible que se designen ayudantes para la ejecución de las tareas, sin que sea necesario prevenir reacciones secretas. Por otra parte, el Entusiasmo es capaz de unificar los movimientos de las masas, como en caso de guerra, al punto que obtengan la victoria.

LA IMAGEN
El trueno surge estruendoso de la tierra:
la imagen del Entusiasmo.
Así los antiguos reyes hacían música
para honrar los méritos,
y la ofrendaban con magnificencia al Dios supremo,
invitando a sus antepasados a presenciarlo.
Cuando al comenzar el verano, el trueno, la fuerza eléctrica, vuelve a surgir rugiendo de la tierra y la primera tormenta refresca la naturaleza, se disuelve una prolongada tensión. Se instalan el alivio y la alegría. De un modo parecido, la música posee el poder de disolver las tensiones del corazón surgidas de la vehemencia de oscuros sentimientos. El entusiasmo del corazón se manifiesta espontáneamente en la voz del canto, en la danza y el movimiento rítmico del cuerpo. Desde antiguo el efecto entusiasmador del sonido invisible, que conmueve y une los corazones

de los hombres, se percibía como un enigma. Los soberanos aprovechaban esta propensión natural a la música. La elevaban y ponían orden en ella. La música se tenía por algo serio, sagrado, que debía purificar los sentimientos de los hombres. Debía cantar loas a las virtudes de los héroes y tender así el puente hacia el mundo invisible. En el templo se acercaba uno a Dios con música y pantomimas (sobre cuya base se desarrolló más tarde el teatro). Los sentimientos religiosos frente al creador del mundo se unían a los más sagrados sentimientos humanos, los sentimientos de veneración a los antepasados. Éstos eran invitados, con motivo de tales servicios religiosos, como huéspedes del Señor del Cielo y representantes de la humanidad en aquellas altas regiones. Al enlazarse así, en solemnes momentos de entusiasmo religioso, el pasado propio con la divinidad, se celebraba la alianza entre la divinidad y la humanidad. El soberano, que en sus antepasados veneraba a la divinidad, se constituía con ello en Hijo del Cielo, en el cual se tocaban místicamente el mundo celestial y el mundo terrenal. Tales pensamientos constituyen la última y más alta síntesis de la cultura china. El propio maestro Kung (Confucio) decía, refiriéndose al gran sacrificio durante el cual se cumplían estos ritos: "Quien comprendiera por completo este sacrificio, podría gobernar el mundo como si girara en su propia mano."

Las diferentes líneas

AL COMIENZO UN SEIS SIGNIFICA:
Entusiasmo que se exterioriza trae desventura.
Alguien en posición subordinada tiene relaciones distinguidas de las que se jacta, entusiasmado. En razón de esta petulancia atrae sobre sí, necesariamente, la desventura. El entusiasmo jamás ha de ser un sentimiento egoísta; antes bien tan sólo se justifica en cuanto disposición de ánimo general que forma un eslabón de unión con otros.

SEIS EN EL QUINTO PUESTO SIGNIFICA:
Perseverantemente enfermo y sin embargo nunca muere.
Aquí el entusiasmo se ve impedido. Se halla bajo una constante presión que en ningún momento le deja respirar aliviado. Pero hay circunstancias en que esta presión tiene su lado bueno. Uno se ve así preservado de que sus fuerzas se agoten en vacuo entusiasmo. De este modo esa constante presión puede servir, precisamente, para conservar la vida.

Hexagrama complementario
17. SUI / EL SEGUIMIENTO

EL DICTAMEN
El Seguimiento tiene elevado éxito.
Es propicia la perseverancia. No hay defecto.
A fin de obtener seguimiento, hace falta en primer lugar que uno sepa adaptarse. Únicamente mediante el servicio

llega uno a dominar; pues únicamente así se logra el consentimiento alegre y sereno de los de abajo, indispensable para el seguimiento. Allí donde se pretende obtener seguimiento a la fuerza, mediante la astucia o la violencia, mediante la conspiración o el partidismo, se suscitará siempre resistencia, que impedirá un seguimiento solícito y voluntario. Sin embargo, un movimiento alegre también puede conducir a malas consecuencias. Por eso se añade como condición: "Es propicia la perseverancia", vale decir, ser consecuente en lo recto, y "sin falla". Del mismo modo que uno debe requerir seguimiento sólo bajo esta condición, también es lícito que siga a otros bajo la misma condición para no sufrir daño.

La idea del Seguimiento, condicionado por la adaptación a lo que exige el tiempo, es grande e importante y por lo tanto también el texto del Dictamen añadido es tan favorable.

LA IMAGEN
En medio del Lago está el Trueno: la imagen del Seguimiento.
Así el noble a la hora del atardecer
se recoge para su recreo y descanso.
En el otoño la electricidad vuelve a retirarse hacia el interior de la tierra y descansa. Sirve aquí como símbolo el trueno en medio del lago: no el trueno en movimiento, sino el trueno del descanso invernal. El Seguimiento se deduce de este símbolo en el sentido de la adaptación a las exigencias del tiempo, de la época. El trueno en medio del lago indica tiempos de oscuridad y reposo. Así el noble, luego de un día de infatigable actividad, se permite en horas de la noche el recreo y el reposo. Cualquier situación se torna buena únicamente cuando uno sabe adaptarse a ella y no malgasta sus fuerzas en falsas resistencias.

El trueque en este milenio

¡Qué difícil para las ratas entender esta vaina del trueque! Estas roedoras, especialistas en sacar ventaja de todas las situaciones sin ninguna sospecha, capaces de llegar llevadas por el buey hasta Buda haciéndose las distraídas y dejarse caer con el *timing* perfecto para ser las primeras en llegar; este animalito que provoca sentimientos encontrados en los que lo rodean, va a tener que hacerse a la idea de que se impone la solidaridad, la confianza en el prójimo y la honestidad en las promesas. Es más, hasta va a tener que trabajar... (no esfuerzo físico, algo que llevaría a cualquier rata que se precie de tal al *surmenage*) pero sí poner su intelecto al servicio de los demás a cambio de aquel quesito tentador con el que quiere regalarse esta noche. Para la codiciosa rata no es fácil desprenderse del hábito de sacar provecho de los inocentes; pero llegó el momento de que demuestre que es capaz de ponerse a la altura de los demás y darle a los otros un poco de su brillo, audacia, capacidad de encontrar el camino más corto, habilidad para ver en la noche, astucia para no ser atrapada. Y aunque le guste la platita, la idea de juntar una fortuna o ganarse el loto es una de las fantasías en que más se entretiene; tiene fama de ser egocéntrica y completamente yoísta, esta vez nos va a cerrar la boca a todos transformándose en la reina del trueque. Será capaz de dar clases de improvisación a los políticos, corregir exámenes para profesores sobrecargados, dar lecciones de kamasutra a amantes inexpertos, usar su enorme capacidad de *marketing* en beneficio de otros que lo necesiten, dejando de lado su manía de usarlo a favor de sus allegados.

Recibirá toneladas de *gruyère* que la harán feliz, además del agradecimiento de muchos alumnos dispuestos a hacerse cargo de sus otras necesidades. La ratita entenderá por qué el trueque funcionó bien durante tanto tiempo. Además, es un cambio que le vendrá bien para olvidarse del estrés que le provoca el año del caballo: se descoloca, malhumora y enferma más de lo habitual ante la presencia de la energía equina, fogosa e inflamable.

La energía agua del 2002 sólo ayuda a ponerla más neurótica, así que entretenerse con el juguete nuevo del trueque la hará olvidarse de la dura realidad hasta que el caballito pase de largo. Ejercicio moderado (como yoga o tai chi), comida sana, reuniones de bajo perfil con amigos íntimos van a ser lo más adecuado para la roedora este año: después de todo, doce meses pasan rápido y después va a poder volver a sus aventuras nocturnas, su juego de seducción, su ejercicio de poder sobre los pobres mortales que están a su alcance.

Predicciones para la rata y su energía

★ RATA DE **MADERA** (1924-1984)
Se deslizará por cuerdas invisibles que la llevarán a planetas desconocidos. EXPLORE SU ALMA PARANOICA Y VAGABUNDA.

Destilará sus amores, deseos, sueños prohibidos para perfumar nuevos rincones del corazón y dar rienda suelta a su pasión.

El agua (energía fija de la rata y del año) hará florecer a la madera, y es por eso que todo lo que ocurra durante este tiempo será próspero, dinámico, creativo y original.

Vivirá un gran amor y si la convivencia funciona, puede consolidarse rumbo al altar y traer cobayos-ponis al mundo.

La economía dependerá del tipo de trueque que hagan a corto o largo plazo; pero será tal vez esta sabia roedora quien obtendrá ventajas en las transacciones.

Cambio de domicilio, país o provincia son aconsejables si tiene proyectos de estudio o sociedades nómades.

Los viajes pueden ser riesgosos si no son planeados estudiando el Ki 9 Estrellas y el FENG-SHUI.

El corcel llevará a la rata al paso, al trote y al galope por los paisajes más diversos del planeta.

★ RATA DE **FUEGO** (1936-1996)
LLEGÓ EL DILUVIO UNIVERSAL para la roedora.

Tendrá que dosificar y ordenar la avalancha de cuentas kármicas que surgirán durante la cabalgata del año equino. OM. OM. OM.

Al caballo le encanta provocarla y despertar la libido con juegos amorosos dignos de *Las mil y una noches*. Caerá en la trampa. Estará hotmail.com durante el año despertando el KUNDALINI. La procesión iniciada en el año anterior culminará durante este tiempo produciendo fuertes cambios en su ADN.

A través de su labor profesional y social conocerá gente nueva que despertará su interés con nuevas propuestas, estudios, disciplinas, técnicas que la orientarán en esta crisis profunda.

En la familia habrá rebeliones, enfrentamientos peleas y digustos.

El tema central será el CHI metálico (dinero), una sucesión, juicio o herencia que sacará a la luz rencores y cuentas pendientes.

Su mayor alegría será el reencuentro con viejos amigos, el retorno a un lugar remoto y extraño que lo incitará a replantearse la vida.

La salud deberá ser atendida con más periodicidad, pues los sobresaltos y carreras que atravesará durante este año podrían alterarle el sistema nervioso e inmonológico.

Cuestionamientos existenciales y replanteos de vida colmarán este tiempo donde descubrirá que autolimitarse es la clave para vivir en armonía con la naturaleza y el entorno.

EL ENTUSIASMO CON MODESTIA SERÁ LA SEÑAL DEL NAJT.

★ RATA DE **TIERRA** (1948)
El tiempo equino les producirá cambios profundos e inesperados.

EL ENTUSIASMO por explorar un nuevo estilo de vida se manifestará en su vida afectiva y familiar.

Cerrará un ciclo y empezará otro más independiente y dinámico. Encontrará su alma gemela, viajará por el mundo como Robinson Crusoe.

Su mente analítica y previsora confiará en su intuición despertando una nueva conciencia.

Comenzará cursos sobre caminos espirituales recuperando la autoestima.

Habrá reencuentros y despedidas en la familia. Nuevas oportunidades para resolver viejas enemistades y saldar deudas. La energía apasionada del año lo ayudará a realizar un salto cuántico y dar prioridad a sus sentimientos.

Es un año propicio para mudanzas, cambios de domicilio o lugar.

La rata cabalgará con valentía al hipocampo.

★ RATA DE **METAL** (1900-1960)
Este año será una apuesta a TODO O NADA. Sentirá un deseo profundo de transmutar su vida desde lo afectivo, profesional familiar y social.

EL ENTUSIASMO por un proyecto creativo, artístico y comunitario le abrirá nuevas puertas a otras realidades donde encontrará personas afines a su sensibilidad.

Invertirá su tiempo en tareas altamente redituables y solidarias.

Vivirá un gran amor con posibilidades de convivencia y procreación.

Estará llena de ideas y proyectos que contagiará a su pareja, familia, socios y amigos.

Romperá con firmeza prejuicios, mandatos y estructuras que la tenían atrapada sin salida.

Es un tiempo de levar anclas y salir a cabalgar por nuevas cornisas.

★ RATA DE AGUA 1912-1972)

Esta rata estará doblemente potenciada durante el año de caballo de agua. Su vida dará un giro de ciento ochenta grados desde lo afectivo, familiar profesional y vocacional.

La pasión será el gran motor del tiempo equino; deberá graduarla para no ser víctima de ella y aprender nuevos lenguajes de comunicación con el entorno.

Habrá flechazos, romances y seducción desmesurada durante todo el año. Las consecuencias podrían ser la aparición de cobayos con alma de hipocampo.

Un tiempo de gran aprendizaje y cambios en la estructura interna de la rata subfluvial.

Borracho y sobrio

Un huésped reside en mí,

Nuestros intereses no son completamente los mismos

Uno de nosotros está borracho,

el otro está siempre despierto.

Despierto y sobrio

Nos reímos el uno del otro,

Y no comprendemos el mundo del otro.

Propiedades y convenciones

Qué tontería seguirlas muy seriamente.

Sé orgulloso, no estés involucrado,

Entonces te acercarás a la sabiduría.

Cuando el día muere,

Enciende una vela.

       Tao Yuan-ming

(Traducción de Roberto Curto)

Escribe
tu propia
predicción

Predicciones preventivas para el Búfalo basadas en el I-Ching

Al paso con algunos trotecitos imprevistos

Queridos bueyes:

A los bueyes les gusta la energía vital, original y erótica del caballo, pero saben que no pueden seguirle el ritmo aunque su conocida perseverancia y obstinación da excepciones a la regla.

Entonces es bueno que se ajusten la cincha, el recado, la montura, pongan bozal, barbada y freno a su vida si no quieren ser víctimas de su propio invento.

LA FUERZA DOMESTICADORA DE LO PEQUEÑO ES UNA SEÑAL DE CONTENCIÓN Y ALMACENAMIENTO DE ENERGÍA.

Es un tiempo demasiado veloz, intempestivo, brusco y apasionado para el metabolismo de los bueyes, que necesitan programar paso a paso sus movimientos.

Estarán convencidos de su plan para desarrollar en el tiempo equino; cosecharán la siembra del año ofídico y disfrutarán de sorpresas.

Su constancia, seriedad y sentido práctico los ayudarán a consolidar un trabajo en equipo o solitario que servirá de ejemplo a la comunidad.

Estarán atentos a las señales del tiempo; cuando los inviten a cabalgar saldrán y cuando sientan que deben resguardarse de los relinchos, coces y patadas se defenderán con su habitual estrategia.

Los búfalos renacerán afectivamente. Comenzarán una relación macrocósmica donde sentirán que hallaron a su alma gemela con quien compartirán trabajo, amor y conocimiento.

LA FUERZA DOMESTICADORA DE LO PEQUEÑO encontrará eco en su familia que le pedirá más presencia y menos horas de trabajo fuera del hogar. Retomarán un *hobby*, un oficio o vocación que quedaron truncas.

Conciliarán el firmamento interior con el exterior entrando así en un clima romántico, íntimo y apacible.

Estarán ocupados en organizar reuniones donde participará gente de diversos círculos sociales, culturales y académicos.

Su espíritu de investigación se volcará en viajes a remotos lugares donde desarrollarán la espiritualidad y sensibilidad artística.

La salud estará alterada debido a cambios bruscos en la alimentación, el FENG-SHUI personal y las mudanzas.

En nuevos ámbitos encontrarán gente que transformará su clásica visión de la vida y les aportará un aire nuevo y embriagador.

El año equino les dará libertad para descubrir su esencia acompañada de nuevas responsabilidades familiares.

El J-Ching te aconseja

Hexagrama principal
9. HSIAO CH'U / LA FUERZA DOMESTICADORA DE LO PEQUEÑO

EL DICTAMEN
La Fuerza Domesticadora de lo Pequeño tiene éxito.
Densas nubes, ninguna lluvia de nuestra región del Oeste.
La parábola procede de las condiciones reinantes en la China durante la época del rey Wen. Él era oriundo de Occidente, pero en esa época se encontraba en la región oriental, en la corte del Gran Soberano, el rey tirano Chou Hsin. El momento para actuar en grande aún no había llegado. Tan sólo podía refrenar al tirano en cierta medida valiéndose de palabras amables. De ahí la imagen de abundantes nubes que se levantan prometiendo al país humedad y bendición, pero sin que por el momento se precipite lluvia alguna. La situación no es desfavorable. Hay perspectivas de éxito final. Pero todavía quedan obstáculos en el camino. Sólo es posible realizar trabajos preparatorios. Así, únicamente mediante los pequeños recursos que brindan las palabras de persuasión, amables, puede obtenerse algún efecto. La época de la acción penetrante en gran medida aún no ha llegado. Sin embargo, se consigue por lo menos ejercer, en una medida limitada, una acción refrenadora, amansadora. Al proceder de este modo y para lograr imponer su voluntad, hace falta una firme decisión en lo interior y una suave adaptación en lo exterior.

LA IMAGEN
El viento recorre el cielo:
la imagen de La Fuerza Domesticadora de lo Pequeño.
Así el noble va refinando la forma exterior de su naturaleza.
El viento, si bien va juntando las nubes en el cielo, como sólo es aire y no posee un cuerpo sólido, no produce efectos grandes, duraderos. Así también al hombre, en épocas que no permiten una gran acción hacia fuera, sólo le queda la posibilidad de refinar en lo pequeño las manifestaciones de su naturaleza.

El trueque en este milenio

Queridos y malentendidos búfalos, este año caballo de agua los va a mover un poco más de lo que a ustedes les gusta. Metidos en la aventura humanística del trueque, primera forma de comercio que se conoció, abandonada por poco práctica y recuperada por suerte por un conjunto de gente positiva, creativa, creyente (en el sentido de creer), los búfalos van a enfrentarse a este sistema democrático de vida con cierto escepticismo. Les va a costar entender que aquí no manda nadie; pero en cuanto los demás capten el don de organizar, la aptitud para trabajar, la fortaleza que tienen, la capacidad de solucionar problemas... inmediatamente van a ser los encargados de... ¡TODO! Y van a estar felices. A lo mejor sienten que no tienen nada para dar a cambio, más que esa habilidad para el trabajo y la organización. Y eso es lo que mucha gente necesita: cuando todos están estresados, sin capacidad de reacción frente a los problemas, sobrepasados por la diaria... serenidad del búfalo: esa aplastante tranquilidad de Pachamama es más valiosa que muchos bienes materiales. Así que, bufalitos, anímense a entrar y háganlo como saben: con todas sus energías. Muy pronto van a estar ocupándose de que la confitería del chanchito prospere, la boutique de la cabra esté abierta a las horas adecuadas, la rata entregue sus artículos corregidos a tiempo y segura de que son buenos. Y aunque los búfalos, por principio, creen no necesitar nada de nadie, van a descubrirse disfrutando en secreto de esas cositas que los demás les van a dejar en la puerta como agradecimiento por su ayuda.

En este año caballo, difícil para el apacible, asentado y aquerenciado buey, la presencia del agua puede darle un poco de respiro y alivianar su relación con el medio. Aflójense y entréguense a lo que los demás puedan hacer por ustedes. Sáquenle el jugo a la hiperactividad del caballito, que reinará todo el año y salgan a mover el esqueleto: caminen, corran, anden en bicicleta... descarguen a tierra; el agua los va a "ablandar" un poquito y van a estar más accesibles para charlar y chusmear con los amigos, hijos, parejas. Ríanse con ganas, inhalen y exhalen con fuerza, demuestren sus emociones sin miedo a que los juzguen: déjense llevar por el irreflexivo y sentimental caballo y descubran las delicias de la inconsciencia, de quedarse charlando hasta que salga el sol (aunque te tengas que levantar para trabajar al día siguiente), de mimarse y darse gustitos. Ustedes se lo merecen.

Predicciones para el búfalo y su energía

★ BÚFALO DE MADERA (1925-1985)
Durante este año organizará los cambios del tiempo ofídico mejorando su calidad de vida. Estará abierto, receptivo a ideas, personas y nuevas formas de autoconocimiento.

Habrá alegrías con hijos, nietos y parientes lejanos. Será invitado y agasajado por su trayectoria compartiendo el conocimiento con quiénes despiertan su admiración.

Sobresaltos en la economía familiar lo llevarán al club del trueque sin escalas. Sentirá que nuevos brotes de savia recorren su espíritu.

★ BÚFALO DE FUEGO (1937-1997)
Año de cambios, desde el ADN hasta el look. La energía del hipocampo lo convertirá en un viajero incansable, ávido de nuevas emociones y contacto humano.

Estará resuelto a iniciar nuevas empresas laborales, reuniendo distintas personalidades para acrecentar el caudal creativo.

Buscará estar en contacto con la Pachamama, descansar y dedicarse al ocio creativo.

Su imaginación estará estimulada por el galope del hipocampo que dejará huellas profundas en su corazón de buey.

★ BÚFALO DE TIERRA (1949)
Durante este año sentirá un llamado de amor indio.

Se interesará en explorar nuevas culturas y comunidades que le aporten magia, alegría y creatividad.

Su profesión pasará olas del Poseidón de las que saldrá fortalecido y bien parado.

Estará abierto a escuchar nuevas voces para mejorar su estilo de vida, alimentación y salud en general.

Atravesará una crisis afectiva que dejará un aprendizaje en cámara lenta.

Estará lleno de propuestas decentes e indecentes que tendrá que atender o sublimar. Año de progresos lentos pero seguros y grandes dosis de diversión.

En la familia habrá rebeliones y polémica.

Su sentido práctico y del deber contendrán al potro de su imaginación.

★ BÚFALO DE METAL (1901-1961)
Tiempo de expansión física, mental y espiritual. Estará lleno de ideas innovadoras, originales y creativas.

Buscará establecerse en un nuevo lugar, país o ciudad dejando atrás el pasado.

Invertirá en bienes raíces, en materia prima para su profesión y en proyectos artísticos.

Su corazón titilará y estará dispuesto a sentar cabeza y traer hipocampos al mundo.

Viajará por razones misteriosas a encontrar "la flor de su secreto".

★ BÚFALO DE AGUA (1913-1973).
Es un tiempo de grandes cambios y pequeños logros para esta especie subfluvial.

Encontrará paz en su hogar, estará dispuesto a traer hipocampitos al mundo y entregarse a la vida doméstica.

Nuevas propuestas profesionales lo entusiasmarán y abrirán un nuevo portal galáctico de conocimiento.

Trabajará en obras para la comunidad, mejorando la conciencia colectiva y la calidad de vida.

Estará hiperactivo contagiado por el vértigo equino y a veces un poco desbordado y agotado.

El secreto del año es mantener el equilibrio entre el IN y el OUT.

Última dulzura

Ociosa vago por el palacio de primavera,
hago un alto sobre la verde orilla del lago.

Lemas blancas con hojas de igual blancura,
en plantas escarlata florecen pimpollos de color herrumbre.

Una suave brisa agita las banderas de los lirios,
las olas ondulantes mecen al dulce loto.

Reflejos gloriosos rielan en los bosques,
esencias flotantes invaden las sedosas gasas.

Un príncipe anda errante y no regresa,
distante su camino, fuera de mi alcance.

¿Con quién saborearé la última dulzura?

Aún sigo sola y suspiro.

Chang Hua

(Traducción de Ruth Berg)

Escribe
tu propia
predicción

Predicciones preventivas para el Tigre basadas en el J-Ching

Para ir al galope • Safari en las nubes

Queridos tigres:

Su amigo del alma, compañero de aventuras –el caballo–, les promete un año lleno de matices, cambios, creatividad, viajes y plenitud.

Desenroscándose del ofidio y almacenando energía para cumplir con sus objetivos sentirán un llamado de amor indio para ser los reyes de la selva nuevamente. Se convertirán en ANDARIEGOS y recorrerán el mundo con su mensaje revolucionario y encendido.

Despertarán de un letargo, afilarán las garras y los colmillos y apuntarán certeramente al blanco.

Los tigres necesitan moverse, explorar, ser mensajeros en los más remotos rincones del planeta. Compartir el pan, el esfuerzo, los ideales del nuevo tiempo de transformación en la humanidad. Soltar amarras, anclas, evaporarse, recuperar el coraje, la osadía, el aire puro, los sonidos de la selva, los riesgos, la intuición como guía, maestra, portal.

Serán peregrinos en busca de su identidad, de su espacio, de su misión y si LA MODESTIA los acompaña lograrán consolidarse espiritualmente reencontrándose con su esencia.

Guiados por sus nahuales y espíritus protectores estarán inspirados en todo lo que intenten desde lo personal, profesional y comunitario.

Dejarán por un tiempo la comodidad, la estabilidad, el apego, para partir al encuentro de sus sueños dorados.

El J-Ching te aconseja

Hexagrama principal
56. LÜ / EL ANDARIEGO

EL DICTAMEN
El Andariego. Éxito en lo pequeño.
Al andariego la perseverancia le trae ventura.
Como viajero y extranjero uno no debe mostrarse brusco
ni pretender subir demasiado alto. No dispone de un gran
círculo de relaciones; no hay, pues, motivo de jactarse. Es necesario ser
precavido y reservado; de este modo uno se protegerá del mal. Si uno se
muestra atento con los demás, conquistará éxitos. El andariego no tiene
morada fija, la carretera es su hogar. De ahí que ha de preocuparse por
conservar interiormente su rectitud y firmeza, y cuidar de detenerse
únicamente en lugares adecuados manteniendo trato tan sólo con gente
buena. Entonces tendrá ventura y podrá seguir viaje sin ser molestado.

LA IMAGEN
Sobre la montaña hay fuego: la imagen del andariego.
Así el noble aplica con claridad y cautela las penalidades
y no arrastra pendencias.
Cuando el pasto sobre la montaña se quema, da un claro resplandor.
Pero el fuego no permanece allí, sino que continúa su andanza en busca
de nuevo alimento. Es un fenómeno muy fugaz. Lo mismo ha de suceder
con los castigos y los pleitos. Es necesario que se trate de fenómenos muy
fugaces y que éstos no se arrastren a otros lugares. Las prisiones han de
ser algo que sólo acoge a la gente en forma pasajera, como si fuesen
huéspedes. No deben convertirse en morada de los hombres.

Las diferentes líneas

NUEVE EN EL CUARTO PUESTO SIGNIFICA:
El andariego descansa en su aposentamiento.
Obtiene su propiedad y un hacha.
Mi corazón está contento.
Se describe aquí a un andariego que, exteriormente, sabe conformarse,
aun cuando interiormente es fuerte e intempestivo. Por eso encuentra al
menos un albergue donde puede morar. También logra adquirir bienes.
Pero no se siente en seguridad con su posesión. Ha de estar siempre en
guardia, dispuesto a defenderse a mano armada. Por eso no se siente
cómodo. En todo momento tiene conciencia de ser un extraño en tierra
extraña.

AL TOPE UN NUEVE SIGNIFICA:
Al pájaro se le quema el nido.
El andariego primero ríe,

luego tiene motivos de quejarse y llorar.
En su ligereza pierde la vaca. ¡Desventura!
La imagen del pájaro al que se le incendia el nido muestra la pérdida del lugar de descanso. Si el pájaro, durante la construcción de su nido, procedió con ligereza y falta de cuidado, podrá pasarle esa desgracia. Lo mismo puede esperar también el andariego. Si se abandona a bromas y risas no acordándose que es sólo un andariego, tendrá por qué lamentarse y llorar más tarde. Pues cuando debido a su ligereza pierde uno su vaca, esto es, su modesta capacidad de adaptación, el mal será la consecuencia.

Hexagrama complementario
15. CH'IEN / LA MODESTIA

EL DICTAMEN
La Modestia va creando el éxito.
El noble lleva a buen término.
La ley del Cielo vacía lo lleno y llena lo modesto: cuando el sol se halla en su punto más alto, debe declinar, de acuerdo con la ley del Cielo; y cuando se encuentra en lo más hondo bajo la tierra, se encamina hacia un nuevo ascenso. Conforme a la misma ley, la luna, una vez llena, comienza a decrecer, y estando vacía vuelve a aumentar. Esta ley celeste actúa también y tiene sus efectos en el sino de los hombres. La ley de la tierra es modificar lo lleno y afluir hacia lo modesto: las altas montañas son derruidas por las aguas y los valles se rellenan. La ley de los poderes del sino es dañar lo lleno y dispensar la dicha a lo modesto. Y también los hombres odian lo lleno y aman lo modesto.

Los destinos se guían por leyes fijas que actúan y se cumplen con necesariedad. El hombre, empero, tiene en sus manos el recurso de configurar su destino, y su éxito en ello depende de si se expone mediante comportamiento al influjo de las fuerzas cargadas de bendición o de destrucción. Si el hombre está en elevada posición y se muestra modesto, resplandece con la luz de la sabiduría. Cuando está en baja posición y se muestra modesto, no puede ser pasado por alto. De este modo logra el noble llevar a término su obra sin vanagloriarse de lo hecho.

LA IMAGEN
En medio de la tierra hay una montaña:
la imagen de La Modestia.
Así disminuye el noble lo que está de más
y aumenta lo que está de menos.
Sopesa las cosas y las iguala.
La tierra, en cuyo interior se oculta una montaña, no ostenta su riqueza, pues la altura de la montaña sirve para compensación de las hondonadas y cavidades. Así se complementan lo alto y lo profundo, y el resultado es la llanura. Éste es el símbolo de la modestia, que señala que aquello que ha requerido una prolongada acción y efecto, aparece como obvio y fácil.

Así procede el noble cuando establece el orden sobre la tierra. Él compensa los opuestos sociales que son fuente de desunión, de falta de paz, y crea con ello condiciones justas y llanas.

El trueque en este milenio

Libres, independientes, soberanos. Los tigres profesan la religión que tiene como credo "vive y deja vivir", así que si les vienen con el cuento de que la gente está organizándose para sobrevivir de la mejor manera, fuera de los esquemas convencionales... ¡les va a encantar y van a encabezar el movimiento! Nacen para derribar lo preestablecido, echar abajo instituciones, luchar por la justicia (como la tortuga Dartagnan), apropiarse de todas las causas que les parezcan importantes, sea en grupo, sea en solitario. No necesitan un ejército atrás para atacar con todas sus fuerzas y tratar de derribar algo que parece indestructible. No tienen miedo a nada, no le hacen ascos a la lucha, es más, les gusta; la adrenalina les da más energía, se dan manija y no hay quien los pare.

No es nada aconsejable tener un tigre de socio en ningún tipo de negocio porque corremos el riesgo de que desaparezca sin previo o posterior aviso; pero no está nada mal que sean los encargados de velar por la salvaguarda de los derechos de los débiles o de los que sufren algún tipo de injusticia.

Como los tigres no buscan la riqueza material (la disfrutan cuando la tienen, la "esnobean" cuando la perdieron), el sistema del trueque funciona perfecto a su alrededor, dejándolos que sean la cabeza visible del movimiento, que arremetan cuando alguien se oponga o no cumpla lo pactado, y haciéndolos sentir que no tienen obligaciones de ningún tipo, porque van a mirar al "club de canje" como un sistema medio anárquico, y eso les va a encantar. Para los tigres, la forma ideal de gobierno es una mezcla de anarquía y monarquía: convénzanlos de que de eso se trata (para ser embaucados son inocentes como un bebé de pecho), y los tendrán dándoles protección y amparo por mucho tiempo, pidiendo a cambio algo de comer, un lugar caliente donde lamer sus heridas, alguna ninfa que les haga caricias y escuche sus anécdotas... y, si puede ser un pasaje a Europa y un *travel pass,* ¡mejor! Estos aventureros adoran viajar, pueden dormir a la intemperie y pasar hambre; prométanles que van a conseguir medio de transporte y ya los tienen trabajando para ustedes. Pero no se entusiasmen: en cuanto la cosa se ponga rutinaria y empiecen a bostezar... a despedirse. Van a poner tres o cuatro cosas en una mochila y a largarse sin saludar. El tigre es el rey de la tierra para la simbología oriental y hay que bancarlos sin quejas. El mundo es redondo y volverán, con las rayas más desteñidas y alguna herida nueva, a vigilar "su" negocio, preguntando cómo siguen las cosas, echándose cómodamente en su rincón preferido como si el tiempo no hubiera pasado. Los tigres tienen *timing* propio, no les gustan los relojes ni los almanaques. Y como viven mucho tiempo, se dan el lujo de ir y venir cuantas veces quieran.

En el año de la serpiente los tigres ganaron en sabiduría y experiencia, saldando cuentas pasadas, buscando su verdadera vocación, sacando ventaja del poder mental de la culebra. En el 2002, caballo de agua, van a seguir teniendo las de ganar: les viene prana por todos lados, se van a sentir románticos, el agua los va a moderar un poquito, inútil pretender que sean fieles, pero van a disfrutar del amor y de lo que hayan empezado a sembrar en el año anterior. Los amigos y parientes de parabienes, porque van a estar menos ariscos, de muy buen mood, llenos de energía positiva. Para los tigres va a ser un buen momento para oxigenarse, correr, cambiar a una alimentación más saludable: larguen un poco la carne y encaren los vegetales y cereales: ¡van a sentir el cambio, van a estar más ligeros y sus saltos van a ser más largos!

Predicciones para el tigre y su energía

★ TIGRE DE MADERA (1914-1974)

Durante el año equino sentirá que tiene alas en el cuerpo. Estará dispuesto a continuar con la misión iniciada hace un tiempo con más seriedad, perseverancia y dedicación.

Nuevas oportunidades aparecerán en su camino; desde un cambio de trabajo o profesión hasta un vuelco radical en sus costumbres y hábitos.

Estará con deseos de libertad, de salir a explorar la jungla sin ataduras ni responsabilidades, viviendo como un andariego y recolectando experiencias de personas y lugares.

Estará inspirado, radiante lleno de CHI (energía) para compartir con la comunidad. Nuevas propuestas artísticas surgirán como manantiales y podrá expresarse en su plenitud.

Deberá cuidarse de los excesos de todo tipo. Grandes tentaciones, trampas y propuestas indecentes lo sorprenderán y deberá buscar el equilibrio y la armonía para no desbocarse.

El amor será el premio del año. Una relación holística, macromambo, audaz y llena de posibilidades se consolidará aumentando su creciente felicidad. Un año de recompensas y desafíos, digno del OSCAR.

★ TIGRE DE FUEGO (1926-1986)

El tiempo equino representará para este fogoso y ardiente tigre, la posibilidad de reencontrarse con su esencia. Saldrá a la caza de emociones, experiencias, nuevas y sabrosas presas que degustará en un banquete afrodisíaco.

Aparecerán mecenas, socios, amigos que apostarán a sus innovadoras ideas, sueños y utopías.

Su sex-appeal será irresistible; nuevos amores, reencuentros explosivos y platónicos lo mantendrán ocupado en su travesía.

La salud deberá ser atendida con exámenes periódicos, pues la adrenalina con la que vivirá puede jugarle algunos sustos.

Su vocación florecerá; contratos, sociedades y trueques prosperarán a todo galope.

Su sentido del humor, altruísmo, solidaridad y buena predisposición para colaborar en la comunidad aportarán nuevos aires.

Es posible que se mude, viaje un largo tiempo e inicie una nueva vida en otras junglas, sintiendo paz y comprensión entre la gente que lo rodea.

★ TIGRE DE **TIERRA** (1938-1998)
Un año de cambios trascendentes en su vida. La energía equina lo estimulará a dar un salto cuántico en su vida afectiva, social y profesional.

Estará inspirado, con ideas innovadoras y revolucionarias para compartir con la humanidad.

Propuestas laborales, creativas e imaginativas florecerán y le darán recursos económicos de gran alcance.

Su vida afectiva atravesará una crisis de la que saldrá fortalecido.

En la familia habrá cambios: nacimientos, bodas y algún funeral pueden cambiar su realidad.

Un amigo lejano lo contactará y lo invitará a compartir viajes, trabajo y conocimiento abriéndole una nueva posibilidad de recursos humanos.

Al promediar el año deberá decidir entre dos trabajos, amores y destinos.

Este año será clave para el rumbo de una nueva vida.

★ TIGRE DE **METAL** (1950)
Durante este año conocerá sus límites físicos, mentales, espirituales y afectivos.

Estará desbocado devorando la vida sin medir las consecuencias.

Recuerde la ley de causa y efecto. El *boomerang*.

Desde lo posible a lo imposible; logrará concretar metas, planes y proyectos dorados.

Su energía será contagiosa, estará hiperactivo, trabajará con intensidad desplegando su talento que será altamente reconocido.

En la familia habrá cambios; nuevos nacimientos, reencuentros afectivos, pasión y ternura.

Sentirá el llamado de la justicia, libertad y defensa de los desposeídos; será líder de un tiempo de grandes cambios en la conciencia universal.

★ TIGRE DE **AGUA** (1902-1962)
El tigre cabalgará con el hipocampo por nuevos cielos, horizontes y galaxias.

Será un año propicio para volver a su condición de andariego y recolector de experiencias. Estará preparado para romper con tabúes, prejuicios y ataduras.

NACERÁ UN BROTE DE VIDA QUE FLORECERÁ RÁPIDAMENTE.

Estará abierto a nuevas aventuras. Su profesión se consolidará DANDO UN SALTO CUÁNTICO MUY EFICAZ.

Retornará a la vida en comunidad, estará estimulado por gente joven, creativa y con ideas innovadoras que congeniarán con las suyas.

El corazón volverá a latir como en las buenas épocas, cuando se jugaba la vida sólo por amor. En la familia habrá cambios y novedades. Tendrá que asumir nuevas responsabilidades. Su creatividad estará acentuada con el contacto de nuevas culturas, mitos y creencias. Un golpe de azar o fortuna le brindará un buen pasar económico. Reirá, jugará y se deslizará entre las luces y las sombras de la jungla como pez en el agua.

El canto del viajero suena tan lastimero como el llanto del campesino.

La lejana hoguera agoniza, las estrellas van muriendo si mis ojos enfermos no duermen, no es por velar en la víspera de Año Nuevo.

Sin compañeros con acento de mi tierra, vuelven los pensamientos tristes

Bajo unas cuantas mantas, mis pies ateridos advierten el rigor de la escarcha

Mi cabeza recién lavada se siente ligera y lampiña

Agradezco el candil mortecino que no desdeñe al viajero

Porque esta noche, en la barca solitaria, podemos necesitar el uno del otro.

Su Dongpo

(Traducción de Anne-Helene Suárez)

Escribe tu propia predicción

Predicciones preventivas para el Conejo basadas en el J-Ching

A los saltos, brincos, coces y galope parejo

Queridos conejos:

El año del caballo es para sus cómplices, amigos y confidentes, los conejos, un tiempo de afianzamiento, entusiasmo y consolidación de sueños dorados.

Estarán con un motor que los transformará en un meteoro.

Su entusiasmo será reconocido por amigos, colegas, socios y nuevas personas que los estimularán para que se animen a dar el salto cuántico de su vida.

Los proyectos estarán respaldados por ideas innovadoras, prácticas y audaces. Su imaginación tendrá un canal para plasmarse y sentirán que la vida fluye WU-WEI (sin forzar la acción de las cosas)

Tendrán que atravesar pruebas para purificarse, destruir su *ego-trip* y sobrellevar las consecuencias.

Su empuje, optimismo y confianza consolidarán grandes proyectos donde convocarán gente de distintos ámbitos, culturas y regiones para unificar un proyecto humanista y solidario.

Estará abierto al amor; atravesará experiencias al estilo ANAÏS NIN y HENRY MILLER; pasando por las mejores novelas eróticas, películas y videos porno.

Su sexualidad estará exacerbada; sentirán deseos de cabalgar con el hipocampo por nuevos cielos e infiernos sin dar explicaciones a nadie.

Serán reclamados socialmente; su *sex-appeal, glamour,* buen gusto y refinamiento serán apreciados por quienes se acerquen a ellos.

Estarán resueltos a marcar el territorio afectivo, familiar y profesional. Recobrarán la confianza, el coraje y el sentido competitivo.

El hipocampo los buscará para pedirles consejos, salir de tapas, correrías y recuperar la alegría escuchando música, leyendo poesía y degustando manjares afrodisíacos.

La integridad de su carácter, perseverancia y misterio los convertirán en asesores clave de amigos y empresas.

Estarán inspirados, radiantes, erotizados por la adrenalina equina y no dejarán títere con cabeza. Su capacidad de asombro renacerá, integrarán nuevos grupos de trabajo e investigación. Compartirán horas extra con gente que los necesite, brindarán su tiempo y energía en obras humanitarias y estarán dispuestos a renunciar a su seguridad por amor. Es un año de logros en su crecimiento interior, vida familiar y expansión profesional.

El J-Ching te aconseja

Hexagrama principal
16. YÜ / EL ENTUSIASMO

EL DICTAMEN
El Entusiasmo. Es propicio
designar ayudantes y hacer marchar ejércitos.
El tiempo del Entusiasmo se funda en la presencia de un hombre importante que se halla en empatía con el alma del pueblo y actúa en concordancia con ella. Por tal motivo se le brinda una obediencia voluntaria y general. Con el fin de despertar el entusiasmo es necesario, por lo tanto, que en sus disposiciones se atenga a la índole de los conducidos. En esta regla del movimiento que sigue la línea de menor resistencia se funda la inviolabilidad de las leyes naturales. Éstas no constituyen algo externo a las cosas, sino la armonía del movimiento inmanente en las cosas. Por esta causa los cuerpos celestes no se desvían de sus órbitas y todo el acontecer natural tiene lugar con firme regularidad. De un modo parecido se presentan las cosas en la sociedad humana. También en su seno podrán imponerse únicamente aquellas leyes que se hallan arraigadas en el sentir del pueblo, pues las leyes que contradicen ese sentir sólo suscitan el resentimiento.

El Entusiasmo hace asimismo posible que se designen ayudantes para la ejecución de las tareas, sin que sea necesario prevenir reacciones secretas. Por otra parte, el Entusiasmo es capaz de unificar los movimientos de las masas, como en caso de guerra, al punto que obtengan la victoria.

LA IMAGEN
El trueno surge estruendoso de la tierra:
la imagen del Entusiasmo.
Así los antiguos reyes hacían música
para honrar los méritos,
y la ofrendaban con magnificencia al Dios supremo,
invitando a sus antepasados a presenciarlo.
Cuando al comenzar el verano, el trueno, la fuerza eléctrica, vuelve a surgir rugiendo de la tierra y la primera tormenta refresca la naturaleza, se disuelve una prolongada tensión. Se instalan el alivio y la alegría. De

un modo parecido, la música posee el poder de disolver las tensiones del corazón surgidas de la vehemencia de oscuros sentimientos. El entusiasmo del corazón se manifiesta espontáneamente en la voz del canto, en la danza y el movimiento rítmico del cuerpo. Desde antiguo el efecto entusiasmador del sonido invisible, que conmueve y une los corazones de los hombres, se percibía como un enigma. Los soberanos aprovechaban esta propensión natural a la música. La elevaban y ponían orden en ella. La música se tenía por algo serio, sagrado, que debía purificar los sentimientos de los hombres. Debía cantar loas a las virtudes de los héroes y tender así el puente hacia el mundo invisible. En el templo se acercaba uno a Dios con música y pantomimas (sobre cuya base se desarrolló más tarde el teatro). Los sentimientos religiosos frente al creador del mundo se unían a los más sagrados sentimientos humanos, los sentimientos de veneración a los antepasados. Éstos eran invitados, con motivo de tales servicios religiosos, como huéspedes del Señor del Cielo y representantes de la humanidad en aquellas altas regiones. Al enlazarse así, en solemnes momentos de entusiasmo religioso, el pasado propio con la divinidad, se celebraba la alianza entre la divinidad y la humanidad. El soberano, que en sus antepasados veneraba a la divinidad, se constituía con ello en Hijo del Cielo, en el cual se tocaban místicamente el mundo celestial y el mundo terrenal. Tales pensamientos constituyen la última y más alta síntesis de la cultura china. El propio maestro Kung (Confucio) decía, refiriéndose al gran sacrificio durante el cual se cumplían estos ritos: "Quien comprendiera por completo este sacrificio, podría gobernar el mundo como si girara en su propia mano".

Las diferentes líneas

AL COMIENZO UN SEIS SIGNIFICA:
Entusiasmo que se exterioriza trae desventura.

Alguien en posición subordinada tiene relaciones distinguidas de las que se jacta, entusiasmado. En razón de esta petulancia atrae sobre sí, necesariamente, la desventura. El entusiasmo jamás ha de ser un sentimiento egoísta; antes bien tan sólo se justifica en cuanto disposición de ánimo general que forma un eslabón de unión con otros.

SEIS EN EL SEGUNDO PUESTO SIGNIFICA:
Firme como una roca. Ni un día entero.
La perseverancia trae ventura.

Aquí se caracteriza alguien que no se deja engatusar por ninguna clase de ilusiones. Mientras que otros permiten que los encandile el entusiasmo, éste reconoce con absoluta claridad los primeros signos del tiempo, del momento. De tal modo, no se muestra adulador hacia los de arriba, ni negligente hacia los de abajo. Permanece firme como una roca. No bien se presente el primer indicio de un malestar, una desavenencia, él sabrá retirarse a tiempo, sin perder siquiera un solo día. La perseverancia en una actitud semejante aporta ventura.

Confucio dice al respecto: "Conocer los gérmenes es sin duda una facultad divina. El noble, en el trato hacia arriba no es adulador, en el trato hacia abajo no es arrogante. Él conoce bien los gérmenes. Los gérmenes son el primer comienzo imperceptible del movimiento, aquello que primero se muestra como señal de ventura (y de desventura). El noble ve los gérmenes e inmediatamente actúa. No se le ocurre aguardar un día entero. En el Libro de las Mutaciones está dicho:
"Firme como una roca. Ni un día entero.
La perseverancia trae ventura.
Firme como una roca, ¿para qué un día entero?
El Dictamen puede saberse.
El noble conoce lo secreto y lo manifiesto.
Conoce lo débil, también conoce lo fuerte:
Por eso las multitudes levantan hacia él la mirada".

SEIS EN EL TERCER PUESTO SIGNIFICA:
Entusiasmo que mira hacia arriba engendra arrepentimiento.
Vacilación trae arrepentimiento.
He aquí lo contrario de la línea anterior: allí autonomía, aquí el entusiasmo de mirar hacia arriba. Si uno vacila durante demasiado tiempo, también eso origina arrepentimiento. En el acercamiento es cuestión de atrapar el momento correcto; únicamente así se atinará a encontrar lo recto.

AL TOPE UN SEIS SIGNIFICA:
Entusiasmo cegado.
Pero si después del encandilamiento logra uno el cambio,
eso no será una falla.
Si uno se deja cegar por el entusiasmo, la cosa tendrá malas consecuencias. Pero aun si tal encandilamiento ha llegado a ser un hecho consumado y uno todavía está en condiciones de cambiar, quedará libre de error. Llegar a serenarse luego de un falso entusiasmo es perfectamente posible y muy favorable.

Hexagrama complementario
14 . TA YU / LA POSESIÓN DE LO GRANDE

EL DICTAMEN
La Posesión de lo Grande: Elevado Logro.
Los dos signos primarios indican que la fuerza y la claridad se unen. La Posesión de lo Grande está predeterminada por el destino y en correspondencia con el tiempo. ¿Cómo es posible que ese débil trazo tenga la fuerza suficiente como para retener y poseer a los trazos fuertes? Lo es gracias a su desinteresada modestia. Es éste un tiempo propicio. Hay fortaleza en lo interior, y claridad y cultura en lo exterior. La fuerza se manifiesta con finura y autodominio. Esto confiere elevado logro y riqueza.

LA IMAGEN
El Fuego en lo alto del Cielo:
la imagen de La Posesión de lo Grande.
Así el noble frena el mal y fomenta el bien,
obedeciendo con ello la buena voluntad del Cielo.
El sol en lo alto del cielo que alumbra todo lo terrenal, es el símbolo de la posesión en gran escala. Mas semejante posesión ha de ser correctamente administrada. El sol saca a la luz del día lo malo y lo bueno. El hombre debe combatir y refrenar el mal y fomentar y favorecer el bien. Únicamente de este modo corresponde uno a la buena voluntad de Dios que sólo quiere el bien y no el mal.

El trueque en este milenio

Gatitos, hagan buena letra con el resto de los mortales, miren de la manera más realista posible el mundo que los rodea, charlen con sus amigos, háganse cargo de la complicada situación en que están muchos (y tal vez ustedes mismos, a pesar de lo suertudos que son), y sean los propulsores de esta idea que ya está dando frutos en muchos lugares: el trueque. A ustedes, que les gusta la comodidad y la seguridad, pero que no se sacrifican por el vil metal, no les va a costar mucho dejar de recibirlo. Por supuesto, tiene que quedar claro que, a cambio de lo que los otros les den, ustedes, amigos míos, perezosos y "me-quiero-quedar-tiradito-en-el-sillón-mirando-tele-un-ratito-más", van a tener que hacer algo.

Como el trueque tiene por principio mejorar la calidad de vida de la gente que se integra, posiblemente no les exijan más de lo que puedan dar. Pero ¡NO SE ABUSEN! No usen su encanto como única forma de pago; por una vez, dejen de ser vagos y de creer que con mirarnos con adoración, dejarse acariciar de vez en cuando, ronronear simpáticamente, ser más limpios que los perros y no comerse el canarito de la abuela alcanza. No. *Niet.* ¡A laburar, queridos y temidos Bugs Bunnies! ¿De qué se asustan, si ustedes son los inventores del anti-trabajo? Cuélguense de esta idea, porque van a terminar adorándola y siendo sus principales promotores. ¿A qué gatito no le va a gustar un trabajo de chofer de una agencia de viajes, yendo y viniendo por la ciudad, conociendo gente distinta todos los días, seduciendo turistas con total impunidad? Ofrézcanse a cobrar en pasajes o excursiones: ustedes saben que es lo único que necesitan: llegados al lugar, alguien los encontrará adorables y los adoptará durante toda la estadía.

¿Tienen trabajo y no les alcanza la plata? Busquen compartir el departamento con alguien, a cambio de que se ocupen de las tareas del hogar, pagar facturas, hacer colas, ir al mercado: todo eso que a ustedes les come el prana y les aburre mortalmente. U ofrézcanse ustedes para ir de *"roomates"* a vivir con alguien que necesite compañía: truequen vivienda por calor humano, charla agradable y hombro amigo, además de ese toque estético que agregan a cualquier lugar en que se instalan, y que es siempre bienvenido. Aunque no sean grandes amantes del trabajo, tampoco tienen ganas de dirigir, así que pueden adaptarse si ponen voluntad. Éste es un año de agua, se sentirán afines, las cosas no se les van a complicar, estarán gánicos y cargados de energía. El año de la serpiente les dejó las pilas cargadas, los divirtió y sacudió: desparramen un poco de su buena suerte sobre el común de los mortales, que el resto del zoológico humano anda buscándola por cielo y tierra.

Usen toda la energía del 2001, además de la que les da el caballito, para moverse un poco más (estiramientos, tai chi, danza), consigan un profesor, reúnan un grupo de amigos y arreglen para pagarle en especias: todo el mundo necesita comida, sanitario, ropa o baby-sitter. Y no se acurruquen solitos en su almohadón: compartan con sus amigos y familia todo el tiempo que puedan.

Predicciones para el conejo y su energía

★ CONEJO DE **MADERA** (1915-1975)
Durante este tiempo sentirá que se le abren la cabeza, el corazón, los *chakras* y el KUNDALINI.

Su energía será contagiosa; emprenderá varios proyectos artísticos, sociales, educativos y humanitarios con gran repercusión.

Su familia lo necesitará en casa y tendrá que organizar su tiempo para cumplir con los compromisos profesionales y sociales sin desbordarse.

Estará reclamado profesionalmente en el exterior. Jugosos contratos, encuentros cosmopolitas y telúricos le abrirán la percepción.

Año de revelaciones, desapego y libertad.

★ CONEJO DE **FUEGO** (1927-1987)
Año de grandes transformaciones en su cosmovisión.

Estará dispuesto a dejar el ritmo cotidiano para salir de viaje por el mundo cabalgando al hipocampo.

El entusiasmo por iniciar una nueva vida se traducirá en el cambio de *look*, de casa, de amigos y de profesión.

Seguirá el latido de su corazón y no se equivocará.

El amor lo sacudirá y transportará a nuevas galaxias. Ejercitará EL TAO DEL AMOR Y DEL SEXO y será un experto en el tema.

Le lloverán propuestas laborales que acrecentarán su patrimonio y lo mantendrán activo, alerta e inspirado.

★ CONEJO DE **TIERRA** (1939-1999)
Durante este año sentirá que tiene la oportunidad de cambiar su vida para siempre y partir de viaje por la tierra conociendo nuevas costumbres, culturas, credos y religiones.

Estará con entusiasmo para emprender proyectos de vanguardia, originales, llenos de creatividad y buen gusto.

El amor lo sacudirá como un huracán dejándolo en el umbral de una nueva vida.

Volverá a ser el rey de la noche, las fiestas, los *parties* y la movida.

Un año de desestructuración del ADN y de grandes logros.

★ CONEJO DE **METAL** (1951)
Durante este año sentirá que está al límite. La vida le pedirá que retorne a su esencia y que no se prive de nada.
El hipocampo lo llevará a cabalgar nuevos montes de Venus y tallos de jade dejándolo en estado de inspiración.
Su creatividad será mundialmente reconocida; viajará, explorará nuevos pentagramas, paletas, ceremonias y mercados.
En la familia habrá alegrías, renuncias, herencias e innovaciones en los roles. Año de reencuentro con la esencia.

★ CONEJO DE **AGUA** (1903-1963)
Año de apuestas a la creatividad, la inspiración y los riesgos.
Saldrá como un gato montés a explorar nuevos territorios para delimitar su territorio. Estará lleno de ideas originales, audaces y prácticas.
Se decidirá a cerrar un capítulo del pasado, vivir "el aquí y ahora" y explorar nuevos sentimientos.
Su *look* cambiará, estará lleno de energía para regalar a sus amigos, pareja, amigovios y familia. Su vocación encontrará mecenas dispuestos a invertir en proyectos largamente soñados. COMO LOS MAPUCHES, VIVIRÁ "LO ÚLTIMO QUE LE OCURRA COMO LO MEJOR".
Un año de transformación y consolidación de su patrimonio afectivo y material.

El cruel aire frío del invierno

El cruel aire frío del invierno ha llegado,

los vientos del norte son despiadados y amargos.

La pena más sutil conoce noches largas.

Levanto los ojos hacia la multitud de estrellas apiñadas.

La brillante luna de otoño está llena.

El sapo y la liebre de la luna desaparecen por vigésima vez

Un viajero que llegó de lejos

me trajo una carta.

Arriba dice: "Te amaré siempre",

Y abajo: "Mucho tiempo estaremos separados".

Pongo la carta sobre mi pecho.

En tres años ninguna palabra ha perdido vigor.

Mi corazón solitario se mantiene fiel, fiel

Temo que nunca lo sabrás.

Anónimo

(*Traducción de Ruth Berg*)

Escribe
tu propia
predicción

Predicciones preventivas para el Dragón basadas en el I-Ching

Inicio del año al galope, graduando el trote para aterrizar al paso sobre la Pachamama

Queridos dragones:

Después del renacimiento en el año ofídico sentirán que hay cuerda para otro ciclo, por eso entrarán al año del caballo a todo galope. Estarán conscientes de las oportunidades que se les presentarán, y concentrarán su energía en LA FUERZA DOMESTICADORA DE LO GRANDE Y DE LO PEQUEÑO.

Manos a la obra; hay mucho que hacer y les sobrará tiempo, ideas, humor y vitalidad para llegar a la acción de las cosas.

Resultarán estimulados por nuevas personas que aparecerán en la transición entre los dos años, compartirán creencias y afinidades.

Su cosmovisión ayudará a que puedan agrupar gente, trabajar en equipo, delegar responsabilidades y sentirse dueños de su vida.

El hipocampo los llevará por túneles celestiales y subfluviales aportándoles nuevas experiencias que acrecentarán su riqueza y patrimonio.

Su buen humor, *sex-appeal y glamour* estarán muy favorecidos, pues durante el transcurso del año se sentirán muy erotizados.

Conocerán sus límites físicos y psíquicos; saldrán de su hábitat e intentarán una nueva forma de vida, más desapegada del mundo material y en contacto con la naturaleza.

La salud deberá estar atendida por especialistas; tal vez cometan excesos de alimentación o sexuales que los podrían desestabilizar y producirles estrés y cambios abruptos de humor.

En la familia habrá fuertes tormentas que se aclararán a un costo elevado. Herencias, contratos, juicios o separaciones los sorprenderán removiendo rencores y pasiones que creían extinguidos.

Su imaginación encontrará eco, apoyo y respaldo para volar alto. Nuevas formas de relacionarse con sus colegas, socios, y amigos liberarán modelos arcaicos de vida cotizándose al precio del oro.

Encontrarán el rumbo en su vida afectiva.

Una pareja holística, comprensiva y sabia los guiará por nuevos cielos y deshabitados territorios.

Echarán raíces en un nuevo lugar, país o ciudad descubriendo una nueva vida.

El ritmo vertiginoso del año los mantendrá jóvenes, atléticos y con muy buena energía.

Se convertirán en un dragón casi humano.

€l J-Ching te aconseja

Hexagrama principal
26. TA CH'U / LA FUERZA DOMESTICADORA DE LO GRANDE

EL DICTAMEN
La Fuerza Domesticadora de lo Grande.
Es propicia la perseverancia.
Trae ventura no comer en casa.
Es propicio atravesar las grandes aguas.

Para sujetar y acumular fuerzas grandes y creadoras se requiere un hombre fuerte y lúcido al que honra el gobernante. El signo Ch'ien indica una potente fuerza creadora, el signo Ken firmeza y verdad; ambos indican luz y claridad y una diaria regeneración del carácter. Sólo mediante tal autorregeneración cotidiana permanece uno en la cúspide de su vigor. Mientras que en épocas tranquilas la fuerza de la costumbre contribuye a mantener el orden, en épocas grandes (excepcionales) como ésta, de acumulación de fuerzas, todo dependerá del poder de la personalidad. Mas, puesto que los dignos se ven honrados, como lo demuestra la fuerte personalidad a quien el gobernante ha confiado la conducción, resulta que es favorable no comer en casa, sino ganarse el pan en la vida pública, mediante la aceptación de un cargo, de una función. Uno se encuentra en armonía con el cielo; por eso se obtiene éxito aun en empresas difíciles y riesgosas como el cruce de las grandes aguas.

LA IMAGEN
El cielo en medio de la montaña:
La imagen de La Fuerza Domesticadora de lo Grande.
Así el noble se familiariza con multitud de dichos de tiempos remotos y de hechos del pasado, a fin de afirmar de esta suerte su carácter.

El cielo en el centro de la montaña señala tesoros ocultos. Del mismo modo, en las palabras y los hechos del pasado se esconde un tesoro que puede ser utilizado para lograr la afirmación y el acrecentamiento del propio carácter. He ahí la recta manera de estudiar:

la que no se limita al saber histórico, sino que transforma cada vez lo histórico en actualidad, mediante la aplicación de ese saber.

Las diferentes líneas

SEIS EN EL QUINTO PUESTO SIGNIFICA:
El diente de un jabalí capón. ¡Ventura!
Aquí la doma de lo que puja impetuosamente hacia delante se ha logrado de un modo indirecto. El colmillo del jabalí es de por sí peligroso; pero si la naturaleza del jabalí se modifica, éste pierde su peligrosidad. Así, pues, no hay que combatir la ferocidad directamente, aun tratándose de seres humanos; antes bien es preciso extirpar las raíces de la ferocidad.

Hexagrama complementario
9. HSIAO CH'U / LA FUERZA DOMESTICADORA DE LO PEQUEÑO

EL DICTAMEN
La Fuerza Domesticadora de lo Pequeño tiene éxito.
Densas nubes, ninguna lluvia de nuestra región del Oeste.
La parábola procede de las condiciones reinantes en la China durante la época del rey Wen. Él era oriundo de Occidente, pero en esa época se encontraba en la región oriental, en la corte del Gran Soberano, el rey tirano Chou Hsin. El momento para actuar en grande aún no había llegado. Tan sólo podía refrenar al tirano en cierta medida valiéndose de palabras amables. De ahí la imagen de abundantes nubes que se levantan prometiendo al país humedad y bendición, pero sin que por el momento se precipite lluvia alguna. La situación no es desfavorable. Hay perspectivas de éxito final. Pero todavía quedan obstáculos en el camino. Sólo es posible realizar trabajos preparatorios. Así, únicamente mediante los pequeños recursos que brindan las palabras de persuasión, amables, puede obtenerse algún efecto. La época de la acción penetrante en gran medida aún no ha llegado. Sin embargo, se consigue por lo menos ejercer, en una medida limitada, una acción refrenadora, amansadora. Al proceder de este modo y para lograr uno imponer su voluntad, hace falta una firme decisión en lo interior y una suave adaptación en lo exterior.

LA IMAGEN
El viento recorre el cielo:
La imagen de La Fuerza Domesticadora de lo Pequeño.
Así el noble va refinando la forma exterior de su naturaleza.
El viento, si bien va juntando las nubes en el cielo, como sólo es aire y no posee un cuerpo sólido, no produce efectos grandes, duraderos. Así también al hombre, en épocas que no permiten una gran acción hacia fuera, sólo le queda la posibilidad de refinar en lo pequeño las manifestaciones de su naturaleza.

El trueque en este milenio

Los dragones, engalanados con la piel nueva después de la crisis de su año y disfrutando el año de la serpiente de metal están destinados a desplegar energía en todos los campos, en este año 2002, agua, energía que los favorece y les da CHI extra.

Animales mitológicos, inmortales, reyes de la fantasía, encarnación del pasaje a otros mundos, estos adorables, difíciles, descontrolados, fuertes y corajudos lanzallamas van a divertirse con la cantidad de cosas nuevas que hay para hacer, gracias a los descalabros de la economía mundial.

Destinados a dar órdenes, organizar, inventar, se van a sentir como pez en el agua colaborando con el resto de los mortales en esto de crear un mercado paralelo a través del trueque. Para empezar, van a aplicarlo en su trabajo, donde ofrecerán a sus jefes (que no van a ser capaces de resistirlo) trabajar horas extras a cambio de vales de supermercado, mercaderías para su propio beneficio, o hasta la utilización de las instalaciones de la empresa los fines de semana para reunirse con sus otros socios comerciales. Y esto para empezar.

Una vez que consigan el lugar donde juntar a todos los vecinos des/subocupados, se van a entregar a formar cooperativas artesanales, descubriendo en cada uno esa habilidad especial; sacarán de sus casas a los que se sientan deprimidos por la falta de metálico y les contagiarán optimismo, además de ponerlos a trabajar; organizarán comisiones de reciclaje a cargo de los jóvenes y los mayores, para después vender o "trocar" esos objetos, ya sea por servicios (albañilería, asesoría legal, baby-sitter... ellos se van a encargar de que la gente se encuentre con quien la necesita) o por otros bienes de consumo. Es decir que van a tener ocupadas las veinticuatro horas del día, y más también, con una actividad que reúne varias condiciones importantes: pueden descargar ese exceso de CHI que en su casa encuentran fatigante; ayudan a la gente que los rodea (aunque tengan mucho ego, los dragones también son humanistas); y se llevan la gloria y el aplauso por ser la cabeza directriz y por su altruismo. ¿Se puede pedir más? Como esto les importa más que el dinero, y siempre se levantan, aún en las peores circunstancias, el éxito los va a alimentar mejor que un guisito caliente, ¡y la barra agradecida!

Con el tiempo que les sobra (¡SIEMPRE TIENEN TIEMPO EXTRA!) es un buen año para que se ocupen de la gente que quieren: el caballo lo acompaña en sus aventuras, así que pueden improvisar excursiones familiares, armar campeonatos de truco al lado de la estufa, hacer galletitas con sus hijos, bajar del cielo raso y juntar una barra para ir al estadio un domingo; todo está permitido, la suerte los sigue acompañando y no está nada mal que la compartan con la gente que quieren. Y para los suertudos que tienen un amante dragón, éstos adoran plegarse al erotismo que desparrama el caballito, así que van a transformar cada encuentro en uno de Las mil y una noches, aunque sólo cuenten para ambientarse con un par de velas comunes, algún mantel hindú y unos higos confitados: la imaginación va a hacer el resto y ninguno va a sentir que está en el mismo departamento de siempre, con los chicos y el perro del otro lado de la puerta.

Predicciones para el dragón y su energía

★ DRAGÓN DE **MADERA** (1904-1964)
Durante el tiempo equino saldará cuentas pendientes e iniciará un nuevo vuelo junto al hipocampo.

Se sentirá estimulado y potenciado en sus virtudes y talento. Tendrá deseos irracionales de viajar por el planeta asimilando nuevas culturas, despojándose de hábitos y costumbres e iniciando labores humanitarias.

Encontrará socios capitalistas que confiarán en sus originales proyectos DOMESTICANDO LA FUERZA DE LO GRANDE Y LO PEQUEÑO.

El amor lo sacará de la órbita terrestre y le dará el impulso que necesita para iniciar una relación holística donde el amor, el trabajo y el conocimiento sean los pilares fundamentales de la pareja.

Conocerá gente fascinante; maestros, gurúes, científicos y artistas.

Nacesitará poner límites a los vicios y los excesos si no quiere pasar el año somatizando sus impulsos.

★ DRAGÓN DE **FUEGO** (1916-1976)
Durante el año equino cabalgará junto al hipocampo por nuevas experiencias que lo enriquecerán espiritual y materialmente.

Estará abierto y entusiasmado para iniciar nuevas empresas, trabajos y estudios.

Se relacionará con gente creativa, imaginativa y original que le aportarán nuevos puntos de vista en su profesión y le darán peso internacional.

Conocerá diferentes formas de amor: del clásico al moderno, pasando por todas las variedades del nuevo milenio.

Será asediado en reuniones, fiestas y congresos. Su lucidez, buen humor e inteligencia le abrirán nuevas puertas a la sociedad de consumo y la globalización.

Importantes encuentros a través de Internet le facilitarán la posibilidad de viajar y conocer nuevos países, credos y religiones.

★ DRAGÓN DE **TIERRA** (1928-1988)
Durante este tiempo deberá fluir con el WU-WEI (no forzar la acción de las cosas) y escuchar los latidos de su corazón.

Estará decidido a encauzar su profesión, iniciar un ciclo de estudio e investigación y consolidar su patrimonio.

En la familia tendrá rebeliones, partidas y llegadas que cambiarán sus hábitos y costumbres.

Un llamado o noticia inesperado lo pondrá en la búsqueda del camino espiritual.

Viajará, conocerá gente fascinante, quedará viviendo una temporada en el exterior por razones sentimentales y profesionales, despertando a una nueva vida.

En el amor habrá flechazos, seducción y espejismos intermitentes que lo pondrán a prueba.

Año de cambios profundos desde lo interior hacia lo exterior.

★ DRAGÓN DE METAL (1940-2000)
Durante este año conocerá el desapego a su tierra para cabalgar con el hipocampo por nuevas dimensiones.

Estará abierto, receptivo, creativo y lleno de ideas revolucionarias para cambiar el mundo. Su creatividad se cotizará, crecerá como un gigante en su profesión y despertará a una nueva conciencia. En la familia habrá rebeliones, cambios, planteos y relinchos. Conocerá la paciencia china para domesticar a personas, situaciones sociales, políticas y económicas.

Buscará nuevos territorios para desplegar su arte y ayudar a gente con labores ecológicas y humanitarias.

AÑO DE ALTO VOLTAJE KÁRMICO.

★ DRAGÓN DE AGUA (1952)
Durante este año se convertirá en empresario de sus proyectos e ideas.

Logrará afianzarse profesionalmente y convocar a personas creativas, sabias e intuitivas para formar empresas que ayudarán a cambiar la conciencia.

Estará radiante, vital, lleno de CHI (energía) para regalar y contagiar a otras personas que lo seguirán por el mundo. Su vocación se nutrirá de nuevas fuentes de inspiración y estímulo logrando crecer en su profesión.

Viajará por amor y trabajo a nuevos países, ciudades y provincias donde logrará establecerse e iniciar una vida más natural, auténtica y comunitaria. Su salud mejorará notablemente; estará dispuesto a dejar remedios alopáticos por hierbas, yuyos y alimentación macrobiótica.

Renacerá como el ave fénix en cada inhalación y exhalación.

Lo trascendental

No es de la espiritualidad de la mente,

Tampoco es de los átomos del cosmos,

Sino como si llegara hasta las nubes blancas,

Nacido allí de brisas traslúcidas.

Allá lejos, parece a mano,

Si llegas cerca, ya no está allí.

Compartiendo la naturaleza del Tao,

Esquiva los límites de la mortalidad.

Está en las colinas apiladas, en los árboles altos,

En los musgos oscuros, en los rayos del Sol.

Canta acerca de eso, piensa en eso,

Su débil sonido elude el oído.

Ssu Kung-tu

(Traducción de Roberto Curto)

Escribe tu propia predicción

Predicciones preventivas para la Serpiente basadas en el I-Ching

Hidromasaje con el hipocampo
Al paso, al trote y al galope

Sobrevivientes de su año (2001):
Felicitaciones para las que cambiaron la piel desde el ADN hasta la chapa y pintura en su año para sumergirse en EL POZO, hexagrama altamente positivo después de los movimientos telúricos de su reinado.

La serpiente estará despabilándose lentamente y recuperando la capacidad de adaptación al ritmo vertiginoso del hipocampo. La experiencia adquirida en su año fortalecerá su intuición para deslizarse al pozo de agua que le dará la nutrición física, mental y espiritual que necesita para su equilibrio.

Durante este año podrá conectarse con gente que la beneficiará en su vida anímica, social y profesional. Saldrá a cabalgar como KUKULKÁN, la serpiente emplumada por nuevos horizontes, cielos y hondonadas encontrando lo necesario para su bienestar económico y emocional.

EL POZO la programará para tener orden y estabilidad en su relación con el mundo social y de la comuna, abriendo nuevos canales de expresión que tenía bloqueados.

La energía equina veloz y temperamental no es muy adecuada para la pensativa y elucubradora culebra. Tendrá que preparar una estrategia de ajedrez para no caer en enredos, trampas y tentaciones.

La serpiente utilizará el máximo de su capacidad para desplegar su artillería pesada en la tarea de enroscar sus objetivos.

Tiempo favorable para asociaciones con gente de ideas afines, intercambios culturales y estudiantiles.

En los lugares más imprevistos e inesperados encontrará socios que aportarán trabajo e inversiones para sus ideas de avanzada.

Lucirá radiante y desplegará su seducción, *sex-appeal* y sentido del humor con gracia y maestría.

Tendrá deseos de estar en buen estado físico; hará deporte, gimnasia, yoga, tai-chi y técnicas de *inside* y respiración para despertar el KUNDALINI.

Su necesidad intelectual encontrará seguidores y volcará su sed de conocimiento en libros, programas radiales o televisivos.

Emocionalmente tendrá momentos UP AND DOWN. Es aconsejable que tome FLORES DE BACH, haga meditación y viva en contacto con la naturaleza.

Los viajes al exterior serán benéficos: por trabajo, placer o romances inesperados.

Como siempre, este signo dotado de poderes mágicos, logrará encontrar el camino para llegar al arco iris.

€l J-Ching te aconseja

Hexagrama principal
48. CHING / EL POZO DE AGUA

EL DICTAMEN
El pozo.
Puede cambiarse de ciudad,
mas no puede cambiarse de pozo.
Éste no disminuye y no aumenta.
Ellos vienen y van y recogen del pozo.
Cuando casi se ha alcanzado el agua del pozo
pero todavía no se llegó abajo con la cuerda
se rompe el cántaro, eso trae desventura.

Las ciudades capitales eran a veces trasladadas en la antigua China, en parte por motivos de ubicación, en parte al producirse los cambios de dinastía. El estilo de edificación se modificaba en el curso de los siglos, pero la forma del pozo sigue siendo la misma desde tiempos antiquísimos hasta nuestros días. Así el pozo es un símbolo de la organización social de la humanidad en cuanto a sus necesidades vitales primarias e independientes de todas las formaciones políticas. Las formaciones políticas, las naciones, cambian, pero la vida de los hombres con sus exigencias sigue siendo eternamente la misma. Esto no puede modificarse. Asimismo, esa vida es inagotable. No disminuye ni aumenta y está ahí para todos. Las generaciones vienen y se van y todas ellas disfrutan de la vida en su inagotable plenitud.

Sin embargo, para una buena organización estatal o social de los hombres hacen falta dos cosas. Es necesario descender hasta los fundamentos de la vida. Toda superficialidad en el ordenamiento de la vida, que deje insatisfechas las más hondas necesidades vitales, es tan imperfecta que no difiere de un Estado en el cual ni siquiera se hubiese hecho algún intento de ordenamiento. Asimismo, acarrea males una negligencia a causa de la cual se rompe el cántaro. Cuando la protección militar de un Estado, por ejemplo, se exagera al punto de provocar guerras por las que se ve destruido el poderío del Estado, esto equivale a la rotura del cántaro. También en lo relativo al hombre individual debe tomarse en consideración este signo. Por diversas que sean las inclinaciones y las formaciones de los hombres, la naturaleza humana en sus fundamentos es la misma en todos los casos. Y cada cual puede proveerse durante su formación, recurriendo a la fuente inagotable de la naturaleza divina de la esencia humana. Pero también al respecto existe la amenaza de dos riesgos: en primer lugar, que durante su formación uno no penetre hasta las verdaderas raíces de lo humano y más bien quede atascado en medio de las convenciones –semejante semicultura es tan mala como la incultura–, o bien que súbitamente una claudique y descuide la formación de su ser.

LA IMAGEN
Sobre la madera está el agua: la imagen del pozo.
Así el noble alienta al pueblo durante el trabajo
y lo exhorta a ayudarse mutuamente.
Abajo está el signo Sun, madera, y encima el signo K'an, agua. La madera succiona el agua hacia arriba. Así como la madera en cuanto organismo imita la actividad del pozo que redunda en beneficio de las diferentes partes de la planta, ordena el noble la sociedad humana, el modo que a la manera de un organismo vegetal haya una mutua interpretación para bien del todo.

€l trueque en este milenio

Amadas y odiadas serpientes, sus ruegos han sido escuchados: ¡el trueque llegó para quedarse! Sí, al fin van a poder disfrutar de todo lo que les gusta y necesitan sin tener que meter la mano en el bolsillo para pagar. Casa, comida, viajes, ropa, libros, discos... con su habilidad para los negocios y para envolver al prójimo en todo tipo de argumentos, las sabias serpientes harán del trueque casi una forma de estafa aceptada. Lograrán conseguir cosas lujosas, caras y excepcionales a cambio de... casi nada. Y los demás se irán convencidos de que fue algo justo. En fin, después de su año, en que cambiaron de piel, hicieron crisis, tuvieron a mal traer al chiquero y otros nidos, el 2002 les trae esta "sorpressatta" de lo más agradable.

Queridas bichas, no exageren. Sean astutas como de costumbre, y empiecen de a poco. Dejen que el resto del zoo se trague el anzuelo de que ustedes están interesadas en esto por aquello del humanismo, de dejar atrás el liberalismo feroz y buscar una forma de vida alternativa y solidaria. Hagan buena letra al principio, y después será pan comido para unas viejas sabias como ustedes.

Después de todo, ¿no son las serpientes las que se han pasado la vida tratando de pagarnos con otros bienes o servicios, con tal de no sacar el *cash* o la tarjeta? Démosle ese crédito a estos bichos que están siendo tan maldecidos en este 2001 problemático, donde son muy pocos los que están pasándola bien. Un poco más de crédito: no son vagas, son ventajeras. Si pinta trabajar a cambio de algo que realmente les interese, lo van a hacer con todas sus ganas, y además con éxito, porque son tesoneras, responsables, sensatas, organizadas. Y como se toman su tiempo para obtener lo que quieren, van a ir a todas las reuniones del club de canje, van a ocupar lugar en la junta organizativa; son de las que no se distraen cuando tienen algo entre ceja y ceja, y todos los medios sirven para llegar al fin. Resumiendo: ustedes, de parabienes con esta generalización de un sistema que adoran; pero los demás... tomémonos las cosas con calma, total, ya sabemos que nos enroscan, nos convencen de lo que quieren, cuando tienen ganas dan los mejores consejos, son cálidas, maestras, protectoras; y cuando están en la otra fase, se dedican a chuparnos prana sin ninguna vergüenza. Así que si el trueque sirve para que den "algo" a cambio, ya estamos ganando un poco.

Como es año caballo de agua, no van a estar protegidas por las energías, así que cuiden su salud y su cabeza: quemen calorías y descarguen a tierra, dejen espacio para que les entre energía nueva, salgan al campo y respiren. Y si no pueden ir al campo, vayan hasta la placita: lo que va a servir es salir de la casa, juntar fuerza, relacionarse con los otros bichos. El caballito las va a poner a trotar y ustedes van a necesitar apoyo logístico de todos los que las rodean: no se hagan las difíciles, y no le claven el diente en la yugular a los que las bancan: se viene una época de colaboración, y tienen que empezar a aprender, antes de que les enseñen a reglazos. Dedíquenle más tiempo a la familia, que necesita esa sabiduría y sentido común que sólo ustedes tienen; mantengan perfil bajo, para no entrar en controversias: la energía de este año no es la más propicia para que ustedes se pongan exhibicionistas.

Predicciones para la serpiente y su energía

★ SERPIENTE DE MADERA (1905-1965)
Durante este tiempo se desenroscará de la deuda kármica y vislumbrará nuevos pozos de agua para nutrirse.

Estará radiante, *sexy*, llena de propuestas indecentes que deberá enfrentar con diplomacia para no herir susceptibilidades.

Tendrá que encauzar su CHI (energía) y enfocar con claridad las prioridades de su vida. Un aluvión de contratos y propuestas laborales la sorprenderá afianzándola en su profesión.

Conocerá gente creativa, audaz y con visión de futuro que la contagiarán y le abrirán nuevas puertas.

El amor le exigirá más de lo que puede dar, y se sentirá *atrapada sin salida*.

Los amigos aparecerán y la ayudarán a transmutar al paso, al trote y al galope las peripecias del febril año equino.

★ SERPIENTE DE **FUEGO** (1917-1977)
Durante el tiempo equino terminará de digerir y decantar la crisis de su año.
Estará excitada buscando nuevas formas de sobrevivencia y despertando el KUNDALINI.
En la familia habrá momentos determinantes: decisiones de mudanzas, exilio rumbo a otras tierras y culturas que deberá metabolizar con sabiduría para no desestabilizarse.
El ritmo del año le producirá bruscos cambios en sus costumbres y hábitos. Es un tiempo ideal para viajar, explorar nuevos territorios y nutrirse de los POZOS DE AGUA que encuentre en su camino.
Su corazón estará sacudido entre dos amores que le exigirán una definición.
Es aconsejable que busque objetivos claros y precisos, no se disperse y siente las bases de una nueva vida. Año de apertura en la conciencia intuitiva.

★ SERPIENTE DE **TIERRA** (1929-1989)
Durante este año sentirá "el llamado de amor indio" que la sacará de la quietud de su madriguera.
Estará preparada para cabalgar con el hipocampo por nuevos cielos y horizontes desplegando su creatividad, sentido del humor y talento.
Encontrará gente que la estimulará y ayudará a transitar esta cabalgata tan convulsionada.
Nuevos amigos, mecenas y protectores la adoptarán y cotizarán muy alto en la era del trueque.
Un amor fugaz se convertirá en una relación estable y duradera con la que sentirá una gran afinidad.

★ SERPIENTE DE **METAL** (1941-2001)
Durante este año retornará a su esencia estimulada por el tiempo equino.
Encontrará su lugar en el mundo, echará raíces y desplegará múltiples actividades.
Estará radiante, plena, *sexy*, con CHI (energía) para regalar y compartir con nuevas víctimas. Beberá nuevos néctares del POZO DE AGUA recuperando el erotismo.
Tendrá tentadoras propuestas laborales que deberá elegir cuidadosamente para no desbordarse.
Retomará la práctica de un deporte o *hobby* e iniciará una profunda búsqueda espiritual.
El amor la visitará al estilo *Las mil y una noches* y recuperará la inspiración y la creatividad.
Su familia le propondrá algunos cambios en la estructura del hogar y del FENG-SHUI, que deberá considerar.
El año equino la favorecerá con viajes de placer y amor.

★ SERPIENTE DE AGUA (1953)

En armonía con el año cuya energía está regida por el agua, la serpiente subfluvial encontrará fácilmente EL POZO para nutrirse y regar a quienes se acerquen a beber su sabiduría. Estará dispuesta a dejar de lado comodidades y seguridad para cambiar de vida.

La energía del hipocampo la llevará por nuevos laberintos y grutas donde aparecerán tentaciones y pruebas para evolucionar.

Propuestas laborales y creativas le brindarán un trueque eficaz y altamente redituable que le permitirá tener dinero para gastos imprevistos. Volverá a reinar en fiestas y en el corazón del harén.

Un año de consolidación laboral y afectiva.

Poema

Últimamente comprendí el significado de la tranquilidad,

Día tras día me mantuve apartado de la multitud.

Limpié mi cabaña y la preparé para la visita de un monje,

Que llegó a visitarme desde las montañas lejanas.

Vino bajando desde los picos ocultos por las nubes,

Para verme en mi casa de techo de paja.

Sentados en el pasto compartimos la resina del pino,

Quemando incienso leimos los sutras del Tao.

Al terminar el día encendimos nuestra lámpara,

Las campanas del templo anuncian el comienzo de la noche.

Repentinamente advertí que la Tranquilidad

es realmente Felicidad,

y sentí que mi vida tiene abundante ocio.

Wang Wei

(Traducción de Roberto Curto)

Escribe tu propia predicción

Predicciones preventivas para el Caballo basadas en el J-Ching

El inconsciente galopando hasta llegar a la querencia interior

Queridos caballos:

Es sabido que para los chinos el año regido por el propio animal emblemático es de profunda crisis, que etimológicamente quiere decir "oportunidad para el cambio".

Los caballos llegarán a su año desbocados, cansados y desorientados por los manejos del ofidio que los enroscó en una y mil aventuras sofocantes y apasionadas.

Necesitan aclarar, despejar, desmalezar su vida para ver claro. Y LA DESAZÓN los convierte en seres que deben fluir con la corriente sin forzar la acción de las cosas (WU-WEI).

Es una prueba determinante en su destino. El año será agobiante si no tienen un cambio mental en la cosmovisión de la vida.

Sólo los caballos y yegüitas que sepan atravesar la crisis íntegros en cuerpo, alma y mente lograrán recuperar el CHI (energía) que los caracteriza como pura sangre. Es un tiempo de transición entre una vieja y nueva vida.

El galope será constante, con esporádicos trotes y sólo al final del año lograrán llegar a la querencia mansos y desapegados. Lo más importante durante este tiempo de DISOLUCIÓN Y DISPERSIÓN es que no luchen con los molinos de viento, que escuchen las señales en el aire y pasen al plano consciente cada acto e intención de sus vidas.

Es un año de aprendizaje acelerado en la balanza kármica; desde lo interior hacia lo exterior atravesarán huracanes, maremotos, terremotos y sismos que consolidarán su verdadera naturaleza y esencia.

Dejarán atrás una manera de vivir: la familia estará liberada y los apoyará en sus decisiones de libertad e independencia.

Su profesión entrará en crisis y darán un salto de caballo de carrera que será para alquilar balcones. Sus emociones subirán y bajarán como la bolsa; estarán irritables, impacientes, ariscos y caóticos.

Deberán convivir con ese "alien interior" que los interrogará como Hamlet entre el *"to be or not to be"*.

Es un ejercicio zen; tendrán que tomar fuertes decisiones con su pareja, hijos, padres y hermanos.

El clima exterior los incentivará a guardarse, estar más *inside* y reflexivos.

Saldarán finalmente cuentas pendientes con su vida: en lo personal harán un balance de lo que han ganado y perdido, de sus amores y rencores, de sus relaciones afectivas, profesionales y sociales.

Estarán en carne viva, sentirán que son potrillitos recién nacidos envueltos en la placenta de su madre.

Les aconsejo leer detenidamente el I-CHING, pues su sabiduría aclarará las dudas e inquietudes del reinado equino.

Es aconsejable que no decidan hacer nada de lo que no estén absolutamente seguros, confiados e inspirados, pues una acción mal aspectada durante su año podría costarles carísimo.

La gran crisis que atravesarán será la de identidad. Luego deberán enfrentar al harén y decidirse por un o una favorita.

El J-Ching te aconseja

Hexagrama principal
47. K'UN / LA DESAZÓN (LA OPRESIÓN/ EL AGOTAMIENTO)

EL DICTAMEN
La desazón. Logro. Perseverancia.
El gran hombre obra ventura. Ningún defecto.
Si uno tiene algo que decir, no se le cree.

Épocas de necesidad son lo contrario del éxito. Pero pueden conducir al éxito si se los tocan al hombre adecuado. Cuando un hombre cae en necesidad, permanece sereno pese a todo peligro, y esta serenidad es el fundamento de éxitos ulteriores; es la constancia, que es más fuerte que el destino. Ciertamente no tendrá éxito quien interiormente se deje quebrar por el agotamiento. Pero en aquel a quien la necesidad sólo doblega, ésta engendra una fuerza de reacción que con el tiempo seguramente habrá de manifestarse. Sin embargo, ningún hombre vulgar es capaz de eso. Únicamente el hombre grande obra ventura y permanece sin mácula. Es cierto que, por lo pronto, le queda vedado ejercer influencia hacia fuera, ya que sus palabras no tienen efecto alguno. De ahí que, en épocas de necesidad, sea cuestión de permanecer interiormente vigoroso y hacer poco uso de las palabras.

LA IMAGEN
En el lago no hay agua: la imagen del agotamiento.
Así el noble empeña su vida
con el fin de seguir su voluntad.
Cuando el agua del lago se ha escurrido hacia abajo, éste tiene que secarse, agotarse. Es su destino. Es también la imagen de designios adversos en la vida humana. En tales épocas no se puede hacer otra cosa más que aceptar el destino y permanecer leal a sí mismo. Está en juego el estrato más profundo de nuestro ser propiamente dicho, pues únicamente este estrato es superior a todo destino externo.

Las diferentes líneas

NUEVE EN EL CUARTO PUESTO SIGNIFICA:
Él llega muy quedo, oprimido en áureo carruaje.
Humillación, pero se llega a un fin.
Un hombre próspero ve la necesidad de los de abajo y por cierto mucho le complacería ayudar. Pero no interviene con rapidez y energía donde es necesario, sino que aborda el asunto con vacilación y mesura. Entonces topa con impedimentos. Personas poderosas y ricas de entre sus conocidos lo atraen hacia sus círculos. Se ve obligado a acceder y no puede sustraerse a ellos. Por lo tanto se halla en una situación muy embarazosa. Pero la emergencia es pasajera. La fuerza primitiva de la naturaleza repara la falta cometida y se alcanza la meta.

AL TOPE UN SEIS SIGNIFICA:
Está oprimido por lianas.
Se mueve inseguro, y habla diciendo:
"El moverse trae arrepentimiento".
Si uno siente por eso arrepentimiento y se moviliza,
tendrá ventura.
Uno se siente agobiado por lazos fáciles de cortar. La opresión se aproxima a su fin. Pero todavía hay indecisión. Todavía se siente la influencia del estado anterior y se piensa que si uno se mueve tendrá que arrepentirse. Pero no bien llega a comprender la situación y deja de lado esta actitud mental, tomando una vigorosa decisión logra dominar esa desazón.

Hexagrama complementario
59. HUAN / LA DISOLUCIÓN (LA DISPERSIÓN)

EL DICTAMEN
La Disolución. Éxito.
El rey se acerca a su templo.
Es propicio cruzar las grandes aguas.
Es propicia la perseverancia.
El signo, en su texto, ofrece similitud con el signo Ts'ui, "La Reu-

nión" (N° 45). Allí se trata de la reunión de lo separado, o sea de cómo las aguas se reúnen sobre la tierra en lagos. Aquí se trata de la dispersión y la disolución del egoísmo separador. El signo "La Disolución" señala, por así decirlo, el camino que conduce a la reunión. De ahí se explica la similitud en el texto.

Para superar el egoísmo separador de los hombres es menester recurrir a las fuerzas religiosas. La celebración comunitaria de las grandes fiestas sacrificiales y de los grandes servicios religiosos, que al mismo tiempo fueron expresión del nexo y de la estructuración social entre familia y Estado, era el medio que aplicaban los grandes soberanos para suscitar en los corazones una emoción mancomunada gracias a la música sacra y la magnificencia de las ceremonias, y hacer que ésta los despertara a la conciencia del origen común de todos los seres. Así se vencía la separación y se disolvía la rigidez. Otro recurso para el mismo fin lo constituye la cooperación en grandes empresas llevadas a cabo en común, que brindan a la voluntad una gran meta y, por requerimiento de esa meta, disuelven todo lo que separa, tal como en un barco que cruza una gran corriente todos los que están a bordo han de unirse en la faena colectiva.

Sin embargo, sólo un hombre libre él mismo de todo pensamiento parásito egoísta, y que está arraigado en la justicia y constancia, es capaz de lograr semejante disolución de la dureza del egoísmo.

LA IMAGEN
El viento planea sobre el agua: la imagen de la disolución.
Así los antiguos reyes ofrecían sacrificios al Señor
y erigían templos.

En otoño e invierno el agua comienza a congelarse y a convertirse en hielo. Al llegar los aires suaves de la primavera, se disuelve la congelación y lo disperso en bloques de hielo vuelve a reunirse. Lo mismo acontece también con el ánimo del pueblo. A causa de la dureza y del egoísmo se congela el corazón y esa rigidez lo separa de todo lo demás. El egoísmo y la avidez aíslan a los hombres. Por eso es necesario que una devota emoción se apodere del corazón humano. Éste ha de soltarse en sagrados estremecimientos de eternidad que lo sacudan con la intuición de la presencia del Creador de todos los seres, y lo unifiquen gracias al poder de los sentimientos de comunidad durante la sagrada celebración de la adoración de lo divino.

El trueque en este milenio

Caballos en su año. Y además, de agua. Como si pasar el propio año no fuera ya de por sí una crisis, la energía agua viene a jugar también. Amados potrillos y yegüitas, éste puede ser un punto de inflexión en la vida de muchos.

Para ustedes, que aman la vida en tropilla, rigiéndose por leyes propias, que se adhieren a todas las causas nobles y les encanta formar parte de cuanto movimiento se les cruce (¡y con todo lo que se mueven se les cruzan muchísimos!), que sólo les interesa el dinero por los bienes que puedan conseguir para ustedes y sus seres queridos y no por el mero hecho de amarrocar en el colchón, caballitos que son capaces de trabajar en grupo, de darle aliento a la gente y de ser agradecidos con aquellos que los alientan a ustedes, quijotes del zoológico chino, seres honestos y leales, volcanes que desparraman buena onda y energía positiva... para ustedes, esta vaina del trueque va a ser coser y cantar.

Claro... van a tener que encontrar alguna actividad, porque el resto del grupo los va a adorar, los socios van a estar felices de tenerlos alrededor, dando ideas, aportando talento, llenos de fuerza vital; pero "algo" se tienen que inventar. Eso que tanto les cuesta, decidir qué es lo que les gusta hacer, cuál es su vocación, a qué se quieren dedicar en la vida; ésta es una oportunidad que no deberían dejar pasar.

Para los caballitos, que siempre están a la vanguardia, que tienen la intuición de saber ver más allá del horizonte cercano, ésta es una oportunidad para desplegarse en sus facetas de creativo, organizador, luchador por las causas nobles. Si los que los rodean los saben llevar, y con eso ayudarlos, pueden ser un puntal del movimiento. Los caballos necesitan aliento y que los encaucen: como buenos jinetes, sus socios de canje tienen que ir dándoles rienda, algún terrón de azúcar de premio y espacio para correr.

La idea del trueque los va a movilizar, porque son sensibles a los problemas sociales, y la idea de afiliarse a este sistema, paralelo al establecido por los centros de poder financiero, les va a parecer magnético.

Pero como son ciclotímicos y odian perder, al menor contratiempo pueden desaparecer al galope por la esquina, y no le volverán a ver un pelo. Por eso, los demás tienen que estar atentos a su *mood*. Si no encuentran a qué dedicarse, que miren a su alrededor para ver qué es lo que se necesita: son buenos laburantes, y los demás lo saben: no se achiquen y ofrézcanse a trabajar de lo que haya, a cambio de comida y alojamiento; en cuanto se acostumbren a su presencia, su bondad y alegría, van a estar asegurados hasta que decidan partir en busca de nuevos prados.

Pretender retenerlos es casi imposible, y menos en este 2002, donde el agua como energía los va a poner más nerviosos que de costumbre. Sería ideal que le dedicaran tiempo a los deportes, y preferentemente fuertes: transpiren y agótense, el yoga y el tai chi son poca cosa para ustedes.

Apóyense en sus amigos cuando entren en un bajón, jueguen mucho (ludo, truco, verdad-consecuencia: todo sirve para pasar una noche agradable), traten de descargar energía. Sobre todo, esa lucha interna que genera el propio año sáquenla, descarguen: no se enfermen, caballitos reyes de la somatización. Bájense de la hipocondría, dejen de mirarse por un rato largo; apoyen a los demás: eso los va a mantener ocupados hasta que este año pase.

Predicciones para el caballo y su energía

★ CABALLO DE **MADERA** (1954)

Durante este año se enfrentará con sus fantasmas y los exorcizará liberándose de mandatos y ataduras. Estará dispuesto a DISOLVER ideas y creencias, para galopar hacia una nueva vida llena de aventuras.

El amor será el punto G del año. Cambiará de jinete, cabalgará en tropilla o solo pero no estará con nadie que no merezca su bella y divertida presencia.

En la profesión habrá reestructuraciones, replanteos y novedades a las que deberá adaptarse con sabiduría.

Estará abierto a nuevos amigos, maestros y consejeros que lo estimularán en su crecimiento espiritual.

AÑO DE TRANSICIÓN ENTRE DOS VIDAS.

★ CABALLO DE **FUEGO** (1906-1966)

Durante este año necesitará cabalgar con un hipocampo bombero para atenuar su fuego. Estará encendido, incendiado, más fogoso y pasional que lo habitual y lleno de inquietudes para explorar.

Su corazón se desbocará y tendrá que ser muy sabio para frenar esos galopes.

En la familia habrá que asumir nuevas responsabilidades: viajes, separaciones, pérdidas que serán más graves si no se prepara para LA DESAZÓN y LA DISOLUCIÓN.

Crecerá espiritualmente como Goliat y edificará los cimientos de una nueva vida.

★ CABALLO DE **TIERRA** (1918-1978)

Durante este año saldrá a cabalgar por el mundo en busca de nuevas emociones.

Dejará atrás mandatos, tabúes, prejuicios, iniciando una nueva etapa en su vida afectiva, profesional y familiar.

Conocerá gente de distintas culturas que lo ayudará en su evolución.

El amor galopará con furia en su corazón. Deberá atenuar su pasión y trotar cuando se desboque. Estará abierto, *sexy,* receptivo, sensible a la vida e iniciará una nueva vida lejos de la querencia.

★ CABALLO DE **METAL** (1930-1990)

Durante este año pagará al contado y con intereses la cuota kármica de su vida.

Estará dispuesto a detener el desenfrenado galope para ir al paso rumbo al interior de su vida. En la familia habrá rebeliones, juicios, peleas y disgustos.

Su salud podría desmejorar si no inicia una terapia o cambia la dieta y se dedica a los deportes.

Conocerá gente nueva que le abrirá nuevos caminos en el arte, la ciencia o en la escuela. Su imaginación volará a la Vía Láctea y estará en contacto con seres interdimensionales.

Un cambio en el rumbo de su vida a través de viajes físicos o astrales despertará su conciencia.

★ CABALLO DE AGUA (1942-2002)

Los chinos creen que un hombre sabe lo que quiere en la vida a los sesenta años. Como dice un notable caballo de agua CAETANO VELOSO: "Llegó la hora, llegó, llegó".

Dependerá de su sabiduría transitar y transmutar LA DESAZÓN y LA DISOLUCIÓN en un nuevo universo y animarse a vivir la vida que siempre soñó. Estará dispuesto a abrir una nueva puerta para encontrarse con usted, y los seres que ama en la vida.

En la profesión habrá dudas sobre el rumbo a seguir.

SI PUEDE, TÓMESE UN AÑO SABÁTICO, y si no, viva del trueque, toque timbres y pida apoyo, ayuda y calor de establo.

LA CITA SERÁ CON USTED EN EL FIRMAMENTO INTERIOR.

¡No escuchéis el fragor que atraviesa el bosque y golpea las hojas!

¿Acaso no podéis cantar y andar sin prisa?

Un bastón de bambú y unas sandalias de paja aventajan a un caballo.

¡Nada hay pues que temer!

Con mi capa de juncos paso la vida entre nieblas y lluvias

De la borrachera me despierta el fresco viento de la primavera.

Siento algo de frío

a pesar del sol que desde la cima nos saluda

Veo, enfrente, el lugar donde silbó la tormenta

Retorno

¡Qué me importan la lluvia o el buen tiempo!

Su Dongpo

(Traducción de Anne-Helene Suárez)

Escribe
tu propia
predicción

Predicciones preventivas para la Cabra basadas en el J-Ching

En el inicio al trote con permitidos galopes y reposados pasos

Queridas cabras:

Las cabras, las grandes amigas y compañeras del caballo, tendrán un año de grandes cambios y apertura en su existencia, se deslizarán por terrenos empinados y abruptos, hondonadas, valles y quebradas logrando afianzarse cada vez más en un terreno firme y seguro.

La energía optimista y desbocada del equino las contagiará e incitará a escalar nuevas cimas guiadas por el corazón, que será el gran protagonista del año.

Llegará el amor a los brincos, a los saltos cuando estén balando el último *blues*.

Perderán la cabeza y los calzones y se entregarán a *El tao del amor y del sexo*, venciendo todos los prejuicios.

Su energía transmutará, estarán hiperactivas, atléticas, deportivas, glamorosas, *sexy* y con las hormonas al rojo vivo.

Encontrarán finalmente un balance y equilibrio en su caótica vida; estarán dispuestas a ir al altar vestidas de blanco y procurar descendencia. Es un año de asentamiento, solidez, nuevo enfoque y planes que serán realizados con consistencia y alegría.

Las cabras arderán en el fuego de la pasión, creación y transmutación. Volcarán su vocación en obras para la comuna; participarán de actos solidarios, despertarán nuevas facetas de su personalidad expresando su talento artístico e imaginativo. Estarán con el CHI (energía) bien encauzado con terapias alternativas, caminos de autoconocimiento y cursos de equitación que las tendrán ocupadas y de buen humor.

Aparecerán tentaciones, pruebas, desafíos que deberán afrontar con entereza. La nutrición del cuerpo y del alma; saber cuáles son sus prioridades y descartar lo superfluo es el gran salto cuántico del tiempo equino.

Las cabras saldrán del corral al mundo llenas de propuestas que deberán elegir cuidadosamente pensando más en su salud física y emocional que en sus ganancias.

Año de grandes consolidaciones que pueden zozobrar si se desbocan y pierden la cabeza.

El J-Ching te aconseja

Hexagrama principal
30. LI / LO ADHERENTE. EL FUEGO

EL DICTAMEN
Lo Adherente. Es propicia la perseverancia,
pues aporta el éxito. Dedicarse al cuidado de la vaca trae
ventura.
Lo oscuro adhiere a lo luminoso y perfecciona así la claridad de lo luminoso. Lo claro, al irradiar la luz, requiere la presencia de lo perseverante en su interior, para no quemarse del todo y estar en condiciones de iluminar en forma duradera. Todo lo que expande luz en el mundo, depende de algo a lo cual quedar adherido para poder alumbrar de un modo duradero.

Así el sol y la luna adhieren al cielo; los granos, las hierbas y los árboles adhieren a la tierra. Así la noble claridad del hombre predestinado adhiere a lo recto, y por consiguiente es apto para modelar al mundo. El hombre que permanece condicionado en el mundo y no es independiente, al reconocer este condicionamiento y al entrar en dependencia de las fuerzas armoniosas y benignas del orden universal, obtiene el éxito. La vaca es símbolo de máxima docilidad. Al cultivar el hombre dentro de sí esta docilidad, esta voluntaria dependencia logrará una claridad nada hiriente y encontrará su puesto en el mundo.

LA IMAGEN
La Claridad se eleva dos veces: la imagen del Fuego.
Así el gran hombre alumbra, perpetuando esta claridad,
las cuatro regiones cardinales del mundo.
Cada uno de los dos signos parciales representa al sol en un cielo diurno. Así se representa, pues, una reiterada actividad del sol. Con ello se alude a la acción temporal de la luz. El gran hombre continúa en el mundo humano la obra de la naturaleza. En virtud de la claridad de su ser hace que la luz se extienda cada vez más en el interior de la naturaleza humana.

Las diferentes líneas

NUEVE EN EL TERCER PUESTO SIGNIFICA:
Al resplandor del sol poniente
los hombres o bien golpean la olla y cantan
o bien suspiran ruidosamente porque se aproxima la senectud.
Desventura.
Aquí se señala el fin del día. El resplandor del sol descendente recuerda el condicionamiento y lo perecedero de la vida. A causa de esta falta de libertad exterior, los hombres generalmente se tornan faltos de libertad también en su interior. Ya la transitoriedad les sirve de impulso para sus manifestaciones de desenfrenada alegría, para gozar de la vida mientras todavía exista, ya dejan que los invada la tristeza, y con sus quejas sobre la cercana vejez echan a perder su tiempo valioso. Ambas situaciones acarrean el mal. Para el noble es indiferente que la muerte sea temprana o tardía. Él cultiva su persona, aguarda su sino, y afirma con ello su destino.

NUEVE EN EL CUARTO PUESTO SIGNIFICA:
Súbita es su llegada:
se inflama, se extingue, es arrojado lejos.
La claridad de la inteligencia guarda la misma relación con la vida que el fuego con la madera. El fuego adhiere a la madera, pero también la consume. La claridad del intelecto arraiga en la vida, pero también puede devorar la vida. Es cuestión de cómo se manifiesta su actividad. En ese caso, aparece la imagen de un meteoro, o de un fuego de paja. Se trata de un carácter agitado, inquieto, que logra un rápido ascenso. Pero faltan los efectos perdurables. En tales circunstancias acarreará malas consecuencias el hecho de que uno se gaste demasiado pronto y se consuma como un meteoro.

Hexagrama complementario
27. I / LAS COMISURAS DE LA BOCA (LA NUTRICIÓN)

EL DICTAMEN
Las Comisuras de la Boca. Perseverancia trae ventura.
Presta atención a la nutrición y a aquello con que
trata de llenar su boca uno mismo.
Al dispensar cuidados y alimentos es importante que uno se ocupe de personas rectas y se preocupe en cuanto a su propia alimentación, del modo recto de realizarla. Cuando se quiere conocer a alguien, sólo es menester prestar atención a quién dispensa sus cuidados y cuáles son los aspectos de su propio ser que cultiva y alimenta. La naturaleza nutre todos los seres. El gran hombre alimenta y cultiva a los experimentados y capaces, valiéndose de ellos para velar por todos los hombres.

Mong Tse (VI, A, 14) dice al respecto: "Para reconocer si alguien es capaz o incapaz, no hace falta observar ninguna otra cosa sino a qué parte de su naturaleza concede particular importancia. El cuerpo tiene partes nobles e innobles, partes importantes y partes nimias. No debe perjudicarse lo importante a favor de lo nimio, ni perjudicar lo noble a favor de lo innoble. El que cultiva las partes nimias de su ser, es un hombre nimio. El que cultiva las partes nobles de su ser, es un hombre noble".

**LA IMAGEN
Abajo, junto a la montaña, está el trueno: la imagen de La Nutrición.
Así el noble presta atención a sus palabras y es moderado en el comer y el beber.**

"Dios surge en el signo de Lo Suscitativo". Cuando con la primavera se agitan nuevamente las energías vitales, vuelven a engendrarse todas las cosas. "Él consuma en el signo del Aquietamiento". Así, a comienzos de la primavera, cuando las semillas caen hacia la tierra, todas las cosas se tornan cabales. Esto da la imagen de La Nutrición expresada en el movimiento y la quietud. El noble toma esto por modelo en lo relativo a la alimentación y al cultivo del carácter. Las palabras son un movimiento que va desde adentro hacia fuera. El comer y el beber son el movimiento que va desde afuera hacia adentro. Las dos modalidades del movimiento han de moderarse mediante la quietud, el silencio. Así el silencio hace que las palabras que salen de la boca no sobrepasen la justa medida y que tampoco sobrepase la justa medida el alimento que entra por la boca. De este modo se cultiva el carácter.

El trueque en este milenio

Muy buena compañera del caballo, podrá cargarse las pilas con la energía equina y aprovechar para encarar nuevos retos. En estos tiempos difíciles, la cabrita es una especialista en acomodar el cuerpo para pasarla lo menos mal posible. Y como realmente no le cuesta nada prescindir del dinero, va a estar muy bien dispuesta a ponerse a "trocar" a toda marcha, dotada como está de múltiples habilidades.

Y como viene del año de la serpiente con nueva sabiduría, con más paciencia, y con más fe en sí misma, se sentirá capaz de ser la presidenta del club del trueque de la zona, de organizar ferias y de estar disponible para cualquiera que la necesite. Por supuesto que a cambio va a tener las mejores frutas y verduras (por las que ella pagará con unos divinos chales de telar); sanitario (que cobrará con clases de pintura para el hijo menor); abogado (al que le alcanzará con sentarse a charlar un sábado a la tarde y disfrutar de la compañía de alguien tan agradable). En fin, el paraíso para estas santas que adoran hacer lo que les gusta, y que odian el trabajo pesado o tedioso.

Pero acuérdense de no desgastarse en el primer impulso ni agotarse antes de llegar a la mitad del proyecto: el caballo las anima y contagia...

pero no trasmutaron en equinos. Así que hagan ejercicio, tai chi, alguna caminata, muévanse sin exagerar, algo que fortalezca el cuerpo y les llene de oxígeno los pulmones.

En esta época tan falta de poesía van a estar muy requeridas para dar un toque de color al mundo que nos rodea. Aprovéchenlo y desplieguen todo su caudal artístico embelleciendo hogares ajenos. Seguramente van a ser bienvenidas y retribuidas en la misma medida. No se desanimen por los vaticinios de la gente micro y salgan a pintar el mundo: hagan de sus barrios una copia de "caminito", derrochen violetas, amarillos y rojos como en las casas mexicanas, llenen jarrones con ramas verdes... ¡fluyan a su ritmo! No pidan más de lo que los otros pueden dar (y ustedes jamás lo hacen) y sentirán que no quieren abandonar este sistema de vida nunca más.

La cabra está disfrutando de un gran momento con sus amigos y parientes: así que ¡métanle mano! No se queden, inventen fiestas "temáticas" y decoren a todo el mundo: flores, pañuelos, frutas... todo les va a servir para transformar cada reunión en una FIESTA INOLVIDABLE. Y, por supuesto, cada uno va a aportar lo que pueda. Y no desechen la idea de transformar esto en una actividad rentable: organicen eventos para empresas, hagan canjes, únanse con gente que adore cocinar (y lavar platos, fundamental) y anímense a las pequeñas empresas... ¡Sáquense el jugo a ustedes mismas!... Se van a sentir mejor que nunca, y todos los que las quieren también. Sus hijos van a adorar a ese progenitor que transforma cada fin de semana en una excursión a la Polinesia, y sus amigos van a estar más dispuestos que nunca a invitarlas a sus casas y ponerlas a disposición de ustedes, con tal de contar con la gracia natural de las cabras y el encanto que desplegarán este año. No se achiquen con los pronósticos de lluvia, va a brillar el sol todo el año para las cabritas que estén dispuestas a dar todo de sí a cambio de recibir lo mejor de los demás.

Predicciones para la cabra y su energía

★ CABRA DE MADERA (1955)

Al fin podrá encontrar la pradera para desarrollarse como persona, artista, amiga, amante y protectora del medio ambiente.

Estará radiante, íntegra, con disponibilidad para el ocio creativo y para equilibrar sus actividades creativas.

El amor la llevará a cabalgar con el hipocampo por nuevos lugares reales e imaginarios; es posible que forme una pareja del nuevo tiempo.

Su profesión u oficio crecerá y encontrará mecenas que la estimularán y protegerán.

Será un tiempo de renovación de amigos, vida social, ideas, proyectos de largo alcance. Atravesará períodos UP AND DOWN.

Estará dedicada a la nutrición espiritual y se volcará a nuevos caminos de autoconocimiento.

Un paso clave en su carrera u oficio la afianzará y le dará la posibilidad de viajar y conectarse con gente de otras culturas y creencias que le abrirán su visión del universo.

★ CABRA DE FUEGO (1907-1967)
Año altamente redituable en su nutrición física, material y espiritual. Estará con CHI (energía) para regalar y será el motor de su familia, pareja y entorno laboral.

Su curiosidad por explorar nuevos territorios, culturas y experiencias la llevarán por fascinantes senderos para alcanzar la sabiduría.

Encontrará el amor que siempre soñó y concretará una relación con descendencia.

Su estado anímico será contagioso; iluminará las noches más oscuras con su dulzura, belleza y buen gusto.

Un año para entregarse desde el corazón y dejar que el hipocampo galope junto a su imaginación.

★ CABRA DE TIERRA (1919-1979)
Estará estimulada por la energía avasalladora y protectora del hipocampo que la convertirá en su alma gemela.

Trascenderá la ley de gravedad en lo que se proponga; estará inspirada, creativa e imaginativa desarrollando su talento con gran repercusión.

En la familia habrá cambios de roles. Deberá mediar entre padres y hermanos, eligiendo una posición que no le altere el I-SHO-KU-JU (techo, vestimenta y comida).

Desarrollará su vocación y se afianzará profesionalmente. Encontrará apoyo a sus ideas, atrayendo gente de diversas comunidades y culturas.

Se enamorará perdidamente y soñará con la familia de *Los locos Adams*.

★ CABRA DE METAL (1931-1991)
Durante este año concretará sus sueños dorados.

Estará abierta, receptiva, llena de ideas originales y revolucionarias que podrá expresar abiertamente al mundo.

Su experiencia artística y profesional se nutrirá de nuevas personas, socios y aire que la estimularán en forma espiritual y material; logrará atravesar las fronteras.

Tendrá mucho éxito con el sexo opuesto, despertará pasiones y deberá esconderse en el corral para no ser devorada por sus admiradores.

Encontrará afinidad con una persona que será su alma gemela y con quien compartirá risa, llanto, dolor, pena, sexo, música, comida y luna llena.

Un año de cosecha de grandes y sabroso frutos.

★ CABRA DE AGUA (1943-2003)
Año macrocósmico en el que podrá consolidar su mente, cuerpo y alma y sentir que cabalga con el hipocampo por nuevos sistemas solares.

Sentirá nuevos estímulos en su vida afectiva, creativa y familiar.

Propuestas laborales locales y en el exterior la mantendrán ocupada y llena de entusiasmo.

Volcará su talento en cada oportunidad que se le presente,

compartiendo experiencias espirituales, místicas, con la gente que comparte su vida.

La enseñanza, el trabajo en equipo, la participación en obras de caridad, preservación del medio ambiente y defensa de los derechos humanos abrirá una nueva brecha en su vida.

Sentirá que renace de un largo sueño y despierta a un mundo donde su existencia es apreciada por exquisitos.

El arte la acompañará en cada inhalación y exhalación.

Los estudiosos pobres

Todas las cosas tienen su propio abrigo,

Pero la nube solitaria no tiene nada en qué apoyarse:

Vagamente se desvanece en el cielo.

¿Cuándo veré nuevamente la luz que emite?

La mañana rosada abre la niebla de la noche,

Innumerables pájaros remontan vuelo.

Un pájaro sale lentamente del bosque

Y regresa al caer la noche.

Guardar mesura y mantenerse en los viejos senderos

Significaría pasar frío y hambre.

Si nadie conoce mi carácter,

Que así sea, ¿por qué debería lamentarlo?

Tao Yuan-ming

(Traducción de Roberto Curto)

Escribe tu propia predicción

Predicciones preventivas para el Mono basadas en el I-Ching

Al galope desbocado, trote intermitente para retornar a la querencia al paso

Queridos simios:

El cambio de piel del año de la serpiente nos convirtió en monos más sabios, intuitivos, silenciosos y solitarios. Pero el hipocampo desconoce estas virtudes y quiere llevarnos a cabalgar por nuevos firmamentos y océanos.

Es contagioso el entusiasmo de ambos al potenciar su chispa, humor, creatividad y talento. Los monos tendrán alas en el cuerpo, volarán alto en lianas invisibles y transparentes que los columpiarán por nuevas estrellas y planetas desconocidos donde serán los primeros habitantes y fundarán una nueva comunidad.

Sentirán LA PLENITUD en su corazón, mente y cuerpo. Nuevos brotes de vida, ideas, proyectos y encuentros los convertirán en personas muy reclamadas por la sociedad.

Recuperarán la fe, la confianza en ellos mismos y en su intuición.

Necesitarán expansión después del tiempo ofídico que los tuvo enroscados en las ramas más impenetrables de la selva.

Su visión se acentuará; encontrarán afinidad entre la gente que conocerán e irán incorporando a su familia cósmica. Estarán reclamados social y profesionalmente, necesitarán no desbocarse para cumplir con los compromisos, agenda y planes que irán surgiendo en la cabalgata del año equino.

LA PLENITUD se manifestará en el máximo de su potencialidad; deberán estar atentos para graduar el CHI (energía) y no descompensarse física, mental ni anímicamente.

El amor aparecerá al galope; como Rodolfo Valentino en el desierto raptando a su amada. Habrá que tener *training* para resistir esta odisea, pues el hipocampo ama secretamente al mono y quiere secuestrarlo hasta la eternidad.

Los monos sentirán impulsos de viajar adonde el TAO los lleve; tendrán la mochila lista en cinco minutos y no darán explicaciones a nadie, sintiéndose libres e independientes.

En la familia tendrán que asumir nuevas responsabilidades: hijos, padres o cónyugues con ataques desbocados reclamando su atención *full-time*. Estarán llenos de responsabilidades que delegarán a gente cercana y de confianza.

LA PLENITUD no es duradera, por eso los monos deberán agudizar su percepción, saber capturar el néctar de cada experiencia y dejarla ir sin impedimentos.

Es un tiempo de grandes cambios, oportunidades, sensibilidad, afinidades, romanticismo y erotismo conjugados.

Pueden confiar en la abundancia en que vivirán, siempre y cuando la compartan en el NAJT (tiempo-espacio).

El J-Ching te aconseja

Hexagrama principal
55. FENG / LA PLENITUD

EL DICTAMEN
La plenitud tiene éxito.
El rey la alcanza.
No estés triste; debes ser como el sol al mediodía.

No cualquier mortal está predestinado a promover una época de máxima grandeza y plenitud. El que pueda lograr semejante cosa ha de ser un soberano nato que gobierna a los hombres, pues su voluntad se orienta hacia lo grande. Una época de tal plenitud es, por lo general, breve. Un sabio bien podría entristecerse tal vez en vista del ocaso que habrá de producirse a continuación. Pero semejante tristeza no le cuadra. Únicamente un hombre interiormente libre de preocupación y aflicción es capaz de hacer surgir una época de plenitud. Él habrá de ser como el sol al mediodía, que alumbra y alegra todo lo que hay bajo el cielo.

LA IMAGEN
Trueno y rayo llegan ambos: la imagen de la plenitud.
Así el noble decide los procesos judiciales y ejecuta los castigos.

Este signo tiene cierta afinidad con el signo "La Mordedura Tajante", número 21, donde igualmente se juntan trueno y rayo, aunque en secuencia inversa. Mientras que allí se fijan las leyes, aquí se ejecutan y se aplican. La claridad en lo interior posibilita un examen exacto de las circunstancias, y la conmoción en lo exterior procura una severa y precisa ejecución de las penas.

El trueque en este milenio

El trueque va a representar un nuevo desafío para los monos. Y éstos, que ADORAN los desafíos, se van a tirar de cabeza. Claro que pueden perder el entusiasmo con rapidez; así que lo ideal es que el resto del zoológico se avive de entrada, los ponga a funcionar tipo "titís a cuerda", apunte todo lo que diga, ponga en práctica todas las ideas que salgan de sus cabecitas alocadas, les tiren bananas para que estén contentos y los dejen en libertad creativa... hasta que decidan desaparecer y dedicarse a otra cosa. ¡Qué se le va a hacer! Así es con los monos: hay que asumirlo, darles el crédito de la paternidad del invento, y dejarlos irse de liana en liana, sin hacerlos sentir culpables por abandonar el barco. Además, si las ideas son buenas y los demás trabajan con firmeza, pueden estar abandonando *el crucero del amor* lleno de turistas, y tirarse en una balsa con tal de no estar encerrados.

En esto de cambiar bienes por servicios y viceversa, los monos van a necesitar un tiempo de adaptación, que posiblemente sea corto, y que les sirva para ver cuál es la mejor manera de no hacer nada más que pensar; si sus socios aceptan que éste sea el servicio que los monos presten, y a cambio los provean de comida, alojamiento y algo más, seguro que van a terminar siendo los otros quienes obtengan mayores beneficios. Los monitos son ingeniosos por naturaleza, ambiciosos y *egotrip*. Saber que los demás están pendientes de su cerebro los va a poner más brillantes; la seguridad de no tener que ganarse el pan con el sudor de su frente les va a atraer, así que de esa mezcla sólo saldrán cosas buenas.

Mostrarle a un chancho el camino más corto hacia la meta es una cosa de nada para un mono; explicarle con toda autoridad a una rata por qué debería dedicarse a escribir en vez de producir naranjas le parece algo elemental; darle a un búfalo esa mirada aprobatoria para que se decida a cambiar de profesión cuando lo angustia la falta de trabajo; esos servicios que para los demás son imprescindibles, y que nadie presta mejor que un mono. Lo bueno del trueque es que puede andar derrapando, sin quedar enganchado en ningún lado, siendo socio comercial de mucha gente a la vez, y sin ningún compromiso lo suficientemente fuerte como para ponerse claustrofóbico: es más, si los otros se avivan y le van cambiando los decorados, a lo mejor retienen al mono mucho más tiempo del que se hubieran imaginado al principio.

No sería malo para los monitos asentarse un poco, ya que este año caballo de agua los va a dejar medio noqueados: la hiperactividad equina los saca de sus casillas (el mono es inquieto, ¡que es BIEN distinto!), y la energía agua no le aporta CHI: más bien se lo quita. Aprovechen, entonces, a hacer migas con sus vecinos, con otros necesitados de la zona, con toda la gente que está dispuesta a encarar este modo humanista de llevar las relaciones comerciales. Sacrifiquen un poco su codicia, acepten que por un tiempito no viene mal alejarse del poderoso don dinero, y que el contacto humano es vida... y LA VIDA TE DA SORPRESAS, SORPRESAS TE DA LA

VIDA... quién sabe si no encuentran ahí esa vocación que han tenido guardada desde chicos, y que no se definía por ninguna área.

Mantengan un perfil mediano, reúnanse con amigos, no hagan cosas grandes porque se van a quedar sin prana en poco tiempo. Salgan al campo a caminar, andar a caballo o en burro; charlen, mate de por medio, con la gente que tienen cerca y dedíquense a descubrir ese mundo, que está tan lejos y tan cerca.

Predicciones para el mono y su energía

★MONO DE MADERA (1944)
La benéfica agua del año regará y hará florecer sus ideas, proyectos y amores.

Estará lleno de vitalidad y energía para derrochar.

Encontrará eco en sus ideas y planes inmediatos; aparecerán *sponsors*, mecenas y gente que lo seguirá hasta el fin del mundo.

Su profesión recibirá nuevos estímulos, premios y ascensos.

Estará dispuesto a viajar y comenzar una nueva forma de vida en otros lugares. La familia lo acompañará en algunos planes y en otros deberá entregarse al TAO (camino) confiando en los espíritus protectores.

Estará resuelto a liberarse del pasado, los obstáculos, los amuletos, y reemplazarlos por la intuición y la conciencia.

★MONO DE FUEGO (1956)
Año de galopes inolvidables.

Estará dispuesto a mejorar su caótica existencia poniendo conciencia en cada acto que realiza.

Su corazón necesitará cabalgar rítmicamente y descansar en un establo lleno de comprensión, cariño y creatividad.

Estará dedicado a difundir su filosofía y nutrirse de almas gemelas que le aportarán un nuevo aire a su trabajo.

El entusiasmo, energía y sensualidad del hipocampo lo llevarán a recorrer exóticos parajes y detenerse a capturar nuevos aromas y fragancias que lo embriagarán de placer.

En la familia habrá cambio de roles; reencuentros, mudanzas y despedidas.

Tendrá que equilibrar el *in* and *out;* el *yin* y el *yang* para no perder el sentido del humor.

Un año de consolidación afectiva y de nuevos brotes en la vocación.

★MONO DE TIERRA (1908-1968)
Durante este año el mono se convertirá en hipocampo alado recorriendo la ruta 40.

Estará lleno de entusiasmo, planes e inspiración.

Su profesión se consolidará aumentando los ingresos.

Estará dispuesto a entregar su vida a una idea revolucionaria. Trabajará con socios, pareja y parte de su familia para consolidar sus ambiciones.

Se sentirá radiante, *sexy*, muy solicitado y con una energía para canalizar a través del sexo, la meditación, el deporte y el contacto con la naturaleza.

Su plenitud será el motor para el inicio de una nueva forma de vida.

★MONO DE METAL (1920-1980)

El año equino lo consolidará en su vocación ofreciéndole nuevas oportunidades.

Estará lleno de propuestas para trabajar en equipo; con personas de distintas nacionalidades o provincias que aportarán un nuevo aire a su vida.

El hipocampo le traerá sobre su lomo al gran amor para compartir trabajo, pasión, cariño y conocimiento.

Nuevas relaciones a través de Internet o lugares de encuentros artísticos le brindarán datos, información y toneladas de magia para compartir con sus seres queridos.

Año de cosecha de sueños, inventos y profecías.

★MONO DE AGUA (1932-1992)

Estará estimulado por el hipocampo y saldrá a recorrer el mundo "liviano de equipaje".

Su intuición le abrirá puertas desconocidas donde encontrará tesoros espirituales y materiales para compartir con sus amigos y seres queridos.

Su imaginación volará alto; concretará planes, proyectos a largo y corto plazo que mejorarán su calidad de vida.

Su salud estará expuesta a bruscos cambios emocionales. Es recomendable que haga medicina preventiva, tai-chi, yoga, Y SOBRE TODO *EL TAO DEL AMOR Y DEL SEXO*.

Un año en otra dimensión con fuertes galopes al atardecer.

Hombres de negocios

Los hombres de empresas están orgullosos de

su habilidad y destreza,

Pero en el Tao aún tienen mucho que aprender,

Están orgullosos de sus hazañas,

Pero no saben lo que le sucede al cuerpo.

¿Por qué no aprenden del Maestro de la Verdad Misteriosa,

Que veía al mundo entero en una botella de jade?

Cuya alma brillante estaba libre del Cielo y la Tierra,

Pues cabalgando en el Cambio entraba en la Libertad.

    Cheng Tze-ang

(Traducción de Roberto Curto)

Escribe
tu propia
predicción

Predicciones preventivas para el Gallo basadas en el I-Ching

Al paso evolucionando y saboreando cada etapa del vertiginoso hipocampo

Queridos gallos:
La vida se portará muy bien con ustedes, pues sabrán apreciar cada etapa y no se desbocarán.

El I-CHING les aconseja cumplir cada etapa con conciencia, sabiduría y buen humor, pues tanto caos exterior les provocará deseos de reclusión en el gallinero.

Dentro de ese estado sísmico aprenderán a observar su proceso de evolución y salir con el plumaje entero y brillante para ser mensajeros y juglares de buenas noticias y contención para la comunidad.

Aparecerán grandes oportunidades laborales que los conducirán a nuevos mundos, ambientes y experiencias.

Estarán más *inside* que *outside,* logrando un equilibrio fascinante y sanador para quienes tengan la suerte de acercarse al corral de ustedes.

Su imaginación estará potenciada por el hipocampo que los sacudirá desde el ADN hasta la cresta, convirtiéndolos, cuando su paz se vea amenazada, en gallos de riña.

Su vida evolucionará holísticamente. Sentirán bienestar físico, mental, espiritual y afectivo. Los roles dentro de las relaciones familiares se encauzarán produciendo cambios profundos en sus hábitos o costumbres.

Bucearán buscando tesoros dentro de la psiquis y el alma y necesitarán el contacto con la naturaleza como prioridad en su vida.

Intercambiarán ideas, sueños y utopías con almas gemelas y por fin conocerán a una persona que los capte y contenga profundamente.

Estarán abiertos, radiantes, mágicos y misteriosos. Despertarán a una nueva vida; practicarán intercambio cultural, científico, espiritual y vocacional con diferentes personas que aumentarán su patrimonio.

Convivirán con fantasmas, amores platónicos y demonios. Conocerán los límites reales de su cuerpo, alma y psiquis y deberán poner límites a la gente. Encontrarán respuestas a las preguntas que surjan observando las señales en el cielo protector.

El J-Ching te aconseja

Hexagrama principal
53. CHIEN / LA EVOLUCIÓN (PROGRESO PAULATINO)

EL DICTAMEN
La Evolución. Casan a la muchacha. ¡Ventura!
Es propicia la perseverancia.
Es vacilante la evolución que conduce a que la muchacha siga al hombre a su hogar. Es necesario cumplir las diversas formalidades antes de que se realice la boda. Esta paulatina evolución puede transferirse también a otras circunstancias, siempre que se trate de relaciones correctas de cooperación, por ejemplo cuando se designa a un funcionario. En tales casos hay que esperar que las cosas se desarrollen correctamente. Un procedimiento precipitado no sería bueno. Lo mismo ocurre finalmente cuando se pretende ejercer influencia sobre otros. También en este caso se trata de una vía evolutiva correcta lograda mediante el cultivo de la propia personalidad. Todo el influjo ejercido a la manera de los agitadores carece de efecto duradero.

También en lo interior la evolución ha de emprender el mismo camino, si se aspira a obtener resultados duraderos.

Lo suave, lo que se adapta, y que sin embargo al mismo tiempo penetra, es lo externo, que debe surgir de la tranquilidad interna.

Precisamente lo paulatino de la evolución hace necesaria la constancia. Pues únicamente la constancia logra que a pesar de todo el lento progreso no se pierda en la arena.

LA IMAGEN
Sobre la montaña hay un árbol: la imagen de la evolución.
Así permanece el noble en digna virtud
a fin de mejorar las costumbres.
El árbol sobre la montaña es visible a lo lejos y su evolución influye en la imagen del paisaje de toda la comarca. No emerge rápidamente hacia arriba como las plantas de pantano, antes bien su crecimiento se produce paulatinamente. También el efecto que se ejerce sobre los hombres tan sólo puede ser paulatino. Ningún influjo o despertar repentino tiene efecto persistente. Y para lograr este progreso en la opinión pública, en las costumbres públicas, es preciso que la personalidad adquiera gravitación e influencia. Esto se logra mediante un cuidadoso y constante trabajo dedicado al propio desarrollo moral.

Las diferentes líneas

NUEVE EN EL TERCER PUESTO SIGNIFICA:
La oca avanza poco a poco hacia el altiplano.
El hombre parte y no regresa.
La mujer lleva un niño en su seno pero no lo da a luz.
¡Desventura!
Es propicio defenderse de los bandidos.
El seco altiplano no es bueno para la oca. Si avanza hacia allí, es que ha extraviado su camino yendo demasiado lejos. Esto contraría la ley de la evolución.
Lo mismo ocurre también en la vida humana. Cuando no se deja que las cosas evolucionen tranquilamente, y prematuramente se precipita uno en la lucha, tal conducta acarreará la desventura. Pone uno en juego su propia vida y en consecuencia se hunde la familia. Pero esto no es necesario en absoluto; es mera consecuencia de haber transgredido la ley de la evolución natural. Si uno no sale por sí mismo en busca de lucha, sino más bien se limita a conservar vigorosamente su sitio, rechazando ataques injustificados, todo irá bien.

Hexagrama complementario
20. KUAN / LA CONTEMPLACIÓN (LA VISTA)

EL DICTAMEN
La Contemplación.
Se ha cumplido la ablución, pero aún no la ofrenda.
Pleno de confianza levantan la mirada hacia él.
El acto sacrificial comenzaba en China con una ablución y una libación, con lo cual se convocaba a la divinidad. Luego se ofrendaban los sacrificios. El lapso que media entre ambos actos es el más sagrado, pues es el momento de máximo recogimiento interior. Cuando la devoción está plena de fe y es sincera, el contemplarla ejerce un efecto transformador sobre quienes son sus testigos.
Así puede observarse una sagrada seriedad en la naturaleza, en la regularidad con que transcurren todos los acontecimientos naturales. A un hombre predestinado a influir sobre la humanidad la contemplación del sentido divino del acaecer universal le confiere los medios para ejercitar idénticos efectos. Para ello hace falta un recogimiento interior como el que produce la contemplación religiosa en hombres grandes y fuertes en su fe. Así contemplan ellos las misteriosas leyes divinas de la vida y, mediante la máxima seriedad de su recogimiento interior, dan lugar a que estas leyes se cumplan en su propia persona. En consecuencia, de la visión que ellos presentan de sí mismos, surge un misterioso poder espiritual que actúa sobre los hombres y los conquista sin que ellos adquieran conciencia de cómo ocurre.

LA IMAGEN
El viento planea sobre la tierra:
la imagen de La Contemplación.
Así los antiguos reyes visitaban las regiones del mundo,
contemplaban al pueblo y brindaban enseñanza.
Cuando el viento sopla sobre la tierra llega a todas partes y la hierba
se inclina ante su poder: dos procesos que encuentran su confirmación
en este signo. Adquirían realidad en las instituciones de los antiguos
reyes, pues éstos, por una parte, emprendían viajes regulares para poder
contemplar a su pueblo, de modo que nada que fuese una costumbre viva
en el seno del pueblo pudiera escapárseles; por otra parte, ponían en
vigor su influencia gracias a la cual tales costumbres, si eran desatinadas,
se modificaban.
El conjunto alude al poder de una personalidad superior. Tal personalidad abarcará con su visión a la gran muchedumbre de los hombres y
percibirá sus verdaderas disposiciones y pensamientos, de manera que
ningún engaño sea posible ante él, y por otra parte su mera existencia, lo
imponente de su personalidad, producirá en ellos una poderosa
impresión, de modo que se guiarán por su orientación como la hierba se
orienta de conformidad con el viento.

El trueque en este milenio

Los gallitos, que están teniendo una muy buena racha con el dragón
y la serpiente, y que ya se sienten águilas, convencidos de que pueden
salir a volar como su amigo, y con el *ego-trip* muy avanzado gracias a los
aires que les ha dado el 2001, tienen que cambiar la estrategia de avanzar
sobre el mundo para ser coronados reyes... y volver a la cruda realidad
que todos vivimos: prender el informativo, leer el diario... y dejar los
sueños de grandeza para otro momento más propicio. Este año van a
seguir de buenas gracias a la energía que les da el caballo, que se divierte
bastante con estos plumíferos, tan distintos a él, pero llenos de ímpetu,
ganas de vivir, y sed de aventuras; aunque los guíen otros ideales son
buenos compañeros, así que es cuestión de que los gallitos aprovechen
para iniciar con este asunto que les va a divertir y del cual son muy
capaces de sacar el mejor provecho: el trueque.
Aplicados al trabajo como son, imaginativos, buena onda para los
que trabajan con ellos... será cuestión de que se olviden un poco del tema
de andar mandoneando a todos los que los rodean, que hagan OMMMM...
y se pongan a la par de los demás.
Cuando falta el metálico, las monedillas, nada mejor que la imaginación para poder darse esos gustos a los que los gallos se acostumbran tan
rápidamente. Rasquen el suelo y van a ver que, en vez de lombrices, van
a encontrar socios comerciales a diestra y siniestra: pongan sus dotes de
venta al servicio de los búfalos, que odian las relaciones públicas, y
acepten que les paguen con mercaderías que ustedes sabrán colocar por
algún lado; ofrézcanse como asesores en el colegio de sus hijos a cambio

de becas: en cuanto capten su capacidad de resumir y de llegar a soluciones van a ser imprescindibles para los directores; preparen cursos de
marketing para microempresas o artesanos, y se verán inundados de
distintos tipos de objetos en retribución.

En fin, no se dejen bajonear por los pronósticos de malaria, ustedes
saben que siempre se saca algo de debajo de las piedras: ¡no por nada
desde hace tantos años simbolizan el comienzo del día, la cura de las
enfermedades, el tesón capaz de encontrar alimento aún en las tierras
más estériles!

Como además son ideales para dar aliento a la gente que trabaja con
ustedes, muy pronto, queridos gallitos, van a ser buscados por todas esas
personas que no encuentran solución a sus problemas, y que necesitan
alguien que venga a levantarlas de la cama con un KIKIRIKÍ, las acompañe
al taller, y les cebe unos mates mientras les cuenta los planes fabulosos
que tiene para que lleven a cabo juntos.

Sigan con este ritmo de brillar que vienen teniendo últimamente,
sacúdanse con fuerza y salgan a descargar energía: éste no va a ser un año
en el que los demás estén muy pacientes para aguantar ansiosos... y los
pobres gallitos son los más ansiosos del zoo; así que a correr, hacer
ejercicio aeróbico, jugar a la paleta, todo sirve para dejarlos un poco más
relajados. Les va a venir bien para ponerse en estado físico, y como son
coquetos será un incentivo extra. La familia agradecida: mientras ustedes
se agotan, ellos van a aprovechar para descansar un poco de sus
exigencias y sueños de grandeza.

Es un año agua, así que traten de mantener un perfil un poquito más
bajo que hasta ahora, para llegar con fuerza hasta el final. ¡Y canten
mucho, que a todos nos va a sacar de la modorra esa voz que nos avisa
que ya hay alguien levantado y trabajando!

Predicciones para el gallo y su energía

★ GALLO DE **MADERA** (1945)
Durante este año aprenderá una lección de desapego, tendrá que
desestructurarse, animarse y disolver lo que cumplió un ciclo en su vida
para recibir nuevos caminos de autoconocimiento.

Sentirá que un huracán lo sacude desde los cimientos, y deberá
refugiarse en su pareja, amigos y profesión.

Estará predipuesto a salir del mundo para contemplarlo con la
distancia óptica.

Su buen humor, sentido común y gallardía lo convertirán en un
sabio consejero muy solicitado por ambos sexos.

Consolidará una pareja y sentirá que tiene alas como el hipocampo.

★ GALLO DE **FUEGO** (1957)
AÑO DE CACAREO INTERIOR.
Entablará un diálogo con la vida que será conciliador, profundo y
creativo.

Estará dispuesto a cambiar de hábitos y costumbres adaptándose a una nueva vida llena de colores, sabores y matices exóticos.

Su profesión estará estimulada por nuevas corrientes intelectuales y cambios en la práctica que lo llevarán a otros planos de conciencia.

El amor aparecerá sin disfraz esperando que le abra la puerta para ir a... En la familia habrá golpes de emancipación y rebelión que lo sacudirán sin escalas entre el inframundo y el supramundo. Conocerá una cultura milenaria que le abrirá la percepción y el corazón.

★ GALLO DE **TIERRA** (1909-1969)
AÑO PROFUNDO, DE EVOLUCIÓN Y CONTEMPLACIÓN.

Estará entregado al TAO y dejará que la vida se teja como un telar maya.

Su profesión se consolidará y tendrá que organizar su tiempo para no desbordarse. Estará vital, enérgico, audaz y visionario.

Romperá con el pasado dejando el gallinero con buen FENG-SHUI.

Su sensibilidad estará exaltada con el hipocampo. Recibirá ofertas para trabajar por la comunidad, en campañas ecológicas y humanitarias; se convertirá en líder.

El amor lo sorprenderá con batón, ruleros y chancletas, pero LISTO para un amor cinco estrellas.

★ GALLO DE **METAL** (1921-1981)
Transitará un tiempo de cambios paulatinos, con *down and up* y tomará la distancia óptima para contemplar su vida.

Su imaginación estará desbordada. Concretará sueños, viajará a países exóticos y adoptará una nueva familia.

Su profesión se enriquecerá con nuevos aires, personas y desafíos.

Aparecerán maestros, socios, almas gemelas que lo estimularán y darán confianza en esta etapa de evolución.

Es un año para ir al paso respetando la pasión y el coraje de quienes van al galope.

★ GALLO DE **AGUA** (1933-1993)
De a poco descubrirá que el hipocampo lo lleva a cabalgar por planetas y mundos desconocidos. Estará abierto a explorar nuevos oficios, profesiones y personas que lo dejarán deslumbrado.

Su vocación se expandirá y encontrará mecenas, almas gemelas y *sponsors* que apostarán por usted. Su corazón galopará y estremecerá ante la llegada de un amor que le develará los secretos y misterios que jamás imaginó.

Estará más liberado de mandatos y tabúes.

Bello árbol

Mi vecino del sur tiene un árbol bello
que saluda al sol y da capullos blancos.
Frondas suaves cubren sus largas ramas,
verdes hojas abrigan el tronco rojo.
Con el viento exhala lánguidos susurros,
y el aire perfumado atraviesa la niebla purpúrea.
Mi corazón arde por ese árbol.
Al atardecer pasearía bajo su sombra,
al alba acariciaría sus corolas.
¡Qué profundas y firmes sus raíces!
¡Qué pobre y oscura mi casa!
Transplantarlo es un sueño sin esperanza,
mis suspiros, ¿de qué sirven?

Yang Fang

(Traducción de Ruth Berg)

Escribe
tu propia
predicción

Predicciones preventivas para el Perro basadas en el I-Ching

Al paso, al trote y al galope

Queridos perros:

Los perros, grandes amigos y consejeros del caballo, tendrán un año pleno de dicha, renovación, progresos y amor.

Tanta paciencia, restricción, pérdidas y desolación será recompensada en el año equino; pues la clave de los canes es LA ESPERA, y el olfato para intuir dónde están los mejores huesos para morder.

Pisan fuerte y seguro; recuperan la confianza en ellos mismos, el coraje, la valentía y conquistan nuevos territorios.

Su corazón alerta los guiará por el camino de la luz y la belleza; aparecerán nuevos amigos, amores y maestros para alentarlos y estimularlos en su talento.

Su capacidad de trabajo y concentración aumentará y podrán dar un salto en su carrera, finanzas y patrimonio.

El mundo posará los ojos en ustedes: serán emisarios de un mensaje, líderes, intermediarios entre tantas corrientes de pensamiento y acción. Estarán preparados para poner orden en la familia. Su espíritu altruista y humanista defenderá la libertad, la justicia y los derechos humanos.

Pasarán situaciones críticas y muy traumáticas para ladrar su posición y rol familiar, pero al final saldrán victoriosos.

Desde su habitual perfil bajo aconsejarán a sus íntimos amigos y participarán de congresos, reuniones y estrados para dar luz y esperanza a la gente.

Encontrarán nuevos estímulos para vivir. Se interesarán por el arte y trabajarán para despertar su vocación con exigencia y conciencia.

Estarán radiantes, *sexy,* con *glamour* y con su acentuado humor negro.

En la familia habrá rupturas, peleas, planteos que resolverán con sangre fría.

Su instinto de sobrevivencia los llevará por laberintos de pasiones desconocidos. Practicarán El *tao del amor y del sexo* y con cada amante serán un maestro.

Estarán encendidos, despiertos, alertas, listos para ladrar, salir de la cucha y morder cuando pretendan atacar a su cría.

Estarán dispuestos a renunciar a sus ahorros y patrimonio para solucionar la deuda kármica.

Un año donde sentirán que les corre la sangre por las venas y tienen ganas de enamorarse del aire.

€l *J-Ching* te aconseja

Hexagrama principal
5. HSÜ / LA ESPERA (LA ALIMENTACIÓN)

EL DICTAMEN
La Espera.
Si eres veraz, tendrás luz y éxito.
La perseverancia trae ventura.
Es propicio atravesar las grandes aguas.

La espera no es una esperanza vacua. Alberga la certidumbre interior de alcanzar su meta. Sólo tal certidumbre interior confiere la luz, que es lo único que conduce al logro y finalmente a la perseverancia que trae ventura y provee la fuerza necesaria para cruzar las grandes aguas.

Alguien afronta un peligro y debe superarlo. La debilidad y la impaciencia no logran nada. Únicamente quien posee fortaleza domina su destino, pues merced a su seguridad interior es capaz de aguardar. Esta fortaleza se manifiesta a través de una veracidad implacable. Únicamente cuando uno es capaz de mirar las cosas de frente y verlas como son, sin ninguna clase de autoengaño ni ilusión, va desarrollándose a partir de los acontecimientos la claridad que permite reconocer el camino hacia el éxito. Consecuencia de esta comprensión ha de ser una decidida actuación perseverante; pues sólo cuando uno va resueltamente al encuentro de su destino, podrá dominarlo. Podrá entonces atravesar las grandes aguas, vale decir tomar una decisión y triunfar sobre el peligro.

LA IMAGEN
En el cielo se elevan nubes: la imagen de La Espera.
Así come y bebe el noble y permanece sereno y de buen humor.
Cuando las nubes se elevan en el cielo es señal de que va a llover. En tales circunstancias no puede hacerse ninguna otra cosa más que esperar, hasta que se precipite la lluvia. Lo mismo ocurre en la vida, en momentos en que se va preparando el cumplimiento de un designio. Mientas no se cumpla el plazo no hay que preocuparse pretendiendo configurar el porvenir con intervenciones y maquinaciones personales; antes bien es menester concentrar tranquilamente, mediante el acto de comer y beber, las energías necesarias al cuerpo, y mediante la serenidad y el buen

humor, las que requiere el espíritu. El destino se cumple enteramente por sí solo y para entonces uno se encuentra dispuesto.

Las diferentes líneas

NUEVE EN EL SEGUNDO PUESTO SIGNIFICA:
La espera en la arena.
Hay alguna habladuría.
El final aporta ventura.
Paulatinamente el peligro viene aproximándose. La arena se halla cerca de la orilla del río que representa el peligro. Comienzan a aparecer incompatibilidades. En momentos así surge fácilmente la inquietud general. Hay inculpaciones recíprocas. Quien en tales momentos permanece sereno logrará que finalmente todo marche bien. Toda difamación tendrá que enmudecer al fin, no verse complacida por réplicas que demuestren que uno se siente ofendido.

AL TOPE UN SEIS SIGNIFICA:
Uno cae en el agujero.
Arriban entonces tres huéspedes no convidados.
Hónralos y al fin llegará la ventura.
La espera ha pasado: el peligro ya no puede eludirse. Uno cae en el agujero y debe aceptar lo inevitable. Todo parece haberse hecho en vano. Pero precisamente en virtud de esta emergencia se introduce un cambio imprevisto. Sin que uno haga nada se produce desde afuera una intromisión que, en el primer momento, puede inspirar dudas en cuanto a las intenciones implicadas: no se sabe si lo que trae es salvación o destrucción. En tales momentos es cuestión de permanecer mentalmente ágil. Lo que corresponde no es el encerrarse en sí mismo, con terquedad y rechazo, sino una respetuosa acogida del nuevo cambio. Así por fin saldrá uno del peligro y todo marchará bien. También los cambios felices llegan a menudo de un modo que, en el primer momento, nos parece extraño.

Hexagrama complementario
37. CHIA JEN / EL CLAN (LA FAMILIA)

EL DICTAMEN
El clan. Es propicia la perseverancia de la mujer.
Lo que constituye las bases del clan son las relaciones entre esposo y esposa. El lazo que mantiene unido al clan radica en la fidelidad y perseverancia de la mujer. El sitio de ella se halla en el interior (segunda línea), el sitio del hombre en el exterior (quinta línea). Que el hombre y la mujer ocupen sus puestos correctos es un hecho que se conforma a las grandes leyes de la naturaleza. El clan requiere una firme autoridad: la constituyen los padres. Cuando el padre es realmente padre y el hijo hijo, cuando el hermano mayor cumple su

papel de hermano mayor y el menor el suyo de hermano menor, cuando el esposo es realmente esposo y la esposa esposa, entonces hay orden en el clan. Estando en orden el clan, se ordena la totalidad de las relaciones sociales entre los hombres. De las cinco relaciones sociales tres se sitúan dentro del clan: la relación entre padre e hijo: el amor; entre hombre y mujer: la disciplina y el recato; entre hermano mayor y menor: el orden. La amante veneración del hijo se transfiere luego al príncipe en forma de lealtad en el fiel cumplimiento del deber, y el orden y el afecto entre los hermanos se transfieren como fidelidad al amigo y se presentan como subordinación en la relación con los superiores. El clan es la célula original de la sociedad, el suelo natural en el que el ejercicio de los deberes morales se ve facilitado por el afecto natural de tal modo que en ese círculo restringido se van creando las bases desde las cuales luego se transfieren las mismas condiciones a las relaciones humanas en general.

LA IMAGEN
El viento surge del fuego:
la imagen del clan.
Así el noble tiene en sus palabras lo real,
y en su conducta la duración.
El calor genera fuerza; he ahí el significado del viento que es suscitado por el fuego y surge de éste. Se trata del efecto que va desde adentro hacia fuera. Exactamente lo mismo hace falta para la regulación del clan. También en el clan el efecto o influjo, partiendo de la propia persona, debe dirigirse a otros. A fin de poder ejercer semejante influjo, es necesario que las palabras estén cargadas de fuerza; esto sólo es posible cuando se basan en algo real, como la llama en el combustible. Las palabras ejercen influencia únicamente cuando son objetivas y se refieren con claridad a determinadas circunstancias. Discursos, advertencias y exhortaciones generales son enteramente ineficaces. Por otra parte, las palabras deben sentirse apoyadas por todo el comportamiento, así como el viento actúa y tiene efecto gracias a su persistencia y duración. Sólo una actuación firme y consecuente dejará en otros la necesaria impresión para poder adaptarse a ella y usarla como pauta y guía. Si la palabra y la conducta no están en armonía, si no son consecuentes, el efecto no se produce.

El trueque en este milenio

Después del agotador año de la serpiente de metal, que trajo a los tumbos a los pobres perritos, les espera la fascinante experiencia del año del caballo. ¡A correr, a sacar toda esa energía que se les juntó, ladren, aúllen a la luna, persigan autos y bicicletas por la calle, roben huesos y tírense a la sombra a roerlos!

La experiencia acumulada en el 2001 va a tener que servirles para encarar, ahora, una actitud completamente nueva para ustedes, afanosos pichichos, ahorrativos y cuidadosos con sus finanzas; algo tan distinto que en principio van a estar recelosos, van a dar vueltas, van a husmear, ir y venir... Hasta que se entreguen, como hacen siempre, con todo su corazón y dispuestos a morir por esta nueva causa: el trueque. Sí, también a ustedes les llegó el momento de prescindir de los dinerillos que tanto nos cuesta ganar, y apostar a la solidaridad (en la que los perros siempre han creído), al contacto con los otros humanos, a las transacciones hechas cara a cara y sin intermediarios financieros.

Adorados perritos: aunque les parezca una *Misión imposible*... ¡pongan a trabajar su imaginación y ver qué tienen para ofrecerle al mundo!

Pongan su sentido común al servicio de los demás: hay mucha gente necesitando consejo sensato, y dispuesta a dar a cambio una manito de pintura, clases de inglés o comida congelada. Salgan de sus cuchas, asomen la nariz al mundo y sientan que el mundo los necesita. Nadie va a rechazar a gente como ustedes, aplicada al trabajo, responsable, honesta, si a cambio les pueden dar servicios. Este año lo difícil va a ser encontrar "un mango", pero todo el tiempo nos cruzamos con gente dispuesta a trabajar y llena de cosas para dar. Ustedes, mis queridos perros, cuentan con su olfato para saber encontrar ese huesito, ofreciendo a cambio vigilancia del hogar: hagan como sus congéneres de cuatro patas, ofrezcan amor y seguridad a cambio de vivienda y comida; compañía y consejo a cambio de trabajos sanitarios; mano de obra a cambio de clases de matemáticas para los chicos.

Aprovechen el año del caballo (compañero inseparable de los perros, con quienes sale a dar largos paseos) para estirar sus músculos, hacer sonar los huesitos y desempolvarse del año de la serpiente que los tuvo un poco guardados: caminen, caminen, caminen. Y, mientras caminan, respiren hondo, relájense, miren el cielo, sonríanle a la gente con la que se cruzan. ¡Se van a sentir renovados, llenos de energía y otra vez dispuestos a todo!

Sigan el ejemplo de su amigo, y coman un poco más sano: dejen de lado las minutas y los fritos que tanto les gustan, la carne y el vinito, y denle una oportunidad a las manzanas, las zanahorias y los cereales. Por lo menos hasta que se desprendan de todo lo que juntaron en estos últimos años. Vayan a la cocina y cocinen cosas ricas para la familia; preparen una canasta y hagan un picnic, aunque sea en la pieza, si llueve y viven en un dos ambientes: lo único que se necesita es la imaginación, y a partir de ahora más que nunca.

Visiten a su familia, organicen campeonatos de chin chon, lotería de cartones o canasta: jueguen todo lo que puedan, préndanse de la cola de este caballo de agua que anda al galope llevándose todo por delante, y disfruten de la vida cada minuto.

Predicciones para el perro y su energía

★ PERRO DE **MADERA** (1934-1994)

Un gran año para plasmar sueños y utopías. Estará dispuesto a esperar el momento exacto para combatir, salir de la cucha e iniciar una estrategia para consolidar su filosofía e ideología.

Avances lentos pero seguros en su profesión, socios entusiastas e innovadores lo acompañarán brindándole confianza y seguridad.

En la familia habrá peleas, rebeliones, discusiones y abruptas despedidas.

Tendrá que trabajar mucho su autoestima para no desintegrarse.

Estará dispuesto a renunciar a un reino por amor.

★ PERRO DE **FUEGO** (1946-2006)

Año de movimientos cósmico-telúricos.

Estará encendido por la pasión que impregnará su trabajo, familia y pareja.

Aumentará su *rating*, tendrá ofertas laborales tentadoras y muy comprometidas con su filosofía de vida.

Desde ya, habrá cambios en la estructura familiar. Mudanzas, viajes o traslados temporales alterarán el ritmo y las relaciones entre padres e hijos y esposos constituyendo una nueva manera de vivir, con más libertad y desapego.

Se enamorará perdidamente y tendrá ganas de traer hipocampos al mundo.

★ PERRO DE **TIERRA** (1958)

Durante el año equino el perro recuperará su parte salvaje y saldrá a combatir con armas nobles. Estará dispuesto a dejar la rutina para seguir al hipocampo y cabalgar nuevos territorios inexplorados.

Buscará atravesar situaciones límite: en el amor definirá una relación y ordenará su rol dentro del clan.

Estará lleno de entusiasmo, dinamismo y creatividad expresándolo en el arte y en la pareja con la que compartirá trabajo, amor y conocimiento. Su cotización aumentará y podrá pensar en nuevas opciones de vida: más comodidad, mimos y champaña.

Un año de evolución y resultados óptimos.

★ PERRO DE **METAL** (1910-1970)

Durante este año consolidará el caos del tiempo ofídico.

Estará dispuesto a combatir ferozmente a la familia para que lo dejen en paz y saldrá por el mundo en busca de su destino. Encontrará amigos, mecenas, una nueva familia cósmica que lo alentará en su vocación y lo llevará a cabalgar junto al hipocampo.

Se enamorará de alguien muy cercano, será una gran sorpresa cuando note que es altamente correspondido y que le proponen formalizar en la cucha. Tal vez con tanta pasión en su vida decida traer hipocampos al mundo.

Durante este año conocerá el riesgo, la aventura y la improvisación para seguir jadeando y enfocando con certeza sus prioridades afectivas y materiales.

★ PERRO DE AGUA (1922-1982)

Tiempo de espera para conseguir sus objetivos con paciencia y buen humor.

Estará asediado por admiradores, pretendientes y amigos.

Su vocación renacerá conociendo gente de diversos ámbitos y culturas.

Estará dispuesto a ordenar los roles familiares y dejarse llevar por la intuición cuando su paz se sienta amenazada.

Tendrá empuje para viajar, mudarse o cambiar de escuela o universidad.

Socialmente será muy reclamado: reuniones, té canasta, golf, bridge, o campamentos donde pueda sentirse una mariposa o un pájaro que vuela alto.

El hipocampo lo protegerá y lo invitará a conocer otras realidades virtuales.

Mudanza de casa

Hubo un tiempo en el que quería vivir en una villa del sur,

Pero no porque me guiaran los augurios.

Había escuchado que muchos hombres simples vivían allí,

Con ellos estaría contento de pasar mis mañanas y noches.

Durante muchos años éste fue mi deseo,

Y hoy voy a realizar mi tarea.

Una cabaña tan pobre no necesita ser espaciosa,

Todo lo que quiero es una cama y un colchón.

Con frecuencia mis vecinos vendrán a verme,

Discutiremos vociferando acerca de los tiempos de la antigüedad,

Disfrutaremos leyendo juntos escritos raros,

Y aclararemos todas la interpretaciones dudosas.

Tao Yuan-ming

(Traducción de Roberto Curto)

Escribe tu propia predicción

Predicciones preventivas para el Chancho basadas en el I-Ching

Al trotecito con fugaces galopes

Amados chanchitos:

Mi deseo es que el año del caballo sea un *spa*, un gran recreo, un oasis donde puedan sentirse libres y etéreos después del agitado año ofídico.

El I-CHING les vaticina un tiempo de resurrección y suavidad: sin estrés, golpes inesperados que los descoloquen y los dejen "de a pie" o "a la vera del camino". Todo lo contrario, podrán relajarse y gozar de la protección de su íntimo amigo el caballo, que lo sacará a pasear por nuevos planetas en los que encontrarán un mullido chiquero donde depositar sus sueños, deseos, planes y proyectos.

El tiempo requiere que estén lo más livianos de equipaje que se pueda, sin ataduras, compromisos ni karmas afectivos para poder galopar con el hipocampo, desnudos como efebos y doncellas.

El erotismo reinante en el aire los inspirará para estar más creativos, imaginativos, sensuales, divertidos, adaptables y domesticables.

Es un año para penetrar en lo más profundo del corazón y de los sentimientos confiando en ser correspondidos en forma plena.

Los chanchos crecerán como gigantes pues conocerán durante este tiempo cuáles son sus límites y tratarán de no sobrepasarlos.

Conocerán gente nueva, joven y talentosa que los incitará a salir de la quietud para embarcarse en proyectos audaces y lucrativos.

Su gran sensibilidad encontrará eco; podrán expresar su talento artístico, inteligencia, sentido práctico y común con fluidez; soltarán los secretos de las mejores recetas de su vida en el arte de amar y cocinar logrando despertar pasiones en su entorno íntimo y social.

Atravesarán *Los puentes de Madison*, *Las mil y una noches*, *Nueve semanas y media*, *Lolita*, sintiendo que el amor es el motor de sus vidas, y siendo conscientes de que tienen que pagar un peaje alto para alcanzar la modesta dicha porcina.

En la profesión habrá grandes avances; se cotizarán como vellocinos de oro.

Aparecerán socios y mecenas que les abrirán nuevas puertas, los conectarán con gente influyente que los contratará para participar en obras para la comuna.

Estarán radiantes, *sexy*, vivaces, llenos de ideas renovadoras para compartir en el chiquero. Lo suave penetrará su piel de jabalí salvaje nutriéndola, dejándola brillante y sedosa, lista para ser acariciada por quien lo merezca.

Recuperarán el sentido del humor, serán reyes de las fiestas; si no se controlan podrían caer en vicios ocultos.

Encontrarán su camino espiritual a través del amor, de amigos, viajes y experiencias extrasensoriales.

Sentirán ganas de rebelarse; empezarán por los padres, hermanos, parejas y amigovios.

Los chanchos gritarán su verdad al mundo y nos sentaremos en primera fila para escucharlos.

El J-Ching te aconseja

Hexagrama principal
57. SUN / LO SUAVE (LO PENETRANTE, EL VIENTO)

EL DICTAMEN
Lo suave. Éxito por lo pequeño.
Es propicio tener a dónde ir.
Es propicio ver al gran hombre.
La insistente penetración engendra efectos paulatinos y poco aparentes. No es cuestión de obrar recurriendo a métodos violatorios, sino al ejercicio de una ininterrumpida influencia. Tales efectos llaman menos la atención que aquellos que se obtienen mediante la acción sorpresiva, pero son más persistentes y cabales. A fin de poder obrar de este modo es preciso tener una meta definida; pues únicamente por el hecho de que el insistente influjo actúe siempre en una misma dirección puede lograrse algún objetivo.

Lo pequeño es capaz de lograr algo únicamente cuando se subordina a un hombre que posee la facultad de instaurar el orden.

LA IMAGEN
Vientos que se siguen uno a otro:
la imagen de lo suavemente penetrante.
Así el noble difunde sus mandamientos
y da cumplimiento a sus asuntos.
Lo insistentemente penetrante del viento se basa en su acción incesante. Por ella se hace tan poderoso. Recurre al tiempo como medio para su acción. Así también el pensamiento del soberano debe penetrar en el alma del pueblo. También esto requiere la acción de un constante influjo por medio de la ilustración y el mandamiento. Tan sólo cuando el mandamiento ha penetrado en el alma del pueblo se hace posible una actuación correspondiente. Una acción no preparada no hace más que amedrentar a la gente y su efecto es de rechazo.

El trueque en este milenio

Adorados chanchitos, tan vapuleados por la serpiente, que han salido airosos de ese trance. Inocentes y laburantes, encaradores de toda labor que se les encomiende, siempre sin quejarse y con buena onda: ya los veo plegándose a este tema del trueque y tomándolo como una cruzada personal. Se van a transformar en los Galahad del canje, yendo y viniendo, participando en todo, menos chancho y más gorriones en este 2002.

Prevenidos de que el año del caballo no es el mejor para los negocios, no les va a venir nada mal esta idea de trocar y desprenderse del vil metal. Puerquitos que se pasan la vida produciendo (bienes o servicios, pero ganándose la vida desde chicos) descubren muy pronto los beneficios de la solidaridad y de prescindir de los bancos, las boletas, la DGI y otras yerbas. Ingenuos como son, siempre fueron candidatos a ser estafados: esta vez pueden contar con que todos los que participan lo hacen de buena fe, igual que ustedes.

¿Nunca supieron dónde vender esos cientos de agarraderas de crochet que tejen mientras miran videos?... ¿O encontrar alumnos para ese curso de literatura que no se habían animado a dictar?... ¿O buscar alguien que los ayude a terminar el ranchito en el Tigre, a cambio de dejar comida hecha para toda la semana?... ¡Por fin rendirán fruto esos estudios de la Pitman, repostería o manualidades que les encanta hacer! Y además, participan de reuniones, hacen amigos nuevos, pueden ofrecer su casa como centro; los chanchos son firmes candidatos a llevar adelante el trueque, junto con la serpiente, su opuesto complementario, que por distintas razones va a estar tirando del mismo carro.

Una vez superado el primer momento, en que despachen todas esas cosas que tenían guardadas y no les servían para nada, los chanchos pueden empezar a hacer eso que han tenido ganas por años: en un medio no competitivo, los cerditos se sienten menos presionados y van a ser capaces de sacar para afuera la parte más creativa. Sabiendo que están trabajando por el bienestar general les va a resultar más fácil luchar, defender el valor de las cosas, valerse por sí mismos sin depender de su suerte, y sí de su talento.

Una vez que le sientan el gustito a ponerse la camiseta del trueque y ganar, y saber que los otros también ganan, no van a dejar que la idea decaiga, aunque los tigres, caballos y cabras desaparezcan. Por eso Buda eligió animales tan distintos: se necesita de todos para que las cosas funcionen. Cuando los brillantes se cambien de club, quedarán los tenaces del zoo, guardándoles la silla y la sopa caliente para cuando decidan volver.

Agua es el año, y agua la energía fija porcina, lo que los carga de CHI y ganas de hacer cosas. No decaigan con el ejercicio físico y aprovechen para empezar una rutina si todavía no la tienen. Aeróbicos (para quemar calorías) y tai chi (para encontrar su centro), sumados a una buena alimentación los van a dejar hechos una pinturita. No sean extremistas: no es necesario que abandonen las cosas que les gustan, sólo que se moderen en el consumo de dulces, chocolate y alcohol.

Predicciones para el chancho y su energía

★ CHANCHO DE **MADERA** (1935-1995)

Este chancho potenciará su CHI (energía) durante el año equino desbocándose.

Tendrá suerte en lo que emprenda. Desde lo personal, afectivo, social y profesional hasta lo cósmico-telúrico.

Galopará con el hipocampo por nuevos cielos conociendo de cerca a LAS TRES MARÍAS.

Deberá cuidar su salud, hígado, corazón y órganos sexuales que estarán expuestos a excesos de todo tipo si no toma las precauciones debidas.

Un viaje a tierras remotas en busca de una civilización perdida lo fascinará y le abrirá las puertas de la percepción.

UN AÑO EN TECHNICOLOR.

★ CHANCHO DE **FUEGO** (1947)

Año de utopías concretadas. Al fin podrá plasmar su sueño dorado.

Tendrá que organizar su tiempo, pues estará sobrecargado de responsabilidades familiares y profesionales.

Profundizará en su vocación encontrando nuevas vertientes creativas e inspiradoras.

Estará radiante, de buen humor, lleno de propuestas decentes e indecentes para compartir con su pareja que se erotizará con su despliegue pasional.

Aparecerán amigos, gente nueva que lo seguirá en sus convicciones y proyectos al fin del mundo.

Su salud deberá ser atendida, pues cometerá excesos que podrían perjudicarlo en su equilibrio psicofísico.

Año de transmutación y consolidación de una nueva etapa en su vida.

★ CHANCHO DE **TIERRA** (1959)

Año de grandes decisiones.

Su vida se deslizará suavemente entre el placer y el deber. Aprenderá EL TAO DEL AMOR Y DEL SEXO, a ser dueño de su tiempo, ideas y convicciones.

Nadie interferirá en sus proyectos, y podrá así concretar grandes hazañas.

Estará concentrado en mejorar su calidad de vida: empezará por su alimentación, dieta, *look* y FENG-SHUI personal.

El amor será el motor del año; nuevos estímulos, en el *feed-back* de la relación le abrirán los *chakras* y el KUNDALINI.

Estabilizará su economía; emprenderá proyectos nuevos y originales, conocerá gente influyente que le aportará inspiración y nuevos ingresos.

Su corazón galopará al ritmo del hipocampo. Estará radiante, divertido, con *sex-appeal* y una legión de admiradores que no lo dejarán descansar de sus travesuras en el chiquero.

Encontrará paz y armonía en viajes y experiencias místicas.

Un año de recuperación de la autoestima, de la fuerza vital y la alegría.

★ CHANCHO DE **METAL** (1911-1971)
Año de grandes cabalgatas sobre el hipocampo. Volcará su caudal creativo, su imaginación y su vocación en tierra fértil.

Le lloverán propuestas para iniciar nuevas actividades relacionadas con el humanismo, la comunicación y el arte.

Estará radiante, con *sex-appeal*, *glamour* y tendrá que dominar sus impulsos sexuales para no ser víctima de sus pasiones.

Buscará un lugar para vivir; mudanzas, cambio de país, domicilio o un largo viaje por el mundo le ayudarán en el camino del autoconocimiento y de la madurez.

Habrá reencuentros con la familia; se reconciliará con padres, hermanos y cónyuge, dejando cuentas kármicas saldadas.

Un llamado espiritual lo encaminará por una nueva vida; conocerá gente fascinante que lo estimulará para iniciar un viaje a tierras milenarias.

El amor lo sorprenderá distraído con nuevos miembros en el chiquero.

★ CHANCHO DE AGUA (1923-1983)
Año de introspección, meditación y elecciones afectivas.

Estará lleno de energía, dinamismo y planes para salir a cabalgar sobre el hipocampo.

Iniciará una nueva etapa de estudios, investigación y desapego de la familia. Buscará mecenas, amigos, gente que admire para convivir y dejará atrás hábitos y costumbres.

Su corazón latirá a todo galope. Encontrará el amor en el lugar y el momento menos pensados. Arderá en deseos de emancipación. Enfrentará una crisis familiar de la que saldrá fortalecido.

Año de viajes lejanos, amor, sexo y rock and roll.

Un cuarto vacío

Me quedo sentado, solo, en un cuarto vacío
La desdicha puede comenzar de mil modos.
Tristes ecos responden a los suspiros de pena.
Infelices lágrimas responden a palabras amargas.
Doy vueltas y miro a mi alrededor,
el blanco sol traspasa las colinas del Oeste.
Pero no veo llegar a mi amada,
sólo veo pájaros de regreso a casa.
Pájaros que vuelan alegres
y al atardecer descansan,
cada uno en su bandada.
        Yang Fang

(*Traducción de Ruth Berg*)

Escribe
tu propia
predicción

Bibliografía

★ Kushi, Michio, *Astrología oriental*, Industria gráfica del libro, Buenos Aires, 1983.

★ Kwan Lau, *Secrets of Chinese Astrology*, Tengu Books, Nueva York, 1994.

★ *Las mejores poesías chinas*, Ediciones Errepar S. A., Buenos Aires, agosto de 2000.

★ *Poesía amorosa de la antigua China*, Editorial Andrómeda, Buenos Aires, 1994.

★ Sandifer, Jon, *Feng Shui Astrology*, The Ballantine Publishing Group, Estados Unidos, 1997.

★ Su Dongpo, *Recordando el pasado en el acantilado rojo y otros poemas*, Ediciones Hiperión, Madrid, 1992.

★ Tung Jen, *Chinese Love Signs And Relationships*, Quantum, Londres, 1999.

★ Wilhelm, Richard, *I-ching*, Editorial Sudamericana, Buenos Aires, 1991.